Musikgeragogik im Kontext von Kirche und Kirchenmusik

Musikgeragogik

Herausgegeben von
Theo Hartogh und Hans Hermann Wickel

Band 8

Kerstin Schatz

# Musikgeragogik im Kontext von Kirche und Kirchenmusik

## Modellierung des Handlungsfeldes Kirchenmusikgeragogik

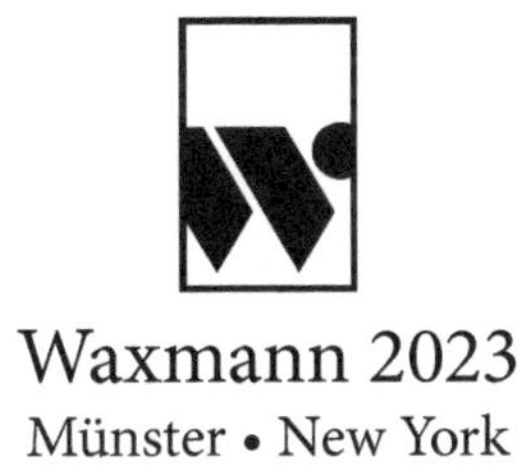

Waxmann 2023
Münster • New York

**Bibliografische Informationen der Deutschen Nationalbibliothek**
Die Deutsche Nationalbibliothek verzeichnet diese Publikation in der Deutschen Nationalbibliografie; detaillierte bibliografische Daten sind im Internet über http://dnb.dnb.de abrufbar.

**Musikgeragogik, Band 8**

ISSN 2195-142X
Print-ISBN 978-3-8309-4706-6
E-Book-ISBN 978-3-8309-9706-1


Steinfurter Straße 555, 48159 Münster

www.waxmann.com
info@waxmann.com

Umschlaggestaltung: Christian Averbeck, Münster
Umschlagabbildung: © Dr. med. Winfried Glaser, Amberg
Satz: MTS. Satz & Layout, Münster
Druck: CPI Books GmbH, Leck

Gedruckt auf alterungsbeständigem Papier, säurefrei gemäß ISO 9706

Diese Buch wurde klimaneutral gedruckt

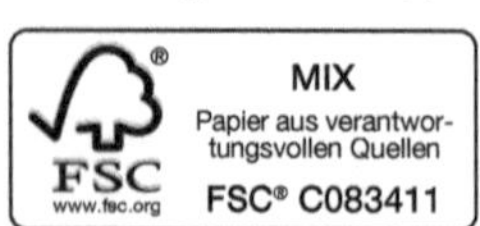


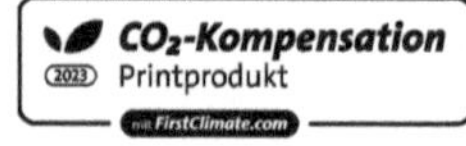

Printed in Germany

*Für Tobias und Sophia*

# Danksagung

„Kirchenmusik für alle! Gemeinsam auf dem Weg …“ Dieser Leitgedanke prägt seit vielen Jahren meine Arbeit als Kirchenmusikerin. Die wissenschaftliche Beschäftigung mit der Thematik Kirchenmusik im Alter stellt eine logische Fortführung und wichtige Wegstrecke in meiner Vision einer inklusiven Kirchenmusik dar. Viele Menschen waren auf dem Weg zur vorliegenden Dissertation meine Begleiter*innen und haben mit ihrem Einsatz zum Gelingen der Arbeit beigetragen. Ihnen allen möchte ich an dieser Stelle von Herzen danken.

Ein besonderer Dank gilt Kai Koch, der mich fachlich und menschlich zu jeder Zeit hilfreich betreute. Er hatte stets ein offenes Ohr und ein feines Gespür für unterstützende Interventionen, was mir dabei half, das komplexe Forschungsthema fundiert und zügig zu bearbeiten. Besonders wertvoll waren mir unsere Diskussionen. Sie schärften meinen Blick und trugen zu Transparenz und Klarheit bei. Herzlich bedanken möchte ich mich bei Renate Schramek, die die Arbeit als Zweitgutachterin begleitete. Ihre wertvollen Anregungen als Expertin der Disziplin Geragogik nahm ich gerne auf und werde sie bei zukünftigen Projekten im Arbeitsfeld Kirchenmusik umsetzen.

Für die ideelle und konkrete Unterstützung meiner Arbeit danke ich den Mitgliedern der Deutschen Gesellschaft für Musikgeragogik e. V., insbesondere dem Vorstand und den Vorsitzenden. Dank gebührt Theo Hartogh, der zu gegebener Zeit hilfreiche Rückmeldungen zum Forschungsprozess gab. Ein großes Dankeschön möchte ich besonders Hans Hermann Wickel aussprechen. Er begleitet meine Vision einer systematischen Verknüpfung von Kirchenmusik und Musikgeragogik seit den ersten Anfängen im Jahr 2015, gab mir Rückendeckung bei manchen Rückschlägen, motivierte mich dranzubleiben und freute sich mit mir über jeden Fortschritt. Vielen Dank dafür und für die Möglichkeit, die Forschungsergebnisse im Rahmen der Reihe „Musikgeragogik“ zu veröffentlichen. In diesem Zusammenhang bedanke ich mich auch bei Beate Plugge, Julia Schulz und Alexandra Wilken vom Waxmann Verlag für die professionelle Unterstützung.

Meinen Vorgesetzten Karlhermann Schötz und Ulrich Knörr danke ich für ihr Vertrauen in mich und meine musikgeragogische Arbeit in den Kirchengemeinden. Sie eröffneten mir damit die Möglichkeit, Neues auf den Weg zu bringen.

Ich bedanke mich bei den Kantorinnen und Kantoren, die mir bereitwillig Einblick in ihre Arbeit gaben und offen über die Thematik Kirchenmusik im Alter sprachen. Der überkonfessionelle Austausch mit ihnen war eine große Bereicherung.

Einen großen Dank möchte ich allen Seniorinnen und Senioren aussprechen, die sich als Aktive, als Förderer im Hintergrund und als Musikrezipierende für Kirchenmusik engagieren und ihre Motivation dafür mit mir teilten. Ihre Begeisterung inspirierte und motivierte mich.

Schließlich danke ich meiner Familie, die mich bedingungslos unterstützt. Der größte Dank geht an Reinhard Heisler und seine liebevolle Wegbegleitung durch alle Lebenslagen. Herzlichen Dank für dieses wertvolle Geschenk.

# Vorwort

Dass die Kirchenmusik mehr als „eine Dienerin des Wortes“ und für viele (insbesondere auch ältere) Menschen einen unmittelbarer Zugang zum Glauben und zur Institution Kirche darstellt, ist gerade in Zeiten des demografischen Wandels und der Diskussionen zur Kirche und ihrer Rolle in der Gesellschaft keine Überraschung.

An dieser Stelle könnte eine professionelle musikalische Arbeit, die mit geragogischer Perspektive die besonders heterogene Zielgruppe älterer Menschen mit ihren individuellen Bedürfnissen und Voraussetzungen in den Blick nimmt, einen wesentlichen Beitrag zur Mitgliederbindung und -akquise kirchenmusikalischer Angebote leisten. Dafür braucht es neben den offensichtlichen musikbezogenen, organisatorischen und sozialen Kompetenzen auch eine musikgeragogische Expertise, die in der Professionalisierung von Kirchenmusiker*innen nur vereinzelt und außerhalb von Fortbildungsangeboten bisher kaum systematisch eine Rolle spielt.

Kerstin Schatz ist als studierte, praktizierende und engagierte Kirchenmusikerin nicht nur mit den klassischen Aufgaben des Berufsfeldes vertraut, sondern hat durch ihre Zusatzqualifikationen im Bereich der Community Music und der Musikgeragogik einen ganz besonderen Blick auf Fragen zur Inklusion und Integration im Kontext kirchenmusikalischer Praxis.

Natürlich weiß sie um das vielfältige Aufgabenprofil des Berufsfelds und die damit einhergehenden Anforderungen, denen die kirchenmusikalische Ausbildung gerecht werden soll. Dass Musikgeragogik und ganz allgemein eine inklusiv-gedachte Kirchenmusikpädagogik eine zeitgemäße Erweiterung des Berufsbilds darstellt, ist für sie selbstverständlich. Diese Inhalte denkt sie allerdings nicht rein additiv, sodass das ohnehin schon gut gefüllte Studium überfrachtet würde, sondern eher curricular integrativ. Dabei ist auch eine Professionalisierung anvisiert, die nicht nach dem Studienabschluss endet, sondern im Kontext des lebenslangen Lernens zu denken wäre.

Mit der vorliegenden empirischen Studie zur Relevanz von Musikgeragogik im Handlungsfeld von Kirche und Kirchenmusik knüpft Kerstin Schatz mit einem sehr innovativen Thema an bisherige musikgeragogische Forschung an. Sie stellt sich damit den Herausforderungen, die die Interdisziplinarität von Musikgeragogik, Kirchenmusik bzw. kirchenmusikalischer Praxis und auch theologischen Fragestellungen mit sich bringt. Kerstin Schatz vermittelt mit dieser Veröffentlichung informative Grundlagen, stellt die Ergebnisse ihrer qualitativen Forschung, die auf Interviews mit hauptamtlichen Kirchenmusikerinnen und -musikern beruhen, nachvollziehbar zusammen und entwickelt interessante Perspektiven, die das Berufsfeld Kirchenmusik im Kontext des demografischen Wandels und anderer Transformationsprozesse umdenken lassen könnten.

Ich bin davon überzeugt, dass sich in vielfältiger Weise Gewinn aus dieser Lektüre ziehen lässt und wünsche allen Leserinnen und Lesern dieses Buches zahlreiche wissenschaftliche und praktische Erkenntnisse für kirchenmusikalische Arbeit unter musikgeragogischer Perspektive.

Prof. Dr. Kai Koch

# Inhalt

# 1. Einleitung

Kirchenmusik von, für und mit Menschen im „Dritte[n], Vierte[n] und Fünfte[n] Alter" (Bubolz-Lutz et al., 2022, S. 33) stellt ein wissenschaftlich noch weitgehend unerforschtes Handlungsfeld dar. In der Praxis wird sie sehr unterschiedlich, aber flächendeckend ausgeübt (vgl. Schatz & Koch, 2021), ihre Potenziale, Gelingensbedingungen, Konsequenzen etc. wurden bisher jedoch nur in Teilen analysiert, z. B. im Bereich der Seniorenchorleitung (vgl. u. a. Koch, 2017). Diese Diskrepanz zwischen Praxis und Theorie ist zu hinterfragen, weil 23 bis 57 Prozent der kirchenmusikalisch Aktiven schon heute zu den Über-60-Jährigen zählen (vgl. Schatz & Koch, 2021, S. 178) und Kantor*innen[1] bereits an vielen Dienstorten vor alter(n)sbedingten Herausforderungen stehen. Tritt die von Gutmann und Peters (2020) erstellte Prognose zur Mitgliederentwicklung in den beiden großen deutschen Kirchen ein, wird der prozentuale Anteil von Senior*innen im Arbeitsfeld Kirchenmusik in den nächsten Jahrzehnten steigen (vgl. ebd., S. 23) und mit ihm der Bedarf an altersadäquaten Angeboten.

Praktiker*innen könnten einwenden, die theoretische Modellierung eines Handlungsfeldes, das „schon immer" mehr oder weniger zum Berufsbild gehört, sei unnötig. Diese Haltung würde jedoch ausblenden, dass Kirche und Kirchenmusik vor großen Zukunftsaufgaben stehen und kirchliche Angebote in der zunehmend säkularen Gesellschaft keine Selbstläufer (mehr) sind. Soll Kirchenmusik auch zukünftig einen angemessenen Platz in den kirchlichen Handlungsbereichen und im gesellschaftlichen Leben einnehmen, müssen Kantor*innen einen positiven Beitrag zur Bewältigung der kirchlichen Herausforderungen (u. a. Mitgliederrückgang) leisten und sich gleichzeitig den gesellschaftlich relevanten Themen (u. a. demografischer Wandel) zuwenden.

Bewusst praktizierte Kirchenmusik für und mit Menschen in den verschiedenen „Lebensphasen und Lebenslagen im Alter" (Backes & Clemens, 2013, S. 24) kann ein solch positiver, zugewandter Beitrag sein. Um das Potenzial des weitläufigen Handlungsfeldes für das Haupt-, Neben- und Ehrenamt auszuschöpfen, benötigen Kirchenmusiker*innen – neben ihren vorhandenen Fähigkeiten – spezifisches Wissen und zielgruppenbezogene Kompetenzen. Ebenso wichtig ist die Bereitschaft zu konzeptionellen Anpassungen und Neuerungen, was erfahrungsgemäß leichter fällt, wenn umfassende Informationen und fundierte Argumente dafür zur Verfügung stehen. Die vorliegenden Forschungsergebnisse sollen eine grundlegende Hilfestellung bieten, die alter(n)srelevanten Zusammenhänge im Arbeitsfeld multiperspektivisch zu reflektieren und weitere Schritte auf dem Weg zu einer lebensumspannenden, inklusiven Kirchenmusik zu gehen.

---

1 Im Rahmen der vorliegenden Forschungsarbeit: Synonym für „Hauptberufliche Kirchenmusiker*innen".

Kirchenmusik von, für und mit Menschen im Dritten, Vierten und Fünften Alter bildet einen inhaltlich spezialisierenden Teilbereich von Musikgeragogik und wird seit 2016 als „Kirchenmusikgeragogik" bezeichnet (vgl. u. a. Deutsche Gesellschaft für Musikgeragogik [DGfMG], 2019). In der Theorie des biblisch begründeten Dienstes von Kantor*innen müsste Kirchenmusikgeragogik eine selbstverständliche Facette des Arbeitsfeldes Kirchenmusik sein, da *alle* Christen – und somit Menschen *aller* Generationen – in der Bibel dazu aufgefordert werden, Gott in vielfältiger Weise musikalisch zu loben. In Psalm 98 heißt es dazu:

> „Jauchzet dem HERRN, alle Welt, singet, rühmet und lobet! Lobet den HERRN mit Harfen, mit Harfen und mit Saitenspiel! Mit Trompeten und Posaunen jauchzet vor dem HERRN, dem König!" (Ps 98,4–6, Hervorhebungen im Original)[2]

Doch wie steht es in den Kirchengemeinden um die musikgeragogische Arbeit? Erhalten alle Senior*innen adäquate Möglichkeiten am musikalischen Lob Gottes teilzuhaben? In welchen Formaten wollen, können und dürfen sie dem HERRN singen und spielen? Gibt es Faktoren, die kirchenmusikalische Teilhabe in den verschiedenen Lebensphasen im Alter begünstigen oder behindern? Welche Folgen hat es, wenn älter gewordene Musiker*innen bis zum Lebensende kirchenmusikalisch eingebunden bleiben oder Anfänger*innen im fortgeschrittenen Alter neu in die kirchenmusikalische Gemeinschaft aufgenommen werden? Diese und weitere themenrelevante Fragen werden im Rahmen der Dissertation auf Grundlage empirischer Daten beantwortet und eine Modellierung des Handlungsfeldes Kirchenmusikgeragogik vorgenommen.

Ausgangspunkt der Forschung zu Kirchenmusikgeragogik ist der demografische Wandel in Deutschland (vgl. Statistisches Bundesamt, 2022) und die u. a. damit verbundene Altersstruktur in den Landeskirchen der Evangelischen Kirche in Deutschland und in den Diözesen der römisch-katholischen Kirche in Deutschland (vgl. Gutmann & Peters, 2020). Engagierte Katholik*innen und Protestant*innen appellieren in den letzten Jahren (wieder) verstärkt an Kirchengemeinden, Senior*innen mit ihren vielfältigen Ressourcen aktiv(er) in das Gemeindeleben einzubeziehen (vgl. u. a. Katholische Bundesarbeitsgemeinschaft für Erwachsenenbildung [KBE], 2012; Evangelisch-Lutherische Kirche in Bayern [ELKB], 2015). Solche Forderungen nach Teilhabe der älteren Generationen, deren Wertschätzung und Förderung, liegen sowohl im Wesen des Christentums begründet (vgl. 1.Kor 12,20–26) als auch im gesellschaftlichen Auftrag zur Inklusion. Anhand der Forschungsergebnisse wird verdeutlicht, dass Kirchenmusik – bei entsprechender Konzeptionierung – einen wichtigen Beitrag zur wertschätzenden Teilhabe von Senior*innen an Kirche leisten kann.

---

2 Sämtliche Bibelzitate sind der Lutherbibel (revidiert 2017) entnommen. Die formale Darstellung der Quellenangaben im Fließtext (Abkürzungen biblischer Bücher, Kapitel- und Versangaben etc.) entspricht der in der Lutherbibel empfohlenen Schreibweise.

Diese Erkenntnis erhält vor dem Hintergrund sinkender Kirchenmitgliedschaften aktuelle Relevanz. Der von Gutmann und Peters (2020) prognostizierte Mitgliederrückgang wird sich mittelfristig auf die gewohnte Handlungsfähigkeit der Kirchen auswirken und strukturelle sowie inhaltliche Reformen notwendig machen. Aus diesem Grund fordern Kirchenleitende unter anderem zu einer verstärkten Mitgliederorientierung auf (vgl. u. a. ELKB, 2018), laut Gutmann und Kollegen „[…] eine der bedeutendsten ‚Zukunftsaufgabe(n) von Kirche' […]" (Gutmann et al., 2019, S. 7). Die Nähe zum Menschen mit seinen individuellen Bedürfnissen, Wünschen und Zielsetzungen soll dabei stärker als bisher in den Fokus der kirchlich Handelnden rücken. Wichtig ist diese Nähe deshalb, weil „[…] in jüngeren Studien vor allem die Distanz gegenüber der Kirche als dominantes Austrittsmotiv hervortritt" (Peters et al., 2019, S. 17). Mit der Verringerung oder Auflösung der Distanz durch Teilhabe am kirchlichen Leben, so die Annahme der Verantwortlichen, könnten Kirchenbindungen gestärkt und Austritte verhindert werden.

Inwieweit die kirchenmusikalische Arbeit von, für und mit Senior*innen das Austrittsverhalten tatsächlich beeinflusst, lässt sich anhand der Daten zur vorliegenden Studie nicht ermitteln. Festzustellen ist jedoch, dass Kirchenmusikgeragogik in ihren vielfältigen Erscheinungsformen zu Wohlgefühl und Dankbarkeit führt. Diese Empfindungen sorgen bei Ältergewordenen für wertschätzende Verbundenheit mit den Kirchenmusiker*innen und deren Arbeitsfeld, was wiederum eine positive Bindung an den größeren kirchlichen Kontext nach sich ziehen könnte. Außerdem registrieren die befragten Expert*innen den Zulauf einer neuen Gruppe in musikgeragogisch konzipierten Angeboten: Senior*innen, die durch Kirchenmusik *neu* oder *wieder* auf die Kirchengemeinde aufmerksam werden und sich aktiv beteiligen wollen. Passgenaue kirchenmusikalische Angebote und Veranstaltungen für älter gewordene Musiker*innen und Musikrezipient*innen scheinen demnach wichtige Beiträge für die Zukunftsaufgaben der Kirchen und die gesellschaftsrelevante Ausrichtung des Berufsbildes Kirchenmusiker*in zu leisten.

Eine Zielsetzung der Forschungsarbeit zu Kirchenmusikgeragogik besteht darin, diese und andere Potenziale von Kirchenmusik im Alter sichtbar zu machen und damit zur Stärkung und zukunftsfähigen Weiterentwicklung von Kirchenmusik beizutragen. Mit den wissenschaftlichen Erkenntnissen wird bei Verantwortlichen eine (höhere) Sensibilität in Bezug auf kirchenmusikalische Wünsche, Bedürfnisse, Möglichkeiten und Ziele Ältergewordener angestrebt. Idealerweise könnte erreicht werden, dass zukünftig *allen* Menschen, die dies wollen, die lebenslange Teilhabe am musikalischen Lob Gottes ermöglicht wird. Kirchenmusiker*innen sollen mit den Forschungsergebnissen erste konkrete Anregungen für ihren alter(n)sadäquaten Dienst in den Kirchengemeinden erhalten. Des Weiteren wird mit der Doktorarbeit das Ziel verfolgt, die Disziplin Musikgeragogik fester im Wissenschaftskanon zu verankern, indem sich Kirchenmusikgeragogik als ein weiterer, inhaltlich spezialisierender Teilbereich wissenschaftlich etabliert.

## Aufbau der Arbeit

Die vorliegende Dissertation gliedert sich in neun Kapitel:

In Kapitel 1 werden der Forschungsgegenstand, die Relevanz der Thematik und die Zielsetzungen der Forschungsarbeit skizziert. Außerdem erfolgt ein Überblick zum Aufbau der Dissertation mit zusammenfassenden Inhaltsangaben der einzelnen Kapitel.

In Kapitel 2 stellt die Verfasserin den wissenschaftlichen Forschungsstand zu „Alter" bzw. „Altern" dar und reflektiert Alter(n) aus theologischer und religiöser Perspektive. Sie thematisiert den demografischen und altersstrukturellen Wandel in Gesellschaft und Kirche sowie die Herausforderungen, die sich daraus für das Arbeitsfeld Kirchenmusik ergeben.

Mit Kapitel 3 wird Einblick in die wissenschaftliche Disziplin Geragogik gegeben, die u. a. Bildungsprozesse von älteren, alten und sehr alten Menschen erforscht. Nach einer Übersicht der allgemeinen Prinzipien, Zielsetzungen und Handlungsfelder von Geragogik erfolgt eine Darstellung des aktuellen Forschungsstandes zur Altersbildung im kirchlichen Kontext. Im Anschluss wird die spezialisierende Unterdisziplin Musikgeragogik vorgestellt.

In Kapitel 4 werden die themenrelevanten Aspekte von Kirchenmusik zusammengefasst und das Berufsbild Kirchenmusiker*in aus theoretisch-wissenschaftlicher Perspektive dargestellt. Einblicke in den Ist-Stand musikgeragogischer Arbeit im Kontext von Kirche und Kirchenmusik schließen sich an sowie Überlegungen zu Forschungslücken, die sich daraus ergeben.

In Kapitel 5 erfolgt die Bündelung der Erkenntnisse und offenen Fragen der vorherigen Theoriekapitel in der zentralen Forschungsfrage nach der Relevanz von Musikgeragogik für hauptberufliche Kirchenmusiker*innen.

In Kapitel 6 begründet und erläutert die Verfasserin ihren qualitativen Forschungsansatz der Reflexive Grounded Theory zur Annäherung an das neu zu modellierende Handlungsfeld Kirchenmusikgeragogik. Um Transparenz und intersubjektive Nachvollziehbarkeit zu gewährleisten legt sie den Forschungsverlauf, u. a. Präkonzepte, theoretisches Sampling und Datenaufarbeitung, in Grundzügen dar.

In Kapitel 7 werden die kontext- und anlassbezogenen Forschungsergebnisse vorgestellt. Auf Basis dieser Dateninterpretationen erfolgt eine vorläufige Beantwortung der Forschungsfrage.

Mit Kapitel 8 komplettiert die Verfasserin ihre Darstellung und Interpretation der Ergebnisse mit Ausführungen zu kirchenmusikgeragogischen Handlungen und zu den einflussnehmenden Bedingungen für musikgeragogische Arbeit im Kontext von Kirche und Kirchenmusik. Sie benennt die ermittelten Folgen von Kirchenmusikgeragogik für Teilnehmer*innen, Kirchenmusiker*innen, Kirchenmusik, Kirche und Gesellschaft und nimmt eine umfassende Beantwortung der Forschungsfrage vor. Auf Grundlage des in den Daten verankerten Theoriemodells wird eine Definition von „Kirchenmusikgeragogik" formuliert.

In Kapitel 9 erfolgt die Prüfung der Glaubwürdigkeit und Aussagekraft der Daten und die Reflexion des Forschungsprozesses. Im Anschluss werden die wichtigsten Erkenntnisse der Forschungsarbeit bewertet und weitere Schritte zur Erforschung, Etablierung und Professionalisierung des Handlungsfeldes Kirchenmusikgeragogik vorgeschlagen.

# 2. Alter und Altern

Das Forschungsprojekt „Musikgeragogik im Kontext von Kirche und Kirchenmusik – Modellierung des Handlungsfeldes Kirchenmusikgeragogik" thematisiert verschiedene Aspekte von Kirchenmusik im Alter. Es ist zunächst wichtig zu definieren, was im Rahmen der vorliegenden Arbeit unter „Altsein" verstanden wird.

Wann ein Mensch alt ist oder als alt angesehen wird, hängt im alltäglichen Miteinander der Generationen erfahrungsgemäß vom jeweiligen Blickwinkel ab: In den Augen mancher Jugendlicher gehören Erwachsene jenseits des 30. Geburtstages bereits zu den „Kompostis", ein Rentner wird von seinem hochbetagten Vater noch immer als „jung" bezeichnet und die 82-jährige Frau geht „noch lange nicht" in den Seniorenkreis, denn „da sind doch nur alte Leute!"[3]. Altsein scheint im Alltag demnach keine absolut messbare Größe zu sein. Auch Backes und Clemens beginnen ihre Veröffentlichung zur Einführung in die sozialwissenschaftliche Alternsforschung mit der Feststellung, dass „Alter […] als Begriff inzwischen vielschichtiger und unbestimmter denn je" (Backes & Clemens, 2013, S. 11) sei. Die folgenden Unterkapitel beleuchten die genannte Vielschichtigkeit und Unbestimmtheit von Alter bzw. Altern[4] und geben einen Überblick zum aktuellen wissenschaftlichen Forschungsstand.

## 2.1 Definition Alter(n)

Forscher*innen der wissenschaftlichen Disziplin Gerontologie differenzieren zwischen „Altern" und „Alter". „Altern" beschreibt den lebenslangen Prozess des Altwerdens, der am Tag der Geburt beginnt und mit dem Tod endet. Als grundsätzliches Merkmal des Menschen und aller biologischen Erscheinungsformen stellt Altern einen natürlichen und damit neutral zu bewertenden Vorgang dar. Altern ist lediglich die „[…] qualitative Veränderung menschlichen Seins […]" (Hartogh, 2005, S. 36) und beinhaltet in allen Lebensphasen Momente des Wachsens und Vergehens.

Laut Bubolz-Lutz, Engler, Kricheldorff und Schramek (2022) wird Altern gekennzeichnet durch

---

3 Die verwendeten Zitate stammen aus Gesprächen mit Personen im Umfeld der Verfasserin.

4 Alle Begriffe und Phrasen, die in der vorliegenden Dissertation im Zusammenhang mit Alter und Altern Verwendung finden, werden von der Verfasserin nach christlichem Verständnis wertschätzend gebraucht (vgl. Kapitel 2.3.1). Aus stilistischen Gründen stehen neben der bereits verwendeten Formulierung „ältere, alte und sehr alte Menschen" synonym die Begriffe „Senior*innen", „Ältergewordene", „Generation der Alten" u. a. Keine dieser Bezeichnungen ist negativ konnotiert.

- „Dynamik (positive und negative Veränderungen),
- Lebenslaufperspektive (Einfluss früherer Lebensabschnitte),
- Kontextualität (Wechselwirkung mit sozialen und Umweltmerkmalen),
- geschlechtsspezifische Unterschiede,
- interindividuelle Variabilität (große Unterschiede zwischen Personen, z. B. im Hinblick auf geistige Leistungsfähigkeit, Persönlichkeits- und Bewältigungsmerkmale, soziale Beziehungsformen),
- intraindividuelle Variabilität (nicht alle Funktionen altern gleich – z. B. intraindividuelle Unterschiede zwischen körperlichen, geistigen und sozialen Ressourcen),
- Diskrepanzen zwischen objektiven Fakten und subjektiver Bewertung,
- eigene Entwicklungspotenziale und -grenzen." (Bubolz-Lutz et al., 2022, S. 34)

Aus wissenschaftlicher Perspektive kann Alter durch die Adjektive „biologisch", „subjektiv", „kalendarisch" und „sozial" (ebd., S. 33 f.) verschieden beschrieben und bewertet werden. Das sogenannte „biologische Alter" meint den Zustand des alternden menschlichen Organismus, der sich ab dem Tag der Geburt in einem fortdauernden Prozess des Auf- und Abbaus befindet. Eine entscheidende Erkenntnis der Wissenschaft ist hierzu, dass zum Lebensende hin zwar die Verluste überwiegen, höheres Alter jedoch nicht ausschließlich durch Einbußen gekennzeichnet ist. Wie alt man sich selbst fühlt und wie jemand die eigene Körperlichkeit und seelische Verfassung bewertet, drückt das sogenannte „subjektive Alter" aus. Es weicht häufig vom tatsächlichen chronologischen Alter ab. Dieses sogenannte „kalendarische Alter" bemisst sich nach der Anzahl der Lebensjahre und hat vergleichsweise wenig Aussagekraft. Dennoch existieren im institutionellen Bereich Alterszahlen, die als grobe Orientierungswerte gelten können. So unterscheidet das Demografieportal des Bundes und der Länder zwischen „älteren Menschen" (über 65 Jahre) und „Hochaltrigen" (über 80 Jahre) (vgl. Demografieportal, 2022a).

Von 1980 bis 2016 unterteilte die Weltgesundheitsorganisation (WHO) die Bevölkerung in „alternde Menschen" (51–60 Jahre), „ältere Menschen" (61–75 Jahre), „alte Menschen" (76–90 Jahre), „sehr alte Menschen" (91–100 Jahre) und „Langlebige" (über 100 Jahre) (vgl. Funke Digital GmbH, o. D.). Diese mehrjährigen Phasen der kalendarischen Altersunterteilung werden der Anschaulichkeit halber für die vorliegende Arbeit übernommen, auch wenn die aktuelle Empfehlung der United Nations Economic Commission for Europe (UNECE, 2016) eine statistische Erfassung von über 55-Jährigen in Fünf-Jahres-Schritten vorsieht (vgl. ebd., S. 7). Da die Forschungsarbeit zu Musikgeragogik im Kontext von Kirche und Kirchenmusik jedoch keine statistischen Ergebnisse liefern soll, werden die bis 2016 gebräuchlichen Bezeichnungen und Unterteilungen als Orientierungsrahmen in Bezug auf das kalendarische Alter der Zielgruppen für ausreichend bewertet. Die kirchenmusikalische Arbeit von, für und mit älteren, alten und sehr alten Menschen, die im

Folgenden erörtert wird, bezieht sich demnach auf Erwachsene zwischen 61 und 100 Jahren, ohne die jeweiligen Altersangaben als unumstößlich zu behandeln.

Grundsätzlich stellt das kalendarische Alter als Bezugsgröße für die Eingrenzung der Lebensphase Alter einen nur unzureichenden Parameter dar, da sowohl die objektiv messbaren Alterungsprozesse als auch die subjektive Wahrnehmung des eigenen Alters bei jedem Menschen anders verlaufen. Neben der chronologischen Altersmessung existieren deshalb weitere Einteilungen, die das „Alter als soziale Kategorie" (Bubolz-Lutz et al., 2010, S. 28) bewerten und Menschen in Abhängigkeit zur Berufstätigkeit und Alterssicherung abbilden, z. B. den Renteneintritt als Beginn „des Alters". Der Lebenslauf wird damit soziologisch in die drei Teile Ausbildungsphase, Erwerbsphase und nachberufliche Phase gegliedert. Letztere bezeichnet Laslett (1995) als das „Dritte Alter", das in den 2010er-Jahren um ein „Viertes Alter", geprägt von Gebrechlichkeit und Hilfsbedürftigkeit, ergänzt wird (vgl. u. a. Backes & Clemens, 2013, S. 24; Schramek, 2016; Schramek & Bubolz-Lutz, 2016, S. 161). In diesem traditionellen „Vergesellschaftungsmodell" definiert sich die Lebensphase Alter über „[…] sozial gesicherten Ruhestand, ‚späte Freiheit' sowie familiäre Integration und Versorgung […]" (Backes & Clemens, 2013, S. 25). Die Schwächen des Modells liegen darin, dass diese Merkmale nicht auf alle Menschen zutreffen und solche gesellschaftlichen Alterszuschreibungen großen Einfluss auf den Umgang der Generationen miteinander und auf das Selbstbild der älteren Menschen innerhalb der Gesellschaft haben können (vgl. Bundesministerium für Familie, Senioren, Frauen und Jugend [BMFSFJ], 2010).

Der aktuelle Forschungsstand bietet mit den sozialen Alterskategorien „Drittes Alter" = „fitte[r], aktive[r] und sozial gut vernetze[r] Lebensstil" (Bubolz-Lutz et al., 2022, S. 33), „Viertes Alter" = „Erkennen persönlicher Grenzen und […] allmählicher Rückzug aus Rollen und Aufgaben" (ebd.) und „Fünftes Alter" = „Erleben des allmählichen Verlusts von Autonomie und […] ständige[r] Bedarf an Hilfe, Unterstützung und Pflege" (ebd.) einen differenzierteren Blick auf das Alter an. Die Zuordnung zu den jeweiligen Alterskategorien definiert sich dabei „[…] vor allem über den Grad der Aktivität, die sozialen Beziehungen und Netzwerke sowie das Ausmaß von selbständiger Lebensführung und Autonomie […]" (ebd.). Damit lässt sich die Realität zutreffend abbilden, dass Menschen in einzelnen Teilbereichen ihres Daseins unterschiedlich schnell altern und dass es ganz verschiedene Altersausprägungen in der Bevölkerung gibt (vgl. Backes & Clemens, 2013, S. 22 f.). Backes und Clemens präzisieren deshalb „die Lebensphase Alter" und sprechen von „Lebensphasen und Lebenslagen im Alter" (ebd., S. 24).

In der Forschungsarbeit zu Kirchenmusikgeragogik werden diese Differenzierungen übernommen: Maßgeblich für musikgeragogisch konzipierte Kirchenmusik ist der individuell alternde Mensch mit seinen Fähigkeiten, Möglichkeiten, Bedürfnissen, Wünschen und Zielen im Kontext seiner jeweiligen Lebensphase (Drittes, Viertes und Fünftes Alter) und Lebenslage.

## 2.2 Folgen des Alter(n)s

Um die Konsequenzen des Alter(n)s erfassen zu können, müssen sowohl biologische, kognitive und psychische als auch soziale Aspekte einbezogen werden. Eine allgemein gültige Aussage zum Alternsprozess ist nicht möglich, da jeder Mensch in den unterschiedlichen Lebens- und Funktionsbereichen individuell altert (vgl. Backes & Clemens, 2013, S. 95 f.). Dies stellt im Umgang mit Ältergewordenen eine Herausforderung dar und muss auch in der kirchenmusikalischen Arbeit besondere Beachtung finden. Die offensichtlichste Veränderung mit zunehmenden Alter ist der körperliche Verfall:

> „Der Mensch besteht aus unterschiedlich vielen Typen hochspezialisierter Zellen und Zellverbände (Gewebe), die unterschiedliche Funktionen erfüllen – wie Muskel-, Blut-, Nerven- und Abwehrzellen. Wenn im Lebensverlauf zunehmend Zellen durch Schäden, Absterben oder andere Ursachen ausfallen, sind damit Funktionseinbußen verbunden. Diese sind vom Körper nicht mehr zu ersetzen. Dadurch altert der Organismus, und es treten Alterskrankheiten auf […]" (Backes & Clemens, 2013, S. 98)

Funktionseinbußen zeigen sich u. a. in nachlassender Seh- und Hörfähigkeit sowie eingeschränkter Beweglichkeit, reduzierter Konzentrationsleistung und verlangsamter Reaktionsgeschwindigkeit. Herz, Nieren und Lunge arbeiten mit fortschreitendem Alter meist weniger effizient und sind anfälliger für Krankheiten. Auch wenn die Einschränkungen im höheren Lebensalter zunehmen und typische Erkrankungen besonders im geriatrischen Bereich auftreten können, z. B. Typ-2-Diabetes, Krebs oder Alzheimer, bedeutet Alter nicht automatisch Krankheit und Behinderung.

„Gesundes Altern" steht deshalb im Zentrum des weltweiten Programms „United Nations Decade of Healthy Ageing (2021–2030)" (United Nations, 2020), das die Weltgesundheitsorganisation im Dezember 2020 vorstellte. Bemerkenswert ist dabei die von der WHO bereits Mitte des 20. Jahrhunderts aufgestellte Definition von „gesund". Die Organisation sieht Gesundheit als einen „[…] Zustand vollkommenen körperlichen, geistigen und sozialen Wohlbefindens und nicht allein als das Fehlen von Krankheit und Gebrechen" (WHO, 1946, zitiert nach Bubolz-Lutz et al., 2022, S. 208).

Dieser Idealzustand ist für Menschen aller Altersgruppen kaum zu erreichen, weshalb Antonovsky in seinem Modell der Salutogenese (1997) von den zwei Polen Gesundheit und Krankheit ausgeht, zwischen denen sich der Mensch in einem lebenslangen Prozess bewegt. Die jeweilige Position ist dabei abhängig von mannigfaltigen inneren und äußeren Faktoren. Antonovsky benennt das sogenannte „Kohärenzgefühl (sence of coherence – SOC)" mit den Elementen „Verstehbarkeit", „Handhabbarkeit" und „Sinnhaftigkeit" (vgl. Bubolz-Lutz et al., 2022, S. 210) als verantwortliche Ressource dafür, „gesund" zu bleiben. Forschungen belegen, dass „[…] der SOC wesentlich durch Lebenserfahrungen gestärkt wird" (ebd.), was unter anderem als Bestätigung dafür gelten kann, dass (auch) im Alter ein Zugewinn von Fähigkeiten stattfindet.

Trotz allem darf nicht vernachlässigt werden, dass körperliche und kognitive Abbauprozesse im Alter (vgl. Backes & Clemens, 2013, S. 96–108) häufig psychische Veränderungen nach sich ziehen:

> „Im Alter zeigt sich [...] eine sehr intensive Verbindung zwischen Körper und Psyche, bringen Einschränkungen und Erkrankungen eine erhöhte psychische und seelische Verletzlichkeit (Vulnerabilität) mit sich. Umso wichtiger werden psychische Rahmenbedingungen und die Sinnhaftigkeit des Seins, die durch Interessen, soziale Bindungen und sinnvolle Aufgaben gekennzeichnet sind." (Backes & Clemens, 2013, S. 106)

Backes und Clemens formulieren im Zusammenhang mit Psyche Notwendigkeiten, die auch von Kirchenmusiker*innen gehört werden sollten. Grundsätzlich zeichnen sich alle kirchenmusikalischen Gruppenangebote dadurch aus, dass sich dort Gleichgesinnte begegnen, die ihren Interessen nachgehen. Durch das gemeinsame Musizieren können Kontakte geknüpft und soziale Bindungen geschaffen werden, die meist auch über das Musikangebot hinaus Bestand haben. Das aktive Mitgestalten des Gottesdienst-, Konzert- und Gemeindelebens kann für die Teilnehmer*innen zu einer sinnstiftenden Aufgabe werden. Da genau diese Aspekte, laut Backes und Clemens, positive Auswirkungen auf die seelische Verfassung alter Menschen haben, ist zu klären, ob bzw. wie auch den älteren Generationen eine lebenslange Teilhabe an Kirchenmusik ermöglicht werden könnte, um negative psychische Folgen des Alter(n)s zu reduzieren.

Wissenschaftler*innen bewerten die Lebensphase(n) Alter trotz unvermeidbarer Funktionseinbußen nicht mehr als grundsätzlich defizitär:

> „Das Defizitmodell des Alterns gilt heute aufgrund zahlreicher Untersuchungen als widerlegt. Es wird davon ausgegangen, dass es einen generellen altersbedingten Abbau von Fähigkeiten und Fertigkeiten nicht gibt." (ebd., S. 101)

Stattdessen orientiert man sich bevorzugt an der „Kompetenztheorie", die vorhandene Kenntnisse und Fähigkeiten des alternden Menschen in den Mittelpunkt stellt, und am Konzept „Erfolgreiches Altern" (zu Alterstheorien vgl. u.a. Hartogh, 2005, S. 26–34; Backes & Clemens, 2013, S. 122–157; Kricheldorff, 2018, S. 50–54).

In die Theorie des erfolgreichen Alterns – Hartogh (2005, S. 33) schlägt vor, statt „erfolgreich" die Begriffe „gelingend" oder „erfüllt" zu verwenden – wird der alternde Mensch in seinem gesamten Dasein einbezogen. Dieser bemisst selbst, wie er seine Lebensbereiche gestaltet, so dass sie „Wohlbefinden und Kompetenzerfahrung ermöglichen" (ebd., S. 32). „Erfolgreich-Sein" bedeutet demnach, die eigenen Ziele möglichst umfänglich zu erreichen und Hindernisse auf dem Weg zu einem zufriedenen Leben so gut wie möglich zu vermeiden oder aus dem Weg zu räumen. Biologische Funktionseinbußen, kognitive Abbauprozesse, psychische Verwundbarkeit, Verlusterfahrungen und Krankheiten werden als altersbedingte Veränderungen akzeptiert und das Leben aktiv und individuell daran angepasst. Die Forschenden Baltes und Baltes entwickelten dafür in den 1990er-Jahren das „Modell der Selektion, Optimierung und Kompensation (SOK)“:

> „Selektion bedeutet dabei, unter den biografisch erworbenen und für die einzelne Person besonders bedeutsamen Interessen und Aufgaben eine bewusste Entscheidung und Auswahl zu treffen. Es geht darum, die Interessensgebiete und Aufgabenbereiche auszuwählen, die der jeweiligen Person besonders wichtig sind oder im Lebenslauf waren und die noch realisiert und gelebt werden sollen, wie beispielsweise alte Wünsche und bisher noch nicht gelebte Lebenspläne. Optimierung bedeutet in diesem Kontext, die Konzentration auf und Intensivierung dieser bewusst ausgewählten Interessen und Aufgaben, um, angesichts der sich verändernden Bedingungen im Prozess des Alterns, unvermeidbare Verluste zu kompensieren.“ (Kricheldorff, 2018, S. 53)

Kirchenmusik bietet aufgrund ihrer Bandbreite vielfältige Möglichkeiten, musikalische Interessen zu pflegen und bedeutsame Aufgaben zu übernehmen (vgl. Kapitel 4). Es gilt zu klären, inwieweit das Konzept der Selektion, Optimierung und Kompensation auf die kirchenmusikalische Arbeit mit älteren, alten und sehr alten Menschen bereits übertragen wird bzw. übertragen werden könnte.

Zusammenfassend kann aus den beiden vorangegangenen Unterkapiteln festgehalten werden, dass sich ein allgemein gültiger und genauer Zeitpunkt vom Anfang der Lebensphase(n) Alter nicht bestimmen lässt. Kirchenmusiker*innen, die mit Ältergewordenen arbeiten, müssen darauf Rücksicht nehmen, dass es *den* alten Menschen nicht gibt, da Alter(n)sprozesse vielschichtig sind und sowohl interindividuell als auch intraindividuell verlaufen.

Aus dem Wissen um die Komplexität des Alter(n)s folgt die gesamtgesellschaftliche Aufgabe, sich in allen Bereichen gegen Altersdiskriminierung und negative, verlustorientierte Altersbilder einzusetzen. Erfreulicherweise lässt sich anhand der Daten des Deutschen Alterssurveys (DEAS) seit einigen Jahren ein positiver Wandel der Altersbilder in der Gesellschaft erkennen (vgl. Beyer et al., 2017, S. 335 f.). Welche Altersbilder die beiden großen christlichen Kirchen in Deutschland vertreten und wie sie zum Thema Alter(n) stehen wird im folgenden Kapitel dargestellt.

## 2.3 Theologische und religiöse Reflexion des Alter(n)s

Für Theologin Sailer-Pfister ist „der Umgang mit dem Thema Alter(n) […] ein Humanitätsfaktor einer Gesellschaft“ (Sailer-Pfister, 2017, S. 51). Theologie und christliche Sozialethik könnten und müssten aus ihrer Sicht einen entscheidenden Beitrag dazu leisten, welche gesellschaftliche Stellung alte Menschen einnehmen. Anzumerken ist, dass auch andere kirchliche Disziplinen, wie z. B. die Kirchenmusik, zu einem positiven Altersbild in der Gesellschaft beitragen könnten. Die Verantwortlichen der jeweiligen kirchlichen Arbeitsfelder sollten sich, um solch einen Beitrag überzeugend leisten zu können, zunächst mit der religiösen Bedeutung von Alter(n) auseinandersetzen und für sich als Christ*in klären, wozu Menschen altern und was den tieferen Sinn des Alterns ausmacht.

Ein hohes Alter zu erreichen wurde im religiösen Kontext traditionell als Gnade und Geschenk verstanden. Alte Menschen umgab eine Aura der Würde, sie galten als besonders weise und erfahren. Nachfolgende Generationen begegneten ihnen mit Anerkennung, Dank und Fürsorge (vgl. Zaborowski, 2017, S. 38). In der heutigen, überwiegend säkularen Leistungsgesellschaft zeigt sich vielerorts eine wenig wertschätzende Sicht auf das Alter. Die „jung gebliebenen Alten" werden zum Idealbild, die Endlichkeit des Lebens und der Tod dagegen tabuisiert.

Aus anthropologischer Sicht stellen Altern und Endlichkeit begrüßenswerte Phänomene dar. Sie sorgen dafür, dass jüngere Generationen nachfolgen können und somit eine Weiterentwicklung stattfindet. Auch für das Individuum sieht der Philosoph Zaborowski (2017, S. 40) positive Folgen: Würde der Mensch nicht altern und sterben, so hätte nichts eine „[...] tiefe, die eigene Existenz einfordernde und vor eine wirkliche Entscheidung stellende Bedeutung" (ebd.). In einem unendlichen Leben wären einzelne Momente nicht länger wertvoll, Monotonie und Langeweile würden sich einstellen. Glück zu empfinden erfordert besondere Augenblicke, es setzt die Endlichkeit des Lebens und somit auch das Altern voraus. In biblischen Texten ist diese Endlichkeit ein selbstverständliches Thema (vgl. Ps 90,10–12; Ps 103,15–16), ebenso das Alter und Altern von Menschen.

### 2.3.1 Biblische Altersbilder

Biblische Altersbilder werden differenziert gezeichnet und zeigen einerseits die bereits genannte Wertschätzung alter Menschen, aber auch die Mühen und Belastungen des Alters. Am Beispiel von Noah, Abraham, Sara und Mose wird deutlich, dass sich Gläubige noch im hohen Alter in den Dienst Gottes stellten und bereit waren, sich auf Neues einzulassen (vgl. Evangelische Kirche in Deutschland [EKD], 2009a, S. 35). Altwerden und Altsein wurden als natürlicher Teil des Lebens verstanden, eingebettet in die Geschichte Gottes mit den Menschen.

Zwar hat jede Zeit ihr eigenes biblisches Menschenbild, da die Texte in unterschiedlichen historischen und religionsgeschichtlichen Kontexten entstanden, alttestamentliche Wissenschaftler*innen sind sich jedoch einig, dass die Gottesebenbildlichkeit zu allen Zeiten das Wesen des gläubigen Menschen ausmacht (vgl. Schneider-Flume, 2010, S. 35–37). Von Beginn der Schöpfung an steht der Mensch mit Gott, nach dessem Bild er geschaffen wurde, in Beziehung. Beauftragt mit der Fürsorge über alle Geschöpfe auf Erden ist er einerseits ein selbstständiges Wesen mit Rechten und Pflichten, andererseits ein Teil der Schöpfung und somit in Abhängigkeit von Gott. Die Bibel zeichnet ein vielfältiges Bild dieses Spannungsverhältnisses, in dem, bei allen Höhen und Tiefen der Geschichte Gottes mit den Menschen, deutlich wird: Gott ist gnädig und barmherzig (Ps 103,8) und bleibt an der Seite seines Ebenbildes – unabhängig von dessen Erfolg, Misserfolg, Schwäche oder Stärke. Auch heute noch dürfen sich Christen jeden Alters der verbindlichen Treue Gottes gewiss sein. Die Geschichte Gottes mit den Menschen bleibt dynamisch, ebenso die Ebenbildlichkeit Gottes, auf die sich die bedingungslose und unverdiente Würde des Menschen in allen Lebensphasen und Lebenslagen gründet (vgl. Schneider-Flume, 2010).

Im Neuen Testament wird das Alter(n) kaum thematisiert, da allen Menschen mit Christus der beständige Neuanfang unabhängig des Lebensalters geschenkt wird. Paulus schreibt im zweiten Brief an die Korinther: „Ist jemand in Christus, so ist er eine neue Kreatur; das Alte ist vergangen, siehe, Neues ist geworden" (2.Kor 5,17). Dieses „Neuwerden" darf jedoch nicht im Sinne eines „Jungwerdens" missverstanden, „[...] die christlich-biblische Tradition nicht einfach zur Aufwertung der Potenziale des Alters – oder gar eines Anti-Agings – genutzt werden [...]" (Deutsches Zentrum für Altersfragen [DZA], 2010, S. 417). Es geht vielmehr um die Möglichkeit des bedingungslosen Neuanfangs, die Entfaltung schöpferischer Potenziale und die bewusste Gestaltung des eigenen Lebens in Beziehung zu Gott und den Mitmenschen (vgl. EKD, 2009a, S. 38–40). „Der Glaube bietet eine Perspektive über die Endlichkeit hinaus [...] die geschenkte Zeit trotz der Begrenztheit dankbar zu gestalten und sein Leben stets als eines zu begreifen, das im Werden ist" (ebd., S. 36).

Diese hoffnungsvolle Einstellung zur eigenen Endlichkeit ist Folge der christlich verstandenen Autonomie und Angewiesenheit. In allen Lebensphasen wissen sich Christen in einer positiven Abhängigkeit von Gott und von anderen Menschen. Sie leben und wirken zu keiner Zeit auf sich alleine gestellt, sondern sind Teil eines größeren Ganzen:

> „Nun aber sind es viele Glieder, aber der Leib ist einer. Das Auge kann nicht sagen zu der Hand: Ich brauche dich nicht; oder wiederum das Haupt zu den Füßen: Ich brauche euch nicht. Vielmehr sind die Glieder des Leibes, die uns schwächer erscheinen, die nötigsten; und die uns weniger ehrbar erscheinen, die umkleiden wir mit besonderer Ehre; und die wenig ansehnlich sind, haben bei uns besonderes Ansehen; denn was an uns ansehnlich ist, bedarf dessen nicht. Aber Gott hat den Leib zusammengefügt und dem geringeren Glied höhere Ehre gegeben, auf dass im Leib keine Spaltung sei, sondern die Glieder einträchtig füreinander sorgen. Und wenn ein Glied leidet, so leiden alle Glieder mit, und wenn ein Glied geehrt wird, so freuen sich alle Glieder mit." (1.Kor 12,20–26)

Apostel Paulus verdeutlicht mit seiner bildhaften Beschreibung der christlichen Gemeinde die Gleichwertigkeit aller Menschen in ihrer Verschiedenheit. Jedes einzelne Glied bringt vielfältige Gaben in und für die Gemeinschaft ein und hat einen ebenso vielfältigen Unterstützungsbedarf. Nur durch wechselseitiges Geben und Nehmen gleichwertiger Mitglieder ist Zusammenleben möglich. Diese Haltung wendet sich gegen jede Form von Überheblichkeit, Herablassung und Diskriminierung, weshalb Bischof Huber im Rahmen der gesellschaftlichen Diskussion um alte Menschen deren „Beteiligung, nicht Ausschluss, Inklusion, nicht Exklusion […]" (Evangelische Arbeitsgemeinschaft für Altenarbeit [EAfA], 2006, S. 8) forderte.

Die Formulierung, dass alte Menschen zu „inkludieren" seien, bedeutet für den Theologen nicht, Alter(n) oder Altsein mit Behinderung gleichzusetzen. Auch im Rahmen der vorliegenden Arbeit wird Inklusion im Sinne des sogenannten „weiten" Inklusionsbegriffs verwendet und in Anlehnung an das Bild des Apostels Paulus als Wertschätzung von Vielfalt und gleichberechtigter Teilhabe aller Menschen verstanden:

> „Inklusion (lat. inclusio, Einschließung) beinhaltet die Überwindung der sozialen Ungleichheit, der Aussonderung und Marginalisierung, indem alle Menschen in ihrer Vielfalt und Differenz, mit ihren Voraussetzungen und Möglichkeiten, Dispositionen und Habitualisierungen wahrgenommen, wert geschätzt (sic) und anerkannt werden […]" (Ziemen, 2012)

Seit der Ratifizierung der UN-Behindertenrechtskonvention im Jahr 2009 beschäftigen sich Theolog*innen in Deutschland verstärkt mit den Themen Inklusion und Exklusion, Vielfalt und Teilhabe (u.a. Kunz & Liedke, 2013; EKD, 2015a; Liedke & Wagner, 2016; Geiger & Stracke-Bartholmai, 2018). Obwohl Inklusion biblisch begründet ist und deshalb mit Überzeugung vertreten wird, sehen sich die Kirchen auf dem Weg hin zu einer inklusiven Kirche in einem Konflikt: Das diakonische „Sorgen für andere" in Altenheimen, Behinderteneinrichtungen, sozialpsychiatrischen Tagesstätten o.Ä., mit dem sowohl die evangelische als auch die katholische Kirche einen wichtigen gesellschaftlichen Beitrag leisten, verstärkt paradoxerweise das Randgruppendenken und verfehlt das Ziel einer christlichen Gemeinschaft auf Augenhöhe (vgl. EKD, 2015a, S. 53–55). Bis dieser Gegensatz innerhalb der Kirchen vollständig aufgelöst werden kann, sollen einzelne kirchliche Arbeitsfelder bestmöglich inklusiv gestaltet werden:

> „Vielmehr geht es darum, Inklusion als eine durchgängige Perspektive der gesamten Arbeit umzusetzen. Gottesdienste, Bildungsarbeit, Seelsorge, Freizeitangebote, Kinder- und Jugendarbeit, gemeindliches diakonisches Engagement – alle diese Gestalten kirchlicher Praxis und alle mit ihnen verbundenen Orte bedürfen einer inklusiven Gestaltung." (Liedke, 2013, S. 46)

Kirchenmusiker*innen tragen mit ihrem breit gefächerten Angebot dazu bei, den theologischen Leitgedanken der Inklusion in die kirchliche Praxis umzusetzen. Zu klären ist, inwieweit ältere, alte und sehr alte Menschen in ihren individuellen Lebensphasen und Lebenslagen dabei ebenfalls in den Blick genommen werden bzw. werden könnten.

### 2.3.2 Kirchliche Altersbilder

Kirchliche Altersbilder haben nicht nur Einfluss auf die gesellschaftliche Wahrnehmung des Alters und auf die Altersbilder der Kirchenmitglieder selbst (vgl. DZA, 2010, S. 425), sondern können sich auch auf die kirchenmusikalische Seniorenarbeit auswirken, die im Rahmen der Institution Kirche stattfindet (vgl. Kapitel 8.3.4). Sie sind traditionell vom kirchlichen Leitgedanken des Dienstes am Menschen (Diakonie) geprägt. Dementsprechend lässt sich die überwiegende Zahl der kirchengemeindlichen Seniorenangebote, z. B. Altennachmittag, Seniorenausflug oder Frauenkreis, dem Betreuungs- oder Versorgungsmodell und dem Angebotsmodell zuordnen (vgl. Bromkamp, 2015, S. 25 f.). Alte Menschen werden darin vor allem als Hilfsbedürftige und Empfangende gesehen, weshalb sich jüngere Alte davon kaum angesprochen fühlen.

Mit der wachsenden Zahl älterer Menschen in Gesellschaft und Kirche (vgl. Kapitel 2.4.1) setzte Anfang des 21. Jahrhunderts ein allmähliches Umdenken ein. Katholische und evangelische Kirche unterstreichen seither „[...] die Notwendigkeit eines differenzierten Bildes älterer und älter werdender Menschen auf der Grundlage verschiedener Lebensphasen [...]“ (DZA, 2010, S. 427). Potenziale älterer Menschen sollen verstärkt in Kirche und Gesellschaft einbezogen und angemessene Strukturen für das kirchliche Handlungsfeld Alter geschaffen werden (vgl. EAfA, 2002, 2004, 2006; KBE, 2012). Für die kirchengemeindliche Umsetzung der neuen Altersbilder schlägt die EAfA u. a. vor,

- „älteren Menschen Gelegenheit [zu] geben, Neues zu erproben und bei der Gestaltung und Entwicklung der Altenarbeit verantwortlich mitzuwirken,
- die eigene Aktivität Älterer [zu] fördern, [...]
- den Aufbau von Netzwerken [zu] unterstützen, [...]
- neben altersspezifischen auch generationenübergreifende Angebote [zu] schaffen,
- der rapide wachsenden Zahl dementer Menschen [zu] ermöglichen, in den Gemeinden mitzuleben und pflegende Angehörige [zu] entlasten, [...]
- neue Möglichkeiten [zu] bieten, das Evangelium kennenzulernen und über Vergebung, Rechtfertigung, Hoffnung und Lebenssinn nachzudenken.“ (EAfA, 2002, S. 16 f.)

Außerdem sollten neue Gottesdienstformen und kirchliche Rituale entwickelt werden, die die verschiedenen Lebensphasen und Lebensübergänge im Alter angemessen begleiten, z. B. das Ende der Erwerbsarbeit oder den Umzug in eine Pflegeeinrichtung. Die kirchliche Bildungsarbeit müsste sich, laut EAfA, so präsentieren, dass sie religiöse Bildung und Lebenswelten alter Menschen verbindet, neue Bildungsmodelle für das vierte Lebensalter wären zu konzipieren (vgl. ebd., S. 17).

Im Rahmen der vorliegenden Arbeit wird aus Sicht von hauptberuflichen Kirchenmusikern und Kirchenmusikerinnen u. a. der Frage nachgegangen, welchen

Beitrag Kirchenmusik zum Handlungsfeld Alter gut zwanzig Jahre nach der Neuausrichtung der kirchlichen Altersbilder heute leistet bzw. leisten könnte.

### 2.3.3 Religiöse Entwicklung im Alter

Im Zusammenhang mit dem veränderten Blick auf alte Menschen und einer möglichen Umstrukturierung der kirchlichen Angebote stellte sich die Frage nach der religiösen Entwicklung im Alter. Ging man früher überwiegend davon aus, dass alte Menschen grundsätzlich religiös sind oder es (wieder) werden, ließ sich Anfang des 21. Jahrhunderts empirisch belegen, dass das Sprichwort „Im Alter kommt der Psalter" nicht mehr automatisch zutrifft. Ein Forschungsprojekt von Fürst et al. (2003, vgl. Kläden, 2016, S. 63 f.) zur religiösen Entwicklung im Erwachsenenalter zeigt, dass die Gruppe der Alten auch in Bezug auf Religiosität nicht homogen ist, weil sich Religiosität „[…] in Interaktion von Individuum und Umwelt über die gesamte Lebensspanne in sehr pluraler, multidirektionaler Weise" (Kläden, 2016, S. 82) entwickelt. Besonderen Einfluss auf die positive oder negative Entwicklung der Religiosität haben, laut Kläden, vor allem „kritische Lebensereignisse" (ebd., S. 83).

Kirche und ihre Mitarbeitenden stehen damit grundsätzlich vor Herausforderungen hinsichtlich ihres religiösen Bildungsauftrags jenseits des Kinder- und Jugendalters, können umgekehrt aber auch Chancen aus diesem dynamischen Prozess ergreifen. Für die Kirchenmusik ergeben sich folgende Überlegungen: Menschen erfahren gerade im Alter einschneidende Veränderungen, die sich zu kritischen Lebensereignissen entwickeln können. Diese Lebensphasen und Lebenslagen im Alter mit passenden Angeboten zu begleiten, könnte dazu beitragen, die Bindung alter Menschen an Kirche und Religion zu stärken oder wiederherzustellen. Damit würde Kirche außerdem ihre Wertschätzung den Menschen gegenüber zum Ausdruck bringen, die heute und in Vergangenheit die tragende Säule vieler Aktivitäten der Kirchen(musik) ausmach(t)en (vgl. Wegner, 2009, S. 6): Gemeindeglieder im Dritten, Vierten und Fünften Alter, darunter Heimbewohner*innen und Pflegebedürftige außerhalb der Alteneinrichtungen, die nicht mehr am „normalen" Gemeindeleben teilhaben können.

Umfragen belegen, dass sich religiös-kirchliche Nähe bei Ältergewordenen positiv auf die Sichtweise des eigenen Lebensendes auswirkt (vgl. Ahrens, 2011). Die Stärkung von Religiosität gewinnt damit eine individuelle und gesellschaftliche Bedeutung, die über den kirchlichen Rahmen hinausgeht. Je religiöser und eingebundener in das kirchliche Leben alte Menschen sind, desto zuversichtlicher blicken sie auf ihre Endlichkeit und die damit verbundene Lebenssituation. Religiöse Alte schätzen sich subjektiv gesünder ein, können sich emotional besser an veränderte Situationen anpassen und sind weniger ängstlich und depressiv (vgl. Sperling, 2007). Ihre religiöse Einstellung und die damit verbundenen Aktivitäten tragen nachweislich zu einem höheren Wohlbefinden und zu mehr Lebenszufriedenheit bei (vgl. Kumlehn, 2016, S. 90 f.). Kumlehn folgert daraus die Notwendigkeit,

> „[...] vor allem Räume der Selbstreflexion und der Selbsttätigkeit im Horizont christlicher Deutungsmuster eröffnen [zu] müssen. Sowohl in Bildungskontexten als auch im Eröffnen besonderer spiritueller Räume, die die Anliegen und Gestaltungsmöglichkeiten der Älteren ernst nehmen, sind die Älteren deshalb als Subjekte und nicht als Objekte in diesem Suchprozess zu begreifen." (ebd., S. 95)

Es stellt sich die Frage, inwieweit Kirchenmusiker*innen ältere, alte und sehr alte Menschen als Subjekte innerhalb des religiös-kirchlichen Arbeitsfeldes Kirchenmusik begreifen. Im Rahmen der Dissertation wird außerdem untersucht, welche kirchenmusikalischen Räume zur religiösen Reflexion des Lebens für die jeweiligen Lebensphasen und Lebenslagen im Alter eröffnet werden könnten, um damit die kirchlich-religiöse Bindung zu stärken oder neu zu knüpfen. Vor dem Hintergrund der demografischen Entwicklung in Gesellschaft und Kirche erhält die Beschäftigung mit dem Thema zukunftsweisende Relevanz.

## 2.4 Demografische Entwicklung und Strukturwandel des Alters

Die Anzahl der Menschen in Deutschland nimmt kontinuierlich ab, die Bevölkerung wird insgesamt älter und pluraler. Ursachen dafür sind eine stetig steigende Lebenserwartung bei gleichzeitig niedriger Geburtenrate und die wachsende nationale und internationale Mobilität. In den kommenden Jahrzehnten wird ein deutlicher Rückgang der Erwerbstätigen im Alter zwischen 20 und 67 Jahren erwartet sowie ein wachsender Anteil der Menschen über 65 Jahre (vgl. Demografieportal, 2022a, 2022b, 2022c). Alle statistischen Modellrechnungen stimmen darin überein, dass Rückgang und Alterung der Bevölkerung – trotz steigender Zuwanderungszahlen seit 2010 – nicht umkehrbar sind (vgl. BMFSFJ, 2017, S. 7 f.).

Die Alterung der Bevölkerung, der sogenannte „demografische Wandel", lässt sich im Wesentlichen an drei statistischen Größen festmachen: Die zunehmende absolute Zahl älterer Menschen über 65 Jahre, der wachsende prozentuale Anteil der älteren und alten Menschen an der Gesamtbevölkerung und die steigende Anzahl der Hochaltrigen im Alter von 80 Jahren und darüber.

Hochaltrigkeit gilt als Merkmal des „Strukturwandel[s] des Alters" (Backes & Clemens, 2013, S. 43). Unter diesem Begriff werden strukturelle Veränderungen innerhalb der gesellschaftlichen Gruppe alter Menschen zusammengefasst. Weitere Kennzeichen des Strukturwandels sind, laut Backes und Clemens, „Verjüngung/Entberuflichung", „Feminisierung" und „Singularisierung" des Alters (vgl. ebd.). Außerdem ist festzustellen, dass die Lebensphase Alter einen Zeitraum von mehreren Jahrzehnten umfassen kann.

Da sich demografischer Wandel und Strukturwandel des Alters auch innerhalb der Kirchen zeigen, müssen ihre Auswirkungen im Arbeitsfeld Kirchenmusik Berücksichtigung finden. Die genannten Aspekte des Strukturwandels und ihr Einfluss auf die kirchenmusikalische Arbeit für und mit älteren, alten und sehr alten Menschen werden in Kapitel 8.3 genauer in den Blick genommen.

### 2.4.1 Kirchen in Zeiten des demografischen Wandels

Welche Auswirkungen der demografische Wandel auf die Mitgliederstruktur der katholischen und evangelischen Kirche in Deutschland hat, wurde von Gutmann und Peters (2020) untersucht. Die Wissenschaftler des Freiburger Forschungszentrums Generationenverträge erstellten für die 27 römisch-katholischen Diözesen und 20 evangelischen Landeskirchen eine langfristige Projektion von Kirchenmitgliedschaft und Kirchensteueraufkommen.

Abbildung 1 gibt einen Überblick über die (prognostizierten) Altersstrukturen von Protestant*innen und Katholik*innen in den Jahren 2017, 2040 und 2060 (siehe Abbildung 1). Aus der Grafik ist ersichtlich, dass sich der in Kapitel 2.4 beschriebene demografische Wandel auch innerhalb der Kirchen abbildet.

- Es werden zukünftig mehr Alte als Junge Mitglied in den Kirchen sein.
- Die Kirchen werden mehr Hochaltrige zu ihren Mitgliedern zählen als bisher.
- Die Gesamtzahl der Mitglieder wird in beiden Kirchen weniger.

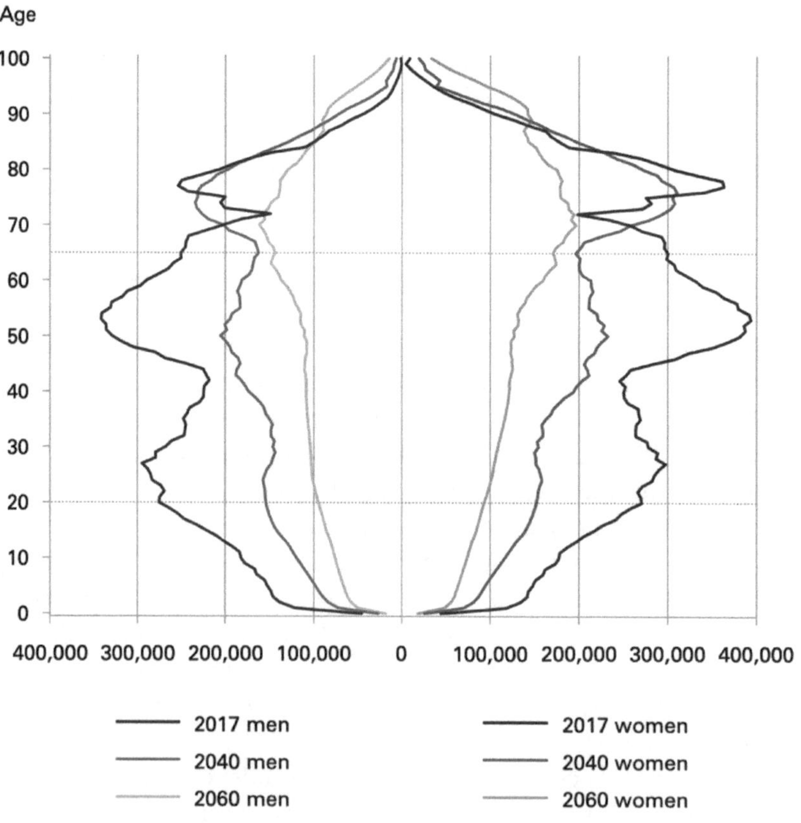


Abb. 1: (Prognostizierte) Altersstrukturen von Kirchenmitgliedern
Quelle: Gutmann & Peters, 2020, S. 23

Für Kirchenmusiker*innen sind folgende Gesichtspunkte der Studie von Bedeutung und müssen bei der Erforschung von Musikgeragogik im Kontext von Kirche und Kirchenmusik näher betrachtet werden: Bereits im Jahr 2017 waren die Mitglieder der römisch-katholischen und der evangelischen Kirche älter als die Gesamtbevölkerung. Im Verhältnis gab es ähnlich viele Kirchenmitglieder unter 30 Jahren wie Mitglieder, die 65 Jahre und älter sind. Für das Jahr 2060 prognostizieren die Forscher allerdings, dass „41,1% der Katholik*innen und 39,5% der Protestant*innen älter als 64 Jahre sein würden" (Gutmann & Peters, 2020, S. 23, Übersetzung Schatz), während jüngere Kohorten durch Geburten- und Taufrückgang sowie Kirchenaustritte im jungen Erwachsenenalter stark dezimiert wären (vgl. ebd., S. 22).

Kirchenmusiker*innen stehen somit vor einer doppelten Zukunftsaufgabe: Sie müssen sich auf die prozentual wachsende Zahl der älteren, alten und sehr alten Kirchenmitglieder einstellen und parallel dazu kirchenmusikalischen Nachwuchs aus den jüngeren und mittleren Generationen innerhalb und außerhalb der Kirchen generieren, damit auch zukünftig noch Kirchenmusik erklingen kann. Im Forschungsprojekt zu Kirchenmusikgeragogik wird u.a. der Frage nachgegangen, wie sich das Arbeitsfeld Kirchenmusik an die prognostizierten Entwicklungen anpassen könnte.

### 2.4.2 Zukunftsaufgabe Mitgliederorientierung

Neben möglicherweise inhaltlichen und strukturellen Anpassungsprozessen der Kirchenmusik hat der von Gutmann und Peters beschriebene Mitgliederrückgang gesamtkirchlich weitreichende Auswirkungen: Jeder Sterbefall, Kirchenaustritt oder nicht erfolgte Kircheneintritt führt zu einer Verringerung der Mitgliederzahlen, zu sinkenden Steuer- und Spendeneinnahmen und zu eingeschränkter Handlungsfähigkeit. Kirchliches Leben und Wirken, so wie es strukturell in den vergangenen Jahrzehnten erfolgte, wird bei den zu erwartenden Entwicklungen nicht länger möglich sein. Derzeit laufen in den Diözesen und Landeskirchen Reformprozesse, die alle kirchlichen Berufsgruppen zu einem Perspektivwechsel anregen, z.B. „Profil und Konzentration (PuK)" in der Evangelisch-Lutherischen Kirche in Bayern. Dort werden u.a. Diskussionen zu den Fragen geführt, was das Wesentliche der kirchlichen Arbeit in heutiger Zeit ist und wie der (zukünftige) Auftrag von Christen für die Welt lautet. Außerdem plädiert PuK dafür, „[…] das Interesse für Menschen ganz in den Mittelpunkt zu rücken" (ELKB, 2018).

Kirchenleitende fordern damit ein Handeln, das unter dem Begriff „Mitgliederorientierung" hauptsächlich aus dem Vereinswesen bekannt ist. Der Ansatz ist innerhalb der evangelischen Kirche nicht neu (vgl. Auksutat, 2009), bekommt aber durch die aktuelle Mitgliedschaftsvorausberechnung neue Relevanz. Best-Practice-Beispiele aus mehreren Diözesen und Landeskirchen sollen Mitglieder und Gemeindeleitende zu einem positiven Blick auf die Zukunft der Kirchen animieren (vgl. Gutmann et al., 2019), in der die direkte Kommunikation mit den Mitgliedern, die Nähe zum Menschen in seiner jeweiligen Lebenssituation und die seelsorgerliche Begegnung einen höheren Stellenwert als bisher bekommen sollten. Wichtig ist die besondere Pflege der Nähe zum Menschen deshalb, weil „[…] in jüngeren Studien vor allem die Distanz gegenüber der Kirche als dominantes Austrittsmotiv hervortritt“ (Peters et al., 2019, S. 17). Gelänge es, Menschen durch Teilhabemöglichkeiten aus ihrer Kirchendistanz zu holen, könnte dies positive Auswirkungen auf das Austrittsverhalten haben. Inklusion und Partizipation erfordern somit ein besonderes Interesse in allen kirchlichen Arbeitsfeldern, u. a. in der Kirchenmusik.

Kirchenmusik schafft in vielerlei Hinsicht Gelegenheiten und Möglichkeiten zur Teilhabe und trägt auf unterschiedliche Weise zur Bildung von Menschen bei (vgl. Kapitel 4 und Kapitel 7.2). Von den allgemeinen und musikalischen Lern- und Bildungsprozessen speziell im Alter handelt das folgende Kapitel, das die wissenschaftliche Disziplin Geragogik und ihre Unterdisziplin Musikgeragogik zum Gegenstand hat.

# 3. Geragogik

Der demografische Wandel in Deutschland bewirkt, dass immer mehr Menschen ein langes Leben gestalten dürfen, gestalten können, aber auch gestalten müssen. Für diese große und heterogene Gruppe der Älteren, Alten und Hochaltrigen werden daher passgenaue Angebote zur lebenslangen Teilhabe in allen gesellschaftlichen Bereichen benötigt. „Bildung im Alter ist für die persönliche Lebensgestaltung von zentraler Bedeutung [...]" (Bubolz-Lutz et al., 2022, S. 272), sie kann Erfüllung und Zufriedenheit schenken und dazu beitragen, das gesellschaftliche Miteinander zum Positiven zu verändern, z. B. durch intergenerationellen Austausch (vgl. Schramek & Bubolz-Lutz, 2016, S. 163).

Die Geragoginnen Bubolz-Lutz, Gösken, Kricheldorff und Schramek sind bereits 2010 der Überzeugung, dass sich der demografische Wandel nur durch Bildung gelingend gestalten lässt und Chancen innerhalb der wissenschaftlichen Disziplin Geragogik dafür in Zukunft noch besser genutzt werden müssen (vgl. Bubolz-Lutz et al., 2010, S. 233). Dazu gehört, ihrer Ansicht nach,

> „[...] Bildung für die inzwischen vielfach geforderte Entwicklung und Nutzung der Potenziale der Älteren einzusetzen, aber auch die Erkenntnis, dass Bildung *nicht nur* im Hinblick auf die gesellschaftliche Nutzung von Potenzialen wichtig ist. Vielmehr geht es ebenso um Prozesse der Personalisation, der Selbstreflexion und -erkenntnis, der Integration von Erfahrung, des persönlichen Wachstums, der Identitätsentfaltung, des sozialen Lernens und der Intensivierung des intergenerationellen Dialogs als Basis jedes sinnvollen Engagements. Nur auf dieser Basis ist die gesellschaftlich hoch bedeutsame Entwicklung einer ‚Kultur des langen Lebens' möglich." (Bubolz-Lutz et al., 2010, S. 233 f., Hervorhebungen im Original)

Auch im Arbeitsfeld Kirchenmusik stehen Verantwortliche vor der Herausforderung den demografischen Wandel gelingend zu gestalten. Der kirchenmusikalische Bildungsauftrag (vgl. Kapitel 4) gilt zukünftig für eine größere und zunehmend heterogene Gruppe von Älteren, deren verschiedene Lebensphasen und Lebenslagen im Alter somit stärker als bisher zu berücksichtigen sind. Um zu beurteilen, welche Möglichkeiten die Geragogik dafür bieten könnte, wird die Disziplin Geragogik in diesem Kapitel überblicksartig erläutert und der aktuelle Forschungsstand dargestellt.

Für die Erforschung von Musikgeragogik im Kontext von Kirche und Kirchenmusik ist zunächst die grundsätzliche Frage zu klären, ob und warum es neben der Andragogik (Wissenschaft von der Bildung Erwachsener) eine eigenständige Wissenschaft von der Bildung und Förderung alter Menschen braucht. Hartogh (2005) stellt dazu fest:

> „Zielgruppenbezogen erfordern veränderte psychische und physische Belastungsfähigkeit, verändertes Lernverhalten, altersspezifische Bedürfnisse und Interessen, Veränderungen der Lebensumstände in der nachberuflichen Phase und die Fülle biographischer Erfahrungen andere didaktische und methodische Schwerpunkte als in der Erwachsenenbildung. Bildungsangebote in Alteneinrichtungen – vor allem für Hochbetagte und psychisch und physisch behinderte alte Menschen – sind durch das Einbeziehen von Bringstrukturen didaktisch und methodisch völlig anders zu konzipieren als die Kommstrukturen in der Erwachsenenbildung [...] Neben didaktischen Fragen stehen in geragogischen Konzepten besonders methodische Fragen und Probleme im Vordergrund, die nicht im Blickfeld der Andragogik liegen. Auch wenn der Anspruch auf Bildung für alle Lebensalter gleich ist, lernen Menschen in verschiedenen Lebensphasen anders." (Hartogh, 2005, S. 48)

Hartogh betont die unterschiedlichen Bildungsansprüche älterer, alter und sehr alter Menschen, die sich mit geragogisch konzipierten Angeboten und Veranstaltungen angemessen(er) erfüllen lassen. Möglich wird dies aufgrund der besonderen Prinzipien und Zielsetzungen von Geragogik.

## 3.1 Definition, Prinzipien und Zielsetzungen

In der Fachliteratur wird Geragogik als wissenschaftliche Disziplin definiert,

> „[...] die sich am Leitbild von Menschenwürde und Partizipation im Alter orientiert, Bildungsprozesse in der zweiten Lebenshälfte erforscht, Bildungskonzepte mit Älteren und für das Alter entwickelt und erprobt und diese in die Aus-, Fort- und Weiterbildung für die Arbeit mit Älteren einbringt." (Bubolz-Lutz et al., 2022, S. 18)

Veelken (2016) benennt konkret den Kulturbereich, in dem Menschen in der zweiten Lebenshälfte durch die Disziplin Geragogik gefördert werden können:

> „Die Geragogik ist die Wissenschaftsdisziplin der fördernden Begleitung älterer Menschen vor allem im Bildungs- und Kulturbereich. Sie ist als Vernetzung von Gerontologie und Erziehungswissenschaft die im Lebenslauf folgerichtige Weiterführung von Pädagogik und Andragogik [...] Die Geragogik geht davon aus, dass das Alter eine eigene Lebensphase darstellt und der Reifungsprozess nicht abgeschlossen ist. Es geht um eine bewusste Lebensplanung, um eine neue Orientierung in der gewandelten Welt und um die Entfaltung der Identität in den letzten Lebensphasen." (Veelken, 2016, S. 145 f.)

Anknüpfungspunkte zwischen Geragogik und Kirchenmusik ergeben sich somit aus der gemeinsamen Intention der Disziplinen: Kirchenmusiker*innen streben mit ihren vielfältigen Angeboten u. a. danach, Menschen kulturell zu fördern, sie zu bilden und ihre Persönlichkeit zu entfalten (vgl. Kapitel 4). Für die fördernde kirchenmusikalische Begleitung älterer, alter und sehr alter Menschen kann die Disziplin Geragogik mit ihrer interdisziplinären, praxeologischen, partizipativen, lebenslauf- und wertorientierten Arbeitsweise (vgl. Bubolz-Lutz et al., 2022, S. 17 f.) deshalb wertvolle Impulse liefern.

Neben kirchenmusikalischer Kommstrukturen bräuchte es u.a. (mehr) Angebote für die Teilhabe Hochaltriger und körperlich bzw. geistig eingeschränkter alter Menschen an Kirchenmusik. Im Blick müssen dabei die Bewohner*innen von Alteneinrichtungen sein, aber auch die zahlenmäßig große Gruppe der immobilen Senior*innen, die nicht in Heimen wohnen: Im Jahr 2017 wurden mehr als die Hälfte der Pflegebedürftigen über 90 Jahre (60,3 %) zuhause versorgt, bei den Pflegebedürftigen im Alter zwischen 65 und 90 Jahren lag dieser Anteil sogar zwischen 81,0 und 70,7 Prozent (vgl. Tesch-Römer & Engstler, 2020, S. 4 f.). Geragogik könnte Verantwortlichen im Arbeitsfeld Kirchenmusik Wege zu Menschen in den verschiedenen Betreuungssituationen eröffnen, um auch diesen Gemeindegliedern weiterhin oder erstmals kirchenmusikalische Bildung zu ermöglichen.

### 3.1.1 Lernen und Bildung im Kontext von Geragogik

Bubolz-Lutz et al. weisen darauf hin, dass in der Literatur verschiedene Begriffe zum Gegenstandsbereich der Geragogik Verwendung finden, z.B. „Lernen im Alter, lebensbegleitendes Lernen, […] Bildungsarbeit mit alten Menschen, Bildung im Alter“ (Bubolz-Lutz et al., 2022, S. 18). Im Folgenden werden die Bedeutungen der Wörter „Lernen“ und „Bildung“ im Kontext von Geragogik dargestellt, da sie in gleicher Weise in die Forschungsarbeit zu Musikgeragogik im Kontext von Kirche und Kirchenmusik einfließen:

*Lernen*

„Lernen“ ist ein lebenslanger Prozess, der in unterschiedlicher Ausprägung und in unterschiedlichen Kontexten (formal, non-formal, informell) von der Geburt bis zum Lebensende stattfindet. Nach einer Definition der Europäische Union umfasst lebenslanges bzw. lebensbegleitendes Lernen

> „[…] alles Lernen während des gesamten Lebens, das der Verbesserung von Wissen, Qualifikationen und Kompetenzen dient und im Rahmen einer persönlichen, bürgergesellschaftlichen, sozialen bzw. beschäftigungsbezogenen Perspektive erfolgt.“ (Europäische Gemeinschaften, 2001, S. 17)

Jarvis, ein „Pionier der Erwachsenenbildung“ (UNESCO Institute for Lifelong Learning, 2018, Übersetzung Schatz) definiert lebenslanges Lernen als

> „the combination of processes throughout a lifetime wherby the whole person – body [genetic, physical and biological] and mind [knowledge, skills, attitudes, values, emotions, beliefs and senses] – experiences social situations, the perceived contend of which is then transformed cognitively, emotively or practically [or through any combination] and integrated into the individual person's biography resulting in a contin-

> ually changing [or more experienced] person." (Jarvis, 2006, zitiert nach Smilde & Bisschop Boele, 2016, S. 207)

Warum auch noch alte Menschen Interesse am Lernen zeigen und welchen Einfuss die Teilnahme an Bildungsangeboten auf den Umgang mit den Bedingungen im zunehmenden Alter hat, untersucht Kulmus (2018). Sie unterteilt dafür das Altern in die Untersuchungsbereiche „Ende der Erwerbstätigkeit", „leibliches Altern" und „lebenszeitliche Perspektive (Endlichkeit)" (Kulmus, 2018, S. 113), was gerontologischen Definitionen von Altern entspricht. Anstelle eines impliziten Lernverständnisses, d.h. Teilnahme an Bildungsveranstaltungen oder Reaktion auf äußerliche Anforderungen, geht sie von einem weiter gefassten „subjektorientierten" Ansatz aus. Lernen berücksichtigt dabei die „Lebensinteressen" des Menschen und hat zum Ziel „[...] ein gutes Leben aufrechtzuerhalten, zu gewinnen oder auch zu verteidigen" (Kulmus, 2018, S. 114). Dieser subjektorientierte Lernansatz erhält im Kontext der kirchenmusikalischen Arbeit mit Seniorinnen und Senioren besondere Relevanz, da kirchenmusikalisches Lernen überwiegend außerhalb des traditionellen, impliziten Lernverständnisses stattfindet.

Rothe (2018) betont, dass Ältergewordene zum großen Teil „beiläufig" lernen und Lernprozesse „[...] Teil anderer Aktivitäten [sind], die um ihrer selbst willen ausgeübt werden" (Rothe, 2018, S. 146), womit sie einen der wesentlichen Unterschiede zwischen dem Lernen älterer, alter und sehr alter Menschen im Vergleich zum Lernen Jüngerer anspricht. Unabhängig davon, ob Lernprozesse konkret gestaltet werden oder „en passant" stattfinden, gilt Lernen und Lernfähigkeit als Grundvoraussetzung für Bildung (vgl. Bubolz-Lutz et al., 2022, S. 19).

### *Bildung*

„Bildung" verstehen Wissenschaftler*innen im Kontext von Geragogik als

> „[...] einen bewussten, aktiven, reflexiven und handlungsbezogenen Prozess der Auseinandersetzung des Individuums mit sich selbst, wie auch mit seiner materiellen, sozialen und kulturellen Umwelt, in dem sich das Selbst- und Weltverständnis des Individuums ebenso herausbildet wie seine Sozial- und Handlungskompetenz [...] Bildung ist ein nicht abschließbarer Prozess. Er endet nicht in einem bestimmten Wissen, Können oder Sein, sondern er bedarf der lebenslangen Offenheit für Lernen und Erfahrung. Zugleich ist Bildung angewiesen auf gesellschaftliche Rahmenbedingungen, die den Erwerb von Wissen und die Umsetzung in Handeln ermöglichen." (Bubolz-Lutz et al., 2022, S. 31 f.)

Für einen lebenslangen Bildungsprozess im Arbeitsfeld Kirchenmusik gilt es demnach u.a. zu klären wie die Rahmenbedingungen gestaltet sein müssen, um (auch) älteren, alten und sehr alten Menschen Wissenserwerb und kirchenmusikalisches Handeln ermöglichen zu können. Dabei ist im Blick zu behalten, dass Bildung einem Menschen grundsätzlich nicht „beigebracht" werden kann. Sie ist ein individuell bestimmter Prozess, den die Person in eigener Verantwortung vollzieht, indem sie Lernerfahrungen organisiert und in das eigene Dasein einordnet. So werden im geragogischen Kontext zwar Angebote, in denen Fertigkeiten und Wissen erlangt werden können, zur Verfügung gestellt, die Verarbeitung und Umsetzung dieser Kompetenzen liegt aber bei den Lernenden selbst.

Zusammenfassend ist „Lernen“ als messbarer Prozess des Wissenserwerbs zu verstehen und „Bildung“ als der lebensumspannende Rahmen, innerhalb dessen der Lernzuwachs individuell gedeutet wird. Geragogische Bildung, die so verstanden wird und sich am Subjekt ausrichtet, schließt im ästhetischen Kontext auch die „Option des Nicht-Lernens“ (Hartogh, 2005, S. 60) ein. Hartogh sieht deshalb die Forderung des „lebenslangen Lernens“ in der Altersbildung kritisch und schlägt stattdessen „[...] den Leitgedanken des Rechts auf individuelle Bildung [...]“ (ebd.) vor.

### 3.1.2 Methodische und didaktische Prinzipien

Geragog*innen arbeiten nach den Prinzipien der Ermöglichungsdidaktik (vgl. Bubolz-Lutz et al., 2022, S. 174–180), bei der es keinen vorgeschriebenen Lehrplan gibt, sondern die Lernenden selbst entscheiden, was und wie sie lernen wollen. Aufgabe der Lehrpersonen ist die Begleitung der individuellen Lernprozesse „[...] als Ermöglicher, als Erleichterer, als ‚Facilitator‘“ (Bubolz-Lutz et al., 2010, S. 35), was vielfältige methodische und fachliche Kompetenzen und ein hohes Maß an Selbstreflexion verlangt (vgl. Kapitel 3.1.3).

Zu den Grundsätzen der Ermöglichungsdidaktik gehört unter anderem, dass Lehren und Lernen in einem gegenseitigen Austausch stattfinden. Lehrende sind in diesem Geschehen nicht verantwortlich für den eigentlichen Wissenszuwachs, sie tragen jedoch Verantwortung dafür, dass sich der Lernprozess auf einem hohen qualitativen Niveau befindet. Als Facilitator ermöglichen sie das Lernen in einer wertschätzenden, angstfreien Umgebung und aktivieren im Rahmen der Wissensvermittlung möglichst viele verschiedene Sinne der Lernenden. Die Teilhabe mehrerer Personen an einem gemeinsamen Austauschprozess, z. B. im Rahmen von Gruppenangeboten, hat den Vorteil, dass sich dadurch bei den Teilnehmer*innen unterschiedliche neue Lernerfahrungen herausbilden können (vgl. Bubolz-Lutz et al., 2022, S. 174).

Neurodidaktiker*innen kommen darüber hinaus zu dem Ergebnis, dass Vorerfahrungen beim Lernen hilfreich sind und sinnvolle Lerninhalte von alten Menschen besonders gut aufgenommen werden. Die Beurteilung, was in diesem Zusammenhang als „sinnvoll“ gilt, trifft die jeweilige Person in ihrer individuellen Lebensphase und Lebenslage selbst. Diese „Achtung vor der Autonomie und den Lebensentwürfen des Einzelnen“ (ebd., S. 177), die „*normative Enthaltsamkeit*“ (ebd., Hervorhebung im Original) und der „Verzicht auf die Zuschreibung von Hilflosigkeit (nicht Helfer, sondern Begleiter sein)" (Bubolz-Lutz et al., 2010, S. 135) sind wichtige Anforderungen an Lehrende im Kontext der Ermöglichungsdidaktik.

Aufgrund der genannten Prinzipien weist die Ermöglichungsdidaktik enge Verbindungen zum sogenannten „Empowerment", einem Ansatz innerhalb der Sozialen Arbeit und der Gesundheitswissenschaften, auf:

> „Hier geht es darum, Menschen zum Entdecken der eigenen Stärken zu ermutigen mit dem Ziel, ihnen (wieder oder erstmals) Lebensautonomie zu ermöglichen. Mit Empowerment bezeichnet man Strategien beziehungsweise Maßnahmen, die helfen, den Grad der Selbstbestimmung im Leben zu erhöhen, sodass man seine Ressourcen wahrnehmen und sein Leben selbstverantwortlich und selbstbestimmt gestalten kann. Empowerment bezeichnet dabei sowohl den Prozess der Selbststärkung als auch die Stärkung von außen, etwa durch professionelle Unterstützung." (Bubolz-Lutz et al., 2022, S. 177)

Um allen alten Menschen die Teilhabe an solchen selbststärkenden Bildungsmaßnahmen zu ermöglichen, hält es Steinfort-Diedenhofen (2018) für notwendig, „niederschwellige und passgenaue Angebote" zu schaffen, „[...] das ‚Soziale' in der Geragogik besonders herauszustellen und damit eine stärkere Verzahnung der Erwachsenen- und Alternbildung (sic) mit der Sozialen Arbeit anzuregen" (Steinfort-Diedenhofen, 2018, S. 61).

Für die Umsetzung dieses sozialen Ansatzes in Bildungsangeboten für und mit Senior*innen können die Prinzipien der Ermöglichungsdidaktik Orientierung geben. Als geragogische Leitprinzipien zur Gestaltung von Bildungsprozessen mit Älteren gelten demnach:

> „(1) Verknüpfung von Reflexion & Handeln
> (2) Anregung zum Erfahrungsaustausch
> (3) Thematisierung der Lernbiografie
> (4) Förderung von Selbst- und Mitbestimmung
> (5) Ermöglichung von Kontakt und Zugehörigkeit
> (6) Auseinandersetzung mit Wertvorstellungen
> (7) Einbindung in Lebenszusammenhänge und den Sozialraum
> (8) Schaffung von anregenden Lernumgebungen" (Bubolz-Lutz et al., 2022, S. 155)

Es stellt sich die Frage, inwieweit der Bildungsauftrag im Arbeitsfeld Kirchenmusik nach diesen Grundsätzen ausgerichtet wird bzw. ausgerichtet werden könnte, um Menschen im Dritten, Vierten und Fünften Alter passgenaue Angebote zur kirchenmusikalischen Teilhabe zu ermöglichen.

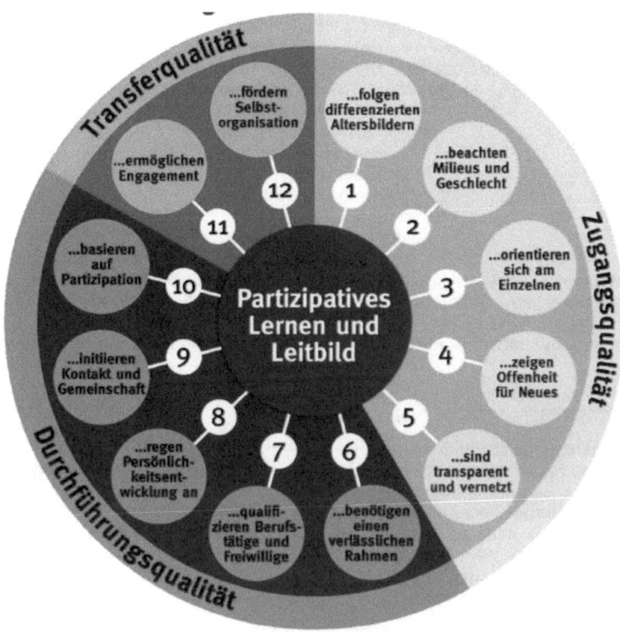


Abb. 2: Qualitätsrad
Quelle: Köster et al., 2008, S. 72

### 3.1.3 Qualitätsziele

Qualitätsziele der Bildungsangebote für ältere, alte und sehr alte Menschen orientieren sich am Prinzip der Partizipation (lat. particeps = teilhabend), einem Grundanliegen geragogischer Forschung und Praxis. Geragog*innen gehen

> „[…] von der Prämisse aus, dass Menschen ein Bedürfnis nach Teilhabe und Eingebundensein haben: sie wollen ihre Lebenswelt aktiv mitgestalten. Auch im hohen Alter wollen sie nicht nur hilfebedürftige EmpfängerInnen von Versorgung sein. Sie sind stets auch als ‚helfensbedürftig' anzusehen. Teilhabe und Mitgestaltung am sozialen und öffentlichen Leben werden somit als Bedingungen für ein würdiges Altern angesehen." (Schramek & Bubolz-Lutz, 2016, S. 162)

Lernformate für ältere Menschen müssen dazu beitragen, dieses Bedürfnis nach Mitgestaltung zu befriedigen und gleichzeitig die Kompetenzen für Teilhabe und ein selbstgestaltetes Leben vermitteln bzw. stärken. Für die Konzeption solcher Altersbildungsangebote und die generelle Arbeit mit Senior*innen wurden von Köster, Schramek und Dorn (2008) Qualitätsziele entwickelt. Diese bieten mit den Hauptkategorien „Zugangsqualität", „Durchführungsqualität" und „Transferqualität" Richtlinien, die auch Kirchenmusiker*innen für die Praxis (neue) Orientierung geben könnten, z. B.

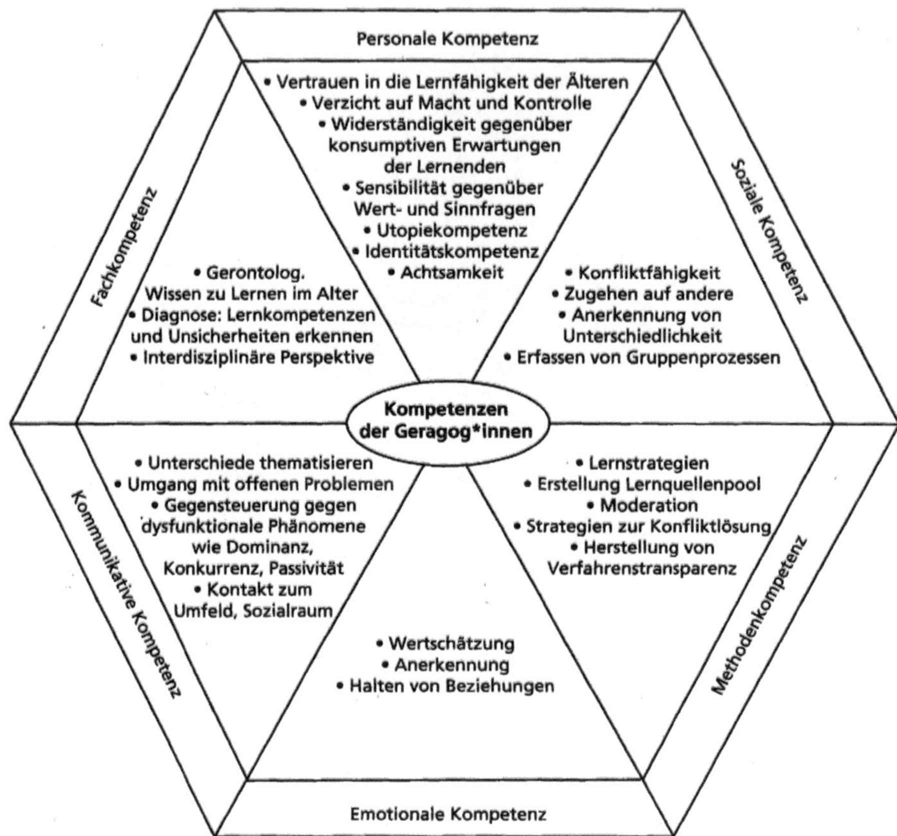


Abb. 3: Kompetenzen der Geragog*innen
Quelle: Bubolz-Lutz et al., 2022, S. 184

in Bezug auf Altersbilder, Offenheit für Neues, Vernetzung, Förderung von Selbstorganisation und Partizipation der Teilnehmenden. Abbildung 2 vermittelt einen Überblick über die „12 Qualitätsziele für die gemeinwesenorientierte Seniorenarbeit und Altersbildung“ (Köster et al., 2008, S. 72) (siehe Abbildung 2, S. 41).

Schramek und Bubolz-Lutz benennen neben vielfältigen positiven Aspekten auch Grenzen eines teilhabeorientierten Bildungsansatzes (vgl. Schramek & Bubolz-Lutz, 2016, S. 170 f.). Nach ihren Erkenntnissen setzt Partizipation Ressourcen und Kompetenzen voraus, die bei Verantwortlichen und Teilnehmenden häufig (noch) nicht oder nicht mehr vorhanden sind. Eine Herausforderung besteht beispielsweise darin, auch bildungsungewohnten Menschen, Hochaltrigen, gesundheitlich Eingeschränkten, immobilen Personen und Migrant*innen den Zugang zu Bildungsveranstaltungen zu ermöglichen. Beobachtungen der kirchlichen Praxis legen nahe, diese Problematik auch im Kontext von Kirche und Kirchenmusik zu thematisieren, da die genannten Personengruppen dort ebenfalls kaum an (Bildungs-)Veranstaltungen beteiligt sind.

Für die Konzeption und Durchführung von Angeboten nach geragogischen Qualitätsmaßstäben braucht es Verantwortliche mit besonderen Fähigkeiten. Laut Veelken sind dies

- die persönliche Motivation, mit alten Menschen arbeiten zu wollen,
- das Wissen über die Zielgruppe und ihre Lebensphasen/-lagen,
- die Fähigkeit, eigene Konzepte für die Praxis entwickeln zu können,
- fachliche, methodische und persönliche Kompetenzen (vgl. Veelken, 2016, S. 147).

Bubolz-Lutz et al. (2022) präzisieren im Lehrbuch Geragogik die genannten Fähigkeiten und geben eine grafische Zusammenstellung ausgewählter Kompetenzen zum professionellen Handeln in der Geragogik (siehe Abbildung 3, S. 42).

Im Rahmen weiterführender Forschungsarbeiten zu Musikgeragogik im Kontext von Kirche und Kirchenmusik müsste untersucht werden, ob und inwieweit diese Kompetenzen bei Kirchenmusiker*innen vorhanden sind bzw. wie und zu welchem Zeitpunkt in der Ausbildung sie vermittelt werden könnten (vgl. Kapitel 9.3). Ziel sollte sein, Haupt-, Neben- und Ehrenamtliche so zu befähigen, dass in allen Kirchengemeinden eine qualitativ hochwertige Kirchenmusik von, für und mit Menschen im Dritten, Vierten und Fünften Alter gewährleistet ist.

## 3.2 Geragogische Handlungsfelder und Bildungsthemen

Neben der Vermittlung von Wissen und Kompetenzen tragen geragogische Angebote dazu bei, den Austausch der Teilnehmenden untereinander zu fördern, Möglichkeiten zur Partizipation zu schaffen, Reflexion zu ermöglichen und die aktive Lebensgestaltung und -bewältigung zu unterstützen. Geragogische Herausforderungen sind hierbei die „Übergänge" im Verlauf des Lebens, z. B. Auszug der Kinder, Großelternschaft, Eintritt in die nachberufliche Phase, Tod des Partners oder von nahen Freunden, Erleben chronischer Krankheit oder Pflegebedürftigkeit und Umzug in eine Pflegeeinrichtung (vgl. Kricheldorff, 2018, S. 47 f.). Diese Übergänge, die von den Betroffenen nicht selten als Krisenzeiten empfunden werden, gilt es durch geeignete geragogische Angebote unterstützend zu begleiten. Somit ergeben sich die Handlungsfelder der Geragogik aus dem „[...] individuellen Bedarf und der gesellschaftlichen Entwicklung, so wie sich das Altern im Spannungsfeld von Individuum und Gesellschaft vollzieht" (Bubolz-Lutz et al., 2010, S. 201).

Seit einigen Jahren zeigt sich Geragogik vielgestaltig (zu Feldern der Bildungsarbeit mit älteren und alten Menschen vgl. u. a. Schramek et al., 2018, S. 143–257; Schramek et al., 2022). Sie findet in diversen Kontexten, an „traditionelle[n], informelle[n] und intermediäre[n] Lernorte[n]" (Bubolz-Lutz et al., 2022, S. 239), für verschiedene Zielgruppen und mit unterschiedlichen Schwerpunkten statt, z. B. Sozialgeragogik, interkulturelle Geragogik, Pastoralgeragogik, Kunst- und Kulturgeragogik. Die Notwendigkeit dieser Vielfalt begründen Geragog*innen mit der

Heterogenität des Alters, die dazu führt, dass „[...] Lernen im Alter mannigfaltige Konzepte und Angebote erfordert, welche den verschiedenen Lebenssituationen, Bedarfen, Interessen und Entwicklungsaufgaben aller Menschen in der zweiten Lebenshälfte gerecht werden" (Schramek & Bubolz-Lutz, 2016, S. 169). Gemeinsam ist allen geragogischen Teilbereichen der ganzheitliche Blick auf die Lebenslagen, Voraussetzungen und Bedürfnisse der älteren Menschen und die wertschätzende Auseinandersetzung mit deren Lebensfragen. Das thematische Spektrum der Altersbildung (vgl. Bubolz-Lutz et al., 2022, S. 188–238) umfasst derzeit schwerpunktmäßig die Bereiche

- Biografie und Identität
- Sinn und Spiritualität
- Kreative Lebensgestaltung
- Ökologie und Nachhaltigkeit
- Gesundheit, Krankheit, Behinderung
- Generationendialog
- Digitale Medien, Technik, Informations- und Kommunikationstechnologien
- Freiwilliges und bürgerschaftliches Engagement Älterer

Bei der kirchenmusikalischen Arbeit mit älteren, alten und sehr alten Menschen nimmt davon das Bildungsthema „Kreative Lebensgestaltung" den meisten Raum ein. Auch das freiwillige Engagement Älterer und die Identitätsentwicklung durch Teilhabe an Kirchenmusik spielen eine wichtige Rolle. Von besonderer Bedeutung sind außerdem die Bildungsthemen „Generationendialog" (zu Generation, Generationsbezug und intergenerationelle Bildung vgl. u. a. Kade, 2009, S. 177–198; Voss, 2020; Bubolz-Lutz et al., 2022, S. 214–222) sowie „Sinn und Spiritualität", die im Folgenden überblicksartig thematisiert werden.

### *Bildungsthema Generationendialog*

Gleichzeitig mit dem demografischen Wandel vollziehen sich in der Gesellschaft derzeit weitere Umbrüche, die Einfluss auf traditionelle Familienbeziehungen und den Kontakt der Generationen untereinander nehmen. Immer mehr Menschen leb(t)en gewollt oder ungewollt alleine und haben im Alter keine familiären Beziehungen zu eigenen Kindern und Enkeln. Die Anzahl der Alleinerziehenden steigt, Patchwork- und Scheidungsfamilien mit Konfliktpotenzial im Miteinander der Generationen nehmen zu. Als Reaktion auf die Anforderungen der globalisierten Arbeitswelt müssen Arbeitnehmer*innen häufig ihre Heimatregionen verlassen, was den Kontakt der Familienmitglieder untereinander erschwert (vgl. Bubolz-Lutz et al., 2022, S. 214 f.). Mit intergenerationellen Bildungsangeboten kann ein Teil dieser Singularisierungstendenzen und familiären Distanzsituationen abgemildert werden. Familien erhalten damit z. B. einen Raum für gemeinsame Erlebnisse,

Menschen ohne Familienanschluss bzw. in Distanz zu eigenen Angehörigen finden Gelegenheiten, neue Kontakte zu knüpfen.

Nicht erst seit der Corona-Pandemie ist ein Spannungsverhältnis zwischen den Generationen und ihren jeweiligen Bedürfnissen auszumachen. Schon vorher ließen Diskussionen um die Absicherung der Renten und die Finanzierbarkeit des Pflegesystems generationenbegründete Differenzen erkennen. Bildungsangebote, in denen Menschen unterschiedlicher Altersgruppen in Dialog kommen und miteinander bzw. voneinander lernen, können dazu beitragen, das gegenseitige Verständnis füreinander zu fördern und das gesellschaftliche Klima zu verbessern (vgl. Franz & Schmidt-Hertha, 2018, S. 171). Ein Potenzial von intergenerationellen Angeboten sehen Franz und Schmidt-Hertha darin, dass sich Ältere damit unter Umständen besser in die Generationengemeinschaft eingebunden fühlen als mit speziellen Seniorenveranstaltungen:

> „Viele Ältere – insbesondere die bildungsaktiven – wünschen sich nicht nur ein gemeinsames Lernen mit Jüngeren, sondern empfinden Bildungsangebote exklusiv für Ältere sogar als diskriminierend und stigmatisierend […]" (ebd., S. 170)

Diese Aussage sollte weniger als Absage an altershomogene Senior*innenangebote verstanden werden – „viele Ältere" bedeutet, dass diese Meinung nicht von allen Senior*innen geteilt wird –, sondern als Aufforderung, *sowohl* altersgemischte *als auch* altershomogene Konzepte zu entwickeln. Das gilt besonders für geragogische Kontexte, die sehr verschiedene Vorgaben, Zielsetzungen und Bedürfnisse zusammenführen müssen, wie z. B. das Arbeitsfeld Kirchenmusik (vgl. Kapitel 4). Studien zeigen auch Grenzen und Konfliktpotenzial des intergenerationellen Lernens auf, da dessen Gelingen größtenteils von den pädagogischen, didaktischen und persönlichen Kompetenzen der Anleitenden abhängt (vgl. Franz & Schmidt-Hertha, 2018, S. 171). Welche Bildungsformate gut umsetzbar und den Bedürfnissen bzw. Möglichkeiten beider Seiten angemessen sind, kann deshalb nur im jeweiligen Kontext des Arbeitsfeldes gemeinsam entschieden werden.

### *Bildungsthema Sinn und Spiritualität*

Eine wichtige Aufgabe von Geragog*innen besteht darin, Menschen in den verschiedenen Lebensphasen und Lebenslagen im Alter bei der Sinnsuche bzw. -findung zu helfen, indem sie dafür geeignete Lern- und Bildungsräume schaffen (vgl. Bubolz-Lutz et al., 2022, S. 196 f.). Hartogh (2005) führt zur Sinnsuche und dem Streben nach Sinn als primäres Motiv menschlichen Handelns aus:

> „Dieser Sinn kann nicht von außen vermittelt werden, er muss individuell gefunden werden. Sinnsuche stellt sich als Lebensaufgabe dar, die nur Erfüllung findet, wenn nicht das Alter oder das Ich im Mittelpunkt der Interessen und Bedürfnisse steht, sondern die Hinwendung zu einer Person oder Sache. Bei der Bewältigung dieser

> Lebensaufgabe kann Bildung keinen Sinn geben bzw. direkt vermitteln, aber sie kann Räume eröffnen, in denen eigene Lebensmöglichkeiten realisiert und damit Sinn gefunden werden kann." (Hartogh, 2005, S. 40)

Den Sinn des eigenen Lebens zu finden und die Erkenntnis zu erlangen, was einem selbst wichtig ist, gilt als wesentliche Voraussetzung für Zufriedenheit und Gesundheit im Alter (vgl. Bubolz-Lutz et al., 2022, S. 196). Da sich sinnerfülltes Leben und Altern für jeden Menschen anders gestaltet, können keine allgemein gültigen Aussagen darüber getroffen werden, wann geragogisches Handeln „sinnstiftend" ist.

In der Stellungnahme zum Bericht der Sachverständigenkommission für den Sechsten Altenbericht benennt die Bundesregierung z. B. das freiwillige Engagement in der nachberuflichen Phase als Möglichkeit des Sinnerlebens (BMFSFJ, 2010, VIII). Selbst gewählte Aktivitäten, mit denen nicht nur die eigenen Bedürfnisse befriedigt werden, sondern auch ein positiver Beitrag zur Gesellschaft geleistet wird, sind, ohne Zweifel, eine gute Möglichkeit Lebenssinn zu finden. Kritisch zu hinterfragen ist das von staatlicher Seite befürwortete „Aktive Altern" allerdings, wenn freiwilliges Engagement ausgenutzt wird und/oder die gesellschaftliche Vorstellung eines sinnvollen Lebens im Alter nur mit einem aktiven Lebensstil verknüpft wird.

Eine wichtige sinnstiftende Ressource kann für ältere Menschen die Spiritualität, insbesondere die Religiosität sein, die nachweislich positive Auswirkungen auf Lebensbewältigung und Lebensgestaltung im Alter hat (vgl. u. a. Kumlehn, 2016, S. 90; Bubolz-Lutz et al., 2022, S. 194 f.). 26 Prozent der 60- bis 69-Jährigen und 37 Prozent der Über-70-Jährigen waren laut ALLBUS 2012 der Meinung, „[…] dass das Leben für sie nur eine Bedeutung besitzt, weil es einen Gott gibt" (EKD, 2015b, S. 167). Kirchen scheinen demnach eine ernstzunehmende Rolle für das Bildungsthema „Sinn und Spiritualität" zu spielen. Dies lässt sich statistisch damit belegen, dass zum Zeitpunkt der Datenerhebung mehr als zwei Drittel der befragten Evangelischen (69 %) ihrer Kirche Kompetenz in der Auseinandersetzung mit Sinnfragen zusprachen (vgl. EKD, 2015b, S. 167).

## 3.3 Kirchen und Altersbildung

Die christlichen Kirchen in Deutschland betrachten Bildung als eine ihrer Grundaufgaben und übernehmen deshalb an unterschiedlichen internen und externen Lernorten Bildungsverantwortung (vgl. u. a. EKD, 2009b, S. 42 f.). Inhaltlich verfolgen sie eine umfassende Bildungsstrategie, die in den Rahmen christlicher Wertevermittlung eingebettet ist. So heißt es z. B. im Bildungskonzept der Evangelisch-Lutherischen Kirche in Bayern:

> „Inhaltlich ist Bildung mehrdimensional anzulegen: als ethische wie ästhetische Bildung, als politische und soziale, als mediale wie personale, als geschichtliche, lebensweltorientierte und (inter-)kulturelle Bildung und in alledem immer auch als religiöse Bildung. Fragen der Bildungsgerechtigkeit sind dabei besonders dringlich. Denn Bil-

> dung soll der Humanität, dem Frieden und der gerechten Teilhabe aller am Gemeinwesen dienen.“ (ELKB, 2016a, S. 6)

Da Menschen – aus christlicher Sicht – Aufträge als Gottes Ebenbild zu erfüllen haben (1.Mose 1,28), brauchen sie Lernmöglichkeiten um entsprechende Kompetenzen für ihr Tun zu erlangen (vgl. EKD, 2009b, S. 35 f.). Wegen ihrer von Gott zugesprochenen Würde müssen die Menschen dabei in ihrer jeweils eigenen Gottesebenbildlichkeit wahrgenommen und anerkannt werden. Dieser Anspruch führt dazu, dass die Subjektorientierung zum Leitbild kirchlichen Handelns wird. Kirche definiert damit für sich selbst den Auftrag Bedingungen zu schaffen, in denen sich alle Menschen lebenslang weiterentwickeln dürfen, um ein selbstbestimmtes und gutes Leben in ihrer jeweiligen Lebenssituation führen zu können.

Dazu ist es notwendig, dass Kirche „[...] in der ganzen Breite ihrer Handlungssphären Menschen für eine solche Bildung motiviert und befähigt – und darüber hinaus innovative Projekte anstößt und Initiativen fördert, die Schritte in diese Richtung wagen“ (ELKB, 2016a, S. 29), wie die Leitungsebene der ELKB – hier mit Fokus auf Bildungsarbeit mit Behinderten – in ihrem Bildungskonzept fordert. Im Sinne des weit gefassten Inklusionsbegriffs, der im Rahmen der vorliegenden Arbeit verwendet wird, muss dieser Anspruch für *alle* Menschen gelten, auch für diejenigen in den unterschiedlichen Lebensphasen und Lebenslagen im Alter. Ebenso sollte beachtet werden, dass sich kirchliches Bildungshandeln – wie im Zitat gefordert – auf *alle* „Handlungssphären“ erstreckt und neue Wege in der Bildungsarbeit gesucht und gefördert werden müssen. Die musikgeragogische Arbeit für und mit älteren, alten und sehr alten Menschen im kirchlichen Arbeitsfeld Kirchenmusik wäre solch ein Weg, mit dem Kirche ihren Bildungsauftrag nach biblisch begründeten Ansprüchen erfüllen könnte.

Bisher fokussiert sich der kirchliche Bildungsauftrag auf die Disziplinen Theologie, Gemeindepädagogik und Erwachsenenbildung, die sich aus Anlass des sechsten Altenberichtes der Bundesregierung und aktueller gesellschaftlicher Debatten mit verschiedenen Veröffentlichungen zum Thema Kirche und Bildung bzw. kirchliche Bildungsarbeit im Alter äußern (u.a. Dannenmann, 2009; EKD, 2009b; Wegner, 2009; Neuhausen & Giesler, 2011; KBE, 2012; Katholische Erwachsenenbildung [KEB], 2016; Sailer-Pfister et al., 2017). Laut einer Studie zu Vielfalt und Profilen kirchlicher und diakonischer Altenarbeit in der Landeskirche Baden (Klie et al., 2012), kommt kirchlicher Bildungsarbeit für und mit älteren Menschen eine zentrale Bedeutung zu:

> „Sie leistet einen Beitrag zur Einlösung des Rechts auf lebensbegleitendes Lernen, ist in der Lage den intergenerativen Dialog zu fördern, erschließt für den Einzelnen sowie für Kirche und Diakonie Potentiale älterer Menschen in der Lebensgestaltung und Mitgestaltung der Gesellschaft.“ (ebd., S. 3)

Nicht nur in der alternden Gesellschaft, sondern auch innerkirchlich rückten Anfang des 21. Jahrhunderts die Potenziale älterer Menschen zunehmend in den Blick (vgl. u. a. EAfA, 2004, 2006) und die Forderungen nach mehr Teilhabe der älteren Generationen wurden lauter (vgl. Kapitel 2.3.2). Kirchliche Bildungsarbeit muss sich angesichts der prognostizierten kirchlichen Mitgliederentwicklung heute noch dringender den Herausforderungen des demografischen und gesellschaftlichen Wandels stellen und passgenaue Konzepte für eine qualitätsvolle religiöse Bildung und für die lebenslange Förderung bzw. Begleitung von Menschen entwickeln. Die Aussagen des Rates der EKD aus dem Jahr 2009 besitzen daher noch immer Relevanz:

> „Kirche übernimmt in der Gesellschaft [...] öffentliche Bildungsmitverantwortung. Sie wird darin aber nur dann glaubwürdig sein [...], wenn sie gleichzeitig ihre eigenen Handlungsfelder pädagogisch bedenkt, den Lernort Gemeinde [...] eigenverantwortlich profiliert und entsprechend personell und finanziell ausstattet sowie ihren Missionsauftrag aktiv wahrnimmt [...] Auch heute hängt die Zukunftsfähigkeit der evangelischen Kirche zu einem wesentlichen Teil davon ab, ob es ihr gelingt [...] die Bildungsherausforderungen der Gegenwart zu meistern." (EKD, 2009b, S. 61 und S. 75)

Der demografische Wandel und der Strukturwandel des Alters stellen solche „Bildungsherausforderungen der Gegenwart" dar. Verantwortliche und Mitarbeitende aller kirchlichen Arbeitsfelder sollten deshalb Erkenntnisse und Potenziale der wissenschaftlichen Disziplin Geragogik nutzen, um auch weiterhin als ernstzunehmende Lebensbegleiter*innen von Menschen in allen Lebensphasen und Lebenslagen agieren zu können. Dabei ist zu bedenken, dass es bei Altersbildung nicht ausschließlich um reine Wissensvermittlung geht, sondern auch um Unterstützung bei der Ausgestaltung der jeweiligen Lebensphasen und um Begleitung der Identitätsentwicklung von Ältergewordenen (vgl. Veelken, 2016, S. 146).

Kirchenmusiker*innen wirken mit ihrer breit angelegten Arbeit in vielfältiger Weise am kirchlichen Bildungsauftrag mit (vgl. Kapitel 4). Sie müssen sich daher ebenfalls mit der Frage auseinandersetzen, inwieweit geragogische Prinzipien zu einer zukunftsfähigen Kirchenmusik beitragen können und müssen. Dabei können Erkenntnisse aus der Musikgeragogik, einer inhaltlich spezialisierenden Teildisziplin der Geragogik, hilfreich sein. Ihre Zielsetzungen, Prinzipien und Erscheinungsformen werden im folgenden Kapitel dargestellt.

## 3.4 Musikgeragogik

Das Interesse an kultureller Bildung endet nicht mit dem Erreichen eines bestimmten Lebensalters, denn gerade älteren Menschen bietet das weite Feld der Kultur vielfältige Möglichkeiten für eine sinnhafte und beglückende Lebensgestaltung. Befördert durch den 2007 von der Enquete-Kommission „Kultur in Deutschland" vorgestellten Abschlussbericht (Deutscher Bundestag, 2007), nahmen in den letzten Jahren die kulturellen Projekte und Bildungsangebote für Senior*innen zu und „Kulturgeragogik" (vgl. Fricke & Hartogh, 2016) etablierte sich zu einer inhaltlich spezialisierenden Fachdisziplin innerhalb der Geragogik.

Musikgeragogik gilt als eine Unterdisziplin der Kulturgeragogik, ist also schwerpunktmäßig dem geragogischen Forschungsfeld „Kulturelle Bildung Älterer" zuzuordnen (vgl. Bubolz-Lutz et al., 2022, S. 100 und S. 201 f.). Sie gründet sich auf Artikel 27 Absatz 1 der Allgemeinen Erklärung der Menschenrechte, der festschreibt:

> „Jeder hat das Recht, am kulturellen Leben der Gemeinschaft frei teilzunehmen, sich an den Künsten zu erfreuen und am wissenschaftlichen Fortschritt und dessen Errungenschaften teilzuhaben." (Vereinte Nationen, 1948)

Ergänzt wird dieses Grundrecht durch Artikel 24b der UN-Behindertenrechtskonvention, der Menschen mit Behinderungen das Recht zuspricht, „[…] ihre Persönlichkeit, ihre Begabungen und ihre Kreativität sowie ihre geistigen und körperlichen Fähigkeiten voll zur Entfaltung [zu] bringen […]" (Bundesministerium für Arbeit und Soziales [BMAS], 2018).

### 3.4.1 Definition

„Musikgeragogik ist Musik für und mit Menschen in allen Lebenslagen und Lebensphasen im Alter" (DGfMG, o. D.) formuliert die 2009 gegründete Deutsche Gesellschaft für Musikgeragogik e. V. auf ihrer Homepage und fasst damit prägnant die Praxis von Musikgeragogik zusammen. Hartogh, der zusammen mit Wickel als Begründer und Motor der wissenschaftlichen Disziplin in Deutschland gilt, führt differenziert aus:

> „Als wissenschaftliche Disziplin beschäftigt sich Musikgeragogik mit den Beziehungen zwischen altem Mensch und Musik und den didaktisch-methodischen Aspekten musikalischer Bildungsprozesse im Alter. Sie umfasst alle musikpädagogischen Bemühungen und Interventionen im Bereich der Altenarbeit, die nicht erzieherisch oder therapeutisch intendiert sind. Ihr anthropologisches Fundament ist die lebensweltliche Verwobenheit von Mensch und Musik; ihr zentrales Aufgabenfeld ist die Unterstützung musikalischer Bildung und musikbezogener Erfahrungen im Alter" (Hartogh, 2005, S. 185).

Musikgeragogik versteht sich als Fachdisziplin, die sich mit musikbezogenen Vermittlungs- und Aneignungsprozessen sowie musikalischer Bildung im Alter beschäftigt. Zentrale Forschungsanliegen sind außerdem „[…] die biografische Bedeutung der Musik im Alter sowie der Bedarf an musikalischen Infrastrukturen, die für alte Menschen erreichbar sind" (Hartogh & Wickel, 2018, S. 198 f.).

Für die Erforschung von Musikgeragogik im Kontext von Kirche und Kirchenmusik ist aus diesen Definitionen besonders hervorzuheben, dass die musikalische Arbeit für und mit Menschen in allen Phasen bis zum Tod als musikalische Bildung verstanden wird und der ästhetisch-kulturelle Wert der Musik somit im Mittelpunkt musikgeragogischer Angebote steht (vgl. ebd., S. 199). Musikgeragogik verfolgt im Gegensatz zu Musiktherapie keine therapeutischen Ziele, wie z. B. die Heilung oder Linderung von Krankheiten:

> „Ihr Aufgabenfeld ist der alte Mensch und *sein* Bezug zur Musik. Daher ist dem alten Menschen nicht über Problemsichten (Pflegebedürftigkeit, Krankheit, Behinderung, Defizite) zu begegnen, sondern über dessen individuelle Kompetenzen und Interessen. In dieser Perspektive sind Musizieren und Musikhören keine Beschäftigungstherapie, sondern selbstbestimmtes sinnvolles Tun, das das Recht auf Nicht-Musizieren einschließt." (Hartogh, 2005, S. 202, Hervorhebung im Original)

Die Betonung der Kompetenz- und Interessensorientierung und die klare Abgrenzung von musik- oder beschäftigungstherapeutischen Zielsetzungen sind wichtige Grundlagen für die mögliche Einbindung musikgeragogischer Prinzipien und Arbeitsweisen in die professionelle Kirchenmusik. Zusammen mit der ästhetisch-kulturellen Ausrichtung – einem wichtigen Anliegen im Arbeitsfeld Kirchenmusik (vgl. Kapitel 4) – könnten sie zur Akzeptanz und Weiterentwicklung der Disziplin Musikgeragogik im Kontext von Kirche und Kirchenmusik beitragen.

### 3.4.2 Prinzipien und Haltungen

Musikgeragog*innen streben danach, älteren, alten und sehr alten Menschen adäquate Zugänge zum musikalischen Erleben und somit zu musikalischer Bildung zu ermöglichen. Zwar ist der Anspruch auf Bildung in jedem Lebensalter gleich, doch lernen Menschen in ihren unterschiedlichen Lebensphasen und Lebenslagen anders (vgl. Hartogh, 2005, S. 48). Es gibt aus musikgeragogischer Sicht keine spezielle Musik für alte Menschen und es besteht keine grundsätzliche Notwendigkeit für andere Musizierformate ab einem bestimmten kalendarischen Alter (zu Altersgrenzen in Chören vgl. Koch, 2017, S. 409–427). Für alle Musikanleitenden ist es aber hilfreich zu wissen, welche alter(n)sbedingten Bedürfnisse und Einschränkungen in den verschiedenen Lebensphasen und Lebenslagen im Alter vorhanden sein können (vgl. Kapitel 2), um vorausschauend und situativ angemessen darauf zu reagieren (vgl. Fricke & Hartogh, 2016, S. 42).

Die Prinzipien der Musikgeragogik entsprechen den Leitzielen der Geragogik sowie anerkannten und erprobten Haltungen in der Altenarbeit (vgl. Hartogh & Wickel, 2008, S. 34–47). Sie betonen die Wertschätzung und unbedingte Würde der Person mit deren individuellen (musikalischen) Möglichkeiten, Wünschen, Zielen und Bedürfnissen. Im Mittelpunkt musikgeragogischer Arbeit steht der ganzheitliche Mensch, „positive Wertschätzung und emotionale Wärme, Echtheit sowie einfühlendes Verstehen [gelten] als Basis der Begegnung" (ebd., S. 42).

Für die Forschungsarbeit zu Musikgeragogik in der Kirchenmusik ist bei dieser Grundhaltung zu beachten, dass mit ihr auch Bedürfnisse nach leistungsorientiertem Musizieren in den Blick genommen werden. Musikgeragogisch zu arbeiten bedeutet demnach nicht automatisch Niederschwelligkeit, geringes Niveau oder mangelnde künstlerische Qualität. Es bedeutet vielmehr die kirchenmusikalischen Bedingungen so zu gestalten, dass sich Senior*innen in ihren jeweiligen Lebensphasen und Lebenslagen darin zufrieden, sicher und wohl fühlen.

Musikgeragog*innen nehmen in den unterschiedlichen musikalischen Begegnungen mit älteren, alten und sehr alten Menschen die Rolle des Facilitators ein. Sie ermöglichen den selbstbestimmten Umgang mit Musik, geben bei der Vermittlung zwischen Mensch und Musik individuelle Hilfestellungen und tragen u. a. dafür Sorge, dass ein angemessenes (musikalisches) Anforderungsniveau besteht.

Weitere Prinzipien und Haltungen in der Musikgeragogik sind nach Hartogh und Wickel (vgl. ebd., S. 37–47):

- Biografie- und Lebensweltorientierung: Kompetenzen, die durch Musik wiederentdeckt, gefördert oder erhalten werden können, lassen sich durch Biografieorientierung ebenso ergründen wie Barrieren, die ihren Ursprung in der Vergangenheit haben, z. B. schlechte Erfahrungen im Musikunterricht. Der Blick auf Biografie und Lebenswelt dient dazu, den Menschen und seine Situation zu verstehen, ihm angemessen zu begegnen und bestmöglich musikalisch zu fördern.
- Kompetenzorientierung: Altersbedingte Einschränkungen werden durch verschiedene Maßnahmen kompensiert, so dass anstelle von Defiziten die vorhandenen Möglichkeiten in den Vordergrund treten können. Die Gestaltung und Zielsetzungen musikgeragogischer Angebote richten sich nach den zur Verfügung stehenden Kompetenzen der Teilnehmer*innen. Dabei wird der alte Mensch weder „pädagogisiert“ noch bevormundet.
- Dialogische Orientierung: Musikgeragogische Wegbegleitung (zum geragogischen Konzept „Begleitung“ vgl. Bubolz-Lutz, 2022 und Kapitel 8.1) vollzieht sich im wechselseitigen Austausch über vorhandene Wünsche, Möglichkeiten und angestrebte Ziele. Grundhaltung des Facilitators ist Verständnis für die Bedürfnisse des oder der Musizierenden und ein wertschätzendes Miteinander auf Augenhöhe.
- Validierende Orientierung: Diese Form der Orientierung wurde speziell für die Arbeit mit demenziell veränderten Menschen entwickelt und meint die akzeptierende Einstellung gegenüber aktuellen Gefühlen und Verhaltensweisen. Sie ist gekennzeichnet durch eine wertschätzende Haltung trotz scheinbarer Realitätsferne oder Desorientiertheit der Musizierenden. Ziel einer nach Validation (lat. valere = gültig sein) ausgerichteten musikalischen Bildung ist es, durch angemessene Angebote Halt und Sicherheit zu vermitteln und in einen Dialog zu treten. Im Kontext von Demenz – ebenso im Zusammenhang mit Hochaltrigkeit und Behinderung – wird die Sinnhaftigkeit musikalischer Bildungsangebote häufig dahingehend hinterfragt, ob musikalische Bildung in diesen Lebenslagen mög-

lich und der Situation angemessen ist. Hartogh nimmt in seiner Grundlagenarbeit zu Musikgeragogik (2005) dazu Stellung:

> „Schon die Intensivierung der Wahrnehmung und eine minimale Erweiterung des (musikalischen) Handlungsrepertoires sind als Bildungsprozesse zu verstehen. Damit diese Bildungsziele erreicht werden können, bedarf es professioneller Anleitung (fachlicher Qualifikation), die sich nicht nur auf musikalische Inhalte versteht, sondern den Bedürfnissen und Kompetenzen der spezifischen Zielgruppe gerecht werden kann." (Hartogh, 2005, S. 58)

Aktuelle Beispiele aus der Praxis (vgl. Kapitel 3.4.4) und wissenschaftliche Studien bestätigen, dass musikalische Bildung auch im hohen Alter und bei schwerwiegenden körperlichen bzw. geistigen Beeinträchtigungen gelingen kann (vgl. u.a. Hoedt-Schmidt, 2010; Wickel & Hartogh, 2011; Marchand, 2012; Wickel & Hartogh, 2019; Henning, 2020; Wickel & Hartogh, 2020).

- Kultursensible Orientierung: Die Wertschätzung verschiedener Kulturen ist selbstverständliche Grundhaltung in der Musikgeragogik. Musikgeragogische Arbeit respektiert die Verschiedenheit innerhalb der Gesellschaft, bestärkt die Gleichwertigkeit der kulturellen Erscheinungsformen und übernimmt eine musikalische Brücken- und Bindegliedfunktion.
- Intergenerationelle Orientierung: Musikgeragog*innen streben durch geeignete Angebote die musikalische Begegnung von Generationen an. Sie fördern damit das gegenseitige Verständnis der verschiedenen Altersgruppen und tragen positiv zum Zusammenhalt in der Gesellschaft bei.

Gemeinsamer Nenner aller genannten musikgeragogischen Prinzipien und Haltungen ist die Wertschätzung des Menschen in seiner Gesamtheit und seine hilfreiche Begleitung auf der Suche nach Sinnerfahrung und Lebenszufriedenheit. Diese „Zufriedenheit entsteht, wenn Aktivitäten und Inhalte den individuellen Intentionen angemessen entsprechen und weder über- noch unterfordern" (Hartogh, 2005, S. 40).

Hartogh (vgl. 2016, S. 42 f.) sieht in der Musikgeragogik und Elementaren Musikpädagogik Analogien zu den Prinzipien der Community Music[5] (zur Disziplin Community Music vgl. u.a. Higgins & Willingham, 2017; Hill & de Bánffy-Hall, 2017; Bartleet & Higgins, 2018; Kertz-Welzel, 2018; de Bánffy-Hall, 2019), wenngleich sich die deutschen Ansätze stärker auf die ästhetische Qualität der Angebote und die musikalische Kompetenz der Leitungspersonen richten. Auch de Bánffy-Hall (2017)

5 Der englische Begriff „Community Music" wird als Bezeichnung für das Arbeitsfeld auch in Deutschland verwendet und kann als „[...] eine Form der *Musik für alle* verstanden werden, die als gemeinschaftliches Musizieren in einem *bottom-up-Prozess* entsteht, anstatt sich an kulturellen Normen und stilistischen Vorgaben zu orientieren, wie sie *top-down* im Musikunterricht vermittelt werden" (de Bánffy-Hall & Hill, 2017, Hervorhebungen im Original).

erkennt im nicht institutionalisierten Rahmen der Musikgeragogik und der Elementaren Musikpädagogik einen teilweisen Ansatz von Community Music in Deutschland. Deren Prinzipien und Arbeitsweisen finden sich außerdem im Rahmen von Musik in der Sozialen Arbeit, Musik in der Soziokultur, Volksmusik und Community Music Therapy (vgl. de Bánffy-Hall, 2017; Kertz-Welzel, 2018, S. 364–367) .

Die Entwicklung von Community Music als eigenständiges Berufsbild in Deutschland steht derzeit noch am Anfang (vgl. de Bánffy-Hall, 2019) und ihre Akzeptanz im etablierten Bereich der deutschen Musikpädagogik gestaltet sich kontrovers. Hartogh hält es für Musikpädagog*innen aller Arbeitsfelder jedoch „[...] dringend erforderlich, das Bewusstsein zu schärfen und den internationalen Community-Music-Ansatz stärker zu berücksichtigen sowie aus den weltweiten Bildungsdiskursen und praktischen Projekten zu lernen" (Hartogh, 2016, S. 43, Übersetzung Schatz). Für das Musizieren mit Menschen im Dritten, Vierten und Fünften Alter sollten idealerweise alle Musikpädagog*innen Kompetenzen der Disziplinen Community Music, Musikgeragogik und Elementare Musikpädagogik erlangen, um im jeweiligen Tätigkeitsfeld zielgruppenadäquate und qualitativ hochwertige musikalische Räume schaffen zu können[6].

### 3.4.3 Musikgeragogische Kompetenzen

Musikgeragog*innen benötigen zur professionellen Arbeit für und mit älteren, alten und sehr alten Menschen musikbezogene, adressatenbezogene und persönliche Kompetenzen (vgl. Hartogh, 2005, S. 192–194). Die folgende Zusammenstellung gibt einen Überblick über die in der Literatur zu musikgeragogischer Praxis benannten Anforderungen, ohne Anspruch auf Vollständigkeit zu erheben (vgl. u. a. Wickel & Hartogh, 2019, 2020):

*Musikbezogene Kompetenzen*

- Souveräner Umgang mit Instrument (Unterrichtsinstrument und/oder Begleitinstrument) und Stimme
- Kenntnisse in Musiktheorie, Improvisation, Arrangement
- Fähigkeit zum Initiieren und Begleiten musikalischer Gruppenaktivitäten
- Kompetenzen in verschiedenen Formen der Musikvermittlung
- Repertoirekenntnis unterschiedlicher Stile und Gattungen und Offenheit für deren Einsatz, interkulturelle Kompetenz

6 Die Einbindung von Prinzipien der Community Music, Musikgeragogik und Elementaren Musikpädagogik in das Arbeitsfeld Kirchenmusik wurden von der Verfasserin im Rahmen einer Masterarbeit zum Thema „Inklusive Kirchenmusik" untersucht (vgl. Schatz, 2020).

- Ganzheitliche und interdisziplinäre ästhetische Kompetenz (Tanz, Rhythmik, Kunst, Film etc.)
- Wissen über die Auswirkungen von Musizieren und Musik sowie deren Potenziale und Grenzen

*Adressatenbezogene Kompetenzen*

- Basiswissen aus den Dach- und Nachbardisziplinen Geragogik, Gerontologie, Geriatrie und Alternspsychologie
- Kenntnisse im kompetenzorientierten Lernen, Anwendung einer zielgruppenorientierten Methodik und Didaktik
- Sozialkompetenz im Umgang mit (alten) Menschen: Wahrnehmung, Anerkennung, Wertschätzung, Einfühlungsvermögen, Fähigkeit zu Ermutigung und Motivation
- Weiterführende zielgruppenspezifische Kompetenzen: Kenntnisse zu Institutionen der Altersbildung und deren Strukturen, z. B. Musikschulen, Alteneinrichtungen, Kirchengemeinden

*Persönliche Kompetenzen*

- Verantwortungsbewusstsein, Reife, vielfältige (musikalische) Erfahrungen
- Selbstvertrauen, Selbstwertgefühl, Stabilität
- Selbstdisziplin, Selbstreflexion
- Lernbereitschaft
- Charisma, Ausstrahlung, Überzeugungskraft
- Organisationsfähigkeit, Belastbarkeit
- Kommunikationsfähigkeit, Kooperationsfähigkeit, Teamfähigkeit
- Digitalkompetenz

Je nach Kontext der musikgeragogischen Angebote sind weitere fachliche Kompetenzen nötig, z. B. hymnologisches und liturgisches Wissen für den kirchlichen Handlungsrahmen. Die Auflistung dient somit lediglich als Orientierung und muss für das heterogene Arbeitsfeld Musikgeragogik beständig aktualisiert und präzisiert werden (vgl. Hartogh, 2005, S. 194).

Das breite Spektrum musikgeragogischer Kompetenzen ist hilfreich und notwendig, um den vielfältigen Herausforderungen musikalischer Arbeit für und mit Menschen im Dritten, Vierten und Fünften Alter souverän begegnen zu können. Folgende Herausforderungen werden von Musikgeragog*innen in Praxisberichten und Projektbeschreibungen beispielsweise genannt (vgl. Wickel & Hartogh, 2019, 2020):

- Heterogenität der Gruppe (divergierende Interessenlage, individueller Musikgeschmack, Kompetenzvielfalt etc.), inter- und intraindividuelle Alternsprozesse
- Nachlassende körperliche und geistige Beweglichkeit, altersbedingte Veränderungen der Sinne, verminderte Konzentrationsfähigkeit, Vergesslichkeit, demenzielle Veränderungen
- Abwesenheit durch Reisen, familiäre Verpflichtungen, Kuraufenthalte etc., Häufung von Unpässlichkeiten und Krankheiten der Teilnehmer*innen sowie deren Partner*innen
- Mangel an passender Literatur und an geeigneten Arrangements
- Fehlende Wertschätzung musikgeragogischer Arbeit, problembelastete Teamarbeit (Personal-, Zeit- und Geldmangel, Differenzen bei Grundhaltungen und Zielsetzungen, fehlende Qualifikation für Kooperation)
- Mangel an geeigneten Räumlichkeiten
- Reglementierung durch Gesetze und Vorgaben, hinderliche institutionelle Rahmenbedingungen

Im Zusammenhang mit politischen und gesellschaftlichen Hindernissen in der musikalischen Arbeit für und mit alten Menschen äußerte sich der Deutsche Musikrat bereits im Jahr 2007. In seiner „Wiesbadener Erklärung" stellte der Dachverband einen zwölf Punkte umfassenden Katalog zusammen, in dem er Politik und Gesellschaft dazu auffordert, das aktive Musizieren im Alter 50+ zu unterstützen und weiterzuentwickeln (vgl. Deutscher Musikrat, 2007). In der Folge konnten viele Projekte realisiert werden, für den steigenden Bedarf an Musizierangeboten in den verschiedenen Lebensphasen und Lebenslagen im Alter sind aber, u. a. nach Einschätzung des Fachverbandes DGfMG, noch weitere Hilfen und Qualifizierungsangebote notwendig.

Vorreiter solcher Ausbildungs- und Qualifizierungsmaßnahmen, die musikalische Bildungsmöglichkeiten für Senior*innen in professioneller Qualität garantieren, ist die Fachhochschule Münster. Im Jahr 2004 wurde vom dortigen Fachbereich Sozialwesen aus der hochschulzertifizierte Fortbildungskurs „Musikgeragogik" initiiert. Mittlerweile gibt es an verschiedenen Standorten in Deutschland Qualifizierungsmöglichkeiten in Kooperation mit der Fachhochschule Münster[7]. An den Universitäten lässt sich im Rahmen musikpädagogischer Studiengänge eine Zunahme musikgeragogischer Module beobachten (vgl. Schabram, 2014; Hartogh & Wickel, 2018, S. 199). Angesichts der prognostizierten demografischen Entwicklung in den Kirchen ist zu klären, ob und in welcher Weise auch für Kirchenmusiker*innen kontextspezifische musikgeragogische Qualifizierungsangebote bereitgestellt werden müssen/können (vgl. Kapitel 9.2 und Kapitel 9.3).

7 Übersicht der Aus-, Fort- und Weiterbildungsmöglichkeiten unter https://www.dg-musikgeragogik.de/fort-und-weiterbildungen.html [29.07.2022]

### 3.4.4 Musikgeragogik in der Praxis

Aus dem heterogenen Feld der musikalischen Arbeit für und mit Menschen im Dritten, Vierten und Fünften Alter werden in diesem Unterkapitel aktuelle Angebotsformen musikgeragogischer Praxis überblicksartig zusammengestellt. Damit soll die Vielfalt musikgeragogischer Arbeit ersichtlich werden, die – entgegen verbreiteter Meinung – nicht ausschließlich mit hochaltrigen Menschen oder in Alteneinrichtungen stattfindet. Laut Hartogh (2005, S. 121) darf Musikgeragogik nicht mit Musiktherapie gleichgesetzt werden. Gesundheitsförderliche Wirkung kann zwar auch von musikgeragogisch konzipierten Angeboten ausgehen (vgl. u. a. Varvarigou et al., 2012; Coulton et al., 2015; Hallam & Creech, 2016; Lee et al., 2018; Perry-Deegan, 2018; Barbeau & Cossette, 2019), der Bildungsanspruch und die Freude an der Musik stehen als Zielsetzungen jedoch im Vordergrund.

Die aktiven Teilnehmer*innen an musikgeragogischen Angeboten lassen sich in vier grundsätzliche Gruppen einteilen (vgl. Hartogh, 2005, S. 95; Hartogh, 2018, S. 300):

1. Musiker*innen, die kontinuierlich seit jungen oder mittleren Jahren musizieren, sogenannte „Lebenszeitmusiker“ (Hartogh, 2005, S. 95).
2. Wiedereinsteiger*innen, die nach längerer Auszeit an frühere musikalische Ausbildungen oder Erfahrungen anknüpfen.
3. Instrumentalist*innen, die ein weiteres Instrument neu erlernen möchten.
4. Anfänger*innen, die erstmals im fortgeschrittenen Alter mit dem Musizieren beginnen.

Je nach Ausgangssituation existieren bei den Musiker*innen unterschiedliche Bedürfnisse, z. B. hinsichtlich des Niveaus und der Zielsetzung, was u. a. in der didaktisch-methodischen Konzeption und bei den Rahmenbedingungen der Angebote berücksichtigt werden muss (vgl. Hartogh, 2018, S. 300–306).

Das Spektrum von Musikgeragogik im deutschsprachigen Raum ist breit und reicht von Instrumentalunterricht bis zu musikalischer Sterbebegleitung:

- Instrumentalunterricht (vgl. u. a. Walsleben, 2009; Spahn, 2011; Kehrer, 2013; Brand, 2016; Spiekermann, 2016; Brand, 2019; Feierabend, 2019)
- Amateurmusizieren im Klassik- und Rockbereich (vgl. u. a. von Kameke, 2011; Spiekermann, 2017; Heid, 2019; Wirbelauer, 2019)
- Seniorenchöre (vgl. u. a. Leibold, 2011; Koch, 2017, 2019a, 2019b, 2022)
- Demenzchöre (vgl. u. a. Blaschke, 2019; Hassel & Röttger, 2019)
- Rhythmik (vgl. u. a. Heitz, 2020; Mayr, 2020)
- Tanz (vgl. u. a. Schönherr, 2011; Kuhlmann, 2019; Schönherr, 2020)
- Konzerte (vgl. u. a. Nebauer, 2013; Rohde, 2019; Wolf, 2019; Koch & Reuschenbach, 2022)

- Elementarmusische (intergenerative) Gruppenangebote (vgl. u. a. Jekic, 2011; Metzger, 2011; Forster, 2019; Oellermann, 2020; Voss, 2020)
- Einzelbetreuung in unterschiedlichen Kontexten und musikalische Sterbebegleitung (vgl. u. a. Hartogh & Wickel, 2008, S. 59 f.; Steinmetz, 2020).

Es ist festzustellen, dass deklarierte musikgeragogische Angebote im Kontext von Kirche und Kirchenmusik derzeit sowohl in der Literatur als auch in der Praxis (vgl. Kapitel 4.3) unterrepräsentiert sind. Im Vergleich zu vielfältigen institutionellen und privaten Musikgeragogikangeboten, z. B. in Hochschulen, Musikschulen, Musikakademien[8], Alteneinrichtungen, Krankenhäusern und Hospizen, scheint die kirchenmusikalische Arbeit für und mit älteren, alten und sehr alten Menschen bislang keine öffentlich nennenswerte Rolle zu spielen. Nur wenige Beispiele musikgeragogischer Formate im kirchlichen Rahmen finden sich in der aktuellen Fachliteratur, wie z. B. das konfessionsübergreifende Projekt „Sing mit uns alte Kirchenlieder" (Wickel, 2019) und Praxisberichte zu Kirchenkonzerten für Menschen mit Demenz in der evangelischen Kirche im Rheinland (Paganetti, 2022a, 2022b). Als weitere Berührungspunkte von musikgeragogischer Arbeit und Kirche werden in der Literatur Altennachmittage (vgl. Hartogh & Wickel, 2008, S. 65 f.) und kirchliche Seniorenchöre (vgl. Koch, 2017, 2019b, 2022) benannt bzw. dargestellt.

Diese vergleichsweise schwache Literaturpräsenz der Kirchenmusik von, für und mit Menschen im Dritten, Vierten und Fünften Alter führt u. a. zur Frage nach der Bedeutsamkeit musikgeragogischer Angebote im Kontext von Kirche und Kirchenmusik. Bevor diese Fragestellung aus der Perspektive hauptberuflicher Kirchenmusiker*innen beleuchtet wird, gibt das folgende Kapitel einen Überblick zum Berufsbild und Arbeitsfeld Kirchenmusik in Deutschland.

8 Z. B. Musikakademie für Senioren Baden-Württemberg e. V. (https://musikakademie-für-senioren.de [29.07.2022]), MAS Musik-Akademie e. V. (https://www.musik-akademie.de [29.07.2022])

# 4. Kirchenmusik

Kirchenmusik präsentiert sich in Deutschland inhaltlich und strukturell in großer Bandbreite. Für die Einordnung der Forschungsergebnisse ist es notwendig, den Kontext der kirchenmusikalischen Arbeit von, für und mit Ältergewordenen in Grundzügen zu erfassen, deshalb werden in diesem Kapitel themenrelevante theoretische Aspekte von Kirchenmusik erläutert[9] und der aktuelle Forschungsstand zur Disziplin dargestellt.

## 4.1 Überblick und Definition

Der Begriff „Kirchenmusik" umfasst, laut Lexikon „Musik in Geschichte und Gegenwart (MGG)", eine „[…] große Vielzahl an Gattungen, Repertoires, Liturgien, lokalen Eigenheiten, bis hin zu verschiedenen Formen der Überlieferung und Aufzeichnung […]" (MGG SL, 1996). Eine eindeutige und allgemein gültige Definition des Wortes ist wegen der Vielfalt, in der Kirchenmusik erklingt und in der Gemeindepraxis umgesetzt wird, in der Literatur nicht zu finden. Krummacher (2020) schreibt dazu:

> „Das Kompositum Kirchen-Musik ist nicht einfach zu definieren, selbst wenn es ein von ‚weltlicher' Musik abgrenzbares Repertoire zu beschreiben scheint. Einerseits hat die originäre Symbiose von Kirche, Gottesdienst und Musik im Verlauf der Jahrhunderte vielfache Veränderungen erfahren, andererseits war die Kirchenmusik unterschiedlichsten Einflüssen ‚weltlicher' Musik ausgesetzt. Sie kann funktionale liturgische Musik sein und hat ihren Ort ebenso außerhalb des Gottesdienstes. Hier wie dort ist Kirchenmusik auf den christlichen Glauben bezogen. In einem umfassenden Sinn ist sie daher als jene Musik zu verstehen, in der sich der christliche Glaube musikalisch-ästhetisch mitteilt und ausspricht" (Krummacher, 2020, S. 20).

Der „mitteilsame" Glaubensbezug stellt, nach Meinung der Verfasserin, ein Kernmerkmal von Kirchenmusik dar. Er wird in der Forschung zu Musikgeragogik im Kontext von Kirche und Kirchenmusik u. a. bei der Abgrenzung von Kirchenmusikgeragogik zu Nachbar- und Dachdisziplinen bedeutsam. Für Krummacher ist Kirchenmusik musikalischer

> „[…] Ausdruck und Praxis des christlichen Glaubens in seiner Erfahrungsoffenheit für die Welt, sie ist ästhetische Reflexion des Glaubens im Schnittpunkt von biblischer Verheißung und meiner Gegenwart und insofern Kommunikation und Verkündigung des Evangeliums." (ebd., S. 418 f.)

9 Eine vertiefende Darstellung des Kontextes aus der Perspektive hauptberuflicher Kirchenmusiker*innen erfolgt in Kapitel 7.

Aus dieser Perspektive umfasst „Kirchenmusik“ die gesamte Arbeit von Musiker*innen innerhalb und außerhalb von Kirchengemeinden, die dazu beiträgt, die Frohe Botschaft musikalisch zu verkündigen und Menschen in ihrem christlichen Glaubensleben zu begleiten. Der Handhabbarkeit halber liegt der Fokus der vorliegenden Forschungsarbeit auf der hauptberuflichen Kirchenmusik in den evangelischen Landeskirchen und katholischen Diözesen in Deutschland. Das vielfältige kirchenmusikalische Wirken der dort eingesetzten Hauptamtlichen soll mit Blick auf die Teilhabe von Menschen in den verschiedenen Lebensphasen und Lebenslagen im Alter untersucht werden.

### 4.1.1 Biblisch-religiöses Selbstverständnis

Eine umfängliche historische Darstellung von Kirchenmusik (vgl. u.a. Hochstein & Krummacher, 2011–2014; Claussen, 2015; Krummacher, 2020, S. 63–294) ist im Rahmen dieser Arbeit nicht möglich. Im Folgenden werden aber einige themenrelevante Aspekte der kirchenmusikalischen Entwicklungsgeschichte benannt, um die Forschungsergebnisse in einen größeren Kontext einordnen zu können.

Nach alttestamentlichem Verständnis ist der Mensch in seiner Gesamtheit, d.h., auch mit seinem Grundbedürfnis nach Musik, ein auf Gott bezogenes Geschöpf. Deshalb lobt der Mensch seinen Schöpfer (auch) durch Musik, wobei „Lob Gottes“ im Hebräischen „Glaube an Gott“ bzw. „Bekenntnis zu Gott“ bedeutet (vgl. Krummacher, 2020, S. 301). Musik – eine erste Erwähnung erfolgt in Genesis 4,21 – ist, aus biblischer Sicht, eine menschliche Möglichkeit Gottesbeziehung auszudrücken. Sie gilt als „[…] eine Konsequenz der Begabungen und des Auftrages, die der Mensch vom Schöpfer bekommen hat“ (ebd.). Trotz einer Vielzahl alttestamentlicher Lieder, die das Bekenntnis zu Gott thematisieren und sowohl weltliche als auch religiöse Feiern begleiten, lässt sich nur ein ungenaues Bild von der damaligen Musikpraxis zeichnen.

Musik spielt im Neuen Testament eine weniger prominente Rolle als im Alten Testament, die alttestamentlichen Psalmen und Lobgesänge bleiben den ersten christlichen Gemeinden allerdings als vertrautes Brauchtum erhalten (Kol 3,16). So berichtet der römische Offizier Gaius Plinius Secundus in seinen Briefen davon, dass Christen „[…] Christus als einem Gott einen Wechselgesang darbrachten […]“ (Plinius, ~113, S. 19, Übersetzung Schatz). Einen weiteren Beleg für die frühe Form von Kirchenmusik findet sich im Epheserbrief, in dem der Schüler Paulus Ende des 1. Jahrhunderts alle Christen auffordert:

> „Ermuntert einander mit Psalmen und Lobgesängen und geistlichen Liedern, singt und spielt dem Herrn in eurem Herzen.“ (Eph 5,19)

Auch Paulus selbst räumt besonders dem Singen einen hohen Stellenwert ein, indem er es den „[…] Charismen, die in einer Gemeinde wirksam sind (1Kor 14,26; 12,4–11)“ (Krummacher, 2020, S. 303), zurechnet. Für den Apostel ist Singen eine vom

Heiligen Geist geschenkte, natürliche Veranlagung und Begabung, welche der gesamten Gemeinde „[…] demokratische Teilhabe an Lob und Verkündigung" (ebd., S. 309) ermöglicht (vgl. Arnold, 2011, S. 133 f. und S. 136 f.; Arnold, 2021, S. 187 f.).

Teilhabe der christlichen Gemeinde ist auch ein Anliegen des Reformators Martin Luther, für den Musik zum festen Bestandteil des Glaubenslebens gehört. Er spricht der Musik emotionale Wirkungsweisen zu, betont deren seelsorgerliche Aspekte und ihren Beitrag zur Bildung. Musik besitzt, nach Meinung des Reformators, alle künstlerische Freiheit, ohne dass ihre Aufgaben zur Bildung und Glaubenspraxis darunter leiden würden (vgl. Arnold, 2011, S. 122–140). Damit

> „[…] eröffnet Luther der (Kirchen-)Musik einen großen Freiraum und zugleich eine offene Diskussion darüber, was Kirchenmusik in je neu zu erkundender Aktualität sein könnte und sollte […] Und bis heute ist immer wieder auszutarieren zwischen der Freiheit zur Musik und der Gefahr ihrer Beliebigkeit, Trivialisierung oder verzweckten Banalisierung." (Krummacher, 2020, S. 323)

Beide Aspekte, Bildungsanspruch und niveauvoller musikalisch-künstlerischer Freiraum zur Ausübung des Glaubens, bilden bis heute wichtige Grundlagen des Dienstes hauptberuflicher Kirchenmusiker*innen und geben somit auch den Rahmen für Kirchenmusik von, für und mit Menschen im fortgeschrittenen Alter vor.

### 4.1.2 Funktion und Aufgaben in der gegenwärtigen kirchlichen Praxis

Eine verstärkt kultursoziologische und religionsästhetische Sicht auf Kirchenmusik erkennt Krummacher (vgl. ebd., S. 385) erst seit den 1990er-Jahren, während in der ersten Hälfte des 20. Jahrhunderts noch die ausschließlich liturgische Funktion der Kirchenmusik betont wurde (vgl. u. a. Haunerland, 2020; Kopp et al., 2020, S. 14). Im Zusammenhang mit der ästhetischen Wende in der katholischen und evangelischen Praktischen Theologie erhält Kirchenmusik vonseiten der Theologie eine größere Wertschätzung:

> „Es dämmert die Erkenntnis, dass nicht-diskursive, dass ästhetische Weisen der Glaubenserschließung und -erfahrung (mindestens) genauso wichtig sind wie die klassisch theologisch-katechetischen Glaubenszugänge." (Koch, zitiert nach Schneider, 2020, S. 131)

Musik wird seitdem nicht mehr als bloße Dienerin der Glaubensinhalte und kirchlichen Lehre verstanden, sondern als „[…] die wesentliche Gestalt, in der das Evangelium wahrnehmbar, mitteilbar und darstellbar wird" (Meyer-Blanck, 2020, S. 25). Theolog*innen erkennen an, dass aktives Musizieren dem Menschen hilft, sich jenseits aller Zwänge und Verpflichtungen „[…] als ein ästhetisches, genießendes, selbstvergessenes, religiös gesprochen: als ein Geschöpf Gottes zu erleben (und dann auch zu verstehen)" (ebd., S. 28).

Um diese Aufgabe erfüllen zu können, muss Kirchenmusik für Menschen zugänglich sein. Nach Meinung von Krummacher steht deshalb in der gegenwärtigen Diskussion um die zukünftige Ausrichtung der Disziplin und des Berufsbildes „[...] die alltagstaugliche, lebensweltliche Rezeptionsfreundlichkeit der Kirchenmusik im Vordergrund“ (Krummacher, 2020, S. 397).

Krummacher warnt davor, Qualitätsmaßstäbe zugunsten des Erfolgs aufzuweichen, wobei sich der Verfasserin die Frage stellt, was die Qualität gegenwärtiger und zukünftiger Kirchenmusik ausmacht. Laut Kaiser (2017) ist Qualität abhängig von Situationen und Kontexten und lässt sich daher nicht als absolute Größe messen. Bewertungskriterien der jeweiligen Qualitäten kirchenmusikalischer Arbeit müssen demnach bezogen auf die Aufgaben, Funktionen und Zielsetzungen von Kirchenmusik aufgestellt werden.

Neben ihrer liturgischen Funktion und der Aufgabe zur Verkündigung des Evangeliums ist Kirchenmusik „[...] eine unverzichtbare Dimension des Gemeindeaufbaus. Sie fördert Erfahrungen von Gemeinschaft und stellt in speziellen Gruppen (Chöre, Instrumentalensembles u. a.) selber Gemeinschaften her“ (Krummacher, 2020, S. 488). Kirchenmusik bildet gezielt oder en passant in allen kirchenmusikalischen Arbeitsbereichen und stellt einen wesentlichen Teil der öffentlichen Kultur dar (vgl. ebd., S. 489–495). Im Unterschied zu anderen Künsten wirkt sich Musik unmittelbar auf Körper und Emotionen aus, weshalb Kirchenmusik heilsame und seelsorgerliche Wirkung entfalten kann (vgl. Kohlhaas, 2007a). In Zeiten zunehmender Säkularisierung bietet Kirchenmusik vielfältige Kontaktmöglichkeiten zu Kirche, Glaubensleben und religiöser Praxis (vgl. Krummacher, 2020, S. 494 f.; Werz, 2020).

Kirchenmusik erfüllt somit liturgische, missionarische, kulturelle, pädagogische und diakonische Aufgaben, was die zu Beginn des Kapitels genannte Schwierigkeit der Begriffsbestimmung unterstreicht. Zur Vorstellung des 2017 eröffneten Themenportals „Kirchenmusik – Musik in Religionen“ veröffentlichte das Deutsche Musikinformationszentrum (MIZ) dazu:

> „Kaum ein anderer musikalischer Bereich ist so vielfältig und dadurch so schwer zu überblicken wie die Kirchenmusik. Zwischen Laienorientierung und hoher Professionalisierung dient sie nicht nur der Liturgie, sondern schlägt mit ihren zahlreichen Aktivitäten im Konzertleben eine Brücke in die Gesellschaft [...] ‚Kirchenmusik ist nicht nur Teil der kirchlichen Verkündigung, sie prägt darüber hinaus in hohem Maße unsere Bildungs- und Kulturlandschaft‘[...]“ (Deutsches Musikinformationszentrum, 2017)

Sämtliche Bemühungen um eine qualitätsvolle, zukunftsfähige Gestaltung des Arbeitsfeldes Kirchenmusik müssen diese vielfältigen Aufgaben und Funktionen berücksichtigen. Schuhenn (2020) benennt fünf Haupt- und mehrere Unterkriterien, anhand derer die Qualität(en) zukünftiger Kirchenmusik gemessen werden könnte(n), u. a. situative Stimmigkeit, hoher Gegenwartsbezug, Vielfalt von Strukturen, Zugänglichkeit, partizipative Dimension (vgl. Schuhenn, 2020, S. 179 ff.). In den

„Frankfurter Thesen zur Kirchenmusik in einer sich verändernden Kirche“ (Direktorenkonferenz Kirchenmusik EKD, 2020) werden diese und weitere Zukunftskriterien einer wirksamen und kraftvollen kirchenmusikalischen Arbeit veröffentlicht. Es wird zu diskutieren sein, was Kirchenmusikgeragogik zum wünschenswerten Berufsbild im 21. Jahrhundert beitragen könnte (vgl. Kapitel 9.2).

Verantwortung für die Umsetzung der Qualitäts- und Zukunftsmerkmale des Arbeitsfeldes tragen Kirchenmusiker*innen im haupt- und nebenberuflichen bzw. ehrenamtlichen Dienst. Derzeit engagieren sich in Deutschland über 900.000 Ehrenamtliche in einem oder mehreren der rund 36.000 Kirchenchöre und 15.000 kirchlichen Instrumentalensembles. Schätzungsweise 30.000 nebenberufliche Kirchenmusiker*innen sind in den Landeskirchen und Bistümern als Arbeitnehmer*innen beschäftigt und tragen zu einem vielfältigen musikalischen Leben in den Gemeinden bei. Etwa zehn Prozent der kirchenmusikalischen Arbeit in Deutschland liegt in den Händen von Hauptberuflichen, d. h. rund 3.300 studierte Kirchenmusiker*innen erfüllen die komplexen musikalischen und außermusikalischen Aufgaben des Arbeitsfeldes Kirchenmusik und nehmen eine wichtige Bildungs- und Multiplikatorfunktion ein (vgl. Deutsches Musikinformationszentrum, 2021). Im folgenden Kapitel wird das Berufsbild Kirchenmusiker*in literaturbasiert dargestellt[10].

## 4.2 Berufsbild Kirchenmusiker*in

Kirchenmusik erfüllt wesentliche Aufgaben und Funktionen im internen kirchlichen Leben und im öffentlichen Wirken der Kirchen. Dabei richtet sie sich in ihren unterschiedlichen Formen an Leiturgia (Gottesdienst), Martyria (Verkündigung), Paideia (Bildung), Koinonia (Gemeinschaft) und Diakonia (Dienst am Nächsten), den Grunddimensionen des kirchlichen Auftrags und Handelns, aus (vgl. Bubmann, 2007, S. 270). Das heutige Berufsbild von Kirchenmusiker*innen ist demzufolge breit gefächert und umfasst in der Praxis vielfältige Aufgaben, wie z. B.

> „[…] die musikalische Planung des Kirchenjahres, die Begleitung der Gemeinde an der Orgel im Gottesdienst, die Leitung von Kirchen- und Gospelchören aller Altersstufen, die Arbeit mit Bands oder Instrumentalensembles wie Posaunen- und Flötenchor, die Leitung von Kinder- und Jugendmusikgruppen, die musikpädagogische Ausbildung nebenamtlicher Kirchenmusiker*innen, das Spielen eigener Orgelkonzerte außerhalb des Gottesdienstes, die Organisation und Veranstaltung von Konzerten, das Komponieren und Arrangieren von Musikstücken.“ (ELKB, o. D.)

Für die hauptberufliche Ausübung des kirchenmusikalischen Dienstes ist ein mehrjähriges Studium an einer kirchlichen oder staatlichen Hochschule notwendig,

10 Eine Darstellung des Berufsbildes aus der Sicht hauptberuflicher Kirchenmusiker*innen erfolgt in Kapitel 7.

das seit der Bologna-Reform zu einem Bachelor- oder Masterabschluss führt. Die Inhalte des Bachelor- und Masterstudienganges Kirchenmusik regelt die ökumenisch erarbeitete „Rahmenordnung für die berufsqualifizierenden Studiengänge in Kirchenmusik“ (Direktorenkonferenz für Kirchenmusik & KdL, 2008). Darin wird zwischen den Ausbildungsfeldern „Kernbereich“ (u. a. Orgel, Klavier, Gesang, Chorleitung, Orchesterleitung, Generalbass, Partiturspiel, Liturgik), „Bildungsbereich“ (u. a. Tonsatz, Gehörbildung, Musikgeschichte, Orgelkunde), „Vermittlungsbereich“ (u. a. Unterrichtsmethodik, Musizieren mit Kindern), „Praxisbereich“ (z. B. Gemeindepraktikum), „Schwerpunktbereich“ und „Ergänzungsbereich“ unterschieden, die sowohl die Aufgabenvielfalt im Kantorenamt als auch individuelle Interessen der Studierenden berücksichtigen. Die Zulassung zum Bachelorstudium erfordert das Bestehen einer Aufnahmeprüfung, was eine mehrjährige nebenberufliche Kirchenmusikausbildung oder vergleichbare Qualifikationen voraussetzt. Bei besonderer Begabung und Leistungsfähigkeit kann der konsekutive Masterstudiengang angeschlossen werden:

> „[Er] befähigt Kirchenmusikerinnen und Kirchenmusiker in besonderer Weise zu herausragenden künstlerischen, ggf. auch theoretisch-wissenschaftlichen Leistungen in den kirchenmusikalischen Arbeitsfeldern, zu Fachaufsicht, Fachberatung und ggf. auch Dienstaufsicht für die Kirchenmusik in einer Kirchenregion mit Angeboten zur Aus- und Weiterbildung haupt- und nebenberuflicher Kirchenmusikerinnen und Kirchenmusiker, zur Beratung kirchlicher Gremien in Fachfragen, zur Repräsentation von Kirchenmusik in der Öffentlichkeit.“ (Direktorenkonferenz für Kirchenmusik & KdL, 2008, S. 11)

Die Vielfalt der künstlerischen, musikpädagogischen und wissenschaftlichen Ausbildungsfächer in den Kirchenmusikstudiengängen ist gegenüber anderen musikalischen Studiengängen nahezu einzigartig. Derzeit wird der Übergang in die eigenverantwortliche Berufsausübung, z. B. durch ein verpflichtendes Berufspraktikum, von den Landeskirchen und Diözesen nicht einheitlich gehandhabt. Wünschenswert wäre ein inhaltlich und formal abgeglichenes Modell für ganz Deutschland, das nicht nur weitere praxisrelevante Kompetenzen vermittelt, sondern auch die Zusammenarbeit zwischen den kirchlichen Berufsgruppen fördert (vgl. Krummacher, 2020, S. 448 f.).

Die Anstellung hauptberuflich tätiger Kirchenmusiker*innen erfolgt in Deutschland im Rahmen dreier grundsätzlicher Stellentypen (vgl. Michaelis, 2021):

1. Kantoratsstellen in Kirchengemeinden bzw. Seelsorgeeinheiten: Gemeindliche Kantoratsstellen umfassen einen Dienstauftrag von 50 bis 100 Prozent und werden, je nach künstlerischer Ausprägung, unterschiedlich vergütet (sogenannte „B-Stellen“ und „A-Stellen“[11]). Die kirchenmusikalische Arbeit wird nach Ab-

11 Die Evangelische Landeskirche in Württemberg gab 2004 das bisherige System auf und unterscheidet seither zwischen G1-, G2- und G3-Stellen.

sprache mit den gemeindeleitenden Personen bzw. Gremien am Ort durchgeführt und beinhaltet üblicherweise den gottesdienstlichen Dienst, die Leitung von Chören bzw. Ensembles und Konzerttätigkeit.
2. Dekanats-, Bezirks- oder Regionalstellen: An diesen übergemeindlichen A- oder B-Stellen[12] übernehmen Kirchenmusiker*innen als Dekanats-, Bezirks- bzw. Regionalkantor*innen zusätzliche Aufgaben in der Aus-, Fort- und Weiterbildung von Nebenberuflichen. Sie stehen den Kirchengemeinden ihres Dekanates außerdem für die Beratung in kirchenmusikalischen Angelegenheiten zur Verfügung. Die Anstellung erfolgt überwiegend in Vollzeitbeschäftigung, wobei der Dekanatsauftrag meist mit einem gemeindlichen Dienstverhältnis kombiniert wird, z. B. 75 Prozent kirchenmusikalische Tätigkeit in einer Kirchengemeinde plus 25 Prozent Dekanatskantorat. Regionalstellen besitzen wegen ihrer Multiplikatorfunktion große Bedeutung für die Zukunft der Kirchenmusik in der Fläche.
3. Funktionsstellen auf landeskirchlicher bzw. diözesaner Ebene: Hierzu zählen die Leitungsstellen der Landes- bzw. Diözesankirchenmusikdirektor*innen, welche die Fachaufsicht im Arbeitsfeld Kirchenmusik übernehmen. Andere landeskirchliche bzw. diözesane Funktionsstellen können mit kirchenmusikalischen Sonderbeauftragungen einhergehen, z. B. Landesposaunenwart*innen, Popularkirchenmusiker*innen[13] oder Chorreferent*innen.

Die Anstellungsverhältnisse, Arbeitssituationen und Erwartungshaltungen seitens der Anstellungsträger sind für Kirchenmusiker*innen ebenso vielfältig wie das Berufsbild und die Kirchenmusik an sich. Hauptberufliche Kirchenmusik umspannt ein weites Feld zwischen hoher künstlerischer Professionalität und musikalischer Laienarbeit, zwischen Zielorientierung und Bedürfnisbefriedigung, zwischen Bildungsauftrag und pastoraler Begleitung, zwischen Bewahrung des kirchenmusikalischen Erbes und Offenheit für neue Entwicklungen (vgl. Deutsches Musikinformationszentrum, 2017).

Diese Vielseitigkeit birgt einerseits die Gefahr der Überforderung, hat aber andererseits das Potenzial flexibel auf kirchliche bzw. gesellschaftliche Situationen und Notwendigkeiten reagieren zu können. Wesentliche Veränderungen im Kantorenamt erfolgten beispielsweise im letzten Drittel des 20. Jahrhunderts durch die Entwicklung der kirchenmusikalischen Arbeit mit Kindern oder mit der Etablierung von Gospelchören seit den 1990er-Jahren. Popularkirchenmusik ist seit Beginn des 21. Jahrhunderts eine weitere Facette der kirchenmusikalischen Arbeit, die vor allem bei den jüngeren und mittleren Generationen große Akzeptanz findet. Deutlich wird daran, wie wichtig die Offenheit für musikalische Bedürfnisse ist, um Menschen weiterhin oder neu „erreichen“ zu können.

12 In der Evangelischen Landeskirche in Württemberg: BK1- oder BK2-Stellen.

13 Das Studium der Popularkirchenmusik ist in Deutschland seit 2016 im Rahmen eines eigenständigen Bachelor- bzw. Masterstudienganges möglich.

Mit zunehmender Präsenz der Alter(n)sthematik in Gesellschaft und Kirche (vgl. Kapitel 2) zeichnet sich ein weiterer, notwendiger Entwicklungsschritt in der Ausdifferenzierung des Berufsbildes ab: Musikgeragogik im Kontext von Kirche und Kirchenmusik könnte hilfreich sein, die kirchenmusikalischen Bedürfnisse und Zielsetzungen von älteren, alten und sehr alten Menschen passgenau und professionell zu berücksichtigen. Im folgenden Kapitel wird der aktuelle theoretisch-wissenschaftliche Stand der hauptberuflichen kirchenmusikalischen Arbeit mit Senior*innen umrissen, eine detaillierte Ausarbeitung des Phänomens erfolgt im Rahmen des empirischen Teils der Dissertation (vgl. Kapitel 7 und Kapitel 8).

## 4.3 Musikgeragogik in der Kirchenmusik

Kirchenmusik und Alter schließen sich ebenso wenig aus wie Musik und Alter (vgl. Kapitel 3.4), die Bedeutung der religiösen Musik scheint im Alter wegen ihrer heilsamen und seelsorgerlichen Dimension bei vielen Menschen eher zuzunehmen (vgl. Krummacher, 2020, S. 486–488). Es gibt keine „spezielle" Kirchenmusik für Ältergewordene, dennoch ist es angesichts des demografischen und altersstrukturellen Wandels berufsethisch angebracht, die kirchenmusikalische Arbeit für und mit älteren Erwachsenen zu reflektieren: Es muss geprüft werden, inwieweit die kirchenmusikalischen Bedürfnisse der großen und heterogenen Gruppe von Senior*innen in der Praxis des gegenwärtigen Kantorenamtes berücksichtigt werden. Die biblische Grundlage für das kritische Hinterfragen steht im fünften Kapitel des Epheserbriefes, Vers 19. Dieser Vers stellt nicht nur ein Zeugnis der frühen Form von Kirchenmusik dar, sondern begründet darüber hinaus die lebensumspannende kirchenmusikalische Begleitung von Menschen. Der Schreiber des Epheserbriefes fordert *alle* Christen auf, mit Gott in einen musikalischen Dialog zu treten, nicht nur junge, gesunde, gebildete usw. Christen. Kirchenmusik muss daher für alle Menschen, die dies möchten, lebenslang zugänglich sein und Räume zur Begegnung mit Gott öffnen. Mit einem breiten Angebot an Chören, Ensembles, Unterricht, Musik in Gottesdiensten und Konzerten etc. versuchen die katholischen und evangelischen Kirchenmusiker*innen in Deutschland diesem Anspruch gerecht zu werden (vgl. Deutsches Musikinformationszentrum, 2021).

Ob und in welcher Form ältere, alte und sehr alte Menschen in diese vielfältigen Arbeitsbereiche aktiv eingebunden sind, wurde im Rahmen einer Online-Umfrage Anfang 2021 erstmals deutschlandweit und überkonfessionell abgefragt (vgl. Schatz & Koch, 2021). Ziel der Datenerhebung, an der sich 23 Prozent der hauptberuflichen Kirchenmusiker*innen beteiligten, war es, den Ist-Stand[14] musikgeragogischer Arbeit im Kantorenamt nach wissenschaftlichen Kriterien sichtbar zu machen. Es sollte eine Grundlage für weiterführende Untersuchungen geschaffen werden, da bislang keine Forschungsarbeiten zur umfänglichen Einbindung von Musikgerago-

14 Anzahl der Teilnehmer*innen vor Corona-Pandemie

gik in Kirchenmusik vorliegen[15]. Tabelle 1 stellt die statistischen Ergebnisse der Umfrage nebeneinander (siehe Tabelle 1, S. 67).

Erwachsene zwischen 60 und 69 Jahren bilden demnach rund ein Viertel der Teilnehmenden an intergenerationellen[16] Angeboten einer hauptberuflichen Kirchenmusikstelle. Diese hohe Beteiligungsquote setzt sich bei den Über-70-Jährigen nur im klassischen Chorbereich (Kirchenchor, Kantorei) fort, in allen anderen kirchenmusikalischen Arbeitsfeldern, z. B. Gospelchor, Posaunenchor, Orgel-, Instrumental-, Theorieunterricht, sinkt sie deutlich ab. Hochaltrige Menschen ab 80 Jahren machen insgesamt einen geringen Prozentsatz der Teilnehmenden aus, der Anteil der Über-90-Jährigen tendiert gegen Null.

21 Prozent der befragten Kantorinnen und Kantoren bieten spezielle, partizipative Veranstaltungen für Musiker*innen ab 60 Jahren an, die häufigsten Formate bilden hierbei Seniorenchor und Offenes Singen (vgl. Schatz & Koch, 2021, S. 178). Die deutliche Mehrheit der befragten hauptberuflichen Kirchenmusiker*innen (79 %) leitet selbst keine altershomogenen Angebote für Menschen im fortgeschrittenen Alter. Fehlende Arbeitsstunden, nicht vorhandene Notwendigkeit und ein ungeeignetes Stellenprofil werden dafür als häufigste Gründe genannt (siehe Abbildung 4, S. 67).

Unter „sonstige Gründe" geben die Kantor*innen u. a. an, dass spezielle Angebote von Senior*innen nicht akzeptiert würden oder dass der etablierte Chor ohne das Engagement der älteren, alten und sehr alten Sänger*innen nicht existenzfähig wäre. Einige Befragungsteilnehmer*innen stellen die Sinnhaftigkeit altershomogener Angebote grundsätzlich infrage, andere betonen die gemeinschaftsstiftende Wirkung ihrer intergenerationellen Arbeit, die es, ihrer Ansicht nach, unter allen Umständen zu erhalten und zu fördern gilt. Von einigen Kirchenmusiker*innen kommt die Rückmeldung, dass sie spezielle Chöre für Ältergewordene als Exklusion empfinden und deshalb kategorisch ablehnen.

Interessant ist, dass sich die Kommentare zu Seniorenangeboten ausschließlich auf den Arbeitsbereich Chor beziehen und andere Formen der altershomogenen Arbeit für und mit älteren, alten und sehr alten Menschen den Kirchenmusiker*in-

15 Erste Erfahrungen mit einer konzeptionellen Einbindung von Musikgeragogik in die hauptberufliche Kirchenmusik wurden im Rahmen eines dreijährigen Pilotprojektes (2016–2019) der Evangelisch-Lutherischen Kirche in Bayern gesammelt. Projektinhalte waren – neben den bereits erprobten Arbeitsfeldern Altennachmittag und Seniorenchor (vgl. Kapitel 3.4.4) – musikgeragogischer Instrumentalunterricht, Einzelstimmbildung, Ensemblemusizieren, ganzheitliche kirchenmusikalische Gruppenangebote in Gemeinden und Senioreneinrichtungen, intergenerative Angebote und Seniorenmusikfreizeiten.

16 Ergänzend zu „intergenerationell" wird im Zusammenhang mit Musikgeragogik im Kontext von Kirchenmusik das Adjektiv „altersgemischt" verwendet. Damit wird der Unterschied zu „intergenerativen" Angeboten verdeutlicht, d. h. bewusst initiierten Begegnungsräumen für das gemeinsame Musizieren zweier nicht benachbarter Generationen (Großeltern/Enkel, Kinderchor/Seniorenkreis) (vgl. Kapitel 8.2.3).

Tab. 1: Altersgruppen in kirchenmusikalischen Angeboten

| | TN gesamt | 60–69 Jahre | 70–79 Jahre | 80–89 Jahre | über 90 Jahre |
|---|---|---|---|---|---|
| **Chor (Kantorei)** | 37.040 | 27,6 % | 20,3 % | 8,5 % | 0,4 % |
| **Gospelchor** | 6.056 | 25,2 % | 8,1 % | 1,1 % | 0,1 % |
| **Posaunenchor** | 3.036 | 24,1 % | 12,7 % | 4,3 % | 0,1 % |
| **Orgelunterricht** | 1.120 | 16,3 % | 5,8 % | 0,9 % | 0 % |
| **Instrumentalunterricht** | 325 | 26,2 % | 12,6 % | 3,1 % | 0 % |
| **Gesang, Stimmbildung** | 1.745 | 24,6 % | 9,1 % | 2,3 % | 0,1 % |
| **Theorieunterricht** | 487 | 19,9 % | 7,4 % | 0,2 % | 0 % |

Quelle: Schatz & Koch, 2021, S. 178

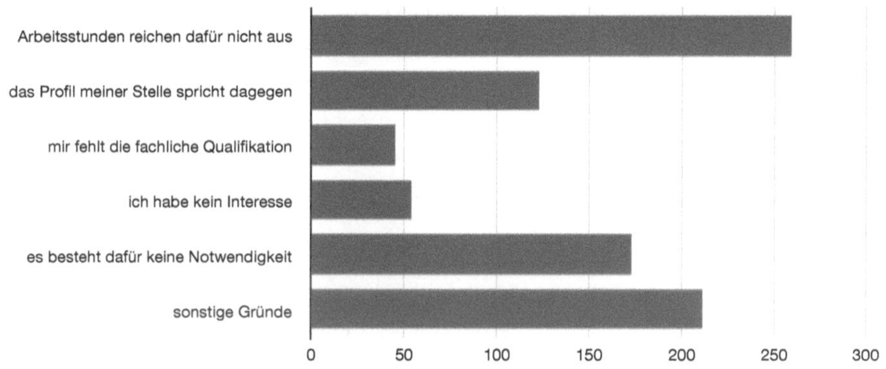


Abb. 4: Gründe, die Senior*innen-Angebote unter hauptamtlicher Leitung verhindern
Quelle: Eigene Darstellung

nen bei der Online-Befragung nicht präsent zu sein scheinen. Diese Einseitigkeit steht zunächst im Widerspruch zur beschriebenen Bandbreite von Kirchenmusik. Es wird zu klären sein, welche Gründe dafür vorliegen könnten und in welchen weiteren kirchenmusikalischen Arbeitsbereichen altershomogene Angebote möglich und sinnvoll wären.

Darüber hinaus werfen die Daten und Kommentare folgende Fragen zu Musikgeragogik im Kontext von Kirche und Kirchenmusik auf:

- Worin besteht der Vorteil altershomogener kirchenmusikalischer Angebote?
- Wie müssten spezielle Angebote für Senior*innen konzipiert sein um Akzeptanz zu finden?
- Welche Strategien können Kirchenmusiker*innen anwenden, um den Bedürfnissen älterer, alter und sehr alter Musiker*innen im Rahmen etablierter, altersgemischter Angebote gerecht zu werden?
- Wie kann die kirchenmusikalische Teilhabe hochaltriger Menschen gefördert werden?

Geklärt werden muss auch die Frage, wie sich musikgeragogische Arbeit im kirchenmusikalischen Gesamtkonzept hauptamtlicher Stellen verorten lässt und welche Bedeutsamkeit sie im Vergleich zu kirchenmusikalischer Arbeit mit anderen Generationen besitzt. Entgegen des aktuellen kirchlichen Trends sind die befragten Kirchenmusiker*innen bezüglich eines Fokus auf jüngere Generationen nicht einer Meinung, halten es jedoch mit großer Mehrheit (62 % volle Zustimmung und 29 % teilweise Zustimmung) für die Zukunft der Kirchenmusik wichtig, auf die demografischen Entwicklungen in der Gesellschaft zu achten (vgl. Schatz & Koch, 2021, S. 180). Bemerkenswert ist außerdem, dass mehr als Dreiviertel der befragten Kirchenmusiker*innen (48 % volle Zustimmung und 31 % teilweise Zustimmung) Musikgeragogik prinzipiell als „[...] wichtige Disziplin für Hauptberufliche" (ebd., S. 179) bewerten.

Warum sich die Frage nach der Wichtigkeit überhaupt stellt und worin die Bedeutsamkeit von Musikgeragogik im Kontext von Kirche und Kirchenmusik im Einzelnen besteht, wird im Rahmen der vorliegenden Arbeit erstmals empirisch untersucht. Vor der Erläuterung des Forschungsdesigns (vgl. Kapitel 6) erfolgt im nächsten Kapitel die Entwicklung der zentralen Fragestellung. Diese bündelt die offenen Fragen aus den vorangegangenen theoretisch-wissenschaftlichen Kapiteln und schafft einen angemessenen Zugang zum Forschungsfeld.

# 5. Fragestellung

Die Gliederung des theoretisch-wissenschaftlichen Teils in die Kapitel Alter(n), Geragogik und Kirchenmusik erfolgte unter anderem aufgrund der Wortbestandteile des Neologismus „Kirchenmusikgeragogik". Dieser Begriff entwickelte sich ab 2016 aus dem ELKB-Praxisprojekt „Kirchenmusik 65+: Musikgeragogik in der Kirchenmusik" und findet seitdem im Zusammenhang mit musikgeragogischen Projektstellen in der Evangelisch-Lutherischen Kirche in Bayern und innerhalb der Deutschen Gesellschaft für Musikgeragogik[17] Verwendung (vgl. DGfMG, 2019). In Veröffentlichungen zu Community Music (vgl. Koch, 2020, S. 50) und altershomogenen Rock- und Popchören (vgl. Koch, 2022, S. 181 f.) sowie im Rahmen des internationalen Symposiums „Lebenslanges Musizieren" Ende 2020 in Innsbruck (Wickel, 2020) wurde „Kirchenmusikgeragogik" erstmals im wissenschaftlichen Kontext als spezialisierender Teilbereich der Musikgeragogik benannt. Bisher liegen allerdings keine wissenschaftlichen Untersuchungen zu Kirchenmusikgeragogik als umfängliches Handlungsfeld vor – Teilbereiche der kantoralen Arbeit unter musikgeragogischen Bedingungen wurden bereits untersucht, z. B. Seniorenchorleitung (u. a. Koch, 2017).

Angesichts der demografischen und altersstrukturellen Entwicklung in Gesellschaft und Kirche stehen Kirchenmusiker*innen vor der Herausforderung, ihren vielfältigen Dienstauftrag mit einer prozentual wachsenden Anzahl von Menschen im Dritten, Vierten und Fünften Alter erfüllen zu müssen (vgl. Kapitel 2.4.1). Die Einbindung musikgeragogischer Prinzipien und Arbeitsweisen in alle kirchenmusikalischen Tätigkeitsbereiche scheint daher ein logischer und Erfolg versprechender Ansatz zu sein, auf die Gegebenheiten angemessen zu reagieren.

Diese mögliche Weiterentwicklung des Berufsbildes Kirchenmusiker*in soll im Rahmen der vorliegenden Arbeit erstmals empirisch untersucht werden. Die zentrale Fragestellung zur Annäherung an das neue Forschungsfeld Kirchenmusikgeragogik lautet:

*Welche Relevanz hat Musikgeragogik im Kontext von Kirche und Kirchenmusik für hauptberufliche Kirchenmusikerinnen und Kirchenmusiker?*

Der Begriff „Relevanz" wird mit „Bedeutsamkeit [bzw.] Wichtigkeit in einem bestimmten Zusammenhang" (Duden, o. D.) definiert. Diese Wortbedeutung des „seit der 2. Hälfte des 20. Jahrhunderts gebräuchlichen Substantivs (beeinflusst von englisch ‚relevance') geht vermutlich aus der mittellateinischen Partizipform von ‚relevare' = in die Höhe heben (Relief), nach dem Bild der Waagschalen" (ebd.) hervor. Deshalb wird die ältere Wortbedeutung des Adjektivs „relevant […] = schlüssig,

17 2020 konstituierte sich unter dem Dach der DGfMG ein Arbeitskreis „Kirchenmusikgeragogik" (vgl. https://www.dg-musikgeragogik.de/arbeitskreise.html [29.07.2022]).

richtig“ (ebd.) ebenfalls bei der Beantwortung der Forschungsfrage berücksichtigt. Weiterhin fließen in die Datenauswertung die Synonyme „ausschlaggebend, bedeutsam, entscheidend, interessant, maßgebend, maßgeblich, von Belang, wesentlich, wichtig [...] essenziell, signifikant [...]“ (Duden, o. D.) mit ein.

Aus den vorherigen Kapiteln ist ersichtlich, dass der Begriff „Kirchenmusikgeragogik“ ein vielschichtiges Themenfeld rund um Kirchenmusik von, für und mit Menschen im Dritten, Vierten und Fünften Alter umfasst. Die bewusst offen gestellte Forschungsfrage nach der Relevanz von Musikgeragogik im Kontext von Kirche und Kirchenmusik berücksichtigt diese Komplexität des neuen Forschungsfeldes und den erstmaligen Zugang dorthin. Sie lässt, im Sinne der verwendeten Forschungsmethodologie Grounded Theory (vgl. Kapitel 6), zu Beginn mehrere Möglichkeiten der Annäherung an den Forschungsgegenstand zu, bevor im Forschungsverlauf Konkretisierungen bis hin zur Modellierung des Handlungsfeldes Kirchenmusikgeragogik erfolgen (vgl. Breuer et al., 2019, S. 151–156).

Folgende untergeordnete Fragen sind neben der zentralen Forschungsfrage von Interesse und helfen bei der Analyse und Interpretation der Daten:

- In welchem Kontext und aus welchen Gründen arbeiten Kirchenmusiker*innen für und mit Senior*innen?
- Welche Bedingungen nehmen Einfluss auf die kirchenmusikalische Arbeit von, für und mit älteren, alten und sehr alten Menschen?
- In welcher Weise kann Menschen im Dritten, Vierten und Fünften Alter eine angemessene Teilhabe an Kirchenmusik ermöglicht werden?
- Welche Folgen ergeben sich aus der musikgeragogischen Arbeit im Kontext von Kirche und Kirchenmusik?

In der vorliegenden Doktorarbeit führt die Beantwortung der zentralen Forschungsfrage aus Sicht der handelnden Personen im Forschungsfeld zunächst zur Klärung der Bedeutsamkeit von Musikgeragogik im Berufsbild Kirchenmusiker*in (vgl. Kapitel 7). In weiteren Auswertungsschritten wird das zielgruppenspezifische Handlungsfeld Kirchenmusikgeragogik modelliert und auf Basis der bisherigen wissenschaftlichen Erkenntnisse und der empirischen Daten eine Definition von „Kirchenmusikgeragogik“ vorgeschlagen (vgl. Kapitel 8). Das folgende Kapitel erläutert den zugrunde liegenden Forschungsansatz und den Forschungsverlauf.

# 6. Forschungsdesign

In diesem Kapitel wird das Forschungsdesign der empirischen Studie zu Musikgeragogik im Kontext von Kirche und Kirchenmusik erläutert und der Forschungsverlauf in Grundzügen dargestellt. Eine ausführliche Dokumentation des Forschungsprozesses wurde mithilfe der QDA-Software[18] „MaxQDA" angefertigt. Sie stellt ein Kernmerkmal der in der vorliegenden Arbeit angewandten Forschungsmethodologie dar[19]. Durch die umfängliche Dokumentation des Forschungsverlaufs wird intersubjektive Nachvollziehbarkeit hergestellt, welche „[…] als Hauptkriterium bzw. als Voraussetzung zur Prüfung anderer Kriterien[20] betrachtet werden [kann]" (Steinke, 2019, S. 324, Fußnote von der Verfasserin eingefügt).

## 6.1 Forschungsansatz

Die wissenschaftliche Annäherung an Musikgeragogik im Kontext von Kirche und Kirchenmusik erfolgt im Rahmen eines qualitativen Forschungsansatzes. Dieser kann, im Unterschied zu einem quantitativen Verfahren, den Besonderheiten des Forschungsgegenstandes besser angepasst werden und erlaubt es, individuelle Sicht- und Handlungsweisen der Personen im Forschungsfeld zu erfassen und auszuwerten (vgl. Flick et al., 2019, S. 20–24).

### 6.1.1 Qualitative Forschung

Qualitative Forschungsmethoden ermöglichen die offene Herangehensweise an ein neues Thema mit dem Ziel, ein Forschungsfeld aus dem Blickwinkel der in ihm handelnden Menschen detailliert zu beschreiben und zu verstehen. Die Sicht „von innen heraus" kann

> „[…] zu einem besseren Verständnis sozialer Wirklichkeit(en) beitragen und auf Abläufe, Deutungsmuster und Strukturmerkmale aufmerksam machen. Diese bleiben Nichtmitgliedern verschlossen, sind aber auch den in der Selbstverständlichkeit des Alltags befangenen Akteuren selbst in der Regel nicht bewusst." (ebd., S. 14)

Bei den Vorarbeiten zum Promotionsvorhaben (vgl. Kapitel 6.2.2) zeigte sich im geplanten Forschungsfeld eine derartige Form des Unbewussten: Musikgeragogische Arbeit wird im beruflichen Alltag von nahezu allen hauptamtlichen Kantorinnen

18 QDA-Computerprogramme (Qualitative Data Analysis Software) unterstützen die Auswertung großer Datenmengen und werden heute standardmäßig in der qualitativen Sozialforschung eingesetzt.

19 Die anonymisierte Datei kann Interessierten auf Anfrage zugesandt werden.

20 Vgl. Kapitel 9.1: Methodenreflexion und Aussagekraft der Daten.

und Kantoren in unterschiedlicher Gestalt und Gewichtung praktiziert (vgl. Schatz & Koch, 2021), nur wenige scheinen sich dessen jedoch bewusst zu sein und die Sinnhaftigkeit ihres „selbstverständlichen“ Handelns zu erfassen. Das Verständnis von kirchenmusikalischer Arbeit für und mit Älteren – so der erste Eindruck der Forscherin – geht offenbar in den meisten Fällen aus tradierten Mustern und Erfahrungen hervor, denen kaum theoretisches Wissen zugrunde liegt. Ausgehend von dieser Situation ist deshalb ein qualitativer Forschungsansatz angemessen, der den offenen Zugang „[…] für das Neue im Untersuchten, das Unbekannte im scheinbar Bekannten […]“ (Flick et al., 2019, S. 17) ermöglicht. Er soll durch die Einbeziehung unterschiedlicher Sichtweisen im Forschungsfeld zu theoretischen Erkenntnissen führen, die hilfreich für die vielschichtige Praxis des kirchenmusikalischen Dienstes sind bzw. werden. Der sozialwissenschaftliche Forschungsansatz der Grounded Theory, ein kodifiziertes Verfahren innerhalb der qualitativen Forschung, kann die bisher genannten Ansprüche erfüllen. Grounded Theory gilt

> „[…] als eine konzeptuell verdichtete, methodologisch begründete und in sich konsistente Sammlung von Vorschlägen, die sich für die Erzeugung gehaltvoller Theorien über sozialwissenschaftliche Gegenstandsbereiche als nützlich erwiesen haben.“ (Strübing, 2014, S. 2)

Die Konzeption von Grounded Theory wird im folgenden Unterkapitel skizziert (vgl. Strauss & Corbin, 1996; Glaser & Strauss, 2005; Mey & Mruck, 2011a; Strübing, 2014; Corbin & Strauss, 2015), um den grundlegenden Forschungsansatz transparent zu machen.

### 6.1.2 Grounded Theory

Grounded Theory[21] ist ein vom amerikanischen Pragmatismus geprägter Forschungsstil, der aufgrund seiner vielfältigen Methoden in unterschiedlichen Fachbereichen eingesetzt werden kann. Soziale Zusammenhänge sollen mit den Methoden der Grounded Theory nicht nur beschrieben, sondern erklärend begründet werden. Ihr Ziel ist „die regelgeleitete, kontrollierte und prüfbare ‚Entdeckung‘ von Theorie aus Daten/Empirie“ (Mey & Mruck, 2011b, S. 11). Forschende können die von Glaser und Strauss vorgeschlagenen Verfahren, ausgehend vom konkreten Forschungsstand und vom individuellen Forschungskontext, flexibel an den Forschungsgegenstand anpassen. „Dieses auf den ersten Blick liberal wirkende Methodenverständnis darf allerdings nicht als Freibrief für ein ‚anything goes‘ in der qualitativen Datenanalyse der Grounded Theory missverstanden werden“ (Strübing, 2014, S. 14). Bei aller Offenheit der Methodologie sind Leitlinien der Vorgehensweisen einzuhalten und in-

21 Die Grounded Theory Methodologie wurde von den amerikanischen Soziologen Barney G. Glaser und Anselm L. Strauss entwickelt und erstmals 1967 in „The Discovery of Grounded Theory. Strategies for Qualitative Research“ vorgestellt.

dividuelle Entscheidungen im Forschungsverlauf zu begründen und transparent zu machen. Als zentrale Elemente der Grounded-Theory-Methodologie (GTM) gelten:

- Forschung als iterativer Prozess: Datenerhebung, Datenanalyse und Theoriebildung finden zeitlich nebeneinander und ineinander verschränkt statt. Die jeweiligen Prozesse bleiben bis zum Ende der Forschungsarbeit offen.
- Theoretisches Sampling und theoretische Sättigung: „Theoretisches Sampling meint den auf die Generierung von Theorie zielenden Prozess der Datenerhebung, währenddessen der Forscher seine Daten parallel erhebt, kodiert und analysiert sowie darüber entscheidet, welche Daten als nächstes erhoben werden sollen und wo sie zu finden sind" (Glaser & Strauss, 2005, S. 53). Im Unterschied zum statistischen Sampling erfolgt die Auswahl der zu analysierenden Fälle nicht im Vorfeld der Untersuchung, sondern während des gesamten Forschungsprozesses. Die Erhebung neuer Daten wird so lange durchgeführt, bis eine theoretische Sättigung erreicht ist, d.h., bis „[...] keine zusätzlichen Daten mehr gefunden werden können, mit deren Hilfe [...] [man] weitere Eigenschaften der Kategorie entwickeln kann" (ebd., S. 69).
- Methode des ständigen Vergleichens: Die Auswertung der empirischen Daten erfolgt in einem mehrstufigen, parallel verlaufenden Kodierverfahren (z.B. bei Strauss und Corbin: Offenes, axiales und selektives Kodieren, vgl. Kapitel 6.2.6). Leitidee dieser Prozesse ist die Methode des ständigen Vergleichens der Daten untereinander sowie der gewonnenen Konzepte und Kategorien miteinander. Forschende stellen während des gesamten Kodierverlaufs die auch im Alltag gebräuchlichen Fragen nach dem „Was?", „Wer?", „Wie?", „Wann?", „Wie lange?", „Wo?", „Warum?", „Womit?" und „Wozu?". Damit verschaffen sie sich, zusammen mit dem Prinzip des kontinuierlichen Vergleichens, Zugang zu interessierenden Ereignissen, deren Eigenschaften, Ausprägungen, Bedingungen und Zusammenhängen. Um die Erkenntnisse sukzessive zu erweitern, können sowohl maximale Differenzen untersucht als auch Minimalvergleiche angestellt werden. Beides hat zum Ziel, die Kategorien dicht zu entwickeln, zu verfeinern und auszudifferenzieren. „Auf diese Weise wird auch erkennbar, wo weiteres Wissen erforderlich ist, zusätzliches Material erhoben und in die Analyse einbezogen werden muss." (Mey & Mruck, 2011b, S. 27)
- Schreiben von Memos: Auswertungsschritte, Gedankengänge etc. werden während des gesamten Forschungsverlaufs informell schriftlich notiert. Das kontinuierliche Schreiben von Memos und die damit verbundene Denkarbeit unterstützt Forschende bei der analytischen Arbeit. Auch Zwischenergebnisse werden dadurch dokumentiert, Denkkapazitäten durch das Niederschreiben freigesetzt und Entscheidungsprozesse kontinuierlich festgehalten. „*Memo*-Arbeit ist ein zentrales Werkzeug der Entwicklung der Gedankenwelt des Forschenden auf dem Weg zur Theorie: ein Instrument zum *Verfertigen von Gedanken durch Schreiben*" (Breuer et al., 2019, S. 137f., Hervorhebungen im Original).

- Theoriebildung: Der Begriff „Grounded Theory" steht sowohl für die Methodologie als auch für das Forschungsergebnis, das mit den einzelnen Verfahren der GTM angestrebt wird: Die Generierung einer in den Daten verankerten, gegenstandsbegründeten Theorie mittlerer Reichweite, die „[...] ihrem Gegenstand angemessen ist und sich handhaben lässt (unabhängig davon, dass weiterhin Tests, Klarstellungen und Reformulierungen nötig sein werden). Eine Grounded Theory wird aus den Daten gewonnen und nicht aus logischen Annahmen abgeleitet" (Glaser & Strauss, 2005, S. 39). Der Forschungsansatz der Grounded Theory ist nach Glaser und Strauss dazu geeignet „materiale" und „formale" Theorien zu entwickeln. Materiale Theorien beziehen sich auf ein konkretes Sachgebiet, formale Theorien umfassen einen konzeptuellen Bereich der Sozialforschung. Beide Theorietypen „[...] sind auf verschiedenen, gleichwohl nur graduell voneinander abweichenden Niveaus von Generalität anzusiedeln. Der jeweilige Theorietyp kann in jeder Untersuchung an bestimmten Punkten in den anderen überführt werden" (ebd., S. 42). Ihren Wert erhält eine Grounded Theory durch die praktische Relevanz der Ergebnisse. „Angestrebt wird soziologische Theoriebildung nicht um ihrer selbst willen, sondern mit dem Ziel einer verbesserten Handlungsfähigkeit der Akteure im Untersuchungsbereich" (Strübing, 2014, S. 85 f.).

Nach den gemeinsamen Anfängen entwickelten Glaser und Strauss ihre jeweils eigene Forschungshaltung zur Grounded Theory heraus und Wissenschaftler*innen der nachfolgenden Generationen setzten wiederum individuelle Akzente, z. B. Charmaz (Constructing Grounded Theory) und Clarke (Situational Analysis).

Die wissenschaftliche Annäherung an das Handlungsfeld Kirchenmusikgeragogik erfolgt auf Basis der Grounded-Theory-Linie von Strauss bzw. Strauss und Corbin (vgl. Strauss & Corbin, 1996; Corbin & Strauss, 2015), die eine „entschieden pragmatistische Grundorientierung" (Strübing, 2014, S. 77) aufweist. Laut Strübing steht Strauss im Unterschied zu Glaser

> „[...] für ein wesentlich differenzierteres und forschungslogisch besser begründetes Verfahren, das insbesondere in der Frage des Umgangs mit theoretischem Vorwissen im Hinblick auf die Verifikationsproblematik sorgfältiger ausgearbeitet ist." (ebd.)

Darüber hinaus betont Strauss das dialektische Verhältnis von Handlung und Struktur, was der Verfasserin im besonderen Kontext des Forschungsgegenstandes – Kirche und Kirchenmusik – von Bedeutung erscheint: Beide Kontexte sind traditionell hierarchisch strukturiert und nehmen auf verschiedenen Ebenen Einfluss auf das Handeln von Kirchenmusiker*innen. Strukturen stellen, nach dem Verständnis von Strauss, Voraussetzungen für das Handeln dar und geben die Handlungsrahmen vor, innerhalb derer sich die Akteure bewegen.

> „Strukturen determinieren das Handeln nicht, sondern stellen Handlungsvoraussetzungen und -rahmungen dar, auf die die Akteure sich aktiv, selektiv und je spezifisch

> beziehen. Die Kreativität menschlichen Handelns […] findet im Umgang mit den die Situation rahmenden Strukturen Lösungen für aktuelle Handlungsprobleme." (Strübing, 2014, S. 103)

Die Verfasserin der vorliegenden Arbeit schließt sich den Standpunkten von Strauss an und strebt aus einer pragmatischen Grundhaltung heraus nach kreativen Lösungen im Umgang mit den vorgegebenen Strukturen der Handlungsrahmen Kirchenmusik und Kirche.

Da sie selbst als hauptberufliche Kirchenmusikerin und Musikgeragogin im Feld arbeitet, bewertet sie den Einbezug ihres Vorwissens als natürlich und situationsbedingt unumgänglich. Vorwissen wird, im Sinne von Strauss und Corbin, kreativ eingesetzt (vgl. Strauss & Corbin, 1996, S. 25–30) und „[…] als Anregung zum Nachdenken über die untersuchten Phänomene aus verschiedensten Blickwinkeln […]" (Strübing, 2014, S. 60) genutzt. Durch ihre langjährige Erfahrung und Auseinandersetzung mit den Disziplinen Kirchenmusik, Musikgeragogik, Inklusive Musikpädagogik und Community Music kann die Forscherin ein hohes Maß an sogenannter „theoretischer Sensibilität" in den Forschungsprozess einbringen, die dabei hilft, das komplexe Forschungsfeld theoretisch tief zu erfassen. „Theoretische Sensibilität" meint die

> „[…] persönliche Fähigkeit des Forschers bzw. der Forscherin, Feinheiten in der Bedeutung der Daten aufzudecken. Eine solche Sensibilität wird durch verschiedene Quellen gespeist: Literaturstudium, eigene berufliche Erfahrungen, eigene persönliche Erfahrungen und den Forschungsprozess selbst. Die Grundidee der theoretischen Sensibilität besteht in einer *Gleichzeitigkeit von Wissenschaftlichkeit und Kreativität.* Diese Gleichzeitigkeit muss dem Anspruch nach ausgewogen sein. Sie macht es erforderlich, immer wieder ‚einen Schritt zurückzutreten' und eine skeptische Haltung gegenüber den eigenen Analyseergebnissen einzunehmen, um diese fortwährend an den Daten zu prüfen." (Muckel, 2011, S. 340, Hervorhebungen im Original)

Der Forschungsansatz der Grounded-Theory-Methodologie ermöglicht mit den verschiedenen Kodierstufen und Analysetechniken diese permanente Infragestellung der analysierten Daten.

Corbin bezieht in ihrer Neuauflage der „Basics of Qualitative Research" (2015) auch die persönlichen Kontexte der Forschenden und deren Emotionen als aufschlussreiche Erkenntnisinstrumente sozialen Handelns in die GTM mit ein. Sie begründet diesen weiteren Entwicklungsschritt der Strauss-Linie mit der zunehmenden Komplexität der Welt und der Individualität der Menschen, die in ihr Forschung betreiben. Nach Auffassung von Corbin geben Forscher*innen mit ihren jeweils eigenen Lebensumständen, Emotionen und Reaktionen den zu untersuchenden Ereignissen individuelle Bedeutung, was zu einer multiperspektivischen Erschließung des Forschungsgegenstandes beitragen kann:

> „The world is a complex place. There are no simple explanations that can be given for why events occur. Rather, events are the result of multiple factors coming together and interacting in complex and often unanticipated ways. The actions and interactions that follow are often unpredictable, subject to change, and based on the meanings given to those events. Since persons are varied in their responses, it is important to obtain multiple perspectives on events and to build variation into analytic schemes. Furthermore, to understand the human response, it must be located within the personal and larger social, psychological, political, temporal, economic, and cultural context. [...] Though action and interaction stand at the heart of Strauss's approach to analysis, his approach is not devoid of emotion. Emotions enter meanings that are assigned to events and are part of the contextual factors that influence response to problems and events through action and interaction." (Corbin & Strauss, 2015, S. 28)

Diesem Standpunkt, dass Emotionen Bestandteil von Bedeutungen sind, die Ereignissen zugeschrieben werden und somit als wichtige Einflussfaktoren beachtet werden müssen, schließt sich die Verfasserin der vorliegenden Arbeit an. Die Basis für Corbins Standpunkt bildet die grundsätzliche Haltung von Strauss, dass sozialwissenschaftliche Forschungsarbeit stets unter verschiedenartigen Bedingungen stattfindet und ihre Ergebnisse von diesen Kontexten geprägt und beeinflusst werden. Eine gegenstandsbegründete Theorie ist somit auch eine Konstruktion, der „[...] die gesellschaftlichen, kulturellen, lokalen, institutionellen, interaktiven und persönlichen Umstände der Hervorbringung eingeschrieben sind" (Breuer et al., 2019, S. 85). Die Auffassung, dass tragfähige theoretische Konzepte nicht selbstaktiv aus den Daten emergieren, sondern von Menschen in ihrer jeweiligen Ganzheitlichkeit konstruiert werden, stellt ein zentrales Element im Forschungsstil der sogenannten „Reflexive Grounded Theory" dar, einer modernen Ausrichtung der Grounded-Theory-Methodologie (vgl. Breuer et al., 2011; Breuer et al., 2019).

### 6.1.3 Reflexive Grounded Theory

Anders als in den Anfängen der Grounded Theory sind Vertreter*innen der Reflexive-Grounded-Theory-Methodologie (R/GTM[22]) der Überzeugung, dass die forschende Person einen wesentlichen Beitrag zum Entstehen der Theorie leistet. Weil „[...] Erkenntnis stets durch eine bestimmte Sicht-der-Dinge, durch eine Subjekt-*Perspektive* gekennzeichnet ist" (Breuer et al., 2019, S. 5, Hervorhebung im Original), bringt die „Forscherin-als-Person" (ebd.) wissenschaftliche Erkenntnisse hervor. Die Untersuchung und Bewertung von Ereignissen und Vorkommnissen wird durch die Sichtweise der Forschenden ermöglicht und eingeschränkt und ist durch das Wechselspiel zwischen Forschungsperson und Forschungsgegenstand bestimmt.

22 In der Literatur zur Reflexive Grounded Theory wird sowohl die Abkürzung R/GTM als auch RGTM verwendet.

Philosophischer Hintergrund dieser erkenntnistheoretischen Haltung ist der Konstruktivismus. Dieser besagt, dass „die Erkenntnis der Welt […] nur in Form von *Konstruktionen* erkennender Subjekte zu haben [ist], durch komplexe biologische, personale, soziale und kulturelle Zustandekommens-Faktoren auf Seiten der Erkennenden moderiert" (Breuer et al., 2019, S. 40, Hervorhebung im Original). Im Forschungsansatz der R/GTM ist die Forschungsperson in mehrfacher Hinsicht Bestandteil des Forschungsfeldes:

> „Als Handelnde und Interagierende löst sie Reaktionen der Feldmitglieder (der Untersuchungspartner) aus. Ihre (mehr oder weniger ausgeprägte) lebensweltliche Eigenverwicklung in die fokussierte Thematik hat damit gekoppelte *Resonanzen am eigenen Körper* (gedankliche Assoziationen, Affekte etc.) zur Folge. Das Feld reagiert auf die Forschende – die Forschende reagiert auf das Feld. Diese besondere Charakteristik der sozialwissenschaftlichen Forschungskonstellation wird im RGTM-Modus nicht als Objektivitäts-Beeinträchtigung beklagt und zum eliminierungsbedürftigen Fehler erklärt, sondern soll einer erkenntnisproduktiven Nutzung zugeführt werden." (Breuer et al., 2019, S. 10, Hervorhebung im Original)

Aus diesem Grund eignet sich der R/GTM-Forschungsstil „[…] speziell für Untersuchungsanliegen, bei denen die Forschenden ein gewisses Maß an identifikatorischem *Herzblut* mitbringen […]" (ebd., S. 12, Hervorhebung im Original). Diese „Herzblut-Komponente" ist bei der Verfasserin mit dem Anliegen möglichst *allen* Menschen Zugang zu Kirchenmusik zu verschaffen – auch in den verschiedenen Lebensphasen und Lebenslagen im Alter – gegeben.

Der hermeneutische Grundgedanke der GTM nach Strauss wird in der Reflexive-Grounded-Theory-Methodologie fortgeführt und weiterentwickelt. Forschende reflektieren ihr subjektives Handeln im Forschungsprozess und bemühen sich mit einem aufmerksamen Blick auf ihr Vorverständnis

> „[…] um eine gegenstandsbezogen ausgewogene Balance zwischen theoretischer Offenheit […] und theoretischer Sensibilität. Ihr Verstehensprozess ist gekennzeichnet durch die *hermeneutische Haltung des Zweifelns* und der *künstlichen Dummheit* […] sowie durch *methodische Prozeduren*, die einer *Entselbstverständlichung* und *Verfremdung* alltagsweltlich routinisierter Deutungspraktiken dienen […]" (ebd., S. 56, Hervorhebungen im Original)

Konkret bedeutet das in der R/GTM „[…] die *Sinnlichkeit*, das *Gespür*, die *Empfindung* und *Emotionalität* des Forschenden […], die auf seiner *Leiblichkeit* und nicht allein auf seiner Rationalität und Intellektualität gegründet sind" (ebd., S. 94, Hervorhebungen im Original) als Wegweiser zu nutzen, sie aber anderweitig zu überprüfen. Resonanzen im Forschungsfeld und bei der Forscherin werden in der R/GTM „[…] achtsam registriert, dokumentiert und bezüglich ihres theoretischen Inspirations-Gehalts analysiert […] Sie sind Werkzeuge und Bausteine der *abduk-*

*tiv-kreativen Entdeckungsarbeit*, die eine Kernkomponente des Forschungsstils der *Grounded Theory* ausmacht“ (ebd., S. 97 f., Hervorhebungen im Original).

Da von der Forscherin bereits im Vorfeld des Promotionsvorhabens deutliche Resonanzen zum Forschungsthema wahrgenommen wurden, hielt sie es für aufschlussreich und daher sinnvoll, ihre Forschungsarbeit im Sinne der R/GTM auszuführen. „Zwischentöne“ im Forschungsverlauf wurden von der Musikerin während des gesamten Prozesses aufgeschrieben und in angemessener Weise, d. h. reflektiert und transparent, in die Untersuchung eingebracht.

## 6.2 Forschungsverlauf

Die Darstellung des Forschungsverlaufs in diesem Kapitel soll bestmögliche Transparenz schaffen, so dass sämtliche Schritte im Untersuchungsverfahren intersubjektiv nachvollzogen werden können. Dies stellt ein entscheidendes Gütekriterium qualitativer Forschung dar.

### 6.2.1 Übersicht

Eine exakte chronologische Übersicht des Forschungsverlaufs zum Thema Musikgeragogik im Kontext von Kirche und Kirchenmusik ist nur bedingt möglich, da es sich um ein fließendes Zusammenspiel praktischer, theoretischer und (selbst-) reflexiver Forschungsphasen handelt. In der grafischen Darstellung, Abbildung 5, wird dies mit „durchlässigen“ Bau- und Meilensteinen des Promotionsverfahrens angedeutet (siehe Abbildung 5, S. 79).

### 6.2.2 Präkonzepte und Vorarbeit

Basis und Ausgangspunkt der Forschungsarbeit zu Musikgeragogik im Kontext von Kirche und Kirchenmusik ist die langjährige eigene kirchenmusikalische Arbeit der Verfasserin im neben- und hauptberuflichen Dienst. Ihren Auftrag als Kantorin versteht sie schwerpunktmäßig darin, Menschen aller Altersstufen aktive Kirchenmusik zu ermöglichen und mit einem breit gefächerten kirchenmusikalischen (Gruppen-) Angebot zu einer lebendigen Gemeinde beizutragen. Die intensive Beschäftigung mit den kirchenmusikalischen Bedürfnissen von Seniorinnen und Senioren entwickelte sich aus der praktischen Arbeit mit ihrer Kantorei heraus, die sich von Jahr zu Jahr unbefriedigender gestaltete. Schwierigkeiten im musikalischen und menschlichen Miteinander von Chorleiterin und Sänger*innen beeinträchtigten die Qualität der gottesdienstlichen und konzertanten Musik und führten auf beiden Seiten häufig zu Unmut und Freudlosigkeit. In einem längeren Reflexionsprozess wurden von der Kantorin die besonderen Lebensphasen und Lebenslagen im Alter und ihre eigene Unwissenheit darüber als auslösende „Problematik“ definiert. Sie entwickelte die Hypothese, dass musikgeragogische Prinzipien und Arbeitsweisen zur Verbesse-

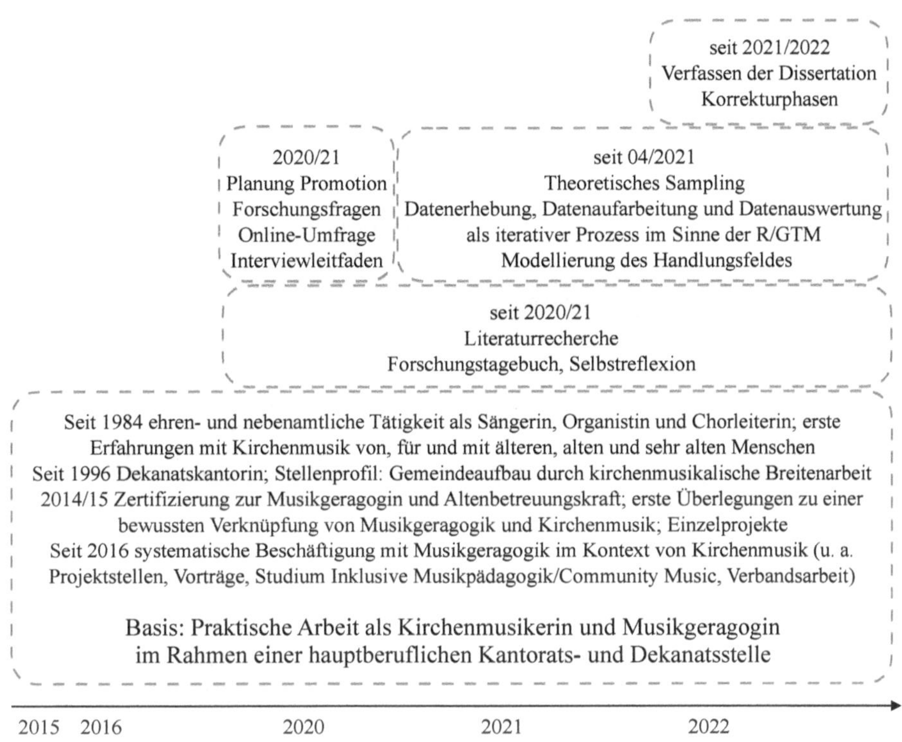


Abb. 5: Forschungsverlauf
Quelle: Eigene Darstellung

rung der Situation beitragen könnten. Diese Annahme bestätigte sich in ihrem praktischen Berufsalltag: Mit musikgeragogischem Wissen und der damit verbundenen Haltung kann die Kantorin heute besser mit den Herausforderungen umgehen, die in einer alternden Kirchengemeinde auftreten. Ihre angemessene Handlungsweise führte auf verschiedenen Ebenen zu einer Entspannung der Chorsituation, zu einer besseren Arbeitsatmosphäre und damit zu musikalischen Einsätzen, die allen Beteiligten (mehr) Zufriedenheit schenken.

Da andere haupt- und nebenberufliche Kirchenmusiker*innen von ähnlichen Problemen an ihren Stellen berichteten und die Verknüpfung von Musikgeragogik und Kirchenmusik weitere positive Konsequenzen vermuten ließ, z. B. Gemeindeaufbau und Mitgliederbindung (vgl. Schatz, 2020), entstand der Wunsch, die vorläufigen, nur im eigenen Kontext bestätigten Zusammenhänge wissenschaftlich zu untersuchen. In der Vorarbeit zur Forschung (u. a. Online-Umfrage, vgl. Kapitel 4.3) zeigte sich für das Handlungsfeld Kirchenmusikgeragogik eine ähnliche Situation wie für Musikgeragogik 20 Jahre zuvor (vgl. Hartogh, 2005, S. 15): Kirchenmusikalische Arbeit mit alten Menschen findet in unterschiedlicher Form und Intensität zwar in der Praxis statt (vgl. Schatz & Koch, 2021), ein theoriegeleitetes Konzept dafür fehlt jedoch bislang.

Mit der vorliegenden Forschungsarbeit, die theoriegeleitet Voraussetzungen, Zusammenhänge und Zielsetzungen erklärt und damit eine wissenschaftliche Grundlage für Kirchenmusik im Alter anbietet, soll diese Lücke gefüllt werden. Auf ihren Erkenntnissen können weitere Untersuchungen aufbauen und daraus strukturelle Weiterentwicklungen im Arbeitsfeld hervorgehen. Grundlegendes Ziel der Theorie-Entwicklung, die die Verfasserin als Teil eines pragmatistischen Problemlösungszyklus[23] versteht, ist die Verbesserung der Handlungsfähigkeit von Kirchenmusiker*innen im weitesten Sinne. Abbildung 6 stellt den Problemlösungszyklus im Forschungsvorhaben zu Musikgeragogik im Kontext von Kirche und Kirchenmusik dar.

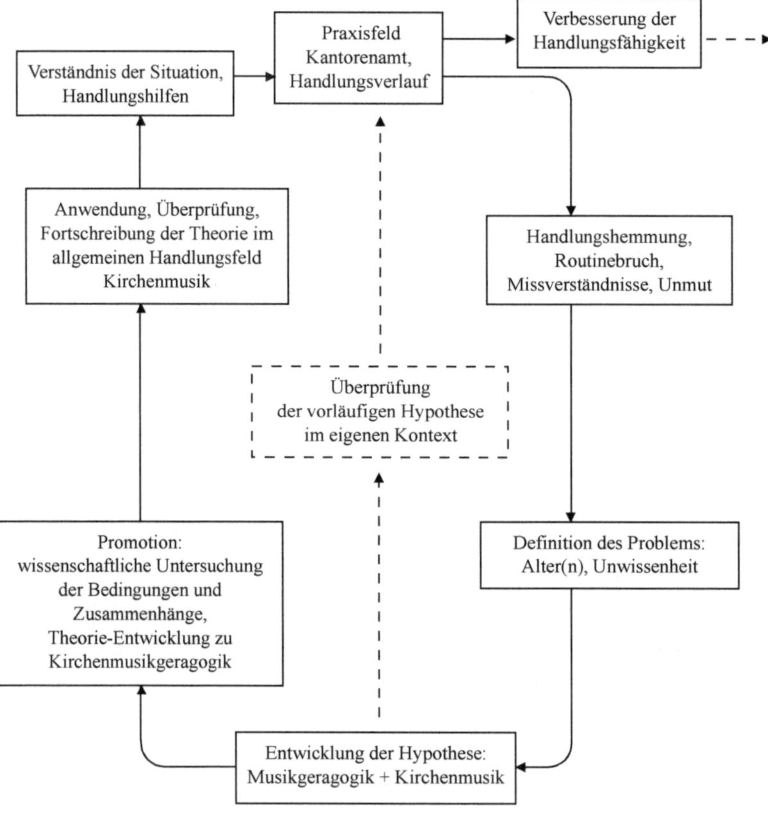


Abb. 6: Problemlösungszyklus Kirchenmusikgeragogik
Quelle: Eigene Darstellung nach Strübing, 2014, S. 43

23 Der Begriff „Problemlösungszyklus" wird in der Literatur zur R/GTM verwendet und dient lediglich zur Verdeutlichung der Präkonzepte und Zielsetzungen des Forschungsprojektes. Die Verfasserin betont ausdrücklich, dass ältere, alte und sehr alte Menschen in der Kirchenmusik kein „Problem" sind, das es zu „lösen" gilt.

In den einzelnen Phasen des Forschungsprozesses wurde bewusst über das Vorwissen und die bisherigen Erfahrungen zum Forschungsthema nachgedacht und für die Entwicklung eines Modells von Kirchenmusikgeragogik genutzt. Dieser wichtige Baustein der Reflexion erfolgte im vorliegenden R/GTM-Forschungsdesign im Rahmen dreier Formate:

- schriftliche Präkonzepte-Explikation
- (selbst-)reflexive Memos bzw. (selbst-)reflexive Memo-Textteile (vgl. MaxQDA-Projektdatei)
- Forschungstagebuch

Die kontinuierliche (selbst-)reflexive Haltung soll dazu beitragen, ein tiefer gehendes Verständnis für das Themen- und Forschungsfeld auszubilden und weitreichende Erkenntnisse über „[...] Charakteristika des Untersuchungsfeldes, seiner Angehörigen, ihrer Handlungen und Haltungen etc." (Breuer et al., 2011, S. 441) zu gewinnen.

### 6.2.3 Theoretisches Sampling

Theoretisches Sampling ist eines der Kernmerkmale der Grounded Theory (vgl. Kapitel 6.1.2) und basiert auf Überlegungen, die während des gesamten Auswertungsprozesses getroffen werden. Grundsätzliche Leitidee des theoretischen Samplings der vorliegenden Forschungsarbeit war die Methode des ständigen Vergleichens. Um eine möglichst umfassende Sicht auf das Thema Musikgeragogik im Kontext von Kirche und Kirchenmusik zu erhalten, wurden sowohl ähnliche Fälle als auch kontrastierende Situationen in die Untersuchung einbezogen. Wichtige Anhaltspunkte, welche Personen zum jeweiligen Zeitpunkt der Analyse für den weiteren Erkenntnisgewinn geeignet sein könnten, lieferten die Daten der Online-Umfrage (vgl. Kapitel 4.3; Schatz & Koch, 2021). Von Interesse waren dabei u. a. das Vorhanden- oder Nicht-Vorhandensein spezieller kirchenmusikalischer Angebote für Senior*innen, persönliche Merkmale des Kantors bzw. der Kantorin, das Arbeitsumfeld und allgemeine Stellenmerkmale. Die Zusammenstellung der Interviewpartner*innen in Tabelle 2 (siehe Tabelle 2, S. 82) kann wegen der komplexen Entscheidungsprozesse nur das Sample-Ergebnis und einen Überblick der wichtigsten Auswahlkriterien aufzeigen. Eine detaillierte Darstellung der „theoriegeleiteten Erhebungsauswahl" (Muckel, 2011, S. 337), die zur sukzessiven Einbeziehung der Gesprächspartner*innen in den Forschungsprozess führte, ist aus den Methodik-Memos (M) in der MaxQDA-Projektdatei ersichtlich (siehe Anlage). Im Gegensatz zum statistischen Sampling strebt das theoretische Sampling eine

> „[...] konzeptuelle Repräsentativität [an], d. h. es soll Material zu allen Fällen und Ereignissen erhoben werden, die für eine vollständige analytische Entwicklung sämtlicher Eigenschaften und Dimensionen der in der jeweiligen gegenstandsbezogenen Theorie relevanten Konzepte und Kategorien erforderlich sind." (Strübing, 2014, S. 31)

Tab. 2: Theoretisches Sampling

| | * | wichtigste Auswahlkriterien | Stellenmerkmale | | | | | |
|---|---|---|---|---|---|---|---|---|
| **1** | ja | Senioren-Gospelchor, Instrumentalensemble, Singkreis Seniorenheim | **ev.** | B | städtisch | **50–60 J.** | w | **minimaler Vergleich** |
| **2** | nein | Stellenteilung, Berufspraktikum, strukturelle Barrieren | **ev.** | B | städtisch | **50–60 J.** | m | |
| **3** | nein | Wechselmodell GD-/Konzertchor, Posaunenchor | **ev.** | A | ländlich | **50–60 J.** | m | |
| **4** | ja | Senioren-Kantorei, Stellenteilung, Fundraising | **ev.** | A | städtisch | **50–60 J.** | m | |
| **5** | ja | Seniorenchor (Neugründung), Teilzeitstelle, Ökumene, Inklusion | **ev.** | A | ländlich | **50-60 J.** | w | |
| **6** | nein | Berufsanfängerin, Studium, musikgeragogische Weiterbildung | kath. | A | Großstadt | 20–30 J. | w | **maximaler Vergleich** |
| **7** | ja | Kirchenmusikerin im Ruhestand, regionale Beauftragung, kirchliche Altersbildung | ev. | B | städtisch | 80–90 J. | w | |
| **8** | ja | Kirchenmusiker im Ruhestand, ehemaliger Stelleninhaber | ev. | A | Großstadt | 70–80 J. | m | |
| **9** | nein | Zusatzqualifikationen (EMP, Schulmusik, Demenzgruppe) | kath. | B | ländlich | 30–40 J. | w | |
| **10** | nein | Kooperation mit Schule, gemischt-generationeller Chor | kath. | B | ländlich | 40–50 J. | m | |
| **11** | nein | gemischt-generationeller Chor (nach Auflösung), Großstadt, Spezial-Ensemble | kath. | B | Großstadt | 60–70 J. | m | |
| **12** | ja | Seniorenkantorei, Konzertexamen Orgel, Ausbildung (Nebenamt) | ev. | A | städtisch | 30–40 J. | w | |
| **13** | nein | Master, lebensumspannende kirchenmusikalische Begleitung, Zusammenschluss von Pfarreien | kath. | B | städtisch | 30–40 J. | m | |
| **14** | nein | gemischt-generationeller Chor, Großstadt, Kooperation | kath. | A | Großstadt | 30–40 J. | m | |
| **15** | themenvertiefendes Interview (Relevanz, Struktur, Studium) | | | | | | | |
| **16** | ja | Seniorenchor (flankierend), Konzertchor, Stimmbildung | kath. | A | ländlich | 30–40 J. | m | |
| **17** | ja | Offenes Singen, Neustrukturierung | kath. | B | Großstadt | 60–70 J. | w | |

* Antwort aus Online-Umfrage, Frage 15: „Bieten Sie im Rahmen Ihres hauptberuflichen Dienstes Chöre, Ensembles oder andere partizipative Veranstaltungen, die speziell für Menschen ab 60 Jahren konzipiert sind (z. B. Seniorenchor, Senioren-Band o. ä.)?"
Quelle: Eigene Darstellung

Nicht die Fälle an sich stehen im Interesse der Forscherin, sondern die Konzepte und Kategorien, die daraus entwickelt werden (vgl. Kapitel 6.2.6).

Mit den ersten fünf Interviews konnten nach dem Prinzip des minimalen Vergleichens homogene Fälle, u. a. in Bezug auf Berufserfahrung, Konfession und Grundhaltung zu kirchenmusikalischer Seniorenarbeit, analysiert werden. Die Auswertungen lieferten vorläufige Kategorien zum Handlungsfeld Kirchenmusikgeragogik, dessen Merkmale und Relationen. Im weiteren Verlauf des theoretischen Samplings wurden diese Erkenntnisse durch die Strategie des maximalen Vergleichens vertieft, d. h., es wurden Fälle mit möglichst abweichender Ausprägung einzelner Kriterien untersucht.

Nach 17 Interviews stellte sich der Punkt der theoretischen Sättigung ein (vgl. Kapitel 6.1.2). In dieser fortgeschrittenen Phase des Analyseprozesses konnten die bislang entwickelten und spezifizierten Kategorien durch zusätzliches Datenmaterial und weitere Auswertungen nicht mehr relevant verfeinert werden, so dass, nach Rücksprache mit dem Betreuer, das theoretische Sampling beendet wurde.

### 6.2.4 Datenerhebung

Die Datenerhebung erfolgte in Form von leitfadengestützten Expert*inneninterviews. Der Leitfaden (siehe Anhang) diente der thematischen Orientierung und der Vergleichbarkeit des Datenmaterials im Sinne der Methode des ständigen Vergleichens. Abhängig von den jeweiligen Gesprächspartner*innen und Gesprächsverläufen wurden die im Leitfaden zusammengestellten Themen mehr oder weniger intensiv behandelt. Besonders im späteren Stadium des Forschungsprozesses kristallisierten sich einzelne Aspekte des Forschungsgegenstandes heraus, die eine thematische Schwerpunktsetzung bei der Befragung notwendig machten, z. B. Stellenstruktur und Qualifizierungsmaßnahmen. Um die Relevanz von Musikgeragogik für hauptberufliche Kirchenmusiker*innen ergründen und eine anschließende Modellierung des spezialisierenden Teilbereiches Kirchenmusikgeragogik vornehmen zu können, wurden folgende Themengebiete in den Interviewleitfaden aufgenommen:

- Beruf Kirchenmusiker*in (persönlich): Motivation, Grundhaltung
- Alter(n): Persönliche und berufliche Präsenz
- Musikgeragogik in der Kirchenmusik: Anknüpfung an Online-Fragebogen
- Bildung: Kirchenmusikalischer Bildungsauftrag, örtliches Bildungskonzept
- Qualität kirchenmusikalischer Arbeit: Maßstäbe, Strategien
- Beruf Kirchenmusiker*in (allgemein): Veränderungen, Potenziale, Perspektiven

Die Gesprächspartner*innen waren durch frei formulierte, offene Fragen dazu eingeladen, ihre Sicht auf die genannten Themen mit eigenen Worten zu beschreiben. Bei der R/GTM wird davon ausgegangen, dass die Welt- und Selbstwahrnehmungen der Untersuchungspartner*innen/Gesprächspartner*innen für ihr Handeln bedeutsam und deshalb für die Erkenntnisgewinnung von Interesse sind (vgl. Breuer et al., 2019, S. 76–78). Die Forschung findet von beiden Seiten her statt, d. h., beide Seiten nehmen Einfluss aufeinander. Dafür werden bei den Gesprächspartner*innen Fähigkeiten, wie z. B. Reflexionsvermögen und differenziertes Ausdrucksvermögen für narrative Anteile des Interviews, vorausgesetzt. Diese Voraussetzungen waren bei sämtlichen befragten Kirchenmusiker*innen gegeben.

Pandemiebedingt fanden die ersten Gespräche in Videokonferenzen bzw. am Telefon statt. Die ursprüngliche Planung, bei wiederhergestellter Reisemöglichkeit Interviews in Präsenz durchzuführen, wurde nach den positiven Erfahrungen der Anfangsphase verworfen. Die im Rahmen der Pandemie erlangte Souveränität im Bereich digitaler Kommunikation ermöglichte allen Beteiligten auch auf Distanz eine dem Forschungsinteresse angemessene Gesprächsatmosphäre. Da der Forschungsgegenstand Teil eines komplexen Arbeitsfeldes ist und die punktuelle Anwesenheit vor Ort keinen höheren Erkenntnisgewinn versprach, wurden, in Absprache mit den Interviewpartner*innen, zeitliche, finanzielle und ökologische Ressourcen gespart und auf deutschlandweite Reisen zu Präsenztreffen verzichtet.

In den Vorgesprächen informierte die Interviewerin ihre Gesprächspartner*innen über „[…] das Ziel der Untersuchung und über die Rolle, die das Interview für die Erreichung des Zieles spielt“ (Gläser & Laudel, 2010, S. 144). Außerdem gab sie Auskunft über die Anwendung der Datenschutzgrundverordnung und die Anonymisierung der Gesprächsinhalte. Bezüglich des Gesprächsverlaufs wurden die Kirchenmusiker*innen vor Beginn darauf aufmerksam gemacht, dass die Rolle der Interviewerin die einer aktiven Zuhörerin ist. Im Gegensatz zu einem gewohnten Gespräch unter Kolleg*innen wurden von ihr nur Verständnisfragen gestellt und Themenübergänge eingeleitet, aber nach Möglichkeit keine eigenen Meinungen eingebracht. An Interviewstellen, wo dieses distanzierte Interesse nicht möglich war, erfolgte in der Datenauswertung eine (selbst-)reflexive Analyse der Gesprächssituation im Sinne der R/GTM (vgl. In-Dokument-Memos). Die möglichen Probleme, wenn „[…] Interviewer Angehörige einer Gruppe interviewen, der sie selbst angehören“ (Hermanns, 2019, S. 366) und das „[…] Dilemma zwischen Selbstpräsentation des Interviewers und Interviewerfordernissen […]“ (ebd., S. 367) wurden bei der Vor- und Nachbereitung der ersten Interviews reflektiert und dadurch weitestgehend ausgeschaltet.

Zum Abschluss des Interviews erhielten die Befragten die Möglichkeit, noch nicht besprochene thematische Anliegen einzubringen und offen gebliebene Aspekte zu benennen. Relevante Inhalte der Interview-Nachgespräche wurden notiert und als Post-Skript den jeweiligen Dokument-Memos beigefügt (vgl. MaxQDA-Projektdatei). Dort sind auch die anonymisierten Dokumentationsbögen hinterlegt, die wichtige allgemeine Daten zur Befragungsperson, deren Statements zu Kirchenmusikgeragogik und relevante Stellenmerkmale beinhalten. Sie dienen der Einordnung der Interviewaussagen und schaffen Transparenz mit dem Ziel der intersubjektiven Nachvollziehbarkeit (vgl. Kapitel 9.1).

### 6.2.5 Datenaufarbeitung

Eine Weiterentwicklung zu den Anfängen der Grounded-Theory-Methodologie von Glaser und Strauss stellen die modernen technischen Möglichkeiten der Datenaufzeichnung bis zur Verarbeitung und Aufbereitung mithilfe von QDA-Computerprogrammen als Forschungswerkzeuge dar. Die Interviewgespräche wurden digital aufgezeichnet und die Audiodateien anschließend nach wissenschaftlichen Standards transkribiert[24]. Folgende Regeln kamen dabei zur Anwendung:

- Äußerungen der Interviewerin (I) und der Befragungsperson (B) werden wörtlich transkribiert und Dialekte ins Hochdeutsche übertragen.
- Regionalismen und Klitisierungen werden im Schriftdeutsch notiert, z. B. des – das, kannste – kannst du.
- Die allgemein übliche Aussprache von Reduktionssilben wird nicht transkribiert, sondern im Schriftdeutsch verfasst, z. B. haltn – halten, suchn – suchen.
- Besonders auffällige Wortdehnungen werden notiert, z. B. jaaa, aaalso.
- Brüche im Satz/Wort und Stottern etc. werden weitestgehend geglättet.
- (.), (..), (...), (4) stehen für kurze, mittlere und lange Sprechpausen bzw. Pausen mit exakter Zeitangabe in Sekunden.
- Sich öffnende, eckige Klammern [ werden an die Stellen des Textes gesetzt, an der zwei Sprechbeiträge überlappend einsetzen.
- Verständnissignale im Verlauf eines Sprechbeitrages (aha, ah, hm etc.) werden nicht transkribiert, außer sie erfolgen als Antworten auf Fragen, z. B. mhm (bejahend), mhm (verneinend).
- Besonders betonte Silben bzw. Wörter erfolgen in Großschreibung, extrem starke Betonungen mit rahmenden Ausrufungszeichen, z. B. SEHR gut, !EXTREM WICHTIG!
- Unverständliche Äußerungen werden durch (unverständlich) ersetzt, nicht genau verständliche, aber vermutete Wortlaute eingeklammert und mit einem Fragezeichen versehen, z. B. (Pastor?).
- Nonverbale Emotionslaute stehen vor Beginn oder im Anschluss an die Äußerung in Klammern, z. B. (lacht), (seufzt).
- Zahlwörter werden ausgeschrieben.

Schriftlich festgehalten wurden, im Sinne einer ökonomischen Arbeitsweise, nur solche Gesprächsmerkmale, die zur Beantwortung der Forschungsfrage und zum Erreichen des Forschungsziels als notwendig erachtet wurden. Die vollständigen Transkripte und damit verknüpften Audioaufzeichnungen liegen dem Betreuer

24 Mit dieser Arbeit wurde, nach reiflicher Abwägung der Vor- und Nachteile, eine im Diktatschreiben erfahrene Fachkraft mit kirchenmusikalischem Hintergrundwissen beauftragt. Sie wurde sorgfältig in die Transkriptionsregeln eingewiesen und auf Verschwiegenheit verpflichtet. Vor der weiteren Bearbeitung und Auswertung der Transkripte erfolgte eine genaue Überprüfung der Arbeitsergebnisse durch die Verfasserin der Dissertation.

dieser Arbeit als eigene MaxQDA-Projektdatei vor. Zum Schutz der Persönlichkeitsrechte der Befragungspersonen sind diese sensiblen Daten nur ausgewählten Personen zugänglich – im Gegensatz zu den anonymisierten Versionen der Interview-Verschriftlichungen (darin z. B. Verwendung von Pseudonymen und Auslassung von Inhalten, die Rückschlüsse auf Personen ermöglichen könnten). Diese anonymisierten Transkripte bilden die Grundlage für die weiteren Auswertungs- und Dokumentationsschritte mithilfe der Software MaxQDA.

### 6.2.6 Datenauswertung

Innerhalb der Forschungsmethodologie Grounded Theory erfolgt die Auswertung der empirischen Daten in einem mehrstufigen Verfahren, genannt „Kodieren":

> „Kodieren heißt systematisiertes Nachdenken über die gesammelten Daten (die dazu in der Regel in kleinere Segmente zergliedert werden), Entwickeln und Abwägen von Lesarten mit dem Ziel, theoretische Konzepte/Begriffe (*Kodes*, *Kategorien*) herauszudestillieren." (Breuer et al., 2019, S. 137, Hervorhebungen im Original)

Da bei der Annäherung an ein weitgehend unbekanntes Forschungsgebiet, z. B. Kirchenmusikgeragogik, noch kein theoretischer Rahmen besteht, werden beim Kodieren nach Prinzipien der GTM Kategorien, Eigenschaften und Zusammenhänge erst im Verlauf der Forschung erarbeitet und anhand der Daten laufend überprüft. Strauss (später in Zusammenarbeit mit Corbin) vertritt mit dem offenen, axialen und selektiven Kodieren einen Kodierprozess in drei Stufen, die, abhängig vom Analyseverlauf, auch nebeneinander durchlaufen werden können bzw. müssen (vgl. u. a. Mey & Mruck, 2011b, S. 41).

Das offene Kodieren dient dazu die Daten „aufzubrechen" und einzelne Phänomene (Ereignisse, Ideen, Vorkommnisse) und deren Eigenschaften als sogenannte „Konzepte" und „Kategorien" bzw. „Subkategorien" zu benennen. Diese aus dem Material heraus gebildeten Kategorien werden beim axialen Kodieren zueinander in Beziehung gebracht und auf neue Art zusammengesetzt. Strauss und Corbin schlagen dafür den Einsatz eines Kodierparadigmas vor „[...], das aus Bedingungen, Kontext, Handlungs- und interaktionalen Strategien und Konsequenzen besteht" (Strauss & Corbin, 1996, S. 75) und eine systematische Auswertung der Daten unterstützt. Das selektive Kodieren führt schließlich aus der Weiterentwicklung des axialen Kodierens zu einem Theoriemodell, das das hauptsächliche Thema und Ergebnis der Studie präsentiert. Eine sogenannte „Kernkategorie" steht dabei als Phänomen im Zentrum der Theorie, alle anderen Kategorien werden zu ihr ins Verhältnis gesetzt (vgl. Kapitel 8.1). Abbildung 7 zeigt das Kodierparadigma, das als Grundlage zur Modellierung des Handlungsfeldes Kirchenmusikgeragogik verwendet wurde.

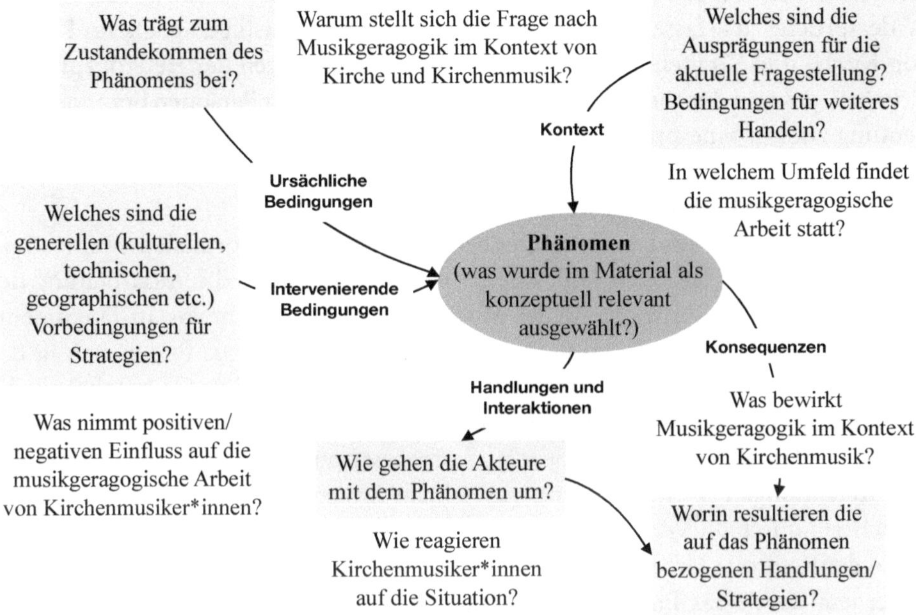


Abb. 7: Kodierparadigma zu Kirchenmusikgeragogik
Quelle: Eigene Darstellung nach Strübing, 2014, S. 25

Ergänzend zu den von Strübing (2014, S. 25) vorgeschlagenen allgemeinen Fragestellungen verhalfen themenspezifische Fragen zur Konkretisierung der Kodierprozesse (vgl. Kapitel 8).

Mit den Kodierprozessen sollen nicht die Merkmale eines Einzelfalles analysiert werden, sondern eine Vorstellung über Grundkonzepte, Dimensionen, Bedingungen und Verlaufsmuster eines Phänomens gewonnen werden. Erfolgreiches Kodieren im Sinne der GTM setzt voraus, dass „[…] Begriffe ge-/erfunden werden, die wesentliche Aspekte des Gegenstands auf einem *allgemeineren bzw. abstrakteren Niveau* fassen […]" (Breuer et al., 2019, S. 252, Hervorhebungen im Original). Nicht zielführend sind Paraphrasierungen, einfache Zusammenfassungen oder Allgemeinplätze (vgl. ebd., S. 254), gut geeignet dagegen Neologismen und sogenannte „In-vivo-Kodes", d. h., „[…] Worte und Äußerungen, die von den Informanten selbst verwendet werden […]" (Strauss & Corbin, 1996, S. 50).

Die Gütekriterien tragfähiger Kategorien fasst Muckel (2011) folgendermaßen zusammen:

> „Kategorien stellen ihre Qualität u. a. dadurch unter Beweis, dass sie eine Vielzahl von Kodes zusammenfassen und dabei auch widersprüchliche Hypothesen und Varianten zu integrieren vermögen. Durch ihren genuin relationalen Charakter tragen sie der Komplexität der sozialen Realität Rechnung." (Muckel, 2011, S. 350)

Hervorzuheben ist, dass die Kategorien des Theoriemodells in der Lage sein müssen, Widersprüche zu erfassen. In der Datenauswertung zu Musikgeragogik im Kontext von Kirche und Kirchenmusik kommt diesem Aspekt wegen der Heterogenität des Arbeitsfeldes und der Individualität der in ihm handelnden Personen besondere Bedeutung zu. Für eine praxistaugliche Modellierung des Handlungsfeldes Kirchenmusikgeragogik mussten mit den entwickelten Kategorien unterschiedliche, teils konträre Perspektiven erfasst werden.

Das begleitende und kontinuierliche Schreiben von informellen Memos, ein zentrales Element der GTM (vgl. Kapitel 6.1.2), unterstützte die Ausarbeitung der Kategorien und die Entwicklung des Modells. Memos in Form von In-Dokument-Memos, Code-Memos[25], Dokument-Memos und freien Memos finden sich in der MaxQDA-Projektdatei an unterschiedlichen Stellen angeheftet. Sie beinhalten die wichtigsten Gedankengänge, Ideen, Entscheidungskriterien, Resonanzen und Reflexionen, die während des Auswertungsprozesses auftraten. Weitere individuelle Kennzeichnungen[26] schafften eine zusätzliche Systematisierung und leiteten die Forscherin durch die verschiedenen Phasen der Theorieentwicklung.

In der Reflexive-Grounded-Theory-Methodologie werden Strukturierungsideen außerdem durch das Entwerfen von Diagrammen gefördert und hervorgebracht. Diese können theoretische Widersprüche und Lücken aufdecken, neue Fragen aufwerfen und Kreativität freisetzen. Diagramme ergänzen die Memos und transportieren deren sprachliche Inhalte in eine grafische Darstellungsform. Sie verhelfen Forschenden damit zu einer analytischen Distanz gegenüber den Phänomenen und Daten und fordern bzw. fördern die Bemühungen um Konzeptbildung und -erklärung (vgl. Corbin & Strauss, 2015, S. 123; Breuer et al., 2019, S. 138). Zielsetzung sämtlicher Notizen in Form von Diagrammen, Zeichnungen, Stichpunkten, Memos etc. ist, „[…] die eigenen Verstehens- und Interpretationsbemühungen so festzuhalten, dass sie nachvollziehbar bleiben“ (Muckel, 2011, S. 349). Bis zur endgültigen Präsentation der Forschungsergebnisse in der vorliegenden Form fertigte die Verfasserin zahlreiche Diagramme an, um sich Zusammenhänge im komplexen Forschungsfeld optisch zu verdeutlichen. Die Skizzen sind zum größten Teil im Forschungstagebuch dokumentiert, einige davon auch in den Memos der MaxQDA-Projektdatei (siehe Anlage).

Mit dem Verfassen des Ergebnisteils (vgl. Kapitel 7 und Kapitel 8) gelangte der empirische Forschungsprozess zur musikgeragogischen Arbeit von, für und mit Menschen im Dritten, Vierten und Fünften Alter im Kontext von Kirche und Kirchenmusik zu einem vorläufigen Abschluss. Kategorien, Memos, Diagramme,

25 Schreibweise aus Software übernommen

26 M = Methode: Theoretisches Sampling; T = Theorie-Entwicklung; ? = unklare Situation => weiterverfolgen; ! = interessanter/wichtiger Aspekt; Reflexive Memos im Sinne der R/GTM sind farbig markiert, (selbst-)reflexive Textteile innerhalb anderer Memos mit einem vorangestellten „R/GTM“ gekennzeichnet.

Datenmaterial und im Forschungsverlauf gewonnene Erkenntnisse wurden in eine angemessene Darstellungsform gebracht und ein Modell des Handlungsfeldes Kirchenmusikgeragogik vorgestellt. Da sich die Realität des Forschungsgegenstandes, z. B. das Handeln der Kirchenmusiker*innen und der kirchliche/gesellschaftliche Handlungsrahmen, in einem ständigen Veränderungsprozess befindet, konnte bzw. kann eine endgültige Abgeschlossenheit der Theorie nicht erreicht werden (vgl. Strübing, 2014, S. 49). Das dargestellte Forschungsdesign erlaubte jedoch die bestmögliche Erfassung des Fragmentarischen (vgl. 1.Kor 13,9–12) zum momentanen Zeitpunkt.

# 7. Darstellung und Interpretation der Ergebnisse

Die Beantwortung der Forschungsfrage erfolgt wegen der Komplexität des Forschungsthemas in zwei Schritten. Kapitel 7 stellt Analyseergebnisse der kontext- und anlassbezogenen Daten zu Musikgeragogik in der Kirchenmusik dar und interpretiert diese als Komponenten „Kontext“ und „Ursächliche Bedingungen“ des Theoriemodells Kirchenmusikgeragogik. Sie bilden die Grundlage für den Nachweis „kontextueller Relevanzen“ und führen zu einer vorläufigen Antwort auf die Frage nach der Bedeutsamkeit von Musikgeragogik für hauptberufliche Kirchenmusiker*innen in Deutschland.

Eine umfassende Beantwortung der Forschungsfrage liefert Kapitel 8. In ihm werden die Komponenten des Theoriemodells Kirchenmusikgeragogik auf Basis der Interviewdaten vervollständigt und „konsequentielle Relevanzen“ aus den Folgen musikgeragogischer Arbeit analysiert. Zitate aus den anonymisierten Interviewtranskripten belegen die Interpretationsergebnisse und tragen zu deren Veranschaulichung, Transparenz und Nachvollziehbarkeit bei. Ihre Quellenangaben beziehen sich auf das jeweilige Interview und die Zeile des Zitatanfangs, z. B. (I4, 398). In einigen Fällen sorgen grammatikalische Veränderungen der Aussagen, z. B. Umstellung des Satzbaus, für eine verbesserte Lesbarkeit, was jedoch nicht zu einer Bedeutungsänderung der Inhalte führt. Auf eine gendersensible Anpassung der Zitate wird bewusst verzichtet, um den originalen Gesprächston zu erhalten.

## 7.1 Kontext Gesellschaft, Kirche und kirchliches Handeln

Der Kontext des Forschungsgegenstandes Musikgeragogik in der Kirchenmusik ist geprägt vom demografischen Wandel in Gesellschaft und Kirche, was in den Interviews von den Hauptberuflichen aller Altersgruppen häufig thematisiert wird:

> „Ich glaube, wir werden [in den Kirchengemeinden] immer älter. Die gesamte Gesellschaft wird immer älter werden.“ (I12.1, 657)

Den tabuisierenden Umgang mit Alter(n) und das negativ besetzte gesellschaftliche Altersbild halten sämtliche Gesprächspartner*innen für unangemessen und besorgniserregend:

> „Ich bin einer der Insider, der sich mit dem Thema [Alter] befasst, und merke: Da sind andere einfach SO WEIT WEG, weil das für sie absolut lebensfern ist, im wahrsten Sinne des Wortes, so erschreckend das ist […] Unsere Gesellschaft, die zu dem Thema, außer Tabuisierung, nichts kennt.“ (I2, 699)

> „Wieso denkt man immer, dass das Alter NUR negativ belastet ist? Weiß ich nicht. Und deswegen wollen Leute dieses Thema ALT irgendwie wegschieben.“ (I11, 702)

Nicht nur das Alter(n) nimmt, nach Wahrnehmung der befragten Kirchenmusiker*innen, einen Platz am Rande der Gesellschaft ein, auch die Kirchen spielen im Leben der Menschen eine immer geringere Rolle. Die Nachfrage nach kirchlichen Angeboten lässt in allen Generationen nach, vor allem jüngere Bürger*innen haben kaum noch Interesse an Traditionen, die in christlichen Gemeinden gepflegt werden, z. B. Gottesdienste:

> „Was sich verändert hat, ist [...] die Nachfrage nach der Kirche." (I10, 494)

> „Es hat sich VIEL verändert. Die Kirchen sind ja auch leerer geworden, das muss man auch sagen." (I17, 575)

Als Folge dieser Distanzierung von Kirche bemerken Hauptberufliche u. a. Schwierigkeiten, Nachwuchs für ihre kirchenmusikalischen Gruppen und die kirchenmusikalischen Ausbildungsgänge zu finden:

> „Das spiegelt sich natürlich an den Leuten, die sich für die Musik EINSETZEN oder die Musik betreiben, wider: Wenn ich unten weniger Gottesdienstbesucher habe, dann werde ich am Chor oben auch weniger Interessierte haben. Das ist halt so." (I10, 496)

> „Der Nachwuchs wird immer WENIGER." (I8, 379)

> „Wir sehen es ja zum Beispiel auch bei den Interessenten für Orgel. Ich bin zur Orgel gekommen, weil ich mit meinem Opa mit vier Jahren immer in die Kirche gegangen bin. Mein Opa hatte seinen festen Platz auf der Empore neben der Orgel und mich haben einfach die Organistin und das Instrument fasziniert [...] Und wenn man dann immer weniger [Menschen] hat, die [in die Kirche] gehen, wie sollen die auf den Trichter kommen Orgel zu lernen? Wo haben wir denn eine Stadthalle, in der eine Orgel drin steht?" (I10, 511 und 527)

Da ein wesentlicher Teil der kirchlichen und kirchenmusikalischen Arbeit von ehrenamtlichen Kirchenmitgliedern ausgeübt wird und die Kirchen auf Steuergelder ihrer Mitglieder angewiesen sind, wird die Mitgliederbindung auch im Arbeitsfeld Kirchenmusik als eine wichtige Aufgabe bewertet. Hohe Austrittszahlen (vgl. I12.1, 668) machen es, aus Sicht eines Gesprächspartners, notwendig, alle Generationen kirchenmusikalisch zu „bedienen", damit sie „bei der Stange bleiben" (I2, 614). Kirchen sind „in schweren Wassern" (I8, 382), fasst ein Kantor den Kontext zusammen. Zwar schreitet die Säkularisierung bereits seit vielen Jahren voran und ist den Kirchenmusiker*innen nicht unbekannt (*„Meine Mutter hat schon vor zwanzig Jahren gesagt: ‚Wenn wir einmal nicht mehr sind, dann ist keiner mehr da.'" I9, 518*), angesichts der dynamischen Entwicklung (*„Das ist hochdramatisch." I8, 277*) gewinnt die Thematik jedoch neue Brisanz. Über die zukünftige Gestaltung des Kontextes Kirche und Kirchenmusik herrscht bei den Gesprächspartner*innen Einigkeit darüber, „dass ganz vieles nicht mehr so weitergehen kann" (I14.1, 594) und weitergehen wird:

> „Ich glaube, die Basis, die wir jetzt noch so bedienen, wo wirklich überall auch Kirchorte sind, die bedient werden, das glaube ich nicht mehr. Das wird immer mehr wegfallen. So wie ich jetzt gearbeitet habe, werden in fünfzehn Jahren Kirchenmusiker nicht mehr arbeiten. Das glaube ich nicht. Das glaube ich wirklich nicht [...] Es wird vor Ort nicht mehr so viele Gottesdienste und auch Möglichkeiten geben. Es wird Geld und Personal eingespart [werden]." (I17, 599 und 606)

> „Wie viele KIRCHEN es irgendwann in Zukunft noch gibt, Kirchorte, das weiß man ja auch nicht. Ob die Kirche abgerissen wird, ob die Kirche in zwanzig Jahren noch steht." (I9, 549)

> „[Kirchenmusik] hängt ein bisschen davon ab, wie die Zukunft unserer Kirche aussieht. Also, wenn wir in zwanzig Jahren keine Kirchensteuer mehr zur Verfügung haben, weil sich das System verändert, dann wird sich unser Beruf ZWANGSLÄUFIG verändern." (I3, 599)

> „Wir gehen da nicht besseren Zeiten [...] entgegen." (I8, 384)

Hauptberuflichen Kirchenmusiker*innen ist die Abhängigkeit ihres Arbeitsfeldes von den größeren Kontexten Kirche und Gesellschaft bewusst (*„Da wir in der Gesellschaft stehen, sich die Gesellschaft verändert hat, [...] hat sich natürlich auch da viel geändert." I2, 828*). Der Fokus zur Bewältigung der Herausforderungen, die sich daraus ergeben, liegt, nach Einschätzung einiger Kantor*innen, momentan zu einseitig auf der jüngeren Generation und der Popularmusik:

> „Man guckt immer nur auf die Jugendgruppen, auf die Kindergruppen, auf die Jugendlichen, die ja unsere Zukunft sind. Das ist natürlich auch richtig. Aber man darf ja nicht vergessen, dass es das andere Ende von dieser Zeitleiste AUCH gibt." (I1.2, 443)

> „Es ist schlichtweg so was von sonnenklar, dass, sobald wir hier gehen, [...] die Stelle jemand aus der Popakademie [bekommt]." (I4, 698)

> „Diese Pop-Kultur RETTET NICHT die KIRCHE. Die [Gemeinden] sind ja alle total [fokussiert] auf Pop." (I2, 610 und 643)

Andere Kirchenmusiker*innen hingegen halten gerade „[...] auch diesen Gospelbereich [für] wichtig, weil Pop noch einmal etwas anderes [ist, und] das auch wieder andere Menschen [sind]" (I5, 519), die damit Zugang zu Kirche finden können. Ein Kantor hätte gerne „[...] schon längst, trotz aller Schwierigkeiten, einen Kinder- und Jugendchor gegründet" (I14.2, 151), um einen förderlichen Beitrag zur momentanen Kirchenpolitik zu leisten:

> „Wenn man da irgendwie jetzt eine Möglichkeit hätte so etwas [Neues in der Kirchenmusik] groß anzufangen, dann würde ich mich wahrscheinlich DAFÜR entscheiden. Einfach aus kirchenpolitischer Sicht auch. Weil man sagt, wir müssen an die jungen Familien ran. Das scheint mir gerade noch brennender als die Älteren." (I14.1, 551)

Die Meinungen zu den derzeitigen bzw. überhaupt möglichen Problemlösungsstrategien für das Arbeitsfeld Kirchenmusik liegen bei den befragten Hauptberuflichen weit auseinander. Auffällig ist ein deutlicher Unterschied zwischen katholischen und evangelischen Kirchenmusiker*innen, was vermutlich damit zusammenhängt, dass zum Zeitpunkt der Datenerhebung die Arbeit mit Kinder- und Gospelchören in der evangelischen Kirchenmusik schon länger zum „Standard“ gehört als in der katholischen Kirche. Einig sind sich alle Hauptberuflichen – unabhängig ihrer Konfession – darin, dass sämtliche kirchenmusikalische Arbeiten im Rahmen der kirchlichen Grunddimensionen (vgl. Kapitel 4) ausgeübt werden und ausgeübt werden müssen:

> „Wir sind kein Konzertunternehmen [...], sondern wir haben zwei Punkte: Zur Ehre Gottes zu singen, aber natürlich auch [...] zum Wohl der Menschen.“ (I10, 47)

> [Leiturgia, Gottesdienst] „Dieses in der Liturgie musizieren. Dass es [in der Kirchenmusik] nicht NUR um den Vortrag der Musik geht, sondern dass die Musik sich auch verknüpft mit irgendeiner [gottesdienstlichen] Handlung.“ (I14.1, 7)

> [Martyria, Verkündigung] „Das Verkünden der Botschaft, [...] das in JEDEM Gottesdienst im MITTELPUNKT steht, und [...] die Musik ein GANZ starker Teil davon ist.“ (I3, 569)

> [Koinonia, Gemeinschaft] „Wir wollen mit unserer Musik [...] Gemeinschaft stiften und Gemeinde bauen.“ (I4, 830)

> [Diakonia, Dienst am Nächsten] „Wir sind ein Kirchenchor. Das Ganze sind soziale Aufgaben, die wir hier zu bewältigen haben.“ (I12.1, 505)

> [Paideia, Bildung] „Kirchenmusik ist immer Bildung, weil jeder, der sich daran beteiligt, nimmt [davon] etwas mit.“ (I17, 485)

Anhand der Interviewdaten lassen sich die theoretischen Ausführungen bezüglich des kirchlichen Kontextes von Kirchenmusik bestätigen. Die Grunddimensionen kirchlichen Handelns ziehen sich als roter Faden durch sämtliche Formen und Felder kirchenmusikalischer Arbeit, auch wenn sie von den Gesprächspartner*innen nicht immer konkret als Zielsetzungen der jeweiligen Tätigkeit benannt werden. Die Mitwirkung an Gottesdienst, Verkündigung, Gemeinschaft, Dienst am Nächsten und Bildung scheint bei den befragten Kirchenmusiker*innen innerlich verankert zu sein und eine selbstverständliche Basis ihrer Arbeit zu bilden. Festzustellen ist außerdem, dass in der Kirchenmusik meist mehrere Grunddimensionen kirchlichen Handelns zusammenkommen. Eine Chorprobe, in der liturgische Musik vorbereitet wird, erfüllt beispielsweise gleichzeitig diakonische Aufgaben, trägt zur Bildung der Sängerinnen und Sänger bei und stiftet Gemeinschaft.

## 7.2 Kontext Kirchenmusik

Das weite Feld der Kirchenmusik wurde in Kapitel 4 überblicksartig und mit Fokus auf den aktuellen theoretisch-wissenschaftlichen Stand dargestellt. Die folgenden Unterkapitel ergänzen diese Ausführungen um den internen Blick hauptberuflicher Kirchenmusiker*innen auf „ihre" Kirchenmusik. Ziel ist, ein praxisnahes Bild des Kontextes kirchenmusikalischer Arbeit für und mit älteren, alten und sehr alten Menschen zu erhalten.

### 7.2.1 Arbeitsfeld Kirchenmusik

Das Arbeitsfeld Kirchenmusik nimmt in der katholischen wie auch in der evangelischen Kirche, was Personal- und Stellenkontingente angeht, einen sehr geringen Platz im gesamten traditionellen System ein. Innerhalb dessen hierarchischer Strukturen sehen sich die Interviewpartner*innen häufig in einer Position der unguten Abhängigkeit, wenngleich sie die Vorteile eines Angestelltenverhältnisses als Künstler*in zu schätzen wissen. Hauptberufliche Kirchenmusiker*innen besitzen derzeit kein kirchenrechtlich verankertes Stimmrecht bei kirchlichen, gemeindlichen und kirchenmusikalischen Weichenstellungen im System. Selbst bei Entscheidungen, die ihren fachlichen Handlungsrahmen betreffen, können sie „[...] nur eine beratende Funktion haben. Entscheiden tun andere" (I2, 936).

Die Menschen, mit denen Hauptberufliche an ihren Dienststellen kirchenmusikalisch arbeiten, sind in der überwiegenden Zahl Laien und Ehrenamtliche. Sie engagieren sich freiwillig und sind meist seit vielen Jahren regelmäßig kirchenmusikalisch aktiv. Über die Kirchenmusik fühlen sich diese langjährigen Musiker*innen den Pfarreien treu verbunden und bilden vielerorts den tragenden Stamm des Gemeindelebens:

> „Das [ist] unsere KERNgemeinde [...] Das sind die Leute, die seit fünfzig Jahren der Gemeinde und dem Chor TREU sind." (I3, 451)

Durch die Vielfalt der kirchenmusikalischen Arbeit, „also die verschiedenen Stile und die verschiedenen Zielgruppen" (I14.1, 5), können unterschiedlichste Menschen erreicht und aktiv in das Gemeindeleben einbezogen werden. Kirchenmusik trägt somit wesentlich zur Pflege der christlichen Traditionen und zur Identifikation mit Kirche bei:

> „Die kirchenmusikalischen Gruppen sind die REGELMÄßIGSTEN Gruppen, die sich in Kirche EINBRINGEN, die sich über die längste Zeit einbringen [...,] sich da wirklich AKTIV einbringen. Die Bildungsarbeit betreiben, die Identität stiften, die über das Singen Traditionen prägen [...] Die wirklich Kontinuität und Bodensatz bringen." (I2, 889)

Kirchenmusik fördert sowohl die Einbindung von Menschen in das Gemeindeleben allgemein als auch deren konkrete Teilhabe am Gottesdienst. Durch Singen und Musizieren können Gläubige und Distanzierte auf besondere Weise berührt und mit der Frohen Botschaft erreicht werden:

> [Über Kirchenmusik] „Es war [mir] immer SEHR, sehr wichtig, dass es eben eine liturgische Aufgabe ist und dass der Gottesdienst vom Pfarrer UND Kirchenmusiker gestaltet wird […] Es kommt dann ganz anders bei den Menschen an und sie können noch viel mehr MITvollziehen. Sie sind viel mehr beteiligt, wenn so eine musikalische Gestaltung möglichst auch die Gemeinde viel singend beteiligt." (I7, 429 und 442)

Eingeladen zur Kirchenmusik an den hauptberuflichen Stellen in Deutschland sind grundsätzlich alle Menschen unabhängig ihres Alters, ihrer Herkunft, ihres Berufes etc. Ein Interviewpartner findet nach vielen Jahren im Amt immer noch faszinierend, „[…] dass das wirklich von den ganz Kleinen bis zu den ganz Alten funktioniert mit Kirchenmusik, also dass man da alle erreicht" (I13, 71). Auch diejenigen, die einer anderen Konfession angehören oder keine kirchliche Bindung haben, werden von den befragten Kirchenmusiker*innen in der kirchenmusikalischen Gemeinschaft willkommen geheißen. Zwar stellen die Gesprächspartner*innen in der Praxis fest, dass das Bildungsbürgertum in ihren Angeboten überwiegt, grundsätzlich sprechen sie Kirchenmusik jedoch das Potenzial für Willkommensein, Zugänglichkeit und Inklusion zu. Evangelische und katholische Kirchenmusik wird überwiegend von nebenamtlichen und ehrenamtlichen Musiker*innen ausgeübt, „[…] nur zehn Prozent der Stellen sind hauptamtlich" (I2, 976) (vgl. Kapitel 4).

Innerhalb der Kirchenmusik registrieren die interviewten Hauptberuflichen Veränderungsprozesse, die direkten oder indirekten Einfluss auf das Arbeitsfeld nehmen. So gibt es derzeit, nach Beobachtung einer Gesprächspartnerin, große Leistungsunterschiede bei den kirchlichen Chören in Deutschland. Früher existierten noch viele Kirchenchöre, die „[…] vom Niveau her alle relativ ähnlich waren" (I1.2, 539), in der heutigen Chorarbeit bemerkt sie hingegen eine starke Aufspaltung „[…] in Konzertchöre, die wirklich hohen Anspruch an das haben, was sie […] zeigen möchten, und den Chören, die […] extrem laienhaft singen" (I1.2, 534). Während kirchliche Konzertchöre immer noch einen gewissen Zulauf haben, werden traditionelle Kirchenchöre stetig kleiner oder lösen sich ganz auf. Um Nachwuchs zu gewinnen, braucht es dort besondere Projekte und Anreize:

> „Ich glaube, es funktioniert NUR im Kirchenchor, wenn es kein Kirchenchor ist, sondern ein Oratorienchor, weil das die Jungen auch wieder interessiert. Aber Kirchenchor, der so Kleinkram macht, das ist für die nicht so spannend, also, dieser Land-, Wald-, Wiesenchor. Ich habe jeden Monat eine Bachkantate gemacht mit dem Kirchenchor und […] da habe ich auch Jüngere dazu bekommen. DAS fanden die spannend, aber dieses normale Alltagsbrot finden die nicht so interessant." (I5, 539)

Projektarbeit gewinnt im Arbeitsfeld Kirchenmusik auch deswegen immer mehr an Bedeutung, weil sich viele Menschen nicht mehr regelmäßig verpflichten wollen oder können. Sie engagieren sich gerne punktuell, „[...] weil sie gerade Zeit oder Lust haben oder Lust auf das Stück haben" (I3, 617), stehen aber nicht automatisch für die kontinuierliche kirchenmusikalische Arbeit in den Gemeinden zur Verfügung:

> „Das, finde ich, merkt man schon sehr, dass sich heute viele nicht mehr binden wollen. Also, nicht mehr diese Regelmäßigkeit, dieses Traditionelle eines Vereins, wo man sich [...] immer wieder aufraffen muss um da hinzugehen. Das ist vielen zu anstrengend oder zu unflexibel." (I13, 515)

Diese Beteiligung nach dem Lustprinzip bemerken Kirchenmusiker*innen bereits in den Kinderchören, was die Nachwuchsarbeit „von unten" erschwert und die kirchenmusikalische Versorgung der Kirchengemeinden auf längere Sicht gefährdet:

> „Die kommen dann, wenn man interessante Projekte macht [...] Da hast du dann schon Anmeldungen. Aber für dieses REGELMÄßIGE, da haben die Kinder keine ZEIT mehr." (I3, 479)

Durch kreative Projektarbeit, zeitgemäße Vermittlungsansätze und die Offenheit gegenüber neuen Stilrichtungen gelingt es den befragten Hauptberuflichen momentan noch sehr gut, Interesse für Kirchenmusik zu wecken und die kirchenmusikalischen Aufgaben an den jeweiligen Dienstorten zu erfüllen. An vielen Stellen ist durch neue Formate sogar ein Wachstum des Zuspruchs im Vergleich zu anderen kirchlichen Arbeitsfeldern zu erkennen:

> „Wenn man sieht, dass die Chöre in den letzten zwanzig Jahren nur unwesentlich geschrumpft sind, sind wir relativ zur Gläubigenzahl extrem gut, weit besser als früher. Wir haben nahezu gleich viel Singende. Bei mir im Bezirk sind es mehr [geworden] durch die Singteams [...] Da habe ich MEHR als vor zwanzig Jahren. Und wenn ich weiß, dass mein Kirchenbezirk, seit ich da bin, schon um fünfzehn Prozent geschrumpft ist [in der Anzahl der Kirchenmitglieder], dann ist das ein exponentielles Wachstum. Das ist sensationell. Und das ist an VIELEN Stellen so." (I2, 907)

Dieses relative Wachstum ändert nichts an der Tatsache, dass „[...] einfach viel zu wenige nach[kommen]" (I10, 226) und die Chöre „[...] natürlich schon tendenziell am Überaltern sind und irgendwann vor einem Loch stehen, wenn die Alten sterben oder rausgehen" (I13, 496). Es zeigt aber, welches grundsätzliche Potenzial in Kirchenmusik steckt, wenn Verantwortliche mit Offenheit und zeitgemäßen Angeboten auf die Bedürfnisse der Menschen eingehen. Dazu zählen, laut Interviewaussagen, beispielsweise der Wunsch nach modernem geistlichen Liedgut, nach Mitwirkung an Oratorienkonzerten, nach flexiblen Probenformaten, nach Herausforderung, Wohlgefühl, Gemeinschaft u. a. Die Anforderungen an das Arbeitsfeld Kirchenmusik sind so verschieden wie die Menschen, die an ihr teilnehmen, und lassen den

Beruf Kirchenmusiker*in, nach Meinung der Interviewpartnerinnen und -partner, deshalb zu etwas ganz Besonderem werden.

### 7.2.2 Beruf Kirchenmusiker*in

*Eigenschaften Berufsbild*

Die meisten der befragten Kantor*innen machten ihr Hobby zum Beruf. Für viele ist ihre Arbeit als Kirchenmusiker*in nicht nur ein Beruf, sondern Berufung und die Erfüllung beruflicher Träume:

> „Ich sehe meinen Beruf als Berufung." (I13, 920)

> „Ich habe meinen Traumberuf." (I6, 16)

> „Das war immer mein Traum: Eine Kleinstadtstelle mit Möglichkeiten. Das ist genau das, was eingetreten ist." (I12.1, 17)

„Es ist ein toller Beruf" (I17, 35), der von den Künstler*innen u. a. deshalb geschätzt wird, weil er eine feste Anstellung, relative Freiheiten bei der inhaltlichen Ausgestaltung des vorgeschriebenen Handlungsrahmens und Vielseitigkeit bietet:

> „Ich bin froh, in einem vollen Angestelltenverhältnis zu sein. Mit dem großen Vorteil, mein eigener Chef zu sein." (I13, 876)

> „Kirchenmusik ist insofern so toll, weil ich so VERSCHIEDENES machen kann: Chorleiten, singen, arrangieren, eine Bläsergruppe leiten. Also, diese Vielfältigkeit." (I11, 10)

> „Das ist der Hauptreiz für mich in dem Beruf: Möglichst viel machen zu können." (I1.1, 32)

Ebenso wichtig wie das eigene künstlerische Wirken, z. B. als Organist*in, ist den Kirchenmusiker*innen das gemeinsame Musizieren mit Menschen:

> „Das finde ich auch schön: MIT Menschen jeglichen Alters zu tun zu haben. Von der Dreijährigen im Kinderchor bis zu den Achtzig-, Neunzigjährigen dann in den Kirchenchören. Diese Vielfalt, die hat mich schon immer begeistert." (I13, 51)

> „Das Musizieren mit Menschen, denen man etwas zeigen kann." (I1.1, 37)

Immer wieder wird in den Interviews das Berufsbild einer bunten Kirchenmusik-Familie gezeichnet, in der Junge und Alte ihren Platz finden, sich „gegenseitig unterstützen und helfen" (I10, 60). Alle, die Kirchenmusik machen möchten, sind in dieser Gemeinschaft willkommen, wobei in manchen Bereichen auch Einschränkungen der Zugänglichkeit gemacht werden (müssen):

> [Konzertchor] „Da gab es auch Eingangshürden. Wer nun überhaupt nicht in der Lage war nachzusingen, den habe ich auch nicht genommen." (I8, 288)

> „Wir haben keine Profichöre. [Das] soll ja auch der Kirchenchor nicht sein, der soll für JEDEN offen stehen. Außer natürlich, man hätte jemanden, der das wirklich irgendwie kaputt machen würde. Dann muss man natürlich in einer gewissen Weise versuchen einzugreifen." (I10, 212)

> „Bei mir kann man grundsätzlich jederzeit einsteigen." (I11, 165)

> „ALLE Menschen, die bei mir in der Gemeinde singen wollen, dürfen kommen." (I17, 355)

Offene Türen für Menschen zu haben und den weiten kirchenmusikalischen Bogen von den Kindern bis zu den Senior*innen zu spannen, bezeichnet ein Kirchenmusiker als sein „Credo" (I4, 198). Bemerkenswert ist diese Aussage deshalb, weil das Wort im christlichen Kontext eine besondere Aussagekraft besitzt: Anders als im weltlichen Sprachgebrauch, in dem die Formulierung „ich glaube …" häufig als Synonym für „ich bin der Meinung, dass …" verwendet wird, stellt das „Credo" für Christen ein Ordinarium dar. Im Credo wird das Bekenntnis zu Gott ausgedrückt, es ist für Kirchenmusiker*innen das Fundament, auf dem ihr Beruf gründet. Die kirchenmusikalische Arbeit als „mein Credo" (I4, 198 und I10, 12) zu bezeichnen macht deutlich, wie tief verbunden sich Kirchenmusiker*innen mit ihrem Beruf und den damit gestellten Aufgaben fühlen können.

Die Aufgaben, die im vielseitigen Berufsbild anfallen (vgl. Kapitel 4), bedeuten für Hauptberufliche „sehr viel Arbeit" (I8, 208), denn „die Verantwortungsbereiche für die Kirchenmusiker sind einfach enorm groß. Das IST so" (I15, 189). Zusätzlich zur Menge der unterschiedlichen Aufgaben, die zu bewältigen sind, empfinden Kirchenmusiker*innen im Zusammenhang mit ihrem Beruf häufig seelischen Stress:

> „Es hat nicht nur mit quantitativem, sondern auch mit qualitativem Stress zu tun." (I4, 813)

> „Ich hatte da mal einen großen Konflikt mit einem, der […] ständig nicht zu den Proben [kommen] konnte. Und dann gab es Ärger […]" (I1.2, 495)

> [Konsequenz aus kirchlicher Strukturpolitik] „Das konnte ich nur schlecht ertragen." (I8, 14)

> „So war die Stimmung in dem anderen Chor. Das war damals der Wahnsinn." (I11, 487)

Misserfolge und Scheitern gehören für Kirchenmusiker*innen zum Berufsbild und oftmals bleiben die Arbeitsergebnisse, trotz aller Bemühungen, hinter den eigenen Erwartungen zurück:

> [Nachwuchsgewinnung aus allen Alters-Dekaden] „Das kann man nicht immer schaffen. Ich habe das immer versucht, habe es nicht immer geschafft." (I11, 143)

> „Das Problem [ist] ja, dass man mit den Chören eigentlich NIE [zu] hundert Prozent das erreicht, was man MÖCHTE. Eigentlich NIE, qualitativ. Und auf der Taste ist man nur mit sich selbst zugange. Da erreicht man das AUCH nicht, aber da gibt es dann keine weiteren Möglichkeiten." (I8, 42)

Diese Diskrepanz zwischen Anspruchshaltung und Ergebnis verschärft die Belastungssituation der Hauptberuflichen, die wegen des hohen Arbeitspensums ohnehin unter Druck stehen.

Der Bedarf an vielfältigen kirchenmusikalischen Angeboten wird von allen Interviewpartner*innen sehr hoch eingeschätzt (*„Es gäbe so viel zu tun, so UNENDLICH viel zu tun." I4, 845*). Da der Beruf jedoch in den überwiegenden Anstellungssituationen von nur einer Person ausgeübt wird (*„Unser Beruf ist ja doch eine Ein-Mann- oder Eine-Frau-Show." I8, 223*), stoßen die Kantor*innen häufig an ihre Leistungsgrenzen:

> [Digitalangebote] „Zusätzlich so etwas mit ins Programm zu nehmen, da fehlt einem ja die Zeit, weil man hatte ja vorher [...] auch schon einen vollen Zeitplan." (I1.2, 754)

> [Unterricht] „Wir sind HEILLOS ausgelastet." (I2, 768)

> [Stimmliche Belastung] „Durch Überlastung merke ich das dann immer SEHR. Als die vielen Chorproben waren, war ich immer völlig platt. Drei Chorproben an einem Tag. Dann konnte man mich am nächsten Tag nicht mehr wirklich brauchen." (I9, 430)

> [Seniorenchor] „Den Bedarf im Alter zu singen, den gibt es SCHON. Ich kann ihn in der Form nicht abdecken, weil damit immer auch eine BINDUNG einhergeht. Damit gehen Telefonate und Mails und sonstige Ansprachen einher. Ich kann es nicht LEISTEN." (I4, 585)

Die zeitintensiven Hintergrundarbeiten im Berufsbild werden von Außenstehenden kaum wahrgenommen. Selbst Studienabsolvent*innen sind, nach Meinung eines Interviewpartners, selten darauf vorbereitet, was sie neben den musikalischen und künstlerischen Aufgaben in der Praxis des Berufes noch erwartet:

> „[Ich] bin mit meiner Berufswahl HOCH zufrieden. Wenn man mir VORHER gesagt HÄTTE, was da alles noch dranhängt, hätte ich es wahrscheinlich trotzdem gemacht. Viele andere tun das ja NICHT, weil [...] Kirchengemeinderatssitzungen, Sitzpläne erstellen, Anmeldeszenarien, Gema-Abrechnungen und dergleichen im Studium nicht vorkommen [...] Und diese Sachen gehören alle mit dazu." (I2, 26)

Wegen dieser Fülle an sichtbaren und nicht sichtbaren Aufgaben gehören Überstunden für alle befragten Kirchenmusiker*innen zum normalen Berufsalltag (*„[...]*

*jemand hat EINE Stelle und arbeitet vierzig, in Klammer, SECHZIG Stunden [...]"* *I2, 583*). Ebenso selbstverständlich sind über den gesamten Tag verteilte Arbeitszeiten, Abendtermine und Feiertagsdienste zu leisten:

> „Die Arbeitszeiten, die hatte ich mir vorher jetzt nicht wirklich überlegt, wenn man nur studiert. Also, dass es morgens sein kann, dann noch mittags und dann nochmal abends spät, absolut FAMILIENUNFREUNDLICH." (I9, 35)

> „Das ist ja etwas, was für viele Kollegen gerade mit Familie total schwierig ist. Wenn man mindestens drei Abende die Woche bis zehn [Uhr] unterwegs ist [...]" (I14.1, 585)

Kirchenmusiker*innen berichten in den Interviews davon, dass sie in ihrem Beruf aus den vielen Aufgaben, deren Erfüllung „wünschenswert" (I4, 571) wären, auswählen und zu ihrem Selbstschutz Grenzen ziehen müssen:

> „Das hat auch ein Ende der Kräfte irgendwo [...] Du musst auch lernen, dich zu schützen." (I4, 809)

> „Das große GANZE, die ganzen Chöre und natürlich auch die Verantwortung, die man hat, die will ich nicht bis ins Alter machen [...] Auch nicht mehr mit dem großen Apparat, der da dranhängt." (I13, 801)

> „Das [ist das] Problem bei Prozentstellen, bei Teilzeitanstellungen: Abgrenzungen vorzunehmen zwischen dem Bedarf unserer Gemeinden und dem tatsächlich zur Verfügung stehenden Kontingent an Arbeitszeit [...] Natürlich muss man dann Entscheidungen darüber fällen, was man weglässt." (I15, 92)

Vielfach werden Arbeiten, die dem Kirchenmusikkonzept dienen, aber nicht durch den Dienstvertrag abgedeckt sind, ehrenamtlich ausgeführt:

> „Ich habe nur [Zahl] Prozent, dann sind die hundert Prozent voll. Der zweite Kinderchor läuft schon ehrenamtlich [...] Das ist das, was ich für die Stelle zusätzlich einbringe." (I2, 545)

> „Tatsächlich ist die Seniorenkantorei NICHT Teil meines Dienstauftrages. Sie steht nicht in meiner Dienstanweisung. Das ist mein Ehrenamt." (I12.2, 4)

Durch die Summe von bezahlten und ehrenamtlichen Tätigkeiten für die Kirchenmusik nimmt der Beruf häufig eine dominante Größe im Leben von Kirchenmusiker*innen ein. Unterstützt wird dieser Effekt dadurch, dass es sich bei vielen um Berufung oder den Traumberuf handelt:

> „Freizeit und Arbeit, das ist ein Gedanke, der mir einigermaßen FREMD war [...] Ich habe [...] in den hundertdreißiger Prozent etwa gearbeitet. Das war für mich aber nicht so wichtig. Also, ich habe das ja GERNE gemacht." (I8, 27)

> „Mein halbes Leben ist im Prinzip das Ehrenamt. Und das für den Beruf, den ich aus BERUFUNG ergriffen habe. Das ist das Schönste [...]" (I2, 43)

*Ausbildung*

Der Weg in den Beruf begann bei den meisten befragten Kirchenmusiker*innen bereits während der Kindheit und Jugend, mit kirchenmusikalischer Sozialisierung in der Heimatgemeinde, Orgelunterricht und den überregional angebotenen, nebenamtlichen Ausbildungsgängen[27]. Ein Interviewpartner vergleicht die Ausbildung zur C-Prüfung mit einem „Mini-Kirchenmusikstudium" (I13, 18), weil man dort „[...] schon die Bandbreite mit insgesamt vierzehn oder fünfzehn Teilfächern [und] Teilprüfungen, die man ablegt" (ebd.), hat. Regelmäßige Organistendienste, teilweise auch Chorleitungsdienste, sind vor Beginn des Studiums für die angehenden Hauptamtlichen „normal".

Das Studium selbst wird von den Gesprächspartner*innen als schwer, „[...] breit gefächert [...], mit vielen verschiedenen Fächern und vielen verschiedenen Angeboten" (I1.1, 14) beschrieben. Eine Kirchenmusiker*in fasst ihr Studium scherzhaft so zusammen:

> „Ich wurde als eierlegende Woll-Milch-Sau ausgebildet und konnte ALLES am Ende, aber nichts RICHTIG (lacht)." (I12.1, 707)

Der Schwerpunkt der Ausbildung lag bei allen im künstlerischen Bereich, dem im Studium große Aufmerksamkeit geschenkt wird:

> „Im Studium wurden wir ja schon darauf getrimmt, dass wir große Oratorienchöre vorfinden [...] Die großen Orchesterwerke, dafür werden wir geschult." (I6, 81)

> [Ziel der Hochschule] „Wir trimmen euch darauf, den Maserati zu fahren." (I4, 204)

Ältere Kantor*innen berichten, dass Kinderchor und Popularmusik während ihrer Studienzeit (noch) keine Rolle spielten. Auch andere Studieninhalte, die für die praktische Arbeit wichtig wären, z. B. Psychologie, Management, Seelsorge oder Personalführung, werden von den Kirchenmusiker*innen vermisst. Den Interviewpartner*innen ist allerdings bewusst, dass bei der Fülle der Studienfächer und der Komplexität des Berufsbildes nicht alle Anforderungen des späteren Arbeitslebens im Studium abgedeckt werden können (*„Auf ALLES im Beruf kann man sich nicht vorbereiten." I12.1, 710*). Daher behelfen sich die meisten Studierenden selbst und übernehmen nebenamtliche Kirchenmusikstellen, an denen sie ihr Wissen aus dem Studium in der Praxis ausprobieren und wichtige Erfahrungen im Umgang mit Laienmusiker*innen sammeln können.

In Bezug auf Studieninhalte zu Kirchenmusik von, für und mit Menschen im Dritten, Vierten und Fünften Alter zeigt sich ein ebenso indifferentes Bild: Niemand der Befragten war im Studium offiziell mit Musikgeragogik im Kontext von Kirchenmusik befasst. Ein Teil würde sich wünschen, bereits während der Ausbildung

27 Kleine Prüfung bzw. D-Prüfung und Große Prüfung bzw. C-Prüfung für den nebenamtlichen kirchenmusikalischen Dienst

auf die alter(n)sbedingten Herausforderungen in der Praxis vorbereitet worden zu sein (*„DA bin ich wirklich überfragt. DA hätte ich einmal etwas gebraucht im Studium." I12.1, 579*). Gleichzeitig besteht die Befürchtung, dass das Studium dadurch noch überfrachteter wäre (*„Ich finde es schwierig, wenn da NOCH mehr reingepackt wird." I12.1, 708*).

Musikgeragogische und andere Lücken könn(t)en, nach Meinung eines Interviewpartners, im Berufspraktikum, das momentan noch nicht in allen Landeskirchen und Diözesen vorgeschrieben ist, teilweise oder ganz geschlossen werden:

> „Ich bin der größte Befürworter und der überzeugteste Mensch, dass es das [Praktikum] braucht." (I2, 35)

Am Ende des „steinigen Weg[es], vom Studium und allem" (I6, 17) bis zur hauptberuflichen Stelle steht das Bewerbungsverfahren am Dienstort (Vorspiel, Chorproben, Bewerbungsgespräch). Dabei erleben Kirchenmusiker*innen noch einmal eine leistungsorientierte Konkurrenzsituation:

> „LEISTUNG, LEISTUNG, LEISTUNG […] Den Leistungsdruck haben wir […] Wer kriegt die Stelle?" (I6, 541)

> [Über Studierende] „Das ist mein erster Ansatz: Sie dazu zu befähigen, dass sie konkurrenzfähig sind." (I15, 284)

### 7.2.3 Kirchenmusiker*in

Nach den Ausführungen zum Arbeitsfeld, Berufsbild und Ausbildungsweg wird in diesem Kapitel ein genauerer Blick auf die Menschen geworfen, die sich für den Beruf Kirchenmusiker*in entschieden haben, und auf die Rollen, die sie in ihrem Dienst einnehmen. Die Darstellung der Eigenschaften und Merkmale hauptberuflicher Kirchenmusiker*innen ist von Bedeutung, weil sie zum Verständnis beiträgt, warum alter(n)sbedingte Konflikte im Arbeitsfeld entstehen können. Aus den Interviewdaten ist ersichtlich, dass Kirchenmusiker*innen als Person einen wesentlichen Einfluss auf das Gelingen oder Nicht-Gelingen kirchenmusikalischer Arbeit für und mit Älteren haben, was an späterer Stelle noch ausführlich dargestellt wird (vgl. Kapitel 8.4.1). Mithilfe der beruflichen Rollen von Hauptamtlichen wird die Bedeutsamkeit musikgeragogischer Arbeit im Kontext von Kirche und Kirchenmusik differenziert begründet. Damit kann nachgewiesen werden, dass es zwar *den* oder *die* Kantor*in in Deutschland nicht gibt, dass Kirchenmusik von, für und mit älteren, alten und sehr alten Menschen aber für alle Kirchenmusiker*innen relevant ist, unabhängig davon, an welchen Stellen sie arbeiten.

### *Eigenschaften und Merkmale*

Die auffälligste Eigenschaft hauptberuflicher Kirchenmusiker*innen ist ihre große Freude an Kirchenmusik. Sie entwickelte sich bereits zu einem frühen Zeitpunkt des Ausbildungsweges und wird in den Interviews als Hauptgrund benannt, warum der Beruf ergriffen wurde:

> „Bach und seine Chormusik, die haben mich total geflasht. Und die Passionen. Ach, die haben mich nicht mehr losgelassen, so dass ich irgendwann dachte: Das willst du kennenlernen." (I17, 11)

> „Das hat mir alles FREUDE gemacht. Ich war, seit ich Orgelunterricht hatte, auch immer im kirchenmusikalischen Dienst schon tätig. Ich habe Vertretungen gespielt, habe Chorproben gehalten […], Hochzeiten, alles mögliche immer gespielt. Ich war, seit ich dreizehn bin, kirchenmusikalisch immer aktiv […] Und im Laufe der C-Ausbildung war für mich dann eigentlich klar: Ich möchte aus dem Hobby auch den Beruf machen. Ich wusste zum Abitur schon lange, dass ich Kirchenmusik studieren will." (I13, 20)

> „Ich sitze gerne sonntags an meiner Orgel und spiele dort den Gottesdienst." (I9, 585)

> „Singen und Chorleiten war absolut mein Ding." (I11, 45)

Aus dieser Freude schöpfen Kirchenmusiker*innen Kraft, was erklären könnte, warum die zuvor dargestellten vielfältigen Aufgaben und herausfordernden Arbeitssituationen meist ohne größere (gesundheitliche) Probleme bewältigt werden:

> „Die Arbeit mit den Chören einerseits und die Arbeit am Instrument […] Im WECHSEL zwischen diesen beiden Polen fand ich das immer interessant. Ich habe mich bei dem einen immer vom anderen erholt und umgekehrt." (I8, 39).

> „Ansonsten ziehe ich gerne auch die Kraft darüber, wenn ich ORGEL spiele. Aber vor allem Klavier mit Gesang macht mir am meisten Spaß." (I9, 265)

Dass sich in der Kirchenmusik die wohltuenden Wirkungen von Musizieren und Wort Gottes in besonderer Weise verbinden, erleben Kantor*innen als eine starke Kraftquelle:

> „Als Schüler mit Mozart-Requiem, mit Matthäuspassion und Elias, wo man dann schon eine unglaubliche KRAFT spürt, die in SO einer Art [von] Musik drin steckt." (I3, 7)

> „[Wenn ich] wie jetzt gerade in den Gottesdiensten, schwarzbrotmäßig ‚Christ lag in Todesbanden' und ‚Wir stehen im Morgen' EINSTIMMIG singen kann. Und das SCHÖN finden kann und davon selber so viel Kraft ziehen kann, dass das andere spüren." (I2, 107)

Dieses Weitergeben der Freude, der Begeisterung und der Kraftquelle Kirchenmusik ist allen Befragten ein großes Anliegen:

> „Mir ist es immer eine FREUDE und ein ANLIEGEN, die Freude, die ich selbst für die Musik empfinde, anderen weiterzugeben [...] Ich versuche die Begeisterung, die ich selbst dafür empfinde, an andere weiterzugeben. Und wenn das gelingt, dann ist meine Berufung geglückt, in jedem Sinne." (I13, 70 und 924)

Hauptamtliche Kirchenmusiker*innen lieben die Vielseitigkeit ihres Berufes (*„Das ist das, was mir am meisten Spaß macht, diese unglaubliche Vielseitigkeit. Kein Tag ist wie der andere, keine Woche ist wie die andere." I13, 36*) und scheinen Freude an Herausforderungen und neuen Erfahrungen zu haben:

> [Neue Einsing-Übung] „Da bin ich selbst gespannt darauf, wie das wirken wird." (I7+, 98)

> [Neue Methodik im Kinderchor] „Ich habe da jetzt so SPAß daran, etwas NEU zu machen." (I11, 645)

Aus allen Interviews ist herauszuhören, dass Musik im Allgemeinen und Kirchenmusik im Besonderen den Befragten ein grundsätzliches Gefühl von Zuversicht und Zufriedenheit schenken, was jedoch nicht bedeutet, dass alle Facetten des Berufes die Kirchenmusiker*innen zufrieden stellen:

> „Ich hab viele Kollegen, die sehr unzufrieden mit ihrem Beruf sind." (I2, 91)

> „Da geht vieles auch am Wochenende oder der freie Tag wird gecancelt und KEIN MENSCH FRAGT DANN, ob man Ersatz bekommt oder nicht. Das ist so ein KRITIKPUNKT." (I9, 42)

> [Über trägen Verwaltungsapparat] „Ja und da bin ich total WÜTEND, weil es werden die PFLICHTEN schlichtweg nicht wahrgenommen. Also, die PFLICHTEN funktionieren einfach nicht." (I4, 795)

Die Grunddisposition der Berufszufriedenheit scheint aber dazu beizutragen, dass Kantorinnen und Kantoren eine insgesamt hohe Frustrationstoleranz entwickeln und beruflichen Ärger bis zu einem gewissen Grad gut kompensieren können.

Eine wichtige Eigenschaft von Kirchenmusiker*innen, die im Zusammenhang mit Musikgeragogik im kirchlichen Kontext bedeutsam werden kann, ist deren Bereitschaft, Neues zu lernen und sich stetig weiterzuentwickeln:

> „Ich halte VIEL davon, sich immer weiterzubilden, fortzubilden." (I12.1, 705)

> „Ich habe mich immer fortgebildet und bin immer ein Suchender. Immer wieder Workshops, Bücher durchstudiert und so." (I11, 640)

Interessant ist, dass der Wille zur lebenslangen (Weiter-)Bildung unabhängig vom Alter der Gesprächspartner*innen vorhanden ist.

Zahlreiche hauptberufliche Kirchenmusiker*innen arbeiten im Rahmen ihres Dienstverhältnisses in einer übergemeindlichen Funktion als Bezirks-, Dekanats- oder Regionalkantor*in. Sie sind an vielen Dienstorten die einzigen studierten Kirchenmusiker*innen unter einer Vielzahl von Neben- und Ehrenamtlichen und genießen aufgrund ihres Amtes und ihrer Qualifikationen (musikalische) Autorität:

> „Im Musikalischen ist unsere Autorität so gut, dass das nicht infrage gestellt wird. Das gibt es in vielen Kirchenchören, in denen die Alten sagen: ‚Den Mist singen wir nicht und Einsingen brauchen wir sowieso keines, deswegen kommen wir erst um Viertel neun.' Ganz normal. Aber da bin ich halt der Bezirkskantor und ein Kirchenmusikdirektor [...] Irgendwann stellen sich da solche Fragen NICHT mehr, die ich aber von vielen Nebenberuflichen arg mitkriege." (I2, 308)

> [Über Amt und Titel] „Kirchenmusikdirektoren [...] Ich sehe es nicht alltäglich, aber es ist schon so ein KLEINES Gewicht. So eine Akzentuierung." (I4, 187)

Der persönliche Umgang mit der besonderen Position innerhalb des Kontextes Kirchenmusik lässt sich aus den Interviewdaten nicht für alle Hauptberuflichen allgemein gültig beantworten. In den Interviews wird die Gefahr der Eitelkeit und des elitären Denkens jedoch am Rande erwähnt:

> „Jetzt, wo ich selbst unterrichte, merke ich, wie viele eitle Musikerpersönlichkeiten es [während meiner Ausbildung] gab." (I5, 26)

> „Als ich vom Studium kam, [...] bin ich schon ein bisschen arrogant gewesen: Ach, ich, die A-Musikerin." (I5, 328)

> [Über Gemeindedienst] „Da [kann ich] nicht meine elitäre Vorstellung, was ICH jetzt gerade für gut heiße, durchsetzen." (I2, 123)

Neben aller fachlicher Kompetenz ist für eine gelingende kirchenmusikalische Arbeit die Sozialkompetenz von Kantor*innen entscheidend. Sie zeigt sich in der Praxis auf vielerlei Weise, in den Interviews werden nur einige dieser zwischenmenschlichen Fähigkeiten thematisiert. Die Verfasserin kann jedoch schlussfolgern, dass sämtliche Gesprächspartner*innen ein hohes Maß an Sozialkompetenz besitzen, da diese aufgrund des bereits erläuterten Ausbildungsweges andernfalls weder eine hauptberufliche Stelle innehätten noch ihre Arbeit mit überwiegend Freiwilligen ausüben könnten. Nur ein sympathisches Wesen, Einfühlungsvermögen, Sensibilität und Kommunikationsfähigkeit sorgen dafür, dass Ehrenamtliche gerne kommen – „und [...] beim nächsten Mal WIEDER kommen" (I10, 702) – und freiwillig Zeit, Energie, Kompetenz und Geld für Kirchenmusik einsetzen:

> [Vertrauen in Chorleiterin] „Wenn [Name Kantorin] sagt, sie macht das, dann machen die [Sänger*innen] das aus Liebe zur [Name Kantorin] zuerst einmal mit." (I2, 174)

> „Das setzt auch voraus, dass du kommunikativ bist als Kantorin, [als] Kantor." (I4, 808)

> [Probleme zwischen Chor und Chorleiter*in] „Da hat es immer welche gegeben, die haben halt einfach kein Händchen gehabt mit den Leuten umzugehen. Manche gibt es auch, die haben irgendwie selbst Probleme und distanzieren sich dann vielleicht so ein bisschen als Abschottung." (I10, 668)

> „[Das] wäre der Idealfall, dass man als Chorleiter, [als] Chorleiterin persönlich sehr gefestigt ist und gewisse Eigenschaften hat [...] Du musst über dich selbst lachen können, du darfst nicht zu eitel sein, du musst empathisch sein." (I5, 335)

Die zitierte persönliche Stabilität wird bei Kirchenmusiker*innen bereits durch den langen Weg der Ausbildung auf die Probe gestellt. Für die Ausübung des Dienstes im Hauptamt ist sie eine wesentliche Voraussetzung, die sich aber auch im Laufe der Jahre weiter entwickelt. Der persönliche Reifeprozess zeigt sich bei den Befragten u. a. in Offenheit und Toleranz gegenüber veränderten (kirchenmusikalischen) Bedürfnissen von Ehrenamtlichen, z. B. Lobpreis-Gottesdienste, Singen von alten Schlagern, Teilnahme am Oratorienchor ohne Kirchenmitgliedschaft. Ein Interviewpartner verbindet diese Offenheit mit dem christlichen Auftrag „Richtet nicht, damit ihr nicht gerichtet werdet!" (Mt 7,1):

> [Lobpreis-Gottesdienst] „Die Kirche ist voll. Da stehen fünfhundert Leute, die sind fromm ohne Ende, die glauben [...] wahrscheinlich zehnmal mehr als ich, und ich habe KEINE AHNUNG, ob [Gott] das EINE oder das ANDERE wertvoller oder wichtiger ist. ICH stelle mich da nicht hin als Richter, um zu sagen: ‚Die Musik ist schrecklich, also sind die alle unwert.' Das GEHT JA NICHT. Aber so TICKEN viele. Und da müssen wir wirklich GANZ, ganz weit denken." (I2, 128)

In allen Gesprächen finden sich indirekte Hinweise darauf, dass hauptberufliche Kirchenmusiker*innen sich selbst und ihr berufliches Handeln immer wieder reflektieren:

> „Ich denke gerade in ganz viele verschiedene Richtungen." (I14, 591)

> „Man verifiziert ja auch immer [...] Ich habe schon darüber nachgedacht, wie man da vielleicht mal etwas macht." (I5, 395 und 474)

> [Stimmentwicklung im Alter] „Ich habe das jetzt auch für mich selbst festgestellt [...]" (I17, 196)

Ein Kantor berichtet konkret von einer für ihn hilfreichen professionellen Supervision, um berufliche Herausforderungen „besser kanalisiert" (I4, 79) zu bekommen. Die (selbst-)reflexive Haltung scheint bei vielen bereits seit den frühen Ausbildungsphasen vorhanden zu sein, dort überwiegend in Form von Selbstzweifeln:

> „Ich konnte mir NIE vorstellen, dass ich gut genug bin." (I3, 19)

> „Ich konnte mir nicht vorstellen, dass ich den Weg gehen könnte, dass ich das SCHAFFEN würde.“ (I4, 22)

> „Ich habe es mir nicht zugetraut.“ (I5, 15)

Im fortgeschrittenen (Berufs-)Leben zweifeln hauptberufliche Kirchenmusiker*innen nicht mehr grundsätzlich an ihrer Kompetenz. Ihre Leistungen beurteilen die meisten Befragten nun konstruktiv kritisch und mit dem Ziel der Verbesserung:

> „Ich habe durchaus Defizite in der Leitung, [...] aber ich habe über die Jahre versucht daran zu arbeiten, klarer zu werden darin.“ (I4, 824)

> [Spezielle Liedbegleitung] „[Das] KANN ich so nicht. Da[für] muss ich ÜBEN. Aber dann MUSS ich es üben!“ (I2, 99)

Durch den jahrelangen reflexiven Blick auf die eigene Person und auf ihren Platz im vielschichtigen kirchenmusikalischen Kontext scheinen hauptberufliche Kirchenmusiker*innen eine besondere Fähigkeit zu entwickeln: Komplexe Sachverhalte können von ihnen offenbar gut erfasst, analysiert und kommuniziert werden. Dieses Merkmal lässt sich nicht anhand konkreter Zitate belegen, sondern zeigt sich im grundsätzlichen Gesprächsverlauf der Interviews. In vielen Antworten verlassen die Kantor*innen nach kurzer Zeit die beschreibende Ebene einer konkreten Situation oder Handlungsweise und geben stattdessen Einblick in deren Ursachen, Vor- bzw. Nachteile und Konsequenzen. Sie behalten „das große Ganze“ (I13, 801) ihres Arbeitsfeldes samt Kontext im Blick und schätzen Gegebenheiten realistisch ein, wie Beispiele zum Thema Kirchenmusik- und Stellenentwicklung zeigen (vgl. I2, 907):

> „Dass wir noch eine Hundert-Prozent-Stelle hier vor Ort haben, das ist VIEL. In der Zeit, in der ich hier bin, haben sich die Pfarrer HALBIERT [...] Als ich herkam, gab es dort [Zahl] Pfarrstellen. Heute gibt es EINE und es gibt noch die Kantorenstelle. Die ist zwar schon von hundert auf fünfundsiebzig [reduziert], aber das ist schon ein relativer Sieg.“ (I4, 716)

Auch im engeren Bereich der eigenen Arbeit zeigt sich in den Gesprächen immer wieder eine realistische Sichtweise der Kantor*innen, z. B. bei Prinzipien ihrer kirchenmusikalischen Senior*innenarbeit oder bei der Nachhaltigkeit ihrer Projektarbeit:

> „Das musst [du] halt jedes Mal wieder neu erklären, das IST halt so. Aber gut, das ist bei anderen Chören, bei jüngeren Chören manchmal auch so. Aber bei den Senioren ist es halt wirklich so.“ (I1.2, 272)

> „Da sind SO VIELE schon [...], die ich da auch PROJEKTWEISE [...] bei einem Gottesdienst [...] oder für das Konzert dazu geholt habe. Aber ganz ehrlich muss ich gestehen: Die mir fest im Chor geblieben sind, das sind, glaube ich, eine oder zwei Personen. Also, das ist eigentlich NICHTS.“ (I10, 618)

Insgesamt kann den hauptberuflichen Kirchenmusiker*innen aus den Interviews eine hohe analytische Kompetenz zugesprochen werden. Diese Fähigkeit würde auch für die musikgeragogische Arbeit in den Kirchengemeinden (u. a. beim Entwurf eines lebensumspannenden kirchenmusikalischen Konzeptes) und für die weitere Entwicklung des Handlungsfeldes Kirchenmusikgeragogik (u. a. bei der Konzeption kirchenmusikgeragogischer Qualifizierungsmaßnahmen) von Nutzen sein (vgl. Kapitel 8.4 und Kapitel 9.3).

Eine andere Eigenschaft könnte sich als ebenso nützlich wie hinderlich herausstellen (vgl. Kapitel 8.4): Um das Ziel des kirchenmusikalischen Hauptamtes in einer der Landeskirchen bzw. Diözesen zu erreichen, müssen Kirchenmusiker*innen seit den frühen Ausbildungsphasen Ehrgeiz, Fleiß, Disziplin und Durchsetzungsvermögen besitzen. Ihre Anspruchshaltung an sich selbst, an ihre Musiker*innen und an die Qualität ihrer kirchenmusikalischen Arbeit ist dementsprechend hoch:

> „[Ich] mache jeden Morgen [Maßnahme], dass ich dem Alter so entgegenwirken kann, dass ich meiner Arbeitsleistung, die ich von mir erwarte, in irgendeiner Weise gerecht werden kann." (I2, 55)

> [Über misslungene Integrationsbemühung] „Das TRIFFT mich, dass ich das nicht geschafft habe." (I4, 296)

> [Eigene Arbeitsleistung] „Ich bin jetzt wahrscheinlich in den einzelnen Bereichen nicht immer bei einhundertzwanzig Prozent, aber immer bei gut hundert Prozent." (I13, 57).

> [Musikalische Qualität] „Der [eine Sänger] ist so der Typ, der manchmal sagt: ‚Das passt jetzt schon.' Dann sage ich: ‚NEIN. Das sage ICH, wann es passt.' Er ist da manchmal mit etwas zufrieden und da habe ich meinen Anspruch […]" (I11, 263)

> [Kinderchor] „Ich will, dass die Kinder top singen, weil ich weiß: Wenn die top singen, dann laufen sie mir von alleine zu. Dann brauche ich nichts mehr machen, dann sagt jeder: ‚In dem Chor, da musst du auch mitsingen. Die singen so toll.' Also, da habe ich so einen Ehrgeiz in solchen Dingen." (I11, 646)

Am Beispiel der Kinderchorarbeit benennt der zuletzt zitierte Kantor die Wichtigkeit qualitativ hochwertiger Kirchenmusik (vgl. Kapitel 4.1.2): In einer Zeit des Überflusses (*„[…] das Angebot wird halt immer vielfältiger." I10, 533*) sind nur diejenigen Angebote von Interesse, die hohe Qualität(en) für die Teilnehmer*innen besitzen. Um in einer zunehmend säkularen Gesellschaft weiterhin Bestand haben zu können, müssen und wollen Kirchenmusiker*innen deshalb dafür sorgen, dass ihre verschiedenen Formen der kirchenmusikalischen Arbeit „Qualität haben" (I11, 285):

> „Das sage ich zu meinen Leuten immer, das ist für mich so eine Prämisse: ‚Das muss QUALITÄT haben.' Weil das interessiert im Gottesdienst keinen, ob wir heute ein schweres Stück haben, ob wir nicht gut drauf sind oder ob unsere Leute alt oder jung

sind. Das muss so klingen, dass die [Gottesdienstbesucher*innen] unten das ganz gut finden." (I11, 284)

Welche Schwierigkeiten sich aus dieser Prämisse ergeben können und wie sich das Streben nach Qualität(en) mit den Bedürfnissen der älteren Generationen vereinbaren lässt, wird in Kapitel 8.3 genauer ausgeführt. An dieser Stelle sollte zunächst der grundsätzliche Qualitätsanspruch als besondere Eigenschaft von hauptberuflichen Kirchenmusiker*innen dargestellt werden.

### *Rollen*

In den bisherigen Ausführungen zum Kontext Kirchenmusik war die Rede von *den* hauptberuflichen Kirchenmusiker*innen. Um allgemeine Merkmale des Berufes oder häufig zutreffende Eigenschaften der Berufsausübenden zu erläutern, ist dies akzeptabel. Um jedoch die Forschungsfrage nach der Relevanz von Musikgeragogik für hauptberufliche Kirchenmusikerinnen und Kirchenmusiker umfassend beantworten zu können, braucht es eine genauere Betrachtung der Berufsgruppe. Bereits in der Online-Umfrage zur aktuellen kirchenmusikalischen Arbeit mit Senior*innen zeigte sich ein heterogenes Bild, u. a. in Bezug auf Stellenmerkmale, Arbeitssituationen und Haltungen der Kantor*innen (vgl. Schatz & Koch, 2021). Obwohl nahezu alle Umfrageteilnehmer*innen als hauptberufliche Kirchenmusiker*innen in Deutschland arbeiten und Menschen ab 60 Jahren an allen Stellen einen hohen Anteil in den etablierten Arbeitsbereichen ausmachen, scheint es keinen einheitlichen Umgang mit der Situation zu geben (oder geben zu können). Dieser Eindruck der Heterogenität bestätigt sich in den vertiefenden Expert*inneninterviews: *Der* oder *die* Hauptberufliche existiert nicht. Stattdessen präsentiert sich das Arbeitsfeld Kirchenmusik als eine Zusammensetzung verschiedener Teilbereiche kirchenmusikalischer Arbeit und wird von Individuen gestaltet, die darin unterschiedliche Rollen einnehmen. Je nach persönlicher und stellenbedingter Gewichtung dieser einzelnen Kirchenmusiker*in-Rollen ergibt sich daraus ein individuelles Hauptberuflichenprofil. Aus den Interviews können insgesamt neun Rollen hauptberuflicher Kirchenmusiker*innen analysiert werden, die alle befragten Expert*innen – und somit nahezu alle Kirchenmusiker*innen an hauptberuflichen Stellen in Deutschland – im Rahmen ihrer Berufsausübung einnehmen:

#### *Rolle 1: Person*

Als Privatperson befinden sich hauptberufliche Kirchenmusiker*innen in einem individuellen Lebensabschnitt, der direkten und indirekten Einfluss auf die Berufsausübung nimmt (*„Die Erfahrung hat mich das gelehrt und auch die Veränderung, die persönliche Veränderung. Man bleibt ja auch nicht stehen." I5, 69*). Kantorinnen und Kantoren bringen ihre eigene (Musiker-)Persönlichkeit in die kirchenmusikalische

Arbeit ein, ebenso ihre Kirchenmitgliedschaft und ihren persönlichen christlichen Glauben („*Da hat mich der Heilige Geist beflügelt und seitdem bin ich mit Leib und Seele dabei.*“ *I17, 26*).

*Rolle 2: (Profi-)Musiker*in, Künstler*in*

Hauptberufliche Kirchenmusiker*innen sind professionell ausgebildete Instrumentalist*innen, Chorleiter*innen, Dirigent*innen und Sänger*innen mit einem individuellen musikalischen Werdegang und jeweils eigenen musikalischen Kompetenzen, Vorlieben, Schwächen und Abneigungen (vgl. Kapitel 7.2.2).

*Rolle 3: Kirchenmusik-Agent*in*

Das vielfältige kirchenmusikalische Leben an den jeweiligen Dienststellen wird von hauptberuflichen Kirchenmusiker*innen organisiert und koordiniert. Dabei handeln sie u. a. als Ansprechpartner*in, Diplomat*in und künstlerische Leiter*in („*[...] wir haben auch ein Konzertwesen [...]*“ *I4, 175*). Die Kantor*innen bringen sich als professionelle Künstler*innen selbst in den Kulturbetrieb Kirchenmusik ein und sorgen mit ihrer Arbeit als Traditions-Bewahrer*in dafür, das Kulturgut Kirchenmusik zu erhalten und zu fördern („*Wir haben ja ein gigantisches ERBE zu bewirtschaften.*“ *I8, 331*).

*Rolle 4: Gemeindemusiker*in*

In den Kirchengemeinden agieren hauptberufliche Kirchenmusiker*innen als Fachbereichsleiter*innen der Kirchenmusik („*[...], dass wir quasi unser eigener Chef sind. Klar ist der Dienstvorgesetzte noch der Pfarrer, aber bei mir habe ich wirklich Glück, dass die mir freie Hand lassen.*“ *I13, 797*) und als Mitglied eines vielfältigen Gemeindeteams aus Haupt-, Neben- und Ehrenamtlichen. Sie verstehen sich als Gemeinde-Diener*innen, die am Bau der Gemeinde mitwirken („*[...] ich bin ein Gemeindeaufbauarbeiter mit musikalischen Fähigkeiten.*“ *I2, 244*). Durch ihre Arbeit fördern Kantor*innen Kontaktmöglichkeiten zur Kirchengemeinde und zu christlicher Gemeinschaft.

*Rolle 5: Diakon*in, Sozialarbeiter*in*

Die diakonischen und sozialen Aspekte des Berufes Kirchenmusiker*in zeigen sich in allen Arbeitsbereichen, in denen zwischenmenschliche Kontakte bestehen, besonders im Kontext der Chor- und Ensemblearbeit („*Das Ganze sind soziale Aufgaben, die wir hier zu bewältigen haben.*“ *I12.1, 506*). Kantor*innen bieten Menschen aller Altersgruppen einen Raum, um kirchenmusikalische Bedürfnisse befriedigen zu können. Sie setzen sich für „ihre“ Musiker*innen ein, vermitteln, kämpfen, verteidigen, versorgen oder beschützen nach Bedarf. Mit kirchenmusikalischen Angeboten fördern Hauptamtliche die persönliche Entwicklung und die Gesundheit der Teilnehmenden. Sie geben (musikalische) Unterstützung und leisten Hilfestellungen, wann immer diese notwendig sind (*„Ich sehe das persönlich als Verantwortung […], dass ich meinen Leuten helfe, mit dem, was mir möglich ist.“ I10, 198*). Im langjährigen gemeinsamen Musizieren entwickelt sich häufig ein enges Vertrauensverhältnis zu den Kirchenmusiker*innen, was besonders in Konfliktsituationen von Vorteil ist. Probleme können auf dieser Vertrauensbasis offen angesprochen und Konflikte meist für alle Seiten gut gelöst werden. Hauptberufliche Kirchenmusiker*innen haben dabei die soziale Aufgabe, konstruktive Wege zu finden und diese gemeinsam mit ihren Musiker*innen zu gehen. Sie verstehen sich als Begleiter*in des individuellen kirchenmusikalischen (Lebens-)Weges (*„Ich will begleiten von drei bis neunzig […] und notfalls auch darüber.“ I4, 209*).

*Rolle 6: Pädagog*in, Andragog*in, Geragog*in*

Als Mitarbeiter*innen der Kirchen fällt Kantor*innen automatisch die Verantwortung zu, in ihrem Arbeitsfeld am kirchlichen Bildungsauftrag (Paideia) mitzuwirken (vgl. Kapitel 4.2). Bei der Frage nach dem Bildungsauftrag von Kirchenmusiker*innen zeigen sich allerdings deutliche Unterschiede zwischen den Interviewten. Einige bejahen spontan und können aus dem Stegreif verschiedene Bildungsaspekte ihrer Arbeit benennen:

> „Ja, UNBEDINGT, unbedingt. In der PRAXIS sowieso. Ja, ABSOLUT. Das ist ein GROßES Ventil und so definieren wir uns auch. So haben wir auch unsere Stiftung ins Leben gerufen: Dass Kirchenmusik an der Schwelle steht von der Verkündigung zur säkularen Gesellschaft und ihrer Bildung und ihrer Erziehung.“ (I4, 672)

Andere stellen zunächst keine direkte Verbindung zwischen dem kirchlichen Bildungsauftrag und ihren kirchenmusikalischen Angeboten her. Im weiteren Verlauf des Gespräches kristallisiert sich aber heraus, dass auch sie kirchenmusikalische Bildungsarbeit betreiben, dies jedoch offensichtlich nicht bewusst wahrnehmen:

> „Ja gut, das macht man natürlich indirekt eigentlich immer. Wenn ich jetzt irgendein Stück zum Beispiel mit meinem Chor einstudiere, dann versuche ich natürlich schon zu erklären, warum das jetzt an dieser Stelle SO ist […] [musikalisch und] natürlich auch theologisch.“ (I10, 428)

Obwohl sich Kirchenmusik in ihren unterschiedlichen Formen an den Grunddimensionen kirchlichen Lebens ausrichten soll (vgl. ELKB, 2016b), zu denen u.a. Bildung (Paideia) gehört (vgl. Bubmann, 2007, S. 270), ist der kirchenmusikalische Bildungsauftrag, nach Recherchen der Verfasserin, nur in einzelnen Landeskirchen explizit ausformuliert[28]. Während die Dienstordnungen für Kirchenmusiker*innen mit regionalen Aufgaben zumindest die nebenberuflichen Aus- und Weiterbildungsmaßnahmen beinhalten, finden sich in den meisten Kirchengesetzen über den kirchenmusikalischen Dienst lediglich indirekte Hinweise, z. B. durch Formulierungen wie „Förderung", „Pflege", „Bekanntmachen" o. Ä. Es ist somit nicht verwunderlich, dass keinem der Gesprächspartner*innen die kirchenmusikalische Bildungsarbeit als Dienstauftrag geläufig war:

> [Kirchenmusiker auf die Frage, ob er einen Bildungsauftrag als Kantor habe:] „Also, nichts Ausformuliertes, glaube ich." (I3, 548)

> „Also, das finde ich interessant, dass Sie sagen, wir haben einen Bildungsauftrag [...] Bei mir steht der nirgends. Ich HÄTTE gerne, dass das irgendwo geschrieben steht, dass Kirche einen kulturellen und pädagogischen Bildungsauftrag hat. Ich LEBE den." (I2, 713)

Dieser „gelebte" Bildungsauftrag, d. h. die Selbstverständlichkeit, mit der er im Rahmen des Dienstes auch ohne offizielle Regelungen ausgeübt wird, ist aus den Daten aller Interviews erkennbar:

> „Für mich ist das klar, dass wir das haben. Und für viele andere ist das auch klar." (I2, 729)

> „Klar haben wir ALLE einen Bildungsauftrag." (I3, 551)

> „Ich finde, das gehört ganz normal DAZU, jedenfalls für MICH. Ich sehe keine Notwendigkeit, dass man das jetzt irgendwie festschreibt. Das gehört einfach zur Arbeit." (I10, 452)

> „Ich finde, Kirchenmusik ist IMMER Bildung, weil jeder, der sich daran beteiligt, nimmt [davon] etwas mit." (I17, 485)

Die interviewten Kirchenmusiker*innen berichten in den Gesprächen sowohl von ihren „alltäglichen" kirchenmusikalischen Bildungsangeboten (Orgelunterricht, D- und C-Ausbildung, chorische Stimmbildung, Ausbildung zum Vorsänger/zur Vorsängerin), als auch von punktuellen Veranstaltungen, die sie der Bildungsarbeit zuordnen:

> „Ich mache jetzt einmal eine Orgelführung für KINDER." (I14.1, 298)

28 Beispiele zu Kirchengesetzen, die den Bildungsauftrag konkret benennen: „Durch die musikpädagogische Arbeit mit Kindern, Jugendlichen und Erwachsenen leistet der kirchenmusikalische Dienst Bildungsarbeit [...]" (Evangelische Kirche in Mitteldeutschland, 2015, Kirchenmusikgesetz RS 760, Abschnitt 1, § 1 (2)). [Über Kirchenmusik] „Ihre Vermittlung an andere Menschen ist eine Bildungsaufgabe der Kirche." (Evangelisch-Lutherische Kirche in Bayern, 2016b, Kirchenmusikgesetz RS 730, Präambel)

> „Dann gibt es natürlich immer wieder Veranstaltungen, die per se schon so einen gewissen Bildungsanspruch haben, wie zum Beispiel Kantatengottesdienste oder so etwas. Wo dann auch über die Kantate gepredigt wird, du die Texte vor dir hast und so etwas. Was schon sehr intellektuelle Veranstaltungen dann eigentlich sind." (I1.2, 370)

Zur Sprache kommen außerdem die weniger offensichtlichen Bildungsaspekte kirchenmusikalischer Angebote, wie z. B. gesellschaftliche, kirchliche, religiöse und theologische Bildung:

> „Dass man mit den Kindern zum Beispiel auch gesellschaftliche Gepflogenheiten einstudiert […], wenn die zu den Proben kommen: Wie man sich benimmt, wie man sich verhält, wie man sich im Gottesdienst verhält. Solche Sachen. Die haben ja auch etwas mit Bildung zu tun, aber auch mit einer Bildung, was jetzt die eigenen Rituale […] also, Kirchenrituale angeht[, zum Beispiel] wie man sich in der Kirche verhält." (I3, 556)

> „Bildungsauftrag, das ist ja im Grunde religiöse Verkündigung […] Mit jedem Kirchenlied, das ich einübe, mache ich religiöse Verkündigung und habe damit dann auch einen Bildungsauftrag ERFÜLLT." (I9, 346)

> „Und NATÜRLICH die theologische Bildung. Dass wir CHRISTLICHE Inhalte vermitteln, logischerweise […] Das Verkünden der Botschaft." (I3, 568)

Kirchenmusiker*innen tragen mit ihrer Proben- und Konzertarbeit zur kulturellen Bildung aller Altersgruppen bei:

> „Ob du jetzt Volkslieder singst oder ob du Kirchenlieder singst oder sonst etwas. Das ist ja immer Kultur." (I5, 228)

> [Über Chorsänger*innen] „Der Vorgänger hat ihnen einen großen Nimbus aufgesetzt, also: IHR seid die Kulturträger. HERR der Kunst." (I4, 131)

> „Meine ganzen Konzerte sind im Prinzip Kirchenmusikvermittlungskonzerte. Ich mache schon lange nichts mehr mit ‚Ich stelle mich einfach hin und mache Musik', sondern es gibt immer ein Programm dazu oder einen Pfarrer, der sich hinstellt […] um den Leuten zu erklären, was da jetzt gerade passiert." (I2, 718)

> „Ich habe das auch immer als meine Aufgabe betrachtet, das, was mir im Hinblick auf unser kirchenmusikalisches Erbe WICHTIG ist und künstlerisch wichtig ist, IRGENDWIE, natürlich immer mit Kompromissen, auch weiter zu vermitteln." (I8, 332)

Ein wichtiger Aspekt der Bildungsarbeit im Kontext von Kirchenmusik ist die ganzheitliche Förderung der Persönlichkeit. Dies geschieht bereits ab dem Kindesalter in den Kinderchören, ist aber prinzipiell altersunabhängig. Mit Singen und Musizieren werden Kreativität und Phantasie gefördert:

> [Kinderchor] „Das ist mir SEHR, sehr wichtig und das ist auch schon bei den Kleinen, bei den Kindern so. Dass die da nicht nur stramm stehen und ihre Stimmen irgendwie betätigen, sondern dass die mit ihrer ganzen Phantasie, mit ihrer Lebendigkeit dabei sind." (I7, 132)

Auch andere grundlegende Fähigkeiten, die zum einen für die weitere kirchenmusikalische Tätigkeit, zum anderen für das allgemeine Leben wichtig sind, werden von hauptberuflichen Kirchenmusiker*innen an Kinder vermittelt:

> „Die waren dann vier Jahre bei mir. [Sie] kamen als kleine Schreier, als Vierjährige [...] und waren [am Ende] richtig, richtig tolle Chorkinder: Mit IDEEN, mit Verantwortungsgefühl, waren stimmlich ziemlich gut, konnten sich konzentrieren. All das, was man dann von einem guten Chorkind eigentlich erwarten konnte." (I7, 489)

Die Förderung der Konzentration durch Singen und gemeinsames Musizieren ist, nach Erfahrung eines Gesprächspartners, nicht nur zu Beginn des kirchenmusikalischen Weges ein bedeutsamer Effekt, sondern hat auch in der Chorarbeit mit Erwachsenen einen hohen Stellenwert:

> [Bildung durch Singen] „Dann natürlich in GEISTIGER Art und Weise, also einfach, dass das Gehirn fit bleibt. Sei es im Umsetzen von Ansagen oder Merken von irgendwelchen Passagen, wenn man etwas auswendig singt, zum Beispiel. Oder beim Singen das Übereinander-Bekommen von Text zu Noten zu Gehör, den anderen zuzuhören. Also, damit den geistigen Bereich fit zu halten. Darauf kommt es viel an beim Singen. Das ist ein geistiges Training." (I13, 103)

Zusammenfassend lässt sich aus den Daten der Interviews festhalten: Sämtliche befragte Kirchenmusiker*innen erfüllen mit ihren unterschiedlichen Angeboten vielfältige musikalische und außermusikalische Bildungsaufgaben. Die Kompetenzerweiterungen finden im kirchenmusikalischen Kontext gezielt oder en passant statt und beziehen sowohl aktiv Musizierende als auch musikrezipierende Personen (z. B. Besucher*innen von Konzerten und Gottesdiensten) ein. Da der Bildungsauftrag im Rahmen des lebensumspannenden Berufsbildes ausgeführt wird, nehmen alle Kantor*innen in ihrer Arbeit mit Kindern, Erwachsenen und Senior*innen die Rollen kirchenmusikalischer Pädagog*innen, Andragog*innen und Geragog*innen ein.

### *Rolle 7: Seelsorger*in*

Neben ihren künstlerisch-musikalischen, organisatorischen und bildenden Aufgaben sehen sich die befragten hauptberuflichen Kirchenmusiker*innen in einer seelsorgerlichen Funktion:

> [Kirchenchor] „Wir sind zugleich eine Seelsorgeeinheit. Eine oder DIE größte Gemeindegruppe, die sich wöchentlich trifft." (I2, 224)

> „Man kann auch als Kirchenmusiker pastoral tätig sein, das darf man auch nicht unterschätzen.“ (I10, 10)

Den Kantor*innen ist bewusst, dass ihre Kirchenmusik einen direkten Zugang zu den Emotionen der Menschen schaffen kann:

> „Gerade die Wirkung von Liedern auf die EMOTIONEN der Menschen. Das ist ja nachgewiesen, dass die ganz hoch ist. Das ist nicht zu unterschätzen.“ (I9, 571)

Musik im kirchlichen Kontext verkündet, ihrer Erfahrung nach, nicht nur die Frohe Botschaft, sondern spendet gleichzeitig Trost und verstärkt das Gefühl des Bewahrt- und Behütetseins durch Gottes Segen:

> „Es war [mir] immer SEHR, sehr wichtig, […] dass die Kirchenmusik […] den Menschen anspricht, den Menschen tröstet, den Menschen Anregungen gibt, Gottes Segen deutlich macht.“ (I7, 429)

Die heilsame Wirkung der Kirchenmusik auf die Seele entfaltet sich besonders gut im regelmäßigen, aktiven Musizieren, z. B. in den wöchentlichen Chorproben. Im vertrauten Umfeld Gleichgesinnter und im Schutz der Gemeinschaft kann Musik Emotionen hervorrufen, die im Alltag der Menschen eher verdrängt werden oder unter der Oberfläche bleiben (*„Die Musik ist einfach ein Ventil, das diese Emotionen aufschließt […] [Es] fließen EMOTIONEN, die vorher subkutan waren.“ I4, 57 und 106*). Diese besondere Verantwortung für das Seelenleben ihrer Musiker*innen stellt für Kirchenmusiker*innen nicht selten eine Herausforderung dar, weil ihnen in seelsorgerlich schwierigen Situationen die Kompetenz fehlt oder ihnen die emotionale Nähe zu intensiv wird:

> „Ich habe während der Corona-Pandemie die Leute alle angerufen. Das waren seelsorgerliche Gespräche, die ich am Telefon geführt habe. Dafür bin ich nicht ausgebildet.“ (I12.1, 688)

> [Über Konflikte mit Chormitgliedern] „Da geht es dann eher so um psychologische, therapeutische Dinge, die man da hätte leisten müssen, was ich natürlich nicht leisten KANN.“ (I14.1, 342)

> [Über Kirchenmusik als Emotionsöffner] „Da liegt eine GEFAHR drin: Wie gehst du damit um? Ich glaube auch, manche Kantoren sind darüber zu Fall gekommen, weil sie damit eben NICHT gut umgehen konnten […] Das gibt es, dass diese Musik Schichten aufschließt, Öffnungen, die zugedeckt waren, aufmacht. Und da fließen Informationen an dich, wo du sagst: STOPP! Das will ich in dem Maße gar nicht.“ (I4, 58)

Kirchenmusiker*innen finden sich häufig in der Rolle als Zuhörer*in wieder, da ihnen von den Musiker*innen ein besonderes Vertrauen entgegengebracht wird:

> „Es ist so, dass ich, glaube ich, ein ZUHÖRER sein kann und irgendjemand, den sie auch vermissten an der Stelle […] ALLES gießt sich auf dich. Aber das höre ich mir gewissenhaft an." (I4, 55 und 95)

Interessant an den Interviewdaten zur Rolle Seelsorger*in ist, dass die positiven Auswirkungen der kirchenmusikalischen Arbeit auf die Seele sowohl von den Teilnehmer*innen als auch von den Kirchenmusiker*innen verspürt werden. Kantor*innen werden für manche ihrer Musiker*innen zu Freund*innen und schließen ihrerseits bereichernde Freundschaften:

> „Also, gerade im Gospelchor war es ziemlich schnell SEHR persönlich, da habe ich auch viele Freunde gewonnen. Eine große Freundesgruppe ist daraus entstanden." (I5, 349)

Nicht immer ist das Geben und Nehmen ausgeglichen, nicht immer werden Freundschaftsangebote von den Hauptberuflichen als Kraftquelle empfunden:

> „Es gibt immer Leute, die sehen einen kleinen Fingernagel und nehmen, reißen, ZERREN an der [ganzen] Hand. [Sie] akzeptieren nicht, dass du ja eigentlich mit zweihundert Aktiven zu tun hast irgendwie, plus Zuhörende, und das nicht alles LEISTEN kannst. Sie bieten dir ihre Freundschaft an und die kannst du schlecht ausschlagen und das fordert Kräfte und Zeit." (I4, 44)

*Rolle 8: Multiplikator*in*

Nur zehn Prozent aller kirchenmusikalischen Stellen in Deutschland werden hauptamtlich ausgeführt (vgl. Kapitel 4.1.2). Um die anderen neunzig Prozent mit qualifiziertem Personal versorgen und Ehrenamtliche für die Mitarbeit gewinnen zu können, müssen Kantor*innen als Multiplikator*innen agieren. Sie bilden kirchenmusikalisch aus und führen Interessierte jeden Alters zu D- und C-Prüfungen in den Fachbereichen Orgel, Chorleitung, Kinderchorleitung, Bläserchorleitung, Bandleitung etc. Nach der Ausbildung beraten sie die Nebenberuflichen an ihren jeweiligen Einsatzorten und sorgen mit Fort- und Weiterbildungsangeboten dafür, dass diese ihre erworbenen Qualifikationen erhalten und erweitern können.

Als Fachberater*innen stehen Hauptberufliche auch anderen kirchlichen Berufsgruppen sowie den Kreisen und Gremien der Kirchengemeinden zur Verfügung. Diese Unterstützungsmöglichkeit wird, nach Auskunft eines Gesprächspartners, aus Unkenntnis nicht immer genutzt:

> „Wenn jemand kirchenmusikalisch nicht sozialisiert ist, KENNT DER UNS NICHT. Der hat KEINE AHNUNG, dass es jemanden gibt, der da helfen könnte." (I2, 1099)

Auch von konkretem Abwehrverhalten gegenüber seiner Rolle als Multiplikator berichtet der Kantor. Aus Scheu vor der Professionalität Hauptberuflicher wird eine Beratung manchmal selbst von kirchenmusikalischen Gruppen abgelehnt:

> „Wenn ich sage, ich schicke [Dekanatskantorin] für ein Stimm-Coaching, [dann antworten sie:] ‚Oha, nein, nein, nein. Das ist VIEL zu professionell, das WOLLEN wir gar nicht. Wir singen zum Lobe Gottes und wir hören das von der CD. Wir können gar keine Noten. Bitte, bleiben sie JA fort (imitiert hektisches, abwehrendes Sprechen).' DAS ist die Reaktion von den[en] und die WISSEN immerhin, wie [Kirchen-] Musik geht." (I2, 1103)

Die genannten Beispiele weisen auf zwei wichtige Punkte hin, die für die Zukunft des Berufsbildes allgemein und für die Weiterentwicklung des Handlungsfeldes Kirchenmusikgeragogik im Besonderen beachtet werden sollten (vgl. Kapitel 9.2):

- Das Berufsbild Kirchenmusiker*in und seine Potenziale sind offensichtlich (auch) innerkirchlich nicht ausreichend bekannt.
- Kirchenmusik mit und von hauptberuflichen Kirchenmusiker*innen wird in der Öffentlichkeit scheinbar nicht in ihrer grundsätzlich möglichen Vielfalt bzw. Bandbreite (Zielsetzung, musikalische Exzellenz, Stilistik) wahrgenommen und kann deshalb unbeabsichtigt abschreckend wirken (*„[Die] machen doch bloß Matthäuspassion […]" I2, 1109*).

Im Idealfall präsentieren Kantor*innen sich und ihre Arbeit so einladend, dass sie Menschen für Kirchenmusik begeistern und z. B. für Jugendliche zu Vorbildern bei der Berufswahl werden. Die meisten der befragten Kirchenmusiker*innen kamen auf diese Weise zu ihrem heutigen Beruf und tragen nun ihrerseits zur Nachwuchsgewinnung für den kirchenmusikalischen Dienst bei:

> „[Das war] so das Übliche, wie die meisten dazu gekommen sind: Dass man Orgel spielt, dass man einen Kantor hat, der Vorbild ist." (I5, 4)

Eine wichtige Funktion nehmen hauptberufliche Kirchenmusiker*innen im Rahmen ihrer Rolle Multiplikator*in als Netzwerker*in ein. Durch ihre lebensumfassende Arbeit stehen sie in Kontakt mit vielen Menschen unterschiedlicher Altersgruppen. Dieses weit gespannte Netzwerk kann nicht nur für die Multiplikation der Kirchenmusik allgemein von Vorteil sein, sondern konkret auch den neben- und ehrenamtlichen Musiker*innen bei verschiedenen Problemen zugute kommen:

> „Ich habe halt mehr Kontakte als der eine oder andere […] und das finde ich einfach WICHTIG […] Durch unsere POSITION, die wir haben, sind wir einfach bekannt. Wir haben Kontakte und die hat nicht jeder Chorsänger." (I10, 181)

Das Zusammenbringen verschiedener Generationen durch gemeinsame Gruppenangebote, Projekte oder Konzerte ist ebenfalls ein wichtiger Aspekt der Vernetzung, die Kirchenmusiker*innen als Multiplikator*innen in ihrem Beruf leisten können:

> „[…] Jung-Alt-Projekte [und] -verbindungen, gemeinsame Konzerte […], dass man die untereinander VERNETZT. Das sehe ich als meine Aufgabe […]" (I6, 194)

Die verschiedenen Formen und Konsequenzen intergenerationeller kirchenmusikalischer Arbeit für und mit älteren, alten und sehr alten Menschen werden an späterer Stelle erläutert (vgl. Kapitel 8.2.3 und 8.4).

*Rolle 9: Visionär*in*

Als eine besondere Fähigkeit hauptberuflicher Kirchenmusiker*innen wurde die analytische Kompetenz hervorgehoben (vgl. Kapitel 7.2.3). Sie erklärt zu einem großen Teil die Existenz der Rolle Visionär*in, wie sie aus den Daten der geführten Interviews ersichtlich wird. Die befragten Kantor*innen handeln überwiegend reflektiert, organisieren ihre Tätigkeiten zukunftsorientiert und mit Blick auf den Erhalt ihres Arbeitsumfeldes. Sie initiieren Veränderungen und verfolgen langfristige Pläne, um nicht nur der momentanen Situation bestmöglich gerecht zu werden, sondern auch in Zukunft handlungsfähig zu bleiben:

> „Eigentlich verändert man sich mit seinem Arbeitsfeld oder man initiiert die Veränderung zum Teil auch." (I1.2, 565)

> [Altersgrenze im Chor] „[...] Das habe ich von meinem Vorgänger übernommen [...] Das habe ich abgeschafft, weil ich das auch stimmlich für Unsinn halte." (I8, 116)

> [Über Auszeichnung für besondere Verdienste um die Kirchenmusik] „Mit der Begründung der neuen Strukturen, die wir eingeleitet haben. Sowohl mit diesem ausgebauten Kinder- und Jugendchorbereich, aber auch in den Seniorenbereich hinein. Und dann auch gerade mit dem Aufbau einer Stiftung." (I4, 190)

Um ihre Visionen Wirklichkeit werden zu lassen oder um andere von ihren Zukunftsplänen zu überzeugen, engagieren sich Kirchenmusiker*innen häufig ehrenamtlich für ihren Beruf. Ein Kantor erzählt von seiner Vision, dass Kirchenmusikangebote zu einem Wohlfühlort in der Gemeinde werden. Er setzt sich deshalb für eine Kirchenmusikstiftung ein, die neue Kontakte zu Menschen ermöglicht und den langfristigen Erhalt der Kantorenstelle begünstigt:

> „Wir schaffen darüber Interesse und KONTAKTE, weil die total wertvoll sind [...] Manche finden das SUPER teilhaben zu dürfen auf diese Weise und [damit] zu sagen: ‚Wir fühlen uns bei euch wohl.' Das ist meine Vision. Das sind Dinge, die gab es vorher nicht, sondern das ist meine Vision [...] Und wir haben gesagt: ‚Wir wollen eine Stiftung ins Leben rufen, die irgendwann mal FLANKIEREND eingreifen könnte, wenn wir in Ruhestand gehen.' So wäre unser Ziel [...] Also, das ist nicht für kurz-, nicht einmal für mittelfristig, sondern langfristig." (I4, 801 und 701)

Ein gutes Miteinander der Generationen durch Kirchenmusik zu fördern ist die Vision einer anderen Interviewpartnerin. Ihr Dienstvorgesetzter unterstützt sie dabei:

> „Der trägt das sehr, sehr mit […], meine VISION […], dass ich das so vernetzen will, Jung und Alt.“ (I6, 248)

Da Musikgeragogik im Kontext von Kirchenmusik als Handlungsfeld bislang nicht offiziell im Berufsbild verankert ist, kann Kirchenmusikgeragogik zum Zeitpunkt der Datenerhebung ebenfalls als Vision eingeordnet werden. Kirchenmusiker*innen, die sich in der Praxis schon heute bewusst mit den kirchenmusikalischen Wünschen, Bedürfnissen, Möglichkeiten und Zielsetzungen von Menschen im Dritten, Vierten und Fünften Alter auseinandersetzen, gelten demnach als Visionär*innen einer weiteren Facette ihres vielfältigen Berufes.

*Zusammenfassung*

In den Kapiteln 7.1 und 7.2 erfolgte eine Darstellung der Kontexte, in denen Kirchenmusik von, für und mit Ältergewordenen stattfindet. Sie ist für eine wissenschaftlich fundierte Aussage zur Relevanz von Musikgeragogik für hauptberufliche Kirchenmusikerinnen und Kirchenmusiker deshalb von Bedeutung, weil der Forschungsgegenstand, losgelöst von seinem Umfeld, nur fragmentarisch betrachtet und bewertet werden könnte. Die Interviewdaten belegen, dass Kirchenmusik in den Lebensphasen und Lebenslagen im Alter eng mit den Veränderungsprozessen in Gesellschaft und Kirche und mit deren Werten verbunden ist. Innerhalb des traditionellen Systems Kirche nimmt der vielschichtige Kontext Kirchenmusik Einfluss auf die musikgeragogische Arbeit Hauptberuflicher. Er definiert den konkreten Handlungsrahmen, weshalb das Arbeitsfeld Kirchenmusik und der Beruf Kirchenmusiker*in aus Sicht von Expert*innen erläutert wurden. Anhand der Interviewdaten konnten allgemeine Eigenschaften und Merkmale hauptberuflicher Kirchenmusiker*innen ermittelt werden, die sowohl für das Verständnis des Kontextes als auch für die spätere Modellierung des Handlungsfeldes Kirchenmusikgeragogik von Bedeutung sind. Um der Heterogenität der Berufsgruppe Kirchenmusiker*in gerecht zu werden und eine allgemein gültige Antwort auf die Forschungsfrage zu finden, wurden aus den Interviews neun Rollen identifiziert, die Hauptberufliche im Rahmen ihres Dienstes üblicherweise einnehmen. Diese Systematisierung ermöglicht eine differenzierte und umfassende Darstellung, welche Relevanz Musikgeragogik für nahezu *alle* hauptberuflichen Kirchenmusikerinnen und Kirchenmusiker in Deutschland besitzt, unabhängig von deren Dienstorten und Stellenprofilen.

Im Mittelpunkt der beiden folgenden Unterkapitel stehen die ursächlichen Bedingungen, die den Anlass zu Kirchenmusik von, für und mit Menschen im Dritten, Vierten und Fünften Alter geben. Sie sollen verdeutlichen, warum sich die Forschungsfrage nach der Relevanz von Musikgeragogik für die Praxis hauptberuflicher Kirchenmusiker*innen überhaupt stellt.

## 7.3 Präsenz älterer, alter und sehr alter Menschen im Arbeitsfeld

Sämtliche Kirchenmusiker*innen bestätigen in den Interviews die wissenschaftlich ermittelte, statistische Dominanz von Kirchenmitgliedern über 65 Jahren (vgl. Kapitel 2.4.1). Sie erleben in ihrer alltäglichen Berufspraxis, dass Senior*innen in den Kirchengemeinden nicht nur überproportional präsent sind, sondern das Gemeindeleben in vielen Bereichen aufrecht erhalten:

> „Es sind SEHR viele, SEHR alte Menschen um mich herum, die aber erstaunlich fit sind. Also, im KOPF erstaunlich fit […] Die mit unglaublich viel Schwung und Energie immer noch versuchen, etwas in der Gemeinde auch zu wuppen. Ich weiß gar nicht was ist, wenn die einmal nicht mehr da sind? Was dann nachkommt?“ (I1.2, 12)

Alte Menschen scheinen für die befragten Kantor*innen ganz selbstverständlich zum Kontext ihres Berufes zu gehören:

> „NATÜRLICH habe ich [mit alten Menschen zu tun] (lacht)“. (I9, 49)

> „[…] in der Arbeit begegnet […] dir [das Thema Alter] ja SOWIESO.“ (I2, 386)

Konkret nachgefragt, in welchem Zusammenhang sie mit älteren, alten und sehr alten Menschen im Rahmen ihres Arbeitsfeldes zu tun haben, benennen die Kirchenmusiker*innen zunächst die naheliegenden musikalischen Berührungspunkte „Konzert, Gottesdienst, Chorproben“ (I13, 614).

Besonders Konzerte mit traditioneller Kirchenmusik, wie z. B. Oratorien- oder Orgelkonzerte, werden, nach Beobachtung der Kantor*innen, gerne von Musikliebhaber*innen der älteren Generationen besucht:

> „Das sind Menschen, die sehr wertschätzend und mit einem sozialen Hintergrund unsere Musik in einer ganz anderen Weise zu schätzen wissen als Jugendliche und junge Menschen. [Junge Menschen,] die, von der Schulbildung und von ihrer Sozialisation her VOLLKOMMEN ungebildet, das [zwar] als schöne Musik wahrnehmen, aber nie im Leben mit der TIEFE [wie alte Menschen].“ (I2, 154)

Auch die Gottesdienstteilnehmer*innen gehören in beiden Konfessionen überwiegend den höheren Altersgruppen an:

> „In den Gottesdiensten sind auch VIELE Ältere, besonders in der Werktagsmesse […] Es sind ja [im Gottesdienst] sowieso immer nur Ältere da. Ich kenne das nicht anders.“ (I9, 58 und 308)

> „Man hat es natürlich […] bei den Gottesdiensten, weil […] der Altersdurchschnitt der Gottesdienstbesucher NATÜRLICH nach oben geht.“ (I10, 317)

Eine starke Präsenz älterer Menschen erleben hauptberufliche Kirchenmusiker*innen in ihren musikalischen Gruppen und Kreisen:

> „Der Haupt[berührungs]punkt ist natürlich in der Chorarbeit.“ (I10, 317)

> „In meinem Umfeld habe ich natürlich im Posaunenchor und in der Kantorei ganz viel Kontakt mit Älteren, also mit Senioren.“ (I3, 104)

> „Hauptsächlich in der CHORarbeit. Da am direktesten, weil ich sie da am direktesten sehe, ihnen gegenüber bin.“ (I13, 93)

Bemerkenswert ist, dass auch Hochaltrige an den etablierten Chorangeboten einiger Interviewpartner*innen teilnehmen:

> „Vier von zehn [Mitgliedern], wir haben insgesamt zehn im Posaunenchor, sind über achtzig. Die spielen aber trotzdem mit und das ist bei den Posaunen kein Problem.“ (I3, 108)

> „[Das] war schon an der Stelle davor, dass ich da im Kirchenchor einen Einundneunzigjährigen hatte.“ (I6, 25)

> [Kirchenchor] „Aus Altersgründen ist hier noch keiner gegangen. Einer ist verstorben letztes Jahr. Mein ältester [Sänger], mit DREIUNDNEUNZIG. Aber der wäre NIE ausgeschieden! Im LEBEN NICHT! Das war der fitteste von allen […] Den habe ich immer bewundert.“ (I9, 333)

Auch durch die kirchenmusikalische Arbeit mit Kindern, einem Tätigkeitsfeld, das auf den ersten Blick weit entfernt von älteren Menschen scheint, stehen Kantor*innen in Verbindung mit Senior*innen:

> „In der Kinderkantorei manchmal, wenn die Omas und Opas die Kinder bringen und die in der Obhut sind von den Omas und Opas, und [die Großeltern] manchmal auch [zur Probe] da bleiben.“ (I12.1, 28)

„Natürlich ist das Thema Alter immer auch im Bereich Dienstvorgesetzter ein Thema“ (I2, 314). So bringt ein Interviewpartner diplomatisch zur Sprache, dass sich die Präsenz Ältergewordener und die für ihn damit verbundenen Herausforderungen nicht nur in musikalischen Kontakten zeigen. Hauptberufliche Kirchenmusiker*innen befinden sich häufig in Dienstverhältnissen mit Vorgesetzten im fortgeschrittenen Alter, was aber nicht automatisch zu (Generationen-)Konflikten führen muss, wie die Aussage einer jungen Kollegin belegt:

> [Intergeneratives Konzertprojekt] „Mein Chef ist [Zahl>70] (lacht). Also der wäre ja gleich der Erste, der kommt (lacht). Ja, das ist echt der Wahnsinn hier. Mein Pfarrer [Name], der ist wirklich unverwüstlich, muss man sagen. Der hat hier seit [Zahl] Jahren die Gemeindeleitung. [Er] ist FIT und überblickt es voll und ist für alles offen und FREUT sich so über jedes Schrittchen, das irgendwie passiert.“ (I6, 235)

Des Weiteren berichten die Gesprächspartner*innen von älteren Kolleg*innen an ihrem Dienstort und von Senior*innen, die sich in den gemeindeleitenden und kirchenmusikalischen Gremien engagieren:

> „Mein evangelischer Kollege hier ist jetzt auch vierundsechzig, fünfundsechzig. Der geht jetzt auch auf die Rente zu [...] Wir haben hier einen Freundeskreis der Kirchenmusik. Da ist der zweite Vorstand, der dürfte auch schon über sechzig sein, der eine Beisitzer schon über siebzig." (I13, 619 und 623)

> „Ich habe hier eine Frau im Kirchenvorstand, da dachte ich immer, die ist nicht sehr viel älter als ich. Jetzt erfahre ich, dass die schon über siebzig ist." (I1.2, 22)

Der Kontakt zu Menschen aus älteren Generationen ergibt sich für hauptberufliche Kirchenmusiker*innen auch durch die nichtmusikalischen Gruppen und Kreise in der Gemeinde:

> „Und dann gibt es das ganz große Feld des Drumherums. Was eigentlich gar nicht unbedingt zum Berufsfeld der Kirchenmusikerin gehört, aber man es dann trotzdem macht: Die [alte] Kirchenhüterin, die den Schlüssel sucht, oder diverse Treffen, wo man dann zufälligerweise [alten] Leuten begegnet, [zum Beispiel] Bibelkreis, Geburtstagsbesuch-Gruppe. Also, es gibt so diverse Felder in der Gemeinde, wo man auch mit alten Leuten zu tun hat." (I12.1, 30)

Zwar stehen die kirchenmusikalischen Ausbildungsgänge grundsätzlich Menschen aller Altersgruppen offen, die befragten Kirchenmusiker*innen berichten jedoch, dass nur vereinzelt und nur jüngere Senior*innen diese Möglichkeiten des Kompetenzerwerbs wahrnehmen (zu den Gründen vgl. Kapitel 8.3). Anders zeigt sich die Situation in den von ihnen angebotenen Fort- und Weiterbildungsmaßnahmen, die sich an bereits ausgebildete, nebenamtliche Kirchenmusiker*innen richten:

> „Bei den Fortbildungen und Werkstatttagen, die ich leite, da sind auch VIELE ältere Menschen da." (I12.1, 27)

> „Was wir ab und zu haben sind Fortbildungen. Da kommen schon auch Ältere, zum Beispiel nebenamtliche Organisten." (I14.1, 177)

Bei der Nachwuchsarbeit der evangelischen Posaunenchöre sind ältere Anfänger*innen keine Besonderheit:

> „Es gibt immer wieder ein paar Junge, die das lernen wollen und ein paar Mittelälterliche und immer wieder durchsetzt auch mit Senioren, die schon WEIT über siebzig sind." (I3, 199)

In ihrer Funktion als Dekanats-, Bezirks- oder Regionalkantor*innen werden Hauptberufliche außerdem mit einer weiteren Form der Seniorenpräsenz konfrontiert, „weil oft die Organisten in der Gemeinde einfach alt sind" (I13, 728). „Teilweise sind die Chorleiter auch schon über siebzig, wo es dann darum geht: Wer macht das in fünf Jahren, wenn die nicht mehr wollen oder nicht mehr können?" (I3, 196). Um diese und andere alter(n)sbedingten Herausforderungen einordnen zu können, wird im folgenden Kapitel näher auf die Musiker*innen in den verschiedenen Lebensphasen und Lebenslagen im Alter eingegangen.

## 7.4 Musiker*innen in den Lebensphasen und Lebenslagen im Alter

Die Situation des „Nicht-Mehr-Wollens" bzw. „Nicht-Mehr-Könnens" kann bei älter gewordenen Musiker*innen mit den Merkmalen des Alter(n)s zusammenhängen. Aus den Erfahrungen der befragten Kantor*innen machen sich diese bei älteren, alten und sehr alten Menschen im Arbeitsfeld Kirchenmusik auf unterschiedliche Weise bemerkbar.

### 7.4.1 Merkmale des Alter(n)s

Grundsätzlich entsprechen die aus den Interviews analysierten alter(n)sbedingten Merkmale von kirchenmusikalisch Aktiven den Ausführungen aus Kapitel 2, wobei als entscheidender Aspekt die interindividuelle und intraindividuelle Variabilität (vgl. Bubolz-Lutz et al., 2022, S. 34) hervorzuheben ist. Eine Ausdifferenzierung der kirchenmusikalischen Arbeit allein aufgrund des kalendarischen Alters stellen die meisten Gesprächspartner*innen in Frage:

> „Einordnung NUR nach Alter? […] Aber: Wie ist das stimmliche, körperliche Befinden? Man kann das nicht immer koppeln mit dem Alter […]" (I11, 725)

> „Ich glaube, dass das [Alter] auch sehr individuell ist." (I14.2, 64)

Dieses angesprochene individuelle Alter(n) bestimmt u. a. die physische und psychische Disposition der Musizierenden, ihre Kompetenzen, Bedürfnisse, Wünsche und Zielsetzungen, ihr Alltags-, Urlaubs- und Sozialverhalten. Dementsprechend unterschiedlich, teilweise gegensätzlich, fallen die Interviewdaten in Bezug auf Alter(n)smerkmale von Musiker*innen aus: Gelassenheit und Ungeduld, Selbstzweifel und Selbstüberschätzung, Aufgeschlossenheit und Unflexibilität kommen ebenso vor wie die Scheu vor öffentlichen Auftritten einerseits und die Freude an der Präsentation vor Publikum andererseits. Körperliche Funktionseinbußen, z. B. beim Sehen und Hören, Stimmprobleme, Bewegungseinschränkungen oder Krankheiten werden von manchen Gesprächspartner*innen thematisiert, bei anderen scheinen sie in ihrer kirchenmusikalischen Arbeit mit Senior*innen kaum ins Gewicht zu fallen. Vereinzelt werden bei den älteren Musiker*innen Anzeichen von Demenz wahrgenommen, häufiger Nervosität, Hektik oder Vergesslichkeit, aber auch Leistungsfähigkeit, Lernwille und Zuverlässigkeit in unterschiedlicher Form:

> „Die Alten, die sind eigentlich immer da oder sagen dann auch ab. Die sind natürlich irgendwie immer zu allen möglichen Zeiten im Urlaub oder sind dann auch einmal krank, aber eigentlich sind die SEHR zuverlässig." (I14.2, 111)

> „Die [Sänger*innen] sind auf Stöcken gekrabbelt gekommen (lacht), also, die Kirchenchorprobe war da einfach ein MUSS [...] Das ging GAR NICHT anders. Die sind IMMER gekommen. Gerade auch immer die Ältesten." (I9, 457)

In Bezug auf kirchenmusikalische Kompetenzen lassen sich aus den Interviewdaten ebenfalls keine einheitlichen Aussagen zu Ältergewordenen treffen. Die Kirchenmusiker*innen berichten von Gruppen, in denen sie mit Senior*innen auf musikalisch niedrigem Niveau arbeiten, von Unterrichtsstunden, die „[...] eher ein Seelsorgeauftrag als ein kirchenmusikalisches Vermittlungsangebot" (I2, 789) sind, aber auch von leistungsfähigen alten Musiker*innen, ohne deren Kompetenzen sie ihre Chorarbeit nicht aufrecht erhalten könnten (*„Ich BRAUCHE meine Senioren für den Chor [...]" I10, 150*). Aus solchen Aussagen kann geschlossen werden, dass in der kirchenmusikalischen Praxis das kalendarische Alter nicht als Richtwert für die Teilhabe an Angeboten herangezogen werden sollte, sondern eine Differenzierung der Zugänglichkeit nach anderen Kriterien erfolgen muss, z. B. Wunsch, Disposition, Zielsetzung etc.

Wie in Kapitel 3.4.4 für Musikgeragogik dargestellt, kann auch bei der kirchenmusikgeragogischen Arbeit zwischen Anfänger*innen, Wiedereinsteiger*innen, Umsteiger*innen und Lebenszeitmusiker*innen unterschieden werden. Die Interviewten berichten von Menschen, die mit dem Ende der Berufstätigkeit oder später in die Chorarbeit einsteigen, und von der Möglichkeit, auch im fortgeschrittenen Alter ein Blasinstrument für den Posaunenchor neu zu lernen:

> „Beim [Senioren-]Gospelchor hatte ich schon immer mal Anfänger mit dabei." (I1.2, 309)

> „Gerade hat sich wieder ein Achtzigjähriger bei mir zum Neuanfang [im Seniorenchor] gemeldet." (I8, 62)

> „Ein Blasinstrument zu lernen, ist relativ einfach. Man muss nur das mit den paar Griffen hinbekommen. Und [um] Choräle in der zweiten Stimme mitzuspielen, muss man sich auch vom Ansatz her nicht großartig anstrengen. Oder am Tenorhorn oder an der Posaune. Das kann man auch als Erwachsener noch gut lernen oder wenn man mit seiner beruflichen Laufbahn durch ist, Frührentner ist, Zeit hat und dann ein Instrument anfangen will." (I3, 175)

Nicht alle kirchenmusikalischen Angebote für Senior*innen der Interviewpartner*innen sind jedoch für Anfänger*innen geeignet, da das Niveau der Ensembles zu hoch ist:

> „Im [Senioren-]Blockflötenkreis nicht, dafür sind die zu gut. Da könnte kein Anfänger jetzt einfach so mitspielen." (I1.2, 304)

> [Seniorenchor] „Das wäre jetzt für jemanden, der neu dazu kommt, GAR nichts." (I5, 619)

> „Also, ich möchte der Seniorenkantorei NICHT jemanden vorsetzen, der sagt: ‚Ich habe jetzt plötzlich mit zweiundsiebzig [Jahren] Lust zu singen und ich kann ‚Hoch auf dem gelben Wagen' schmettern und deswegen möchte ich da rein.' Das funktioniert ja nicht." (I4, 548)

Diese Aussagen sind insofern bemerkenswert, weil sie das Vorurteil des mangelnden Niveaus widerlegen, das, aus Erfahrung der Verfasserin, häufig im Zusammenhang mit musikgeragogischer Arbeit im Kontext von Kirchenmusik anklingt.

In den Fällen, wo Anfänger*innen auch im höheren Alter ihren langersehnten, kirchenmusikalischen Wunsch erfüllen dürfen, berichten Kantor*innen von großer Begeisterung und hohem Engagement:

> [Über Seniorin] „[Sie fragte:] ‚Ich wollte schon mein ganzes Leben im Chor singen und nie hatte ich Zeit. JETZT hätte ich Zeit. Darf ich einfach mal probieren?' Ja, natürlich, da sage ich ja nicht nein. Und dann setzen wir diese Leute zwischen sichere Leute und die machen alles wett mit ihrem UNGLAUBLICHEN Eifer und ihrer Begeisterung." (I7, 60)

Anfänger*innen im fortgeschrittenen Alter sind am Instrument Orgel eher die Ausnahme. Ein direkter Einstieg in den Orgelunterricht wird von den Interviewten überwiegend kritisch beurteilt, da sie die Anforderungen des Instrumentes als zu hoch einschätzen:

> „Wer noch gar nicht Klavier oder so etwas gespielt hat, [für den] ist das natürlich sehr schwer." (I7+, 258)

> „Also, da tue ich mich generell schwer damit, mit kompletten Anfängern auf der Orgel anzufangen […] Wenn sich jemand sechzig oder fünfundsechzig Jahre lang nicht dafür interessiert hat, hat er dann noch genug Begeisterungsfähigkeit für dieses Instrument, um es wirklich zu LERNEN? Das ist ja schon bei JUGENDLICHEN schwer." (I12.1, 567 und 600)

Anders wird die Situation bei Senior*innen bewertet, die als Wiedereinsteiger*innen oder Umsteiger*innen an eine (frühere) Klavierausbildung anknüpfen können:

> „Wiedereinsteiger ist etwas anderes. Da knüpft man ja an bereits gebildete Verbindungen an […] Wenn es ein WIEDEReinstieg ist, hatte man ja schon einmal damit zu tun. Wenn jemand schon Klavier spielen kann, ist der Weg zum Orgelspielen ja auch nicht mehr so WAHNSINNIG weit." (I12.1, 609)

> „Es gibt natürlich auch Leute, die haben früher Klavier gelernt und wollen dann im Alter vielleicht noch einmal Orgel lernen. Die haben ja ganz andere VORAUSSETZUNGEN. Dann geht ja die Geläufigkeit noch. Wenn die Gegebenheiten DA sind, ist das [Alter] überhaupt kein Ding." (I9, 396)

> „Wenn da INTERESSE besteht und die [Senior*innen] in ihrem Leben auch schon einmal halbwegs Klavier gespielt haben, warum NICHT?!“ (I8, 389)

Die größte Gruppe der Musiker*innen im Alter machen im Arbeitsfeld Kirchenmusik die sogenannten „Lebenszeitmusiker“ (Hartogh, 2005, S. 95) aus, d. h. Sänger*innen und Instrumentalist*innen, die kontinuierlich seit ihrer Kinder-, Jugend- oder frühen Erwachsenenzeit musizieren. Sie werden von den befragten Kirchenmusiker*innen nicht nur wegen ihres langjährigen Engagements hoch geschätzt (*„Die würden auch zweimal die Woche kommen und die würden auch jeden zweiten Sonntag zum Singen kommen.“ I3, 499*), sondern auch wegen ihrer Kompetenzen, die sie z. B. in die Chöre einbringen:

> „Die singen ja auch Jahrzehnte schon im Chor und die KÖNNEN das ja auch gut. Wenn sie nicht mehr so gut hören, ist es schwieriger. Und ihre Stimmen sind nicht mehr so toll, aber die können super Noten lesen. Die können VIEL besser vom Blatt singen als meine Gospelchorleute. Das ist für die Pipifax.“ (I5, 559)

Kantor*innen berichten in den Interviews davon, dass ihre langjährigen Chormitglieder eine eingeschworene Gemeinschaft bilden. Diese steht ihnen in der positiven Erscheinungsform als „selbsterhaltendes System“ (I12.1, 279) hilfreich zur Seite, in der negativen Ausprägung neigt sie allerdings zu Schwerfälligkeit und trägt zur Ausgrenzung neuer Gruppenmitglieder bei:

> „Die Kantorei war ziemlich alt und schwerfällig und auch sehr eingeschworen [darin], was Kirchenmusik ist […] Auch bis dahin, was die Leute anzogen […] Da mussten sich manche einen schwachen Spruch anhören – Neue, die kamen – und den gleich deftig […] Auch in Sachen Kleidung, Konzertkleidung. Da gab es wohl manchen Rüffel […] Da blieb jemand ganz weg.“ (I4, 251)

> „Im Frauenchor war es auch eher so, dass das nicht unbedingt GEDULDET war, wenn da jemand Neues dazu kam. Puh, die [Neue] hatte es dann auch eher schwer, weil die [langjährigen Sängerinnen] wirklich ein ganz eingeschworenes Team sind.“ (I9, 287)

> „Es ist immer das Problem, dass ein Chor, der so gewachsen ist, ein unglaubliches Repertoire hat. Es macht es dann einfach auch SCHWIERIG, dass neue Leute da dazu kommen.“ (I16, 331)

Im Gegensatz dazu ist in anderen Interviews von großem Einfühlungsvermögen und einer hohen Toleranz der älteren Musiker*innen die Rede:

> „Das waren ganz liebe ältere Leute, die mich VORSICHTIG ans Chorleiten herangeführt haben […] Dieser Chor in [Ort] hat mir dann irgendwie Chorleiten beigebracht, […] mit VIEL Einfühlungsvermögen.“ (I12.1, 360)

> „Die Älteren haben gelegentlich eine höhere Toleranz […] Da [gab es mit den Jüngeren] ein viel größeres Problem, weil die Toleranzbereitschaft von den Kleinen halt nicht so hoch ist wie von den Alten." (I2, 262 und 277)

Es wird vermutet, dass die Gelassenheit der Senior*innen in Zusammenhang mit dem Wegfall beruflicher und familiärer Stressfaktoren steht:

> „Die [Alten] sind irgendwie gelassener […] Gut, der Stress, den man durch Arbeit und Beruf und so hat, der ist natürlich auch nicht mehr da." (I1.2, 492)

Zusammenfassend lässt sich aus den Interviewdaten festhalten, dass Musiker*innen in der Praxis hauptberuflicher Kirchenmusiker*innen höchst unterschiedliche Alter(n)smerkmale aufweisen. Allgemein gültige Aussagen zu Alterungsprozessen und deren Folgen sind für die heterogene Gruppe der älteren, alten und sehr alten Menschen nicht möglich, weshalb die musikgeragogische Arbeit im Kontext von Kirchenmusik individuell und situationsbedingt ausgerichtet werden muss.

Auch wenn sich das Älterwerden je nach Person, Lebensphase und Lebenslage unterschiedlich präsentiert, ist allen (angehenden) Musiker*innen gemeinsam, dass sie Kirchenmusik machen *wollen*. Im Folgenden wird der Frage nachgegangen, warum es Menschen (auch) im Alter wichtig ist kirchenmusikalisch aktiv zu sein, zu bleiben oder neu zu werden.

### 7.4.2 Motivation zu Kirchenmusik im Alter

Für die Beurteilung der Relevanz von Musikgeragogik in der Kirchenmusik ist es notwendig, die Motivationen zu Kirchenmusik im Alter zu ergründen, weil diese eine Ursache der hohen Präsenz alter Menschen im Arbeitsfeld von Kirchenmusiker*innen sind. Es stellt sich im Zusammenhang mit der Bedeutsamkeit von Kirchenmusikgeragogik die Frage, warum Menschen im fortgeschrittenen Alter an kirchenmusikalischen Angeboten teilnehmen und welche Ziele sie mit ihrem musikalischen Engagement in den Kirchengemeinden verfolgen. Aus den Interviews können sechs Motivfelder herausgefiltert werden, aus denen sich die Beweggründe jeweils individuell, d. h. in unterschiedlicher Gewichtung, zusammensetzen: (Kirchen-)Musik, Identität, Lebenssinn, Lernen, Sozialleben, Wohlgefühl.

#### *Motivfeld (Kirchen-)Musik*

Musik – speziell Kirchenmusik – ist, aus Sicht der befragten Kirchenmusiker*innen, der Hauptgrund für ältere, alte und sehr alte Menschen an kirchenmusikalischen Angeboten teilzunehmen:

> „Die SINGEN wahnsinnig gerne." (I1.2, 167)

> „Ganz klar, […] natürlich die Musik." (I9, 177)

> „Ich glaube schon, dass es die MUSIK ist. Also, das Musizieren, das Klangerleben." (I14.1, 313)

Einen weiteren Grund sehen die Interviewpartner*innen im hohen Kulturinteresse der älteren Generationen. Senior*innen scheint es ein besonderes Anliegen zu sein, das Kulturgut Kirchenmusik zu pflegen und zu fördern, während in anderen Altersgruppen der Gesellschaft „[…] das Interesse am klassischen Musikbereich immer weniger wird" (I8, 380):

> „Interesse an KULTURGUT natürlich auch. Das hat ja das Bildungsbürgertum […] Das ist ja auch BEWAHRENSWERT und ich denke, das weiß das Bildungsbürgertum noch mehr zu schätzen und das ist denen vielleicht auch wichtiger." (I5, 227)

> „Weil sie auch das Stück anspricht. Viele, die schon mehrere Projekte bei mir gemacht haben, wissen einfach: Okay, das macht Spaß, das ist schön, SO etwas zu singen." (I13, 606)

> „Ich glaube, es ist einfach die Literatur. Natürlich auch das, dass man einmal im Jahr oder zweimal im Jahr in einem Konzert ein größeres Werk machen kann." (I10, 117)

Die Möglichkeit zu bekommen, auch im fortgeschrittenen Alter in größeren Konzerten mitzuwirken und öffentlich zu musizieren, ist für viele Senior*innen eine hohe Motivation zu kirchenmusikalischem Engagement. Sie schätzen an Kirchenmusik, „dass sie es überhaupt DÜRFEN, weil viele [weltliche] Konzertchöre ja die Alten aussortieren" (I1.2, 106). Im Gegensatz dazu bemühen sich sämtliche befragte Kirchenmusiker*innen um ein inklusives musikalisches Umfeld für verschiedene Zielgruppen (vgl. Kapitel 7.2.1) und finden es „[…] einfach schön, dass man sein Leben lang singen kann" (I12.2, 52).

Ob es sinnvoll und notwendig ist für einzelne Angebote Altersgrenzen festzulegen, lässt sich aus den Expert*innengesprächen nicht allgemein gültig beantworten. Die Entscheidung ist unter anderem vom Stellenprofil abhängig, d. h. von der Gewichtung der einzelnen Rollen, die Hauptamtliche an ihrem Dienstort vornehmen (dürfen). Den Interviewdaten ist zu entnehmen, dass bei denjenigen Kantor*innen mit einem stimmigen Gesamtkonzept der kirchenmusikalischen Lebensbegleitung, das kalendarische Alter der Musiker*innen in den Hintergrund zu rücken scheint. In ihrem Streben nach grundsätzlicher Zugänglichkeit von Kirchenmusik und der musikalischen Einbindung möglichst aller Menschen, stoßen sie stattdessen auf vielfältige andere Herausforderungen jenseits des kalendarischen Alters[29].

Neben der Erlaubnis zu musizieren und der Möglichkeit zu öffentlichen Auftritten ist den älteren Musiker*innen wichtig, *gemeinsam* mit anderen Musik machen zu dürfen. Manche Senior*innen nutzen die neu gewonnene Freizeit in der nach-

29 Die Bedingungen, die sich positiv bzw. negativ auf die kirchenmusikalische Arbeit mit Senior*innen auswirken, werden in Kapitel 8.3 differenziert dargestellt.

beruflichen Phase und freuen sich, dass sie durch Kirchenmusik Anschluss an eine musikalische Gemeinschaft finden:

> „Die Freude an der Musik. Es gibt ganz viele, die […] sagen: ‚Ach, Musik, das wollte ich schon immer einmal machen. Schade, dass ich das früher nicht gelernt habe' oder: ‚[Schade], dass ich früher kein Instrument hatte.' Es hat sich [vielen] nie die Gelegenheit geboten, dass man musizieren kann. Und das nicht nur für sich alleine, sondern, dass man relativ schnell beim Posaunenchor Anschluss finden könnte, jetzt, in so einer Gruppe." (I3, 185)

*Motivfeld Identität*

Ältergewordene Lebenszeitmusiker*innen sind seit mehreren Jahrzehnten mit der Kirchenmusik verbunden, so dass ihr kirchenmusikalisches Engagement zu einem wichtigen Teil ihres Lebens, ihrer Identität und ihrer gesellschaftlichen Rolle wurde. Für viele ist es daher selbstverständlich, sich auch im Alter „treu" zu bleiben und weiterhin kirchenmusikalisch aktiv zu sein:

> „Für die ist das ein Teil ihrer Identität, ihres Lebens […] Die singen in der Stadtkantorei mit und die werden dann bei den Konzerten und bei den Gottesdiensten von den anderen gesehen […] das ist eben auch so eine gesellschaftliche Rolle […]" (I3, 499)

Ihre religiöse Erziehung und langjährige Verbundenheit zur Kirche hat gerade bei älteren Menschen ein kirchliches Pflichtgefühl wachsen lassen, das sich u. a. im kirchenmusikalischen Engagement zeigt:

> „Die [älteren] Menschen, die da mitsingen, die sind natürlich auch noch in einer ganz anderen Verbindung zur Kirche und zur Gemeinde aufgewachsen. Viele von denen singen auch wirklich schon seit fünfzig Jahren und länger und sie sehen das auch irgendwo als ihre Verpflichtung an, sich da zu engagieren." (I16, 138)

Auch gewachsene Traditionen können Senior*innen dazu bringen, sich an kirchenmusikalischen Gruppen neu zu beteiligen oder im Alter weiterhin dabei zu bleiben:

> „Das IST einfach so und das war wohl auch schon IMMER so, dass, wenn jemand in Rente geht, der beim Beerdigungschor dabei sein muss […]" (I16, 379)

> „Weil das dort von Anfang an immer üblich war, dass sich ALLE Altersgruppen zusammengetan haben […] Das war IMMER so […] Da würde NIE einer auf die Idee kommen zu einem, der jetzt achtzig geworden ist, zu sagen: ‚Du kannst aber nicht mehr mitspielen.' (I3, 113 und 124)

Im Unterschied zum Musizieren in weltlichen Musikensembles spielt für Senior*innen beim kirchenmusikalischen Engagement der Glaube eine wesentliche Rolle. Sie suchen im Musizieren den Dialog mit Gott, drücken durch Kirchenmusik ihren Glauben aus und schöpfen Kraft aus den geistlichen Inhalten der Musik:

> „Es gibt auch die Leute, die im Singen und in der Musik einen gewissen Zugang zum Göttlichen haben, und den bekommen können und den suchen.“ (I16, 507)

> „Der Glaube ist eine wichtige Sache für ältere Menschen [...] Die Nähe zur Kirche, zur Gemeinschaft mit Gleichgesinnten wird von den Älteren mehr geschätzt als von den Jüngeren [...] Ich glaube, es ist auch begründet in dem Suchen nach den letztendlichen Fragen, die wirklich immer wichtiger werden, wenn man älter wird.“ (I17, 314 und 581)

Die Feststellung der Kantorin deckt sich mit wissenschaftlichen Erkenntnissen zu den Potenzialen von Religiosität, auf die in den Ausführungen zum geragogischen Bildungsthema „Sinn und Spiritualität“ (vgl. Kapitel 3.2) hingewiesen wurde. Kirchenmusik kann auf vielfältige – meist undefinierbare, vom Verstand nicht erfassbare Weise – zum Medium für spirituelle Erfahrungen und zum Raum der Gotteserfahrung werden. Sie schenkt Inspiration und schöpferische Kraft, führt hinein in heilige Stille und in das Gebet (vgl. Kohlhaas, 2007b). Kirchenmusik kann Religiosität und Spiritualität fördern und alten Menschen dadurch wichtige Kraftquellen erschließen. Gründe dafür sind u. a.

- „das Erleben unbedingter Akzeptanz als Person,
- die Grundhaltung des Vertrauens auf eine helfende und verzeihende Macht,
- die Erfahrung von Sinn auch im Leiden,
- das Gefühl von Getragensein in einer Gemeinschaft,
- die entlastende Haltung, sich dem »Willen Gottes« vertrauensvoll überlassen zu können und
- die mit Ritualen verbundene Stressreduktion (vgl. Fuchs, 2000)“ (Bubolz-Lutz et al., 2022, S. 195, Hervorhebung im Original).

Bubolz-Lutz et al. (ebd., S. 198) stellen fest: „Religiosität und Spiritualität [...] können [...] für ältere Menschen wichtige sinnstiftende Ressourcen sein, die erwiesenermaßen eine Vielzahl positiver Effekte auf Lebensbewältigung und -gestaltung haben“. Welche Effekte dies im Einzelnen sind und welche Konsequenzen sich daraus für hauptberufliche Kirchenmusiker*innen, Kirchenmusik, Kirche und Gesellschaft ergeben, wird in Kapitel 8.4 erläutert. Dass der Aufbau sinnstiftender Ressourcen eine große Motivation für Senior*innen zur Teilnahme an Kirchenmusik ist, bestätigen die befragten Kirchenmusiker*innen in den Interviews.

*Motivfeld Lebenssinn*

Lebenssinn stellt eine individuelle Größe dar und kann nicht für alle Menschen gleich definiert werden (vgl. Kapitel 3.2). Während für manche Senior*innen bereits die wöchentlichen kirchenmusikalischen Termine sinnstiftende Ressourcen sind, „weil sie keinen anderen Inhalt mehr haben in ihrem Leben“ (I3, 416), sehen einige den Sinn ihres Engagements darin, dass sie Kirchenmusik an andere Menschen weitergeben und damit Gutes tun können:

> [Musikalischer Nachmittag im Seniorenheim] „Das Schöne war, dass die aus dem Chor das Gefühl hatten, sie machen etwas Sinnvolles. Sie tun AUCH noch etwas Gutes, sie können AUCH noch etwas weitergeben, weil sie ja noch nicht SO alt sind. SIE sind nicht dement. Sie können ja noch selbst kommen." (I5, 190)

Den Besitz und die eigenen Gaben mit seinen Nächsten zu teilen bzw. an sie weiterzugeben, ist eine christliche Grundhaltung. Dass die alten Musiker*innen ihren Einsatz für noch Ältere und/oder weniger „Be-Gabte" sinnvoll empfinden, verdeutlicht, wie eng die Themen Glaube, Sinnhaftigkeit und Kraftquelle im Kontext von Kirchenmusik miteinander verbunden sind. Eine Kantorin drückt im Interview sehr bildhaft aus, warum sich ihre Musiker*innen im Seniorenchor engagieren und warum sie sich selbst noch im hohen Alter als Chorleiterin für die Kirchenmusik einsetzt:

> „Ich finde nach wie vor: Gott hat uns nicht unsere Gaben geschenkt, dass wir sie irgendwie unter das Sofa schieben, uns von oben drauf setzen und uns darauf ausruhen. Sondern, wenn wir solche Gaben haben, wie eben Chöre zu leiten, mit Menschen umzugehen, zusammen etwas auf die Beine zu stellen, dann kann man das doch auch im Alter? Das muss doch nicht aufhören, oder?" (I7, 374)

Manche Senior*innen sehen den Sinn kirchenmusikalischer Angebote für sich darin, sich selbst „auszuprobieren":

> „[Das sind] Leute, die ihr ganzes Leben etwas geleistet haben. Und jetzt, wo sie nicht mehr für Kinder und Familie sorgen müssen, jetzt wollen die noch sehen: Was kann ich denn selbst noch?" (I7, 208)

Sie haben den Wunsch sich selbst zu finden und sich weiterzuentwickeln, „denn man ist ein ganz anderer Mensch, wenn man merkt, man kann sich doch weiterentwickeln und man kann auch noch wirklich Neues lernen und neue Felder betreten und da noch etwas bewirken" (I7, 371).

Für die Forschungsfrage nach der Relevanz von Musikgeragogik im kirchenmusikalischen Kontext ist in Bezug auf Sinnhaftigkeit bemerkenswert, dass ältere Gesprächspartner*innen die wissenschaftlichen Erkenntnisse aus eigener Erfahrung – privat und dienstlich – bestätigen: Die Sinnhaftigkeit des eigenen Tuns kann und darf nicht an fremden Normen (vgl. Kapitel 7.2.3: Anspruchshaltung Hauptberuflicher) gemessen werden. Jede Form kirchenmusikalischer Aktivität kann von Senior*innen als sinnstiftend empfunden werden, solange sie mit deren persönlichen Bedürfnissen und Zielsetzungen übereinstimmt:

> [Instrumentalunterricht mit Senior] „Der hat jetzt nicht wer weiß wie Fortschritte gemacht und hat nicht virtuos gespielt, aber das war für ihn etwas GANZ Wichtiges plötzlich in seinem Leben." (I7+, 252)

### *Motivfeld Lernen*

Etwas Neues zu lernen und die Möglichkeit sich weiterzuentwickeln sind für einige Senior*innen die Hauptgründe, im Alter aktiv Kirchenmusik zu betreiben. Sie haben dabei meist genaue Vorstellungen von der Zielsetzung des Unterrichts oder des (Fort-)Bildungsangebotes:

> „Der [Schüler] hat das gleich gesagt. Er macht das nicht, dass er jetzt wirklich WERKE spielt, sondern er wollte das als mentales Training machen." (I10, 381)

> [Älter gewordene Nebenamtliche] „Die wollen noch einmal frischen Input [...] Da merke ich auch die Dankbarkeit, wenn sie noch einmal ein bisschen Input bekommen, was man für Sachen [auf der Orgel] machen kann." (I13, 697)

Um Senior*innen in ihrem Bildungsstreben zu unterstützen ist es einem älteren Interviewpartner mittlerweile aus eigener Erfahrung wichtig, sie „[...] freundlich zu begleiten und vielleicht auch noch das eine oder andere kleine Erfolgserlebnis irgendwie doch zu ermöglichen" (I8, 361). Erstaunt stellt er dabei fest:

> „Also, das Interessante ist, [...] die haben ja in ihrem Leben richtig arbeiten gelernt, diese Leute. Der [Orgelschüler] bringt tatsächlich dann auch etwas ZUSTANDE. Ja, das ist erstaunlich." (I8, 361)

Das Erstaunen über die Leistungsfähigkeit des älteren Schülers verdeutlicht erneut die vielfach defizitorientierte Sicht auf die Lebensphase(n) Alter. In diesem Fall konnte sie korrigiert werden, weil vom Kantor ein altersadäquates Lernumfeld (vgl. Kapitel 8.2.4) ermöglicht wurde.

Häufiger als den gezielten Wunsch etwas Neues zu lernen, erleben Kirchenmusiker*innen in der Praxis ein Lernbedürfnis, das sich bei den Teilnehmenden erst im Laufe der Zeit entwickelt:

> [Mehrstimmiges Singen] „Das war ganz erstaunlich, die Entwicklung, weil es vorher nicht so war. Und da wollten sie ein bisschen mehr GEFORDERT werden, weil sie gemerkt haben, wie schön das war und dass sie es KÖNNEN. Genau, sie haben gemerkt, sie KÖNNEN es und das hat sie dann motiviert, tatsächlich noch ein bisschen anspruchsvollere Sachen zu machen." (I5, 614)

Dass viele kirchenmusikalische (Gruppen-)Angebote nicht in erster Linie als Lernorte wahrgenommen werden und die Hauptmotivation daran teilzunehmen deshalb zunächst nicht dem Wunsch nach Bildung entspricht, könnte darin begründet liegen, dass Lernen im kirchenmusikalischen Kontext häufig en passant stattfindet:

> [Methodik] „Das mache ich überhaupt gerne, wenn ich Sachen einübe, auch bei den Kindern schon, dass es sozusagen aus dem LERNcharakter so ein bisschen raus kommt, dass das Lernen NEBENprodukt ist […] Also, das Ziel ist, dass die Leute gar nicht merken wie effektiv das Ganze ist, was wir machen.“ (I7+, 32 und I7, 44)

Den Unterschied zwischen einer Beschäftigungsmaßnahme und einem niveauvollen Bildungsangebot nehmen die Teilnehmer*innen, nach Beobachtung der Hauptberuflichen, jedoch sehr wohl wahr:

> „Das merken die auch: Es ist nicht nur so ein blöder Zeitvertreib, sondern ich nehme die ernst und arbeite wirklich mit denen […]“ (I17, 165)

> „Wenn die das Gefühl haben, da gibt sich keiner mehr Mühe oder das läuft halt irgendwie noch so nebenher, würde das sehr für Unmut sorgen.“ (I14.1, 492)

Ziel bei der Konzeption von Kirchenmusik für und mit Menschen im Dritten, Vierten und Fünften Alter muss daher immer ein qualitativ hochwertiges Angebot sein (vgl. Kapitel 3.1.3 und Kapitel 9.2).

### *Motivfeld Sozialleben*

Ein weiteres wichtiges Anliegen an Kirchenmusik ist älteren Menschen die (musikalische) Gemeinschaft, die sie dort finden können. Besonders deutlich wurde dies den befragten Kirchenmusiker*innen während der Corona-Zeit, als keine Chorproben stattfinden durften:

> „Da merke ich auch, dass vor allem das […] den alten Leuten fast am meisten gefehlt hat: Der Kontakt und der Umgang mit den befreundeten Mitsängerinnen und Mitsängern.“ (I13, 118)

Durch die regelmäßigen Treffen und die gemeinsamen Interessen entstehen neue Kontakte, Bekanntschaften, teilweise langjährige Freundschaften, die einen wichtigen Teil des Soziallebens Ältergewordener ausmachen. Viele Musiker*innen halten auch außerhalb der Probenzeiten Kontakt zueinander und nehmen Anteil am Leben der anderen Ensemblemitglieder. Der gesellige Teil im Anschluss an eine Probe hat für sie einen hohen Stellenwert:

> [Chorprobe] „Warum die wirklich gekommen sind (lacht)? Also, ganz sicher auch um sich auszutauschen und hinterher einfach BEISAMMEN zu sein […] Aber Musik spielt schon auch eine Rolle.“ (I9, 187)

> [Chormitglieder] „Die gehen eigentlich hinterher immer noch etwas trinken zusammen. Aber das ist wirklich der zweite Programmpunkt nach der Chorprobe, der denen auch wichtig ist.“ (I14.1, 321)

In besonderen Lebenssituationen einiger alter Menschen erlebt ein Hauptamtlicher seinen Chor als Gemeindegruppe, „wo Leute nur hingehen, dass sie die anderen treffen, weil es ihr einziger Kontakt in der Woche ist, den sie haben“ (I2, 225). Wenn ältere Musiker*innen trotz zunehmender altersbedingter Einschränkungen und Beschwerlichkeiten ihr musikalisches Engagement in gewohnter Weise fortführen möchten, liegt der Grund oft darin, die Gemeinschaft nicht verlassen zu wollen (*„Da sind ja Verbindungen da, das geht bis ins Private hinein.“ I11, 709*). Ein Kirchenmusiker berichtet zum Beispiel von einer langjährigen Sängerin, die freiwillig zu einem „stummen Chormitglied“ wurde, um weiterhin Teil der vertrauten Chorgemeinschaft bleiben zu können:

> „Die hat dann gesagt, sie will einfach die Chorgemeinschaft behalten. Und die hat das tatsächlich fertig gebracht, mit den Noten in der Chorprobe zu sitzen und hat keinen Ton gesungen. [Sie] hat mitgelesen und war dabei, aber sie hat gesagt: Nein, sie singt dann nicht mehr, aber sie möchte die Chorgemeinschaft nicht missen. Sie war dann natürlich voller Bestandteil, wenn wir danach noch zum Wirt gegangen sind oder zu irgendeinem Ausflug oder Chorprobenwochenende oder was weiß ich. Da war die dabei, aber die hat nie gesungen. Die saß nur am Rand im Alt, ganz auf der Seite, mit ihren Noten und hat mitgelesen und zugehört.“ (I11, 208)

Nicht nur die Sozialkontakte, die innerhalb der Kirchenmusik entstehen, motivieren Senior*innen zur Teilnahme. Häufig sind es auch Sozialkontakte außerhalb des Kontextes Kirchenmusik, die Menschen dazu bringen, sich (neu) an Angeboten zu beteiligen:

> [Seniorenkantorei] „Ich habe schon so einen Gruppeneffekt gemerkt. Das ist schon so ein Ding, dass jeder irgendwie noch eine Freundin mitbringt […]“ (I12.1, 154)

> [Seniorenensemble] „Die jetzt gestern das erste Mal dabei war und wiederkommen will, ist die Freundin von einer, die schon drin ist. Die ist übrigens auch nur gekommen, weil IHRE Freundin auch schon in dem [Ensemble] war. Die sind alle so um die siebzig.“ (I11, 358)

Weil mit dem Eintritt in die nachberufliche Phase einerseits Verpflichtungen, andererseits soziale Kontakte wegfallen, werden Angebote und Veranstaltungen, die sowohl Aktion als auch Kontakte ermöglichen, von vielen Senior*innen gerne besucht:

> „Die sind das gewohnt, dass sie etwas tun und mit Menschen zu tun haben und sie wissen, das tut ihnen gut, wenn sie auch noch WEITER aktiv sind.“ (I5, 222)

> „Die [älteren Leute] haben sich gefreut: ‚[…] Ich komme auch mal aus dem Haus raus, habe noch einmal etwas Neues. Und anschließend kann ich mich mit meinen Chorleuten noch unterhalten, mit meinen Gleichgesinnten.‘“ (I9, 465)

Der Ruhestand bietet Menschen die Chance sich neue soziale Aktivitäten zu suchen und andere Dinge auszuprobieren. In der Kirchenmusik finden Senior*innen dazu Möglichkeiten.

*Motivfeld Wohlgefühl*

Wenn Menschen noch im höheren Alter motiviert sind sich kirchenmusikalisch zu engagieren, dann liegt es, laut Aussagen der Expert*innen, u. a. daran, dass sie ein gutes Gefühl damit verbinden:

> „Wenn man sieht, wie zufrieden und glücklich die Leute nach Hause gehen [...] Die singen aus VOLLSTER Überzeugung und weil es ihnen unglaublich gut tut, das Musizieren." (I2, 211)

Die Musiziermöglichkeit mit Gleichgesinnten und die Aufmerksamkeit, die ihnen von Kirchenmusiker*innen besonders in altershomogenen Angeboten entgegengebracht wird, betrachten Ältergewordene als Geschenk:

> „Die [älteren Leute] haben sich gefreut: ‚Da gibt es jemanden, der nimmt sich Zeit für MICH. Ich habe ein ANGEBOT, ich darf SINGEN.'" (I9, 465)

> [Seniorenchor] „Ich habe so das Gefühl, die nehmen das alle als, ja, fast wie ein GESCHENK an. Es ist nicht so eine Dienstleistung, wie es ja doch auch mal im Kirchenchor sein kann und passieren kann: ‚Da MÜSSEN wir jetzt hin, wir dürfen den [Chorleiter] nicht alleine lassen. Wir MÜSSEN dann und dann singen.'" (I7, 78)

Ältere Menschen, die in der leistungsorientierten Gesellschaft kaum noch Anerkennung finden, erfahren bei kirchenmusikalischen Aktivitäten Wertschätzung ihrer (musikalischen) Kompetenzen und bekommen das gute Gefühl, wichtig zu sein:

> [Kirchenchor] „Jeder hat eine Stimme, jeder trägt dazu bei, dass der Chorklang gut wird, und jeder gibt da auch sein BESTES. Und ich sage auch immer: ‚Es kommt auf jeden Einzelnen an.' Da ist es NICHT EGAL, wie oft man fehlt oder wie oft man da ist." (I9, 178)

Ihre Angebote gestalten Hauptberufliche mit Erfahrung in der kirchenmusikalischen Arbeit mit älteren, alten und sehr alten Menschen bewusst so, „dass die [Senior*innen] sich dann auch wirklich sicher und wohl fühlen" (I1.2, 69). Wie diese Prinzipien der musikgeragogischen Arbeit im Kontext von Kirchenmusik im Einzelnen aussehen um in den verschiedenen Lebensphasen und Lebenslagen im Alter Wohlbefinden zu erzeugen, wird in Kapitel 8.2.4 dargestellt.

*Zusammenfassung*

(Kirchen-)Musik, Identität, Lebenssinn, Lernen, Sozialleben und Wohlgefühl sind die Motivfelder, die Menschen in den verschiedenen Lebensphasen und Lebenslagen im Alter dazu bewegen, sich neu, wieder oder fortdauernd kirchenmusikalisch zu engagieren. Sie singen und musizieren in verschiedenen Chören, Gruppen und Kreisen der Kirchengemeinden und bringen sich aktiv in die musikalische Gestaltung von Gottesdiensten und Konzerten ein. Als nebenberufliche Chorleiter*innen und Organist*innen teilen Senior*innen ihre (musikalischen) Begabungen mit anderen Menschen und tragen zu einer flächendeckenden kirchenmusikalischen Versorgung in Deutschland bei. In Fort- und Weiterbildungsmaßnahmen festigen und vertiefen sie ihre Kompetenzen. Abgesehen vom direkten kirchenmusikalischen Engagement sind Ältergewordene der Kirchenmusik auch indirekt verbunden, z. B. durch ihre Mitarbeit in kirchenmusikalischen Förderkreisen. Viele von ihnen bringen ihre Zeit, ihre finanziellen Mittel und ihre vielfältigen Kompetenzen ehrenamtlich in die gemeindeleitenden Gremien (Kirchenvorstand, Pfarrgemeinderat) ein, die das kirchenmusikalische Leben in den Gemeinden mitbestimmen. Als sogenannte „Kerngemeinde" bilden die Generationen der Über-60-Jährigen den sichtbarsten und aktivsten Teil von Kirchengemeinden, was sich für den Kontext Kirchenmusik u. a. am hohen Altersdurchschnitt der Gottesdienst- und Konzertbesucher*innen ablesen lässt. Welche Bedeutsamkeiten sich aus diesen empirisch ermittelten Ergebnissen für die musikgeragogische Arbeit hauptberuflicher Kirchenmusiker*innen ergeben, wird im folgenden Kapitel erläutert.

## 7.5 Relevanz von Musikgeragogik im Kontext von Kirche und Kirchenmusik

Die bisherigen Darstellungen und Interpretationen der Interviewdaten verdeutlichen, dass sich die Frage nach der Relevanz von Musikgeragogik für hauptberufliche Kirchenmusikerinnen und Kirchenmusiker in einem komplexen Rahmen stellt. Gesellschaftliche Entwicklungen, kirchliche Handlungsdimensionen, systemische Notwendigkeiten, berufsbedingte Besonderheiten und persönliche Bedürfnisse greifen ineinander und lassen Kirchenmusik von, für und mit Menschen über 60 Jahren aus unterschiedlichen Gründen relevant, d. h. „ausschlaggebend, bedeutsam, entscheidend, interessant, maßgebend, maßgeblich, von Belang, wesentlich, wichtig […] essenziell, signifikant […]" (Duden, o. D.) werden.

### 7.5.1 Kontextuelle Relevanzen im Rahmen der Kirchenmusiker*in-Rollen

Tabelle 3 gibt einen Überblick, welche Relevanzen sich aus der Kombination der jeweiligen Rollen im hauptberuflichen kirchenmusikalischen Dienst (vgl. Kapi-

Tab. 3: Kontextuelle Relevanz von Musikgeragogik für hauptberufliche Kirchenmusiker*innen

| Hauptberufliche Kirchenmusiker*in | | Kontext/Ursächliche Bedingungen | Relevanz |
|---|---|---|---|
| 1. Person | Privatperson | | |
| | (Musiker-)Persönlichkeit | | |
| | Christ*in, Kirchenmitglied | Auftrag zum christlichen Handeln (Doppelgebot der Liebe) | christliche Relevanz |
| 2. (Profi-)Musiker*in, Künstler*in | Instrumentalist*in | | |
| | Chorleiter*in, Dirigent*in | | *(künstlerische Relevanz —> Rolle 3.)* |
| | Sänger*in | Präsenz von Senior*innen in Gottesdiensten und Konzerten<br>Grunddimension: Leiturgia<br>Grunddimension: Martyria | |
| 3. Kirchenmusik-Agent*in | Ansprechpartner*in | | Relevanz für Verkündigungsauftrag<br>gottesdienstliche Relevanz<br>kulturelle Relevanz<br>finanzielle Relevanz |
| | Organisator*in | | |
| | künstlerische*r Leiter*in, | | |
| | Traditions-Bewahrer*in | | |
| | Diplomat*in | | |
| 4. Gemeindemusiker*in | (Fachbereichs-)Leiter*in | Präsenz von Senior*innen im Gemeindeteam der Haupt-, Neben- und Ehrenamtlichen | koinonische Relevanz |
| | Mitglied des Gemeindteams | | |
| | Gemeindebauer*in | Präsenz von Senior*innen in der Gemeinde (Kerngemeinde)<br>Grunddimension: Koinonia | |
| | (Gemeinde-)Diener*in | | |
| | Musik-Animateur*in | Präsenz von Senior*innen in Chören, Gruppen und Kreisen | |
| | Kontakt-, Gemeinschafts-Förder*in | | |
| 5. Diakon*in, Sozialarbeiter*in | Ermöglicher*in | Grunddimension: Diakonia | diakonische Relevanz<br>soziale Relevanz |
| | Vermittler*in | | |
| | Kämpfer*in | | |
| | Verteidiger*in | | |
| | Versorger*in | | |
| | Förder*in | | |
| | Gesundheitsarbeiter*in | | |
| | Unterstützer*in, Helfer*in | | |
| | Beschützer*in | | |
| | Vertraute*r | | |
| | Problem-Ansprecher*in | | |
| | Weg-Finder*in | | |
| | Konfliktlöser*in | | |
| | Begleiter*in | | |
| 6. Pädagog*in, Andragog*in, Geragog*in | Wissens- und Wertevermittler*in | Grunddimension: Paideia | Relevanz für kirchlichen/ kirchenmusikalischen Bildungsauftrag |
| | Bildungsarbeiter*in | | |
| 7. Seelsorger*in | Emotionsöffner*in | Grunddimension: Diakonia | seelsorgerliche Relevanz (für andere) |
| | Zuhörer*in | | |
| | Freund*in | | |
| 8. Multiplikator*in | (gesellschaftl.) Wirkungs-Person | demografischer Wandel<br>Strukturwandel des Alters | gesellschaftliche Relevanz |
| | Vorbild | | |
| | Ausbilder*in | Präsenz von Senior*innen in Ausbildungs-, Fort- und Weiterbildungsangeboten | Relevanz für Ausbildungsgänge zum kirchenmusikalischen Haupt-, Neben- und Ehrenamt<br>Relevanz für kirchenmusikalische Flächenarbeit |
| | Mentor*in | Ausbildung für Praxis des Arbeitsfeldes mit hoher Präsenz von Senior*innen | |
| | Berater*in | Präsenz von Senior*innen in Kirchengemeinden (Fläche) | |
| | Netzwerker*in | | |
| 9. Visionär*in | Veränderungs-Initiator*in | Veränderungsprozesse in Gesellschaft und Kirche<br>Inklusionsauftrag | Relevanz für Zukunft des Berufes |
| | Ehrenamtliche*r | Beruf als Berufung | |

Quelle: Eigene Darstellung

tel 7.2.3) mit den gesellschaftlichen bzw. kirchlichen Kontexten (vgl. Kapitel 7.3) und den ursächlichen Bedingungen (vgl. Kapitel 7.4) ergeben (siehe Tabelle 3, S. 137).

Da diese Bedeutsamkeiten aus dem Umfeld des Forschungsgegenstandes erwachsen und in engem Zusammenhang mit dem Kontext von Kirchenmusik stehen, werden sie im Rahmen der vorliegenden Arbeit als „kontextuelle Relevanzen" bezeichnet. Die Zusammenstellung zeigt, dass Musikgeragogik für alle Rollen des hauptberuflichen Kantorenamtes kontextuelle Relevanz besitzt und für sämtliche Arbeitsbereiche der Hauptamtlichen bedeutsam ist. In den folgenden Abschnitten werden die Wichtigkeiten von Musikgeragogik innerhalb der jeweiligen Kirchenmusiker*in-Rollen erläutert.

*Christliche Relevanz (1. Person: Christ*in, Kirchenmitglied)*

Hauptberufliche Kirchenmusiker*innen sind aktive Mitglieder der Kirche und Christ*innen, die sich mit ihren Gaben in besonderer Weise in den Dienst der Gemeinschaft stellen. Die christliche Grundhaltung und persönliche Glaubensdimension werden in den Interviews nicht abgefragt und von den Gesprächspartner*innen deshalb nicht konkret thematisiert, es kann aus den Eigenschaften des Berufsbildes jedoch gefolgert werden, dass Kantor*innen ihren Beruf auf der Grundlage eines gefestigten Glaubens ausüben. Die Aussagen einiger Gesprächspartner*innen vom kirchenmusikalischen Dienst als „Berufung" unterstützen diese Annahme. Eine Kantorin spricht offen über die Bedeutung ihres Glaubens (*„Ich habe aus eigener Lebenserfahrung festgestellt, dass gerade im Alter der Glaube immer mehr Raum im Leben einnimmt und unglaublich wichtig ist." I17, 59*), bei anderen Kirchenmusiker*innen kann indirekt darauf geschlossen werden, z. B. durch Aussagen zum Kraftpotenzial von Kirchenmusik oder durch Berichte über selbst initiierte Andachten (*„Wir haben Chorandachten gemacht, haben uns zur Chorprobenzeit zu Andachten, zu Orgelandachten in der Kirche versammelt." I3, 422*). Soll die Weitergabe der Frohen Botschaft durch Kirchenmusik authentisch sein, muss der Bote, nach Überzeugung eines Interviewpartners, selbst an das Evangelium glauben:

> „Nur wenn es die anderen spüren, dass es mir wertvoll, wichtig und gut ist und [mir] gut tut, dann ist das für die relevant und dann erlebe ich meinen Beruf und meine Berufung als eine Form von Mission […]" (I2, 110)

Vor diesem Hintergrund wird das Wort Gottes und der Glaube daran zum Maßstab für alle kirchenmusikalischen Handlungen. „Wir wollen Gott und den Menschen dienen" (I4, 830), fasst ein Interviewpartner seine Berufsauffassung zusammen und verweist damit auf das höchste Gebot für Christen, das sogenannte „Doppelgebot der Liebe":

> „Meister, welches ist das höchste Gebot im Gesetz? Jesus aber sprach zu ihm: »Du sollst den Herrn, deinen Gott, lieben von ganzem Herzen, von ganzer Seele und von

> ganzem Gemüt« (5.Mose 6,5). Dies ist das höchste und erste Gebot. Das andere aber ist dem gleich: »Du sollst deinen Nächsten lieben wie dich selbst« (3.Mose 19,18). In diesen beiden Geboten hängt das ganze Gesetz und die Propheten." (Mt 22,36–40)

Kirchenmusiker*innen, die ihren Beruf in seiner christlichen Dimension ernst nehmen, müssen ihre Arbeitshaltung am Doppelgebot der Liebe ausrichten. Auf dieser Basis der Gottes- und Nächstenliebe erhält die kirchenmusikalische Arbeit mit Menschen *aller* Altersgruppen Relevanz, da der biblische Nächste „[....] alle Menschen in ihrer Vielfalt und Differenz, mit ihren Voraussetzungen und Möglichkeiten, Dispositionen und Habitualisierungen [...]" (Ziemen, 2012) einschließt. Die christliche Grundhaltung der Inklusion (vgl. Kapitel 2.3.1) lässt Musikgeragogik somit für alle hauptberuflichen Kirchenmusiker*innen zu einer relevanten Größe in der Ausübung der verschiedenen Aufgaben im Berufsbild werden, denn „[...] es geht darum, dass man ALLE Menschen einlädt. Eben auch die Senioren" (I5, 428).

*Künstlerische Relevanz (2. Profi-Musiker*in, Künstler*in)*

Die Rolle Musiker*in und Künstler*in auf professionellem Niveau lässt sich vordergründig am wenigsten mit der Thematik „Musikgeragogik im Kontext von Kirchenmusik" in Einklang bringen. Als hochqualifizierte Instrumentalist*innen, Chorleiter*innen, Dirigent*innen und Sänger*innen streben Kirchenmusiker*innen danach, Gottesdienste und Konzerte in möglichst hoher musikalischer Qualität zu gestalten. Der künstlerische Anspruch, den sie als Musikerin und Musiker dabei an sich selbst legen, ist groß und wird nur selten zur vollen Zufriedenheit erfüllt (vgl. Kapitel 7.2.3). Zwar gibt es für Kirchenmusiker*innen im Gemeindedienst verschiedene Gelegenheiten musikalisch und künstlerisch auf professionellem Niveau zu arbeiten (*„Wenn ich professionell arbeiten will, dann engagiere ich mir Profis." I1.1, 38*), ein Großteil der kirchenmusikalischen Arbeit findet jedoch auch an den hauptamtlichen Stellen mit mehr oder weniger qualifizierten Laien statt. Werden angehende Kirchenmusiker*innen in ihrer Ausbildungszeit auf diese Situation nicht ausreichend vorbereitet, kann sich ein Bewertungsmaßstab entwickeln, der kirchenmusikalischer Arbeit mit Senior*innen wenig(er) Wert zuspricht. Eine Interviewpartnerin, die selbst im Seniorenalter ist, beklagt diese – in ihren Augen überhebliche – Haltung mancher Kantor*innen:

> „Ich glaube, GANZ, ganz wichtig ist es, die alten Menschen [...] nicht von oben her [zu behandeln], oder dass ein Kantor sagt: ‚Jetzt habe ich die Leistungstruppe', den Oratorienchor meinetwegen, ‚und jetzt habe ich den nicht ganz so leistungsstarken Kirchenchor noch. Ja, aber manchmal singen die ja auch im Gottesdienst. Und dann habe ich die Kinderchen, da habe ich eigentlich schon keine große Lust dazu. Und dann jetzt AUCH noch die ALTEN, meine Güte! Ach, aber die sind ja froh, wenn sie überhaupt singen dürfen'" (I7, 174 und 186)

Für Kirchenmusiker*innen, die sich in hohem Maße mit ihrer Rolle als professionelle*r Musiker*in identifizieren, scheint Musikgeragogik deshalb nicht relevant zu sein, weil der künstlerische Anspruch in der kirchenmusikalischen Arbeit mit Ältergewordenen nicht ihren professionellen Erwartungen entspricht. Auch einige Gesprächspartner*innen, die selbst mit Senior*innen in altershomogenen Gruppen arbeiten bzw. der Thematik grundsätzlich aufgeschlossen gegenüber stehen, halten professionelles Musiker*in-Sein für nicht unbedingt notwendig zur musikgeragogischen Arbeit in ihrem Kontext:

> „A-Musiker muss man dafür ganz bestimmt nicht sein und ein guter C-Musiker könnte das auch machen." (I5, 672)

> [Seniorenchor] „Ich würde diesen Chor wahrscheinlich NICHT leiten, weil das ein Chor ist, der auf nebenamtlichem Niveau singt." (I3, 436)

Nach Meinung eines anderen Kirchenmusikers muss man allerdings, mit Rücksicht auf den Kontext des Berufes, beachten, dass „gerade bei den Alten [...] der künstlerische Anspruch in einem vollkommen anderen Verhältnis zu sehen ist zu dem, was man als die pädagogische, seelsorgerliche Dimension unseres Berufes mit im Auge haben muss" (I2, 215).

Wird der Begriff „künstlerische Relevanz" ausschließlich auf professionelle musikalische Ergebnisse bezogen, kann Musikgeragogik im Kontext von Kirchenmusik damit nicht erfasst werden. Bezieht man die Relevanz jedoch auf das eigene Kunstschaffen der Profi-Musiker*innen, wird die kirchenmusikalische Begleitung älterer, alter und sehr alter Menschen für sie künstlerisch bedeutsam. In dieser umfassenderen Sichtweise ist für die Rolle Profi-Musiker*in und Künstler*in aus den Daten zu ermitteln, dass die „älteren Menschen als Konsumenten [...] im Gottesdienst und im Konzert" (I12.1, 45) eine entscheidende Funktion in der professionellen Kirchenmusik einnehmen:

> „Die bilden einfach eine wichtige Gruppe ab, die wir Kirchenmusiker auch BRAUCHEN: Konzert- und Gottesdienstbesucher. Da sind wir ja auch darauf angewiesen." (I13, 133)

Die künstlerische Relevanz von Musikgeragogik betrifft daher auch diejenigen Kirchenmusiker*innen, deren persönlicher Schwerpunkt im musikalisch-künstlerischen Bereich liegt oder deren Stellenprofile eine solche Gewichtung vorgeben. Künstlerische Bedeutsamkeit erlangt Kirchenmusik im Alter zudem aus der engen Verbindung der Rollen Profi-Musiker*in und Kirchenmusik-Agent*in und wegen der hohen Präsenz von Senior*innen in den Tätigkeitsfeldern beider Rollen.

*Relevanz für Verkündigungsauftrag, gottesdienstliche Relevanz, kulturelle Relevanz, finanzielle Relevanz (3. Kirchenmusik-Agent*in)*

Wie in Kapitel 4 dargestellt, umfasst Kirchenmusik eine „[...] große Vielzahl an Gattungen, Repertoires [und] Liturgien [...]" (MGG SL, 1996), die sich seit Beginn der Christenheit vielfach veränderten. Die Bewahrung des kirchenmusikalischen Erbes (*„Wir haben ja ein gigantisches Erbe zu bewirtschaften." I8, 331*) und die „[...] Auseinandersetzung mit musikalischen Strömungen der Gegenwart [...]" (ELKB, 2016b) gehören zum Dienstauftrag hauptberuflicher Kirchenmusiker*innen. Um diese kulturelle, liturgische und pädagogische Aufgabe erfüllen zu können, nehmen Kantor*innen die Rolle Kirchenmusik-Agent*in ein. Sie sind Ansprechpartner*innen zum Thema Kirchenmusik und Organisator*innen der vielfältigen Einsatzfelder von Kirchenmusik, u. a. Gottesdienste, Konzerte, Bildungsangebote und Gruppen. Als professionelle Musiker*innen und Künstler*innen sind sie selbst aktiver Teil dieser Kirchenmusik-Agentur und bringen ihre Kompetenzen als Instrumentalist*in, Chorleiter*in, Dirigent*in und Sänger*in ein. Je nach Stellenprofil tragen sie die künstlerische Verantwortung für konzertierende eigene Gruppen, engagieren Gastensembles und Solist*innen und führen unterschiedliche Konzertformate im Verlauf des Kirchenjahres durch. Hauptberufliche Kirchenmusiker*innen stellen auf vielfältige Weise sicher, dass sämtliche Gottesdienste des Dienstbereiches kirchenmusikalisch angemessen gestaltet werden, z. B. durch eigenes musikalisches Engagement, durch den Einsatz von gemeindeeigenen Gruppen oder die Verpflichtung auswärtiger Künstler*innen. Die Relevanz von Musikgeragogik zeigt sich in der Rolle Kirchenmusik-Agent*in, in der hauptberufliche Kirchenmusiker*innen ihr „groß gedachte[s] Instrumentarium" (I4, 33) zur Verwaltung, Pflege und Weitergabe der Kirchenmusik nutzen, in vierfacher Weise:

*(1) Relevanz für Verkündigungsauftrag*

Ältere, alte und sehr alte Menschen beteiligen sich als Musiker*innen aktiv an Konzerten und Gottesdiensten und verkündigen damit das Evangelium in der Öffentlichkeit (Grunddimension: Martyria). Die Ergebnisse der Online-Umfrage zeigen, dass bis zur Hälfte aller Aktiven in etablierten Kirchenmusikangeboten über 60 Jahre alt sind (vgl. Schatz & Koch, 2021, S. 178). Senior*innen engagieren sich in Chören und Musikgruppen, leiten selbst Chöre im Nebenamt und leisten Organistendienste. Sowohl die Kommentare in der Online-Umfrage als auch die Interviewaussagen bestätigen, dass ältere Chorsänger*innen meist unverzichtbar für die gottesdienstliche und konzertante Kirchenmusik sind, und damit auch für die Verkündigung der Frohen Botschaft. Sie stellen wegen ihrer oftmals langjährigen Erfahrung eine Stütze für den Chor dar und wiegen eventuelle altersbedingte Einschränkungen durch musikalische Kompetenzen, Zuverlässigkeit und hohe Einsatzbereitschaft auf.

Diese engagierten und kompetenten Musiker*innen möglichst lange und gut in den kirchenmusikalischen Verkündigungsdienst einzubinden, erfordert von Kirchenmusiker*innen Wissen aus dem Fachbereich Musikgeragogik. Sich mit den besonderen Bedürfnissen in den verschiedenen Lebensphasen und Lebenslagen im Alter auseinanderzusetzen und das kirchenmusikalische Umfeld so zu gestalten, dass sich (auch) älter werdende Musiker*innen aktiv darin betätigen können, ist deshalb eine wichtige Aufgabe für hauptberufliche Kirchenmusiker*innen innerhalb der kirchlichen Grunddimension Martyria.

*(2) Gottesdienstliche Relevanz*

In den Gottesdiensten (Grunddimension: Leiturgia) ist Kirchenmusik ein unverzichtbarer Bestandteil, der Menschen auf andere Weise als das gesprochene Wort dazu verhilft, in einen Dialog mit Gott zu treten. Die gottesdienstliche Musik lebt davon, dass Menschen Gottesdienste besuchen und sich aktiv daran beteiligen. Eine Kantorin sieht sogar die gesamte Existenz der Gottesdienste in den Kirchen an die aktive kirchenmusikalische Beteiligung der Gemeinde gebunden, einer Gottesdienstgemeinde, die, nach Beobachtung der befragten Kirchenmusiker*innen, seit Jahren immer weniger und älter wird (vgl. Kapitel 7.3):

> „Wenn die Gemeinde nicht mehr SINGEN kann, [dann] stelle ich mir das als absoluten Horror vor, weil ich wirklich glaube, [dass] Singen etwas ganz Existentielles für den Glauben ist […] Und wenn die nicht mehr singen können, dann stehen die da wie Beobachter, die sich eine Fernseh-Show anschauen und werden IMMER davon nicht berührt werden. Die werden NUR das Provinzielle sehen oder die schlecht gemachte Art, sich als Pfarrer zu präsentieren. Es wird NUR kritisiert [werden] und dann sind wir mit den Gottesdiensten in Kirchen eigentlich am Ende. Dann können wir es auch lassen. Dann können wir wieder Gebetskreise gründen oder durch die Landschaft wandern und predigen.“ (I17, 557)

Auf die Bedürfnisse von Senior*innen ausgerichtete Kirchenmusikangebote haben das Potenzial, Menschen auch im fortgeschrittenen Alter aktiv am Gottesdienst beteiligen zu können. Musikgeragogik besitzt deshalb unter der Bedingung des hohen Altersdurchschnitts der Gottesdienstbesucher*innen gottesdienstliche Relevanz.

*(3) Kulturelle Relevanz*

Im Gegensatz zu vielen jüngeren Menschen sind Frauen und Männer der älteren Generationen, nach Beobachtung der Interviewpartner*innen, interessierter an traditioneller Kirchenmusik und werden deshalb als Konzertbesucher*innen mit musikalischem Bildungshintergrund hoch geschätzt (*„Da schätze ich mein Publikum AUSDRÜCKLICH stark.“ I2, 159*). Der wertschätzende Umgang mit älteren Menschen als passiv Beteiligte am kirchenmusikalischen Angebot gehört ebenso zu den Aufgaben als Kirchenmusik-Agent*in wie das Engagement für aktiv Musizierende, da beide Gruppen aufeinander angewiesen sind. Zur Bewahrung des kirchenmusikalischen Erbes gehört einerseits dessen Einstudierung mit Chören, d.h. die Vermittlung an Aktive. Andererseits braucht es den Aufführungsrahmen mit interessiertem Publikum, das im kirchenmusikalischen Kontext meist aus älteren und alten Menschen besteht. Besonders für hochaltrige Menschen, die in einer früheren Lebensphase selbst aktiv in Konzerten und Gottesdiensten musizierten, ist der fortdauernde Kontakt mit Kirchenmusik von großer Bedeutung:

> „Die[jenigen Sänger*innen], die jetzt nicht mehr aktiv mitsingen, […] die kommen dann auch in die Gottesdienste und hören uns einfach […] von unten an. Und nach dem Gottesdienst trifft man sich dann draußen am Platz." (I10, 167)

Ein Kirchenmusiker berichtet von der Bedeutsamkeit eines Konzertbesuches für eine hochaltrige, gebrechliche Frau und davon, wie erhebend die Seniorin die persönliche Aufmerksamkeit „ihres" Kantors empfand:

> „Dann tauchen die zum Teil in den Konzerten auf, wenn sie nicht ganz bettlägerig sind. Jetzt […] war wieder eine da, zweiundneunzig [Jahre], mit dem Rollstuhl […] Ja, da gehe ich dann hin und sage ihr ‚Grüß Gott', das reicht […], dass die sich freut, weil da der Kantor nach ihr gesehen hat. Und die [Begleiterin] freut sich gleich mit. Hat sich gelohnt." (I2, 490)

Alten und sehr alten Menschen den Zugang zu Kirchenmusik zu ermöglichen, sie als Gottesdienstbesucher*innen und Zuhörer*innen trotz altersbedingter Einschränkungen kulturell nicht auszuschließen, erfordert Wissen über die (kirchenmusikalischen) Bedürfnisse und Möglichkeiten im Alter. Dazu zählen in bestimmten Situationen z.B. die zielgruppenadäquate Auswahl der Literatur (*„Jetzt nicht große Orgel-Bach-Werke mit Präludium und Fuge, sondern eher SCHÖNE Stücke, die so ein bisschen ans Herz gehen." I17, 652*), aber auch die Sorge um Barrierefreiheit bzw. Assistenz in der Kirche oder adäquate Rahmenbedingungen für ein Konzert (vgl. Kapitel 8.2.4). Musikgeragogik erhält für hauptberufliche Kirchenmusiker*innen deswegen kulturelle Relevanz, damit sie das Kulturgut Kirchenmusik auch der wachsenden gesellschaftlichen und kirchlichen Gruppe der Senior*innen (weiterhin) angemessen vermitteln können. Aus kultureller Perspektive gewinnt Musikgeragogik innerhalb der Rolle Kirchenmusik-Agent*in in einem vierten Punkt, dem finanziellen Aspekt, an Bedeutung. Die finanzielle Relevanz wird von den Kantor*innen mit Erfahrung in der kirchenmusikalischen Seniorenarbeit ungern öffentlich thematisiert, im vertraulichen Rahmen der Interviews kommt sie jedoch in verschiedenen Zusammenhängen zur Sprache.

### *(4) Finanzielle Relevanz*

In den heutigen Generationen der älteren, alten und sehr alten Menschen gibt es noch viele wohlhabende Kirchenmitglieder (*„Die Alten haben immer Geld […]“ I2, 588*), die sehr gerne und großzügig ihr Geld in das Arbeitsfeld Kirchenmusik investieren. Kantor*innen, die an ihren Stellen Förderkreise, Stiftungen o. Ä. betreuen, berichten, dass Senior*innen ihre lebenslange kirchenmusikalische Begleitung wertschätzen und dies u. a. mit Spenden und Zuwendungen zum Ausdruck bringen:

> „Das sind dann auch Seniorenkantorei-Mitglieder, die sagen: ‚Das hat mich durch mein Leben getragen.‘ Und JA, da hoffe ich auch darauf, dass die Stiftung weiter existiert und dass das auch Leute sind, die sagen: ‚Ja, meine Kinder haben immer noch genug [und] sind auch versorgt. Warum soll ich hier nicht fünfundzwanzigtausend [Euro] in die Stiftung tun?‘“ (I4, 759)

In Zeiten knapper werdender Ressourcen sorgen diese finanziellen Zuwendungen zu Lebzeiten oder als Erbschaften dafür, dass Konzerte und Gottesdienstmusik zuverlässiger finanziert werden können als ausschließlich mit kirchlichen Geldern. Auch materielle Anschaffungen für die unterschiedlichen kirchenmusikalischen Arbeitsbereiche werden durch das zusätzliche finanzielle Polster leichter möglich. Viele Orgelrestaurierungen und -neubauten können überhaupt erst durch die Unterstützung älterer Spender*innen auf den Weg gebracht werden:

> „Das waren die URmitglieder der Gemeinde, die gesagt haben: ‚Komm, wir wollen jetzt eine schöne Orgel. Das unterstütze ich, da bringen wir uns ein.‘“ (I13, 647)

> „Dieser Förderkreis, der generiert so ungefähr [Zahl] Euro und das ist dann schon ein Betrag, mit dem wir arbeiten können.“ (I4, 695)

Hauptberufliche Kirchenmusiker*innen, die ihren Auftrag als Kirchenmusik-Agent*in ernst nehmen, müssen sich sachlich mit der finanziellen Relevanz von Musikgeragogik in ihrem Arbeitskontext auseinandersetzen, auch wenn die Thematik unangenehm erscheint. Sie wollen und dürfen keinesfalls in den Ruf kommen, finanzielle Zuwendungen und Erbschaften zu provozieren, indem sie Seniorenangebote durchführen:

> „So tickt [Person] […] Ihm ist es das wichtigste, dass nachher ein Produkt raus kommt, mit dem die Kirche Geld verdient. Da sage ich: ‚Um das geht es mir nicht.‘ Und so ist es bei der Altenarbeit auch: Ich mache nicht einen Seniorenchor, dass die mir nachher alle Häuser überschreiben. Das ist nicht mein ERSTES Ding.“ (I2, 633)

Wenn die Motivation, sich kirchenmusikalisch für Menschen im Dritten, Vierten und Fünften Alter zu engagieren aus anderen Gründen als finanzieller Berechnung erfolgt, und diese Wertschätzung der Senior*innen dann zu Spenden oder Erbschaften für kirchenmusikalische Aufgaben führt, so ist dies nicht verwerflich. Im Gegenteil: Als verantwortungsbewusste Haushalter und Bewahrer des kirchenmusikalischen Erbes sind hauptberufliche Kirchenmusiker*innen dazu angehalten, alles dafür zu tun, ihre Aufgaben bestmöglich erfüllen zu können. Musikgeragogik erhält somit für hauptberufliche Kirchenmusiker*innen in der Rolle Kirchenmusik-Agent*in finanzielle Relevanz.

*Koinonische Relevanz (4. Gemeinde-Musiker*in)*

Der überwiegende Teil der hauptberuflichen Kirchenmusikstellen sind Kantoratsstellen in Kirchengemeinden bzw. Seelsorgeeinheiten oder Stellenkombinationen aus gemeindlichen und übergemeindlichen Dienstaufträgen (vgl. Kapitel 4.2). Diese Einbindung des kirchenmusikalischen Dienstes in die kirchliche Organisationseinheit Kirchengemeinde bringt Kantor*innen in die Rolle von Gemeindemusiker*innen. Als Mitglied eines Teams aus Haupt-, Neben- und Ehrenamtlichen setzen sich Kirchenmusiker*innen für den Erhalt und den Aufbau der Kirchengemeinde ein und gestalten das Gemeindeleben verantwortlich mit. Mit vielfältigen Angeboten animieren und motivieren sie Menschen unterschiedlichen Alters und kirchenmusikalischer Vorlieben zur aktiven Mitarbeit in der Kirchengemeinde. Ihre Gruppen und Kreise schaffen Kontaktmöglichkeiten zur Gemeinde und unter den Gemeindegliedern, sie ermöglichen und fördern die Gemeinschaft:

> „Dann habe ich gemerkt, was ich mit meinem Instrumentarium, in Anführungszeichen ‚groß gedachtem Instrumentarium', das ich zur Verfügung habe mit Chorgemeinschaft und dergleichen, […] BAUEN kann. Dass ich damit in der Gemeinde bauen kann […] Wir wollen mit unserer Musik Gemeinde ERBAUEN, aber auch gleichzeitig Gemeinschaft stiften und Gemeinde bauen." (I4, 32 und 830)

In allen Bereichen des Dienstes als Gemeindemusiker*in treffen Kirchenmusiker*innen auf ältere, alte und sehr alte Menschen (vgl. Kapitel 7.3), weshalb die musikgeragogische Arbeit im Kontext von Kirchenmusik Bedeutung für die kirchliche Gemeinschaft, d. h. koinonische Relevanz erhält:

> „In meiner Gemeinde hat es viele Alte, deswegen ist für mich vollkommen klar: Wo es viele HAT, muss ich viel TUN." (I2, 639)

Weil Musiker*innen in den Gruppen und Kreisen der Kirchengemeinden immer älter werden, braucht es alter(n)sspezifisches Wissen, um die kirchenmusikalische Gemeinschaft für alle Beteiligten (weiterhin) einladend und sinnhaft gestalten zu können. Die Kenntnis von Alter(n)smerkmalen und die bewusste Auseinandersetzung mit der Thematik Alter(n) schafft Verständnis für Bedürfnisse und Verhaltensweisen von Menschen in den verschiedenen Lebensphasen und Lebenslagen im Alter und kann somit zu einem besseren Miteinander im Gemeindeleben beitragen.

Ein weiterer Aspekt, weshalb Musikgeragogik für hauptberufliche Kirchenmusiker*innen Relevanz besitzt, ist deren Rolle als Diener*in der Gemeinde. Den Gemeindegliedern mit passenden kirchenmusikalischen Angeboten zu dienen („*Wir* *wollen Gott und den Menschen dienen.“ I4, 830*), halten die befragten Kirchenmusiker*innen für eine wichtige Aufgabe im Rahmen ihres Berufsbildes:

> „Weil ich als DIENSTLEISTER [arbeite]. Das ist ein DIENST, den wir tun [...] Es geht mir darum, dass ich einen AUFTRAG habe, meiner GEMEINDE zu dienen.“ (I2, 120 und 638)

Statistisch sind die derzeitigen Mitglieder der römisch-katholischen und der evangelischen Kirchengemeinden in Deutschland, laut Gutmann und Peters (2020), im Durchschnitt älter als die Gesamtbevölkerung. Die Situation des „Senior*innen-Dienstleisters“ trifft auf Kirchenmusiker*innen im Gemeindedienst somit bereits heute zu und wird zukünftig noch mehr an Bedeutung gewinnen, da der Anteil der Über-64-Jährigen in den kommenden Jahren ansteigen wird (vgl. ebd., S. 23). Parallel dazu wächst die Anzahl hochaltriger Gemeindeglieder (vgl. Kapitel 2.4.1) und mit ihr der Bedarf an zielgruppenspezifischer Kirchenmusik im Vierten und Fünften Alter. Für hauptberufliche Kirchenmusiker*innen erhält Musikgeragogik Relevanz, um diese Gemeindeentwicklungen angemessen begleiten zu können. Altersangepasste Konzeptionen und neue Wege in der kirchenmusikalischen Arbeit als Gemeindemusiker*in werden, nach Einschätzung einer Gesprächspartnerin, u.a. deshalb bedeutsam, „[...] um wirklich auch DIE Gemeindemitglieder dann bedienen zu können, die nicht mehr kommen können. Und das werden ja in den kommenden Jahren immer mehr“ (I6, 353).

*Diakonische Relevanz, soziale Relevanz (5. Diakon*in, Sozialarbeiter*in)*

Der Auftrag des Dienens, der allen Christen und in besonderer Weise den kirchlichen Mitarbeitenden übertragen ist, entstammt der Bibel:

> „Und dienet einander, ein jeder mit der Gabe, die er empfangen hat, als die guten Haushalter der mancherlei Gnade Gottes.“ (1.Petr 4,10)

Kirchenmusiker*innen dienen mit ihren Gaben und Begabungen nicht nur in ihrer Rolle als Gemeindemusiker*in, sondern in allen Arbeitsbereichen ihres Berufes, deshalb wird zur Beantwortung der Forschungsfrage die Rolle Diakon*in (von altgriechisch διάκονος = Diener, Helfer) bzw. Sozialarbeiter*in extra beleuchtet. Einige Interviewpartner*innen äußern, dass der diakonische Bereich des Kirchenmusikberufes große Bedeutung hat und stärker in den Blick genommen werden müsste:

> „Ich finde mehr und mehr, dass unsere Aufgabe viel mehr auch noch in diesem diakonischen Bereich liegen sollte.“ (I5, 499)

> [Seniorenchor] „Die SOZIALE Komponente dieser [kirchenmusikalischen] Arbeit, die rückt dann doch stärker auch in den Fokus.“ (I8, 67)

Kirchlicher Kontext und christlicher Auftrag bringen Kirchenmusiker*innen in diese besondere Rolle eines Diakons oder einer Sozialarbeiterin, innerhalb derer sie sich im komplexen Aufgabenfeld der Kirchenmusik um Menschen kümmern (*„Das [ist] SO wichtig [...] und da sind wir ja einfach prädestiniert dafür [...]“ I5, 508*). In den Interviews berichten die Gesprächspartner*innen davon, wie ihre Arbeit mit älteren, alten und sehr alten Menschen in vielerlei Hinsicht den diakonischen Auftrag erfüllt (vgl. Kapitel 8.2.4). Sie ermöglichen z. B. durch zielgruppenadäquate Angebote die Teilhabe an (musikalischer) Gemeinschaft oder vermitteln dafür passende Möglichkeiten. Sie setzen sich für ihre älteren Musiker*innen ein und verteidigen deren Bedürfnisse:

> [Senior*innen in der Gemeinde] „Wie kann ich die [kirchenmusikalisch] gut versorgen? Wie werden die aufgefangen?“ (I6, 93)

> „Das finde ich immer grausam, dass Leute, die ihr ganzes Leben lang gesungen haben, aus einem Chor rausgehen [müssen] und dann plötzlich nichts mehr haben. Also, das geht nicht.“ (I7, 332)

Sie fördern vorhandene Kompetenzen, indem sie angemessene musikalische Anforderungen stellen und die Wünsche und Möglichkeiten der Senior*innen respektieren. Im musikalischen Miteinander unterstützen sie schwächere Gruppenmitglieder oder sorgen für Hilfestellungen durch andere. Zur Sprache kommt in den Interviews auch der sogenannte „safe space“, der „sichere Raum“, den Kirchenmusiker*innen schaffen, damit sich die älteren Musiker*innen wohlfühlen können. Dazu gehört neben zielgruppenadäquater Gestaltung (vgl. Kapitel 8.2.4) z. B. auch der Schutz vor Anfeindungen jüngerer Gruppenmitglieder:

> [Hochaltriger Chorsänger] „Seine Mitsänger waren überfordert, mit ihm gut umzugehen. Das hat mir dann leid getan. Einer war wirklich ganz HERRISCH zu ihm [...] Ich musste als Chorleiterin sehr viel ausgleichen, dass der [Name] gut in der Gruppe integriert ist, dass es ihm gut geht, dass die anderen ihn annehmen und ihn SO annehmen, mit den Schwächen, die er halt aufgrund des Alters hat [...] Das mussten sie dann schlucken, dass der [Name] einfach unter meinem SCHUTZ steht. Das war mir einfach wichtig, dass der mitmachen darf.“ (I6, 43 und 57)

Besonders deutlich wurde die Beschützer*in-Rolle während der Corona-Pandemie, als Kirchenmusiker*innen mit sorgfältig erarbeiteten Hygienekonzepten für den Schutz und die Sicherheit ihrer Musiker*innen sorgten. Die Tatsache, dass Senior*innen trotz der besonderen Infektionsgefahr zu den Proben kamen, bestätigt nicht nur den hohen Stellenwert von Kirchenmusik im Alter (vgl. Kapitel 7.4.2), sondern auch das große Vertrauen, das viele ältere Menschen ihren Kantor*innen schenken (*„Ich glaube, dass die schon das Vertrauen haben, dass wir so planen, dass da NICHTS passieren kann.“ I3, 408*). Die Vertrauensstellung erwächst aus einer starken emotionalen Bindung, die sich im langjährigen kirchenmusikalischen Miteinander entwickelt und in deren Folge Kirchenmusiker*innen oftmals die Rolle eines/einer Vertrauten zukommt. Treten altersbedingte Probleme auf, können Kantor*innen diese meist offen ansprechen und mit den älter gewordenen Musiker*innen nach Lösungen suchen. In gemeinsamer Absprache den individuellen kirchenmusikalischen Weg von (alten) Menschen zu gestalten und bei Bedarf neue Wege auszuprobieren, sind Anliegen und Aufgaben, von denen die befragten Kirchenmusiker*innen in den Interviews erzählen. Sie sehen sich dabei in der Rolle eines musikalischen Begleiters bzw. einer musikalischen Begleiterin und finden „[...] das einfach schön, das gesamte Leben eines Menschen musikalisch mit begleiten zu können“ (I13, 79). Besonders in der Zusammenarbeit mit den älteren Generationen nehmen Kirchenmusiker*innen ihre diakonische und soziale Rolle Begleiter*in wahr:

> „Ja, das ist mehr so ein begleitendes, freundliches Begleiten.“ (I8, 357)

> „Es ist fast eine Sozialarbeit. Auf GUTEM Niveau.“ (I17, 162)

Aus den Interviews lässt sich festhalten, dass der diakonische Auftrag, der allen Kirchenmusiker*innen als eine der Grunddimensionen kirchlichen Handelns übertragen ist, derzeit besonders in ihrer Arbeit für und mit Menschen im Vierten Alter Bedeutung besitzt. Mehr als andere Altersgruppen sind Musiker*innen während ihrer individuellen Alter(n)sphasen darauf angewiesen, dass sie (weiterhin) kirchenmusikalisch „freundlich begleitet“ (I8) und „aufgefangen“ (I6) werden. Viele Senior*innen scheinen ihren musikalischen Weg bewusst im kirchlichen Kontext fortzusetzen, wieder aufzunehmen oder neu zu beginnen (vgl. Kapitel 7.4.2), da Kirchenmusik u. a. ein diakonisches und soziales Umfeld verspricht. Musikgeragogik erhält vor diesem Hintergrund somit für hauptberufliche Kirchenmusiker*innen diakonische und soziale Relevanz.

*Relevanz für kirchlichen und kirchenmusikalischen Bildungsauftrag (6. Pädagog*in, Andragog*in, Geragog*in)*

Hauptamtliche Kirchenmusiker*innen erfüllen im Rahmen ihres gesamten Dienstauftrages gezielt oder en passant Bildungsaufgaben (vgl. Kapitel 7.2.3), auch wenn der kirchenmusikalische Bildungsauftrag, nach Recherchen der Verfasserin, in keiner Landeskirche oder Diözese so explizit schriftlich benannt wird wie in der Evangelisch-Lutherischen Kirche in Bayern (vgl. ELKB, 2016b) und der Evangelischen Kirche in Mitteldeutschland (vgl. EKM, 2015). In allen evangelischen Landeskirchen und katholischen (Erz-)Diözesen finden sich jedoch indirekt formulierte Hinweise zum Bildungsauftrag von Kirchenmusiker*innen, wie die folgenden Auszüge aus Kirchenmusikgesetzen bzw. Dienstordnungen exemplarisch belegen:

> „Die Evangelische Landeskirche in Württemberg beauftragt daher Kirchenmusikerinnen und Kirchenmusiker, in ihren Gemeinden und Bezirken [...] insbesondere

das Singen in der Gemeinde zu pflegen und zu entwickeln und die musikalischen Gaben und Kräfte in der Kirche zu fördern.“ (EKWue, 2017)

„Die Kirchenmusikerinnen und Kirchenmusiker nehmen diesen Auftrag [der Verkündigung des Evangeliums zum Lobpreis Gottes] wahr, indem sie musikalische Gaben und Kräfte in den Gemeinden wecken und fördern […]“ (Union Evangelischer Kirchen [UEK], 1996)

„Zu seinen Dienstaufgaben gehören vor allem: a) Förderung des Gemeindegesangs (Liedbegleitung, Einübung von Liedern mit der Gemeinde und ihren Gruppen); Ausübung des Kantorendienstes und Schulung von Kantoren; Pflege des einstimmigen und mehrstimmigen Chorgesangs (Erwachsenenchor, Jugendchor, Kinderchor, Schola); Pflege des gottesdienstlichen Orgelspiels in Improvisation und Literatur sowie der für die Liturgie geeigneten Instrumentalmusik; Förderung der kirchenmusikalischen Jugendarbeit.“ (Erzdiözese Freiburg, 2011)

In den Interviews werden die Expert*innen u. a. nach ihrer Meinung gefragt, ob der kirchenmusikalische Bildungsauftrag die Altersgruppen der Senior*innen einschließt bzw. einschließen könnte. Einige Kantor*innen verneinen zunächst, weil sie den Begriff „Bildung“ spontan mit Institutionen, wie z. B. Kindergärten und Schulen, oder mit den kirchlichen Bildungswerken (EBW, KEB) verbinden. Im weiteren Verlauf der Interviews bringen sie aber eine Reihe von Bildungsfeldern zur Sprache, die sie „natürlich“ (I10, 428) im Rahmen ihrer kirchenmusikalischen Arbeit auch Senior*innen eröffnen, wie z. B.

- theologische und christliche Bildung
  „Wir schauen uns immer die Texte an, die wir singen. Ich erzähle auch gerne […] wo die herkommen oder welche biblischen Grundlagen dahinter sind.“ (I3, 575)
  „Durch das Herangehen an die Werke, wo ich natürlich auch gelegentlich die eine oder andere Bemerkung schon gemacht habe. Ich kann mir schon vorstellen, dass sich die Proben in ihrer Ausstrahlung von [einem weltlichen Chorangebot] doch schon ein bisschen unterscheiden. Die machen ja AUCH alle diese Werke, aber die machen das eben so, wie man eine Oper macht. Ich denke SCHON, dass die Leute das [Christliche] mitbekommen haben.“ (I8, 310)

- (kirchen-)musikalische und kulturelle Bildung
  [Instrumental-Ensemble] „Sie lernen wahnsinnig viel Literatur kennen. Die spielen alle gut vom Blatt. Was wir da an Literatur durchrauschen, ist unglaub-lich.“ (I1.2, 382)
  „Wenn man jetzt ein klassisches Stück singt und da kommen bestimmte [musikalische] Figuren. Oder ein barockes Stück, da kommen bestimmte Figuren. Was die Figuren bedeuten oder was Mozart sich dabei gedacht haben könnte bei einer bestimmten Tonfolge […]“ (I3, 579)

- Stimmbildung
  „Es ist mir im GANZEN eben wichtig, […] dass die Leute in der Seniorenkantorei KEINE Defiziterfahrungen haben. Und TROTZDEM möchte ich die Schwierigkeiten, die es natürlich in der alternden Stimme gibt, angehen." (I7+, 17)

- körperliches Training
  [Singkreis] „Einfach singen, um beim Singen fit zu bleiben. Vielleicht ist es mehr ein körperlicher Bildungsauftrag, um die Gesundheit zu erhalten […] und geistige Beweglichkeit. Und auch von der Atmung her." (I1.2, 376)

- kognitives Training
  [Stimmübung] „Dann wollen sie das aufschreiben. ‚Nein, nein, nein, das machen wir auswendig!' Also, [wir trainieren damit] auch ein bisschen Merkfähigkeit." (I7+, 28)

- Persönlichkeitsbildung
  „Man ist ein ganz anderer Mensch, wenn man merkt: Man kann sich [im Alter] doch weiterentwickeln und man kann auch noch wirklich NEUES lernen und neue Felder betreten und da noch etwas bewirken." (I7, 371)

- soziale Bildung
  [Kirchenchor] „Dass die anderen [Sänger*innen] da AUCH mehr und mehr Mitgefühl kriegen: ‚Ah ja, wo kann der [Mitsänger] jetzt irgendwie HILFE, Unterstützung brauchen?'" (I6, 362)

Die Verkündigung des Evangeliums durch Bildung ist ein Grundanliegen des kirchlichen Handelns. Als kirchliche Mitarbeiter*innen sind Kantor*innen deshalb dazu beauftragt, „[…] musikalische Gaben und Kräfte in den Gemeinden [zu] wecken und [zu] fördern […]" (UEK, 1996), d.h. Wissen und Werte im kirchenmusikalischen Kontext zu vermitteln. Aufgrund der hohen Präsenz von Senior*innen in den verschiedenen kirchenmusikalischen Tätigkeitsfeldern ist die musikalische Bildungsarbeit für und mit älteren, alten und sehr alten Menschen von großer Bedeutung für hauptberufliche Kirchenmusiker*innen. Musikgeragogik im Kontext von Kirche und Kirchenmusik besitzt vor diesem Hintergrund Relevanz für den kirchlichen und kirchenmusikalischen Bildungsauftrag.

*Seelsorgerliche Relevanz (7. Seelsorger*in)*

Seelsorge wird innerhalb und außerhalb der Kirchen in erster Linie den Theolog*innen und Vertreter*innen anderer Berufsgruppen mit seelsorgerlichem Schwerpunkt zugeordnet. Dennoch erfüllen auch Kirchenmusiker*innen eine sorgende Funktion für die Seele der Menschen (vgl. Kapitel 7.2.3). Dies geschieht meist „nebenbei" in den Rollen Diakon*in, Sozialarbeiter*in, Gemeindemusiker*in und Kirchenmusik-Agent*in, so dass Kirchenmusiker*innen nur selten „[…] im Seelsorge-Team als vollwertiges Seelsorge-Mitglied […]" (I17, 32) wahrgenommen und anerkannt werden. Der seelsorgerliche Aspekt der kirchenmusikalischen Arbeit mit alten Menschen wird von den Gesprächspartner*innen in den Interviews jedoch ausdrücklich benannt:

> „Ich würde es jetzt nicht als Seelsorge im priesterlichen oder im katholischen Sinn sagen. Aber ich glaube, dass die Musik oder die Gemeinschaft wirklich auch der Seele gut tut, gerade auch bei den älteren Menschen. ‚Seelsorge' in Anführungsstrichen würde ich das deswegen auch bezeichnen, [...] was die Chorproben für die älteren Menschen sind, was wir als Basis bieten." (I13, 123)

> „Bei der Seniorenkantorei [...] haben mehrere Corona überlebt. Die haben mir das am Telefon erzählt, wie schlimm das für sie war. Ja, ich habe schon den Eindruck, das ist eine seelsorgerliche Aufgabe, die man da hat. Auch als Chorleiter." (I12.1, 690)

Die verschiedenen seelsorgerlichen Aufgaben, z. B. musikalischen Raum für Emotionen ermöglichen, zuhören, über die musikalische Arbeit Vertrauen schaffen etc., werden in besonderer Weise für die Musiker*innen wichtig, die wenige oder keine engen sozialen Kontakte haben:

> [Hochaltrige] „Da fühlt man sich mehr so als Seelsorger [...] mit den Sechsundachtzig-, Siebenundachtzigjährigen [...]. Da merkst du schon: ALLES gießt sich auf dich." (I4, 92)

Da die Zahl der älteren, alten und sehr alten Menschen im Arbeitsfeld bereits heute sehr hoch ist und zukünftig prozentual wachsen wird (vgl. Kapitel 2.4.1), müssen sich Kirchenmusiker*innen, nach Einschätzung einer Interviewpartnerin, darauf vorbereiten,

> „[...] dass der Beruf des Kirchenmusikers sich noch einmal in eine viel diakonischere Richtung entwickeln wird. Dass wir viel mehr Aufgaben von Pfarrerinnen und Pfarrern übernehmen werden, viel mehr seelsorgerlich arbeiten werden. Dass die Musik weniger künstlerischen Auftrag haben wird, sondern mehr im seelsorgerlichen Bereich [mitwirkt]." (I12.1, 658)

Die kirchliche Grunddimension Diakonia trifft somit auch für die Rolle Seelsorger*in zu, in der Hauptberufliche die seelische Gesundheit und das seelische Wohlergehen ihrer Musiker*innen in besonderer, kirchenmusikalischer Weise fördern. Musikgeragogik im Kontext von Kirchenmusik besitzt vor diesem Hintergrund seelsorgerliche Relevanz für hauptberufliche Kirchenmusiker*innen.

*Gesellschaftliche Relevanz, Relevanz für Kirchenmusik in der Fläche, Relevanz für kirchenmusikalische Ausbildungsgänge zum Haupt-, Neben- und Ehrenamt (8. Multiplikator*in)*

Kirchenmusik ist keine Privatangelegenheit von Kantor*innen, sondern vollzieht sich im öffentlichen Raum von Kirche und Gesellschaft. Mit ihrem Handeln stehen hauptberufliche Kirchenmusiker*innen in der Öffentlichkeit und wirken auf andere Menschen, u. a. als Vorbild. Kantor*innen haben an ihren Dienstorten einen wichtigen Einfluss darauf, welchen Zugang Menschen zu Kirchenmusik finden, ob diese Interesse an einer kirchenmusikalischen Ausbildung entwickeln und welchen Stellenwert sie den verschiedenen Facetten des Berufes einräumen. Unabhängig von einer Sonderbeauftragung als Bezirks-, Dekanats- oder Regionalkantor*in nehmen daher alle Hauptberuflichen eine wichtige Rolle als Multiplikator*in für ihren Beruf und dessen Inhalte ein. Die Relevanz von Musikgeragogik lässt sich darin auf unterschiedlichen Ebenen festmachen:

*Kirchenmusik in der Gesellschaft*

Kirchenmusik erhält besonderen Zuspruch, wenn Kirchenmusiker*innen nicht an den Menschen „vorbei" agieren, sondern auf gesellschaftliche Bedürfnisse und Strömungen reagieren. Dies lässt sich in jüngerer Zeit bei christlicher Popularmusik feststellen, ebenso bei der Gospelchorbewegung Ende des 20. Jahrhunderts und bei der kirchenmusikalischen Arbeit mit Kindern seit den 1980er-Jahren (vgl. Kapitel 4.2):

> [Chor] „Ein paar, die sind mit neun Jahren im Kinderchor gewesen und sind jetzt vierundvierzig, dreiundvierzig [Jahre alt, und sind] durch alle Chöre hindurch immer noch bei mir." (I11, 152)

> „Die lebendigen Gemeinden [stehen] ja alle total auf Pop[ularmusik] […] Sie zieht momentan viele Leute in die Kirche, die aber nicht jugendlich sind. Aber das sind immerhin die, die die nächsten vierzig Jahre die Kirche bevölkern werden." (I2, 643 und 611)

Neue gesellschaftliche Bedürfnisse und Strömungen erreichen das Arbeitsfeld Kirchenmusik derzeit mit Blick auf das Thema Alter(n). Erwachsene möchten sich auch im fortgeschrittenen Alter weiterentwickeln (*„Die Alterspsychologie sagt ganz klar: Lebenslanges Lernen ist […] absolut wichtig und möglich. Es hört [im Alter] nicht einfach auf, das Sich-Weiterentwickeln." I7, 366*) und an allen gesellschaftlichen Bereichen teilhaben (vgl. Kapitel 2). Ältere und alte Menschen sind „[…] mit unglaublich viel Schwung und Energie […]" (I1.2, 14) in den Kirchengemeinden präsent und wollen dort aktiv eingebunden werden:

> [Partizipation] „Ich glaube, dass das erst in letzter Zeit so stark geworden ist, das Bedürfnis [nach aktiver Kirchenmusik]. Wahrscheinlich, weil die Leute einfach viel älter werden und auch selbst noch gerne etwas [leisten] wollen. Nicht nur einfach im Sessel sitzen, sondern sich noch BETEILIGEN wollen, Teilhabe wollen und eben auch etwas lernen wollen, etwas leisten wollen." (I7, 284)

Hauptberufliche Kirchenmusiker*innen können wegen ihrer öffentlichen Multiplikatorstellung die gesellschaftlichen bzw. kirchlichen Entwicklungen und die Bedürfnisse, die damit verbunden sind, nicht ignorieren, selbst wenn sie andere Vorstellungen von Kirchenmusik haben. Am Beispiel von unterschiedlichen Musikstilen bezieht ein Interviewpartner Stellung zur notwendigen Aufgeschlossenheit von Kirchenmusiker*innen. Im weiteren Verlauf des Interviews wird deutlich, dass er die offene Haltung gegenüber kirchenmusikalischer Seniorenarbeit darin einschließt:

> „Als Kirchenmusiker an einer Stelle, HAUPTBERUFLICH, [...] kann ich mir nicht leisten, gewisse Stilistiken nicht zu bedienen [...] Da muss ich ALLE, nicht alle, aber die allermeisten meiner Gemeindegruppen von Zeit zu Zeit mit dem bedienen, was sie sich unter Kirche vorstellen." (I2, 118)

### *Kirchenmusik in der Fläche und kirchenmusikalische Ausbildungsgänge*

Die Präsenz von älteren, alten und sehr alten Menschen ist nicht nur ein Thema an den hauptberuflichen Kirchenmusikstellen, sondern auch bei den nebenberuflichen Kirchenmusiker*innen „in der Fläche". Deren Ausbildung liegt in den Händen von hauptberuflichen Kirchenmusiker*innen, die als Bezirks-, Dekanats- oder Regionalkantor*innen in besonderer Weise die Rolle von Multiplikator*innen einnehmen (vgl. Kapitel 4.2). Um die Schüler*innen auf ihre kirchenmusikalischen (Team-) Aufgaben umfassend und praxisnah vorzubereiten, muss die prozentual steigende Zahl alter Menschen fachlich thematisiert werden und musikgeragogische Inhalte zum festen Bestandteil der kirchenmusikalischen Ausbildungsfächer gehören (vgl. Kapitel 9.2). Das Ziel sollte sein, dass (angehende) Kirchenmusiker*innen mit den Gegebenheiten in der Praxis souverän umzugehen lernen, um in allen Situationen die qualitativ bestmögliche kirchenmusikalische Arbeit leisten zu können. Schon heute sind Kirchenchöre „auf dem Land" vielerorts überaltert und würden von den Chorleiter*innen Kompetenzen aus dem Bereich der Seniorenchorleitung (vgl. u. a. Koch, 2017, S. 189–378) erfordern. Dieses Wissen vermitteln und nach abgeschlossener Ausbildung Hilfestellung geben zu können setzt voraus, selbst mit der Thematik vertraut zu sein. Musikgeragogik im Kontext von Kirche und Kirchenmusik ist somit für Kantor*innen auf Dekanats-, Bezirks- oder Regionalstellen relevant für die Ausbildung nebenberuflicher Kirchenmusiker*innen.

Das Wissen um die besonderen Bedürfnisse und Herausforderungen der Menschen in den verschiedenen Lebensphasen und Lebenslagen im Alter wird für überregional tätige Kirchenmusiker*innen auch in ihrer Funktion als Berater*in von Kirchengemeinden/Landeskirchen/Diözesen bedeutsam. Sie haben selbst zwar keine Entscheidungsbefugnis, können Gremienmitglieder aber für die Konsequenzen einer möglichst langen Einbindung älterer Menschen in den kirchenmusikalischen Dienst sensibilisieren und entsprechende Maßnahmen unterstützend begleiten:

> „Wir brauchen Bewusstseinsmaßnahmen. Dass die Leute erkennen, wofür es wichtig ist in die Alten zu investieren [...] Die sehen nicht, dass ein Seniorenchor, auch wenn er nicht im Gottesdienst singt, trotzdem eine unglaublich wertvolle Arbeit der Kirchengemeinde ist." (I2, 948)

Besondere Relevanz erhält Musikgeragogik für diejenigen Kirchenmusiker*innen, die angehende Kolleg*innen im Berufspraktikum betreuen. Als Mentor*innen fällt ihnen die Aufgabe zu, praxisrelevante Bereiche zu vermitteln, die während des Studiums nicht vorkommen oder keinen ausreichenden Platz darin finden. Da die kirchenmusikalische Arbeit für und mit Menschen im Dritten, Vierten und Fünften Alter bislang kein eigenes Ausbildungsfeld in der ökumenisch erarbeiteten „Rahmenordnung für die berufsqualifizierenden Studiengänge in Kirchenmusik" (vgl. Kapitel 4.2) darstellt, müssten Praktikumsbetreuer*innen diese kirchenmusikgeragogischen Defizite ausgleichen (vgl. Kapitel 9.2).

Zusammenfassend lässt sich aus den Interviewdaten schließen, dass aufgrund des demografischen Wandels in der Gesellschaft und der Stellung von Kantor*innen im öffentlichen Raum, die musikgeragogische Arbeit gesellschaftliche Relevanz für hauptberufliche Kirchenmusiker*innen besitzt. Auch nebenberufliche und ehrenamtliche Kirchenmusiker*innen sind an ihren Einsatzorten von den gesellschaftlichen Alter(n)sentwicklungen betroffen. Die starke Präsenz von Senior*innen zeigt sich dort, nach Erfahrung eines Gesprächspartners, besonders deutlich, so dass musikgeragogischer Kompetenz im kirchenmusikalischen Neben- und Ehrenamt eine hohe Bedeutung zukommt:

> „Wenn ich jetzt die ganzen Zentralstädte [mit hauptberuflichen Kirchenmusikstellen] nehme, da spielen die Alten keine Rolle. Da hat [der Kirchenmusiker] die große Kantorei, da hat er den Kinderchor, da ist Altenarbeit nicht das Thema. Die ist in der Peripherie und auf dem Land ein viel stärkeres Thema, wo die Alten gar keine Chancen haben, sich irgendwie noch Kultur oder irgendetwas zu holen. Neunzig Prozent unserer Stellen sind nebenberufliche Stellen und die Dörfer und das Flachland." (I2, 976)

Musikgeragogik erhält somit Relevanz für die Kirchenmusik in der Fläche und gleichermaßen Relevanz für Hauptberufliche, da sie Neben- und Ehrenamtliche für ihre Dienste ausbilden. Kirchenmusikgeragogische Kompetenz Hauptberuflicher wird in diesem Zusammenhang in doppelter Hinsicht bedeutsam, da viele nebenberufliche und ehrenamtliche Kirchenmusiker*innen selbst im fortgeschrittenen Alter sind und in ihren eigenen Fort- und Weiterbildungsmaßnahmen ebenfalls eine altersadäquate Begleitung benötigen.

*Relevanz für Zukunft der Kirchenmusik (9. Visionär*in)*

Kirche und ihr Arbeitsfeld Kirchenmusik befinden sich in einer Umbruchsituation, das ist allen befragten Kirchenmusiker*innen bewusst. „Wir gehen da nicht besseren Zeiten [...] entgegen" (I8, 384), mutmaßt ein Gesprächspartner und meint die fortschreitende Säkularisierung, die vermutlich weiterhin zu sinkenden Mitgliederzahlen und rückläufigen Finanzmitteln führen wird. Aus den Interviewdaten kann im Zusammenhang mit diesen Herausforderungen und anderen Widrigkeiten des Berufsalltages die zukunftsorientierte, visionäre Rolle hauptberuflicher Kirchenmusiker*innen ermittelt werden, für die Musikgeragogik ebenfalls Relevanz aufweist. Auf die Frage nach der Zukunft von Kirchenmusik äußern sich die Expert*innen hoffnungsvoll und vertrauen auf die Potenziale ihres kirchlichen Arbeitsfeldes („*Gut. Super. Da habe ich überhaupt keine Bedenken, null.*“ *I2, 884*) (vgl. Kapitel 7.2.1).

Soll Kirchenmusik auch zukünftig erklingen und ihre vielfältigen Aufgaben erfüllen, müssen Kantor*innen, nach Meinung eines Interviewten, „[…] immer dran bleiben und immer schauen, dass man einen Zulauf von unten hat“ (I16, 500). Damit der Zulauf nicht „nur“ von unten, sondern aus allen Richtungen gelingt, braucht es „[…] vielfältige Gelegenheiten des Erstkontakts mit Kirchenmusik […]“ (Direktorenkonferenz Kirchenmusik EKD, 2020) und hauptamtliche Kirchenmusiker*innen, die „[…] erkennbar in die Gesellschaft hineinwirken, Partizipation, niederschwellige Zugänge und ‚Kirche bei Gelegenheit‘ ermöglichen […]“ (ebd.). Ein erfahrener Kantor bestätigt im Interview diese Auszüge aus den „Frankfurter Thesen zur Kirchenmusik in einer sich verändernden Kirche“:

> „Wenn wir nicht als kleine, überhaupt nicht mehr wahrnehmbare Randerscheinung leben wollen, dann finde ich niederschwellige und breit ausgelegte Angebote schon wichtig.“ (I8, 278)

Musikgeragogik im Kontext von Kirchenmusik erfüllt für die zahlenmäßig große gesellschaftliche Gruppe der Menschen im Dritten, Vierten und Fünften Alter viele Visionen der Direktorenkonferenz in Bezug auf die kirchliche Arbeit der Zukunft (vgl. Kapitel 9.2). Sie stellt beispielsweise die kirchenmusikalischen Bedürfnisse der älteren, alten und sehr alten Menschen in den Mittelpunkt und ermöglicht breit gefächerte Teilhabe an Kirchenmusik. Durch ihre zielgruppenadäquaten – teilweise niederschwelligen – Konzeptionen können mit ihr auch Anfänger*innen im Seniorenalter als Nachwuchskräfte gewonnen werden. Aus Sicht der Visionär*innen muss Musikgeragogik als relevante Größe für die Zukunft von Kirchenmusik und für die Zukunft des Berufes Kirchenmusiker*in in Betracht gezogen werden.

### 7.5.2 Vorläufige Beantwortung der Forschungsfrage

Aus dem Kontext kirchenmusikalischer Arbeit und den Bedingungen, die sich ihr derzeit darin stellen, lassen sich für Musikgeragogik vielfältige Bedeutsamkeiten ermitteln. Sie beziehen sich auf sämtliche Kirchenmusiker*in-Rollen und gelten für alle hauptberuflichen Kirchenmusiker*innen in Deutschland, unabhängig von Konfession, Dienstort, Stellenprofil etc. Auf Grundlage der interpretierten kontext- und anlassbezogenen Daten kann die Frage nach der Relevanz von Musikgeragogik für hauptberufliche Kirchenmusikerinnen und Kirchenmusiker somit an dieser Stelle vorläufig beantwortet werden.

*Forschungsfrage*

Welche Relevanz hat Musikgeragogik im Kontext von Kirche und Kirchenmusik für hauptberufliche Kirchenmusikerinnen und Kirchenmusiker?

*Antwort*

Musikgeragogik im Kontext von Kirche und Kirchenmusik besitzt für hauptberufliche Kirchenmusiker*innen kontextuelle Relevanz. Diese zeigt sich in Bezug auf die Kirchenmusiker*in-Rollen als christliche Relevanz, künstlerische Relevanz, Relevanz für Verkündigungsauftrag, gottesdienstliche Relevanz, kulturelle Relevanz, finanzielle Relevanz, koinonische Relevanz, diakonische Relevanz, soziale Relevanz, Relevanz für kirchlichen und kirchenmusikalischen Bildungsauftrag, seelsorgerliche Relevanz, gesellschaftliche Relevanz, Relevanz für Kirchenmusik in der Fläche, Relevanz für kirchenmusikalische Ausbildungsgänge zum Haupt-, Neben- und Ehrenamt und als Relevanz für die Zukunft der Kirchenmusik.

*Weiterführende Überlegungen*

Nicht alle Bedeutsamkeiten lassen sich aus dem Kontext zufriedenstellend und in aller Tiefe erklären. So sind Koinonia (Gemeinschaft) und Diakonia (Dienst am Nächsten) allen Kirchenmusiker*innen als Grunddimensionen kirchlichen Handelns zwar bekannt, da diese Aufgaben jedoch (auch) von anderen kirchlichen Berufsgruppen bearbeitet werden und kein explizites musikalisches Wissen erfordern, scheint ihre Förderung, gerade im Senior*innenbereich, bei den Kantor*innen keine Priorität zu haben. Dies zeigt sich in den Ergebnissen der Online-Befragung u. a. daran, dass derzeit nur 21 Prozent der Hauptberuflichen in Deutschland spezielle altershomogene Veranstaltungen für Menschen ab 60 Jahren selbst leiten und dass Menschen über 80 Jahren als Teilnehmer*innen in den vorhandenen intergenerationellen Angeboten kaum präsent sind (vgl. Schatz & Koch, 2021, S. 178 f.). In den Experteninterviews kommen die vielschichtigen Gründe dafür zur Sprache, ebenso andere wichtige Aspekte der Kirchenmusik von, für und mit Ältergewordenen, die sich in ihrer Konsequenz als weitere Begründungen für die Relevanz von Musikgeragogik herausstellen. Zur tiefer gehenden Beantwortung der Forschungsfrage wird daher auf Grundlage der Interviewdaten ein umfassendes Theoriemodell zu Kirchenmusikgeragogik aufgestellt. Es zeigt – neben dem Kontext und den ursächlichen Bedingungen – die Handlungen von musikgeragogisch arbeitenden Kirchenmusiker*innen auf und beinhaltet die intervenierenden Bedingungen sowie die Konsequenzen von Kirchenmusikgeragogik.

# 8. Modellierung des Handlungsfeldes Kirchenmusikgeragogik

Mit einem Theoriemodell von Kirchenmusikgeragogik sollen die Zusammenhänge im Handlungsfeld verdeutlicht werden. Es bildet die Basis für weiterführende Untersuchungen zu Kirchenmusik im Alter, einem inhaltlich spezialisierenden Teilbereich von Geragogik und Musikgeragogik und immanenten Bestandteil des Arbeitsfeldes Kirchenmusik. Abbildung 8 gibt zunächst einen grafischen Gesamtüberblick (siehe Abbildung 8, S. 158).

Daraus sind die Verknüpfungen zwischen dem inhaltlichen Zentrum (Phänomen, vgl. Kapitel 8.1) von Kirchenmusikgeragogik und deren Kontext (vgl. Kapitel 7.1 und Kapitel 7.2), ursächliche Bedingungen (vgl. Kapitel 7.3 und Kapitel 7.4), Handlungen/Interaktionen (vgl. Kapitel 8.2), intervenierende Bedingungen (vgl. Kapitel 8.3) und Konsequenzen (vgl. Kapitel 8.4) ersichtlich. In den folgenden Unterkapiteln werden die bisher noch nicht interpretierten Modellkomponenten näher beleuchtet, bevor abschließend die vollständige Beantwortung der Forschungsfrage erfolgt und eine Definition von „Kirchenmusikgeragogik“ formuliert wird.

## 8.1 Phänomen: kirchenmusikalische Begleitung in den Lebensphasen und Lebenslagen im Alter

Im inhaltlichen Zentrum des Theoriemodells steht das Phänomen „Kirchenmusikalische Begleitung in den Lebensphasen und Lebenslagen im Alter“, das im mehrstufigen Kodierprozess der Reflexive Grounded Theory Methodologie als Kernkategorie aus der Unterkategorie „Begleiter*in“ entwickelt wurde. Der Begriff „Begleitung“ bietet sich als verbindendes Element innerhalb der komplexen Thematik an, da er zum einen die unterschiedlichen Kirchenmusiker*in-Rollen im Umgang mit älteren, alten und sehr alten Menschen zusammenführt (vgl. Kapitel 7.5.1) und zum anderen wesentliche Prinzipien kirchenmusikalischer (Bildungs-)Arbeit für und mit Senior*innen (vgl. Kapitel 8.2.4) in sich vereint.

Innerhalb der Wissenschaftsdisziplin Geragogik (vgl. Kapitel 3) stellt „[...] Begleitung sowohl ein zentrales geragogisches Konzept als auch ein wirksames Format in der Praxis der Altersbildung“ (Bubolz-Lutz, 2022, S. 21) dar. Zur Verdeutlichung der Begriffswahl im Zusammenhang mit Kirchenmusikgeragogik werden im Folgenden die Eigenschaften von „Begleitung“ benannt, die sich bei der Entwicklung der Kernkategorie als bedeutsam für das zielgruppenspezifische Handlungsfeld herausstellten (zu den Merkmalen geragogischer Begleitung vgl. Bubolz-Lutz, 2022):

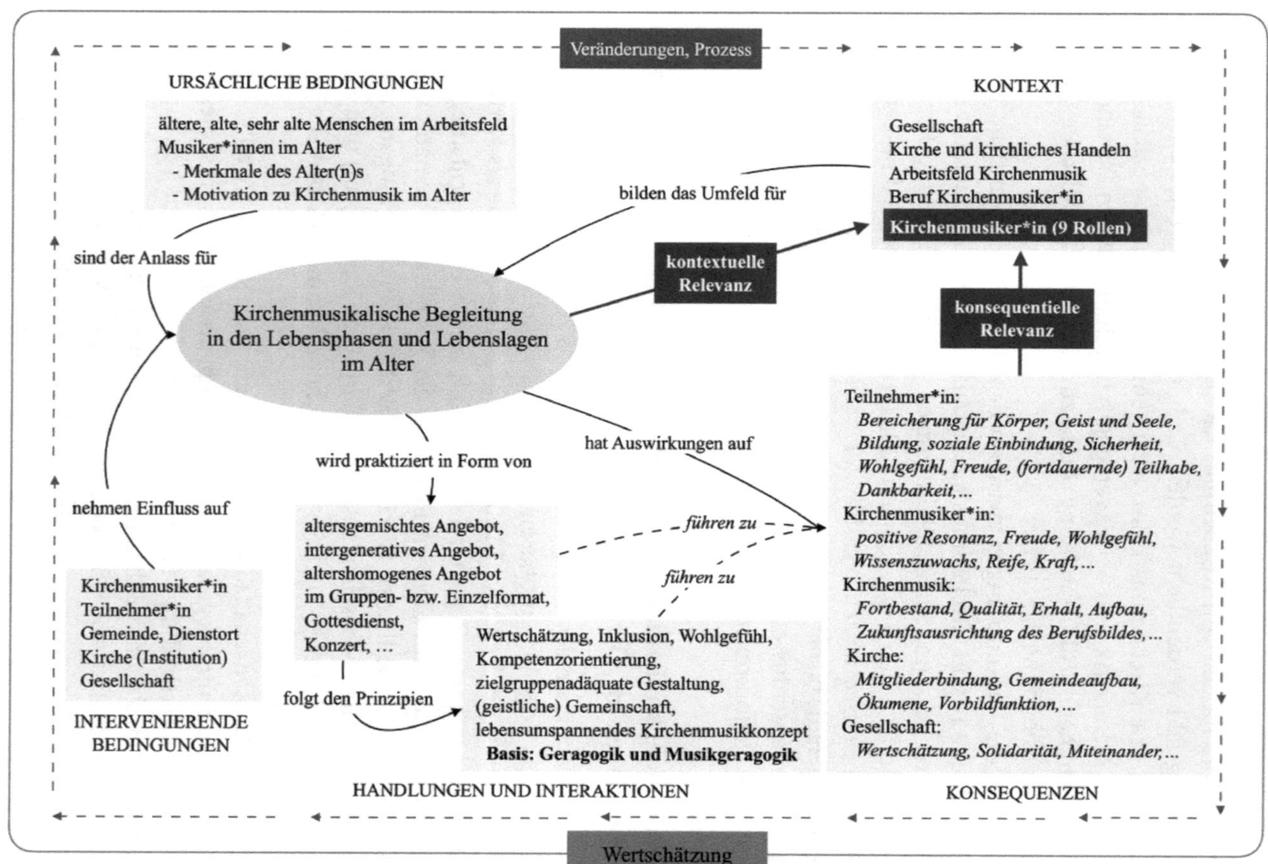


Abb. 8: Theoriemodell Kirchenmusikgeragogik
Quelle: Eigene Darstellung nach Strübing, 2014, S. 25

- Kontaktpflege und Beziehungsarbeit: Begleitung geschieht im persönlichen Kontakt zu Menschen und erfordert von den beteiligten Personen Beziehungsarbeit. Sie fördert das Miteinander und schafft Verbindungen.
- Freiwilligkeit und Selbstbestimmtheit: Begleitung ist keinen Zwängen unterworfen. Sie findet freiwillig und selbstbestimmt statt.
- Ausrichtung und Aushandlung: Begleitung orientiert sich an den Bedürfnissen, Möglichkeiten und Wünschen der zu begleitenden Person(en). Ziele, Bedingungen und Art der Begleitung werden gemeinsam – auf Augenhöhe – ausgehandelt.
- Intergenerationalität und Wechselseitigkeit: Begleitung erfolgt überwiegend im intergenerationellen Austausch und beruht auf Wechselseitigkeit. Sowohl Begleitete als auch Begleitende profitieren von ihr.
- Flexibilität und Prozesshaftigkeit: Begleitung ist ein dynamischer Prozess. Sie erfolgt situationsbedingt in unterschiedlicher Form und Intensität (beraten, motivieren, helfen, schieben, bremsen, tragen, unterhalten etc.). Begleitung berücksichtigt die vergangenen Wege, konzentriert sich auf die gegenwärtigen Schritte und führt in die Zukunft.
- Professionalität und Zusammenarbeit: Personen- und situationsangemessene Begleitung braucht Kompetenz. Für die Qualitätssicherung kann Begleitung in Zusammenarbeit mit anderen Begleiter*innen stattfinden.

## 8.2 Handlungen und Interaktionen

Dieser Teil des Theoriemodells bündelt die Antworten auf die Frage, wie hauptberufliche Kirchenmusiker*innen mit den ursächlichen Bedingungen umgehen, die sie im Kontext ihres Berufes vorfinden. „Da ist zu fragen, wie man eben gut miteinander umgeht“ (I14.1, 66), resümiert ein Gesprächspartner seine dienstlichen Begegnungen mit älter gewordenen Musiker*innen. Dieser „gute Umgang miteinander“ ist auf verschiedenen Wegen zu erreichen und muss wegen der Prozesshaftigkeit des Alter(n)s immer wieder neu gefunden werden. Die Anlässe, sich als hauptberufliche*r Kirchenmusiker*in bewusst mit der Thematik Kirchenmusikgeragogik auseinanderzusetzen und somit eine gute kirchenmusikalische Wegbegleitung in den Lebensphasen und Lebenslagen im Alter bieten zu können, stellen sich in den Interviews situations- und personenbedingt vielfältig dar.

### 8.2.1 Anlass zu musikgeragogischen Interaktionen

Ein Teil der Hauptberuflichen wendet sich kirchenmusikalisch aus eigenem Antrieb und Wunsch speziell den älteren Musiker*innen zu, „[...] weil es eine schöne Arbeit ist“ (I7, 485):

> „Ja, doch, ich mache das wirklich, wirklich gerne.“ (I17, 282)

> „Die Seniorenkantorei ist die Truppe, die mir am meisten Spaß macht, weil mehr drin ist als drauf steht.“ (I4, 351)

Die Inspiration zu Kirchenmusikgeragogik am Dienstort kann von außen kommen, z. B. aus dem Kolleg*innenkreis, oder von den alternden Musiker*innen in der Gemeinde selbst:

> „Die Kantorei hat einen Chorrat. Das sind [Zahl] Personen, die da sitzen und an mich herangetreten waren und gesagt haben: ‚Wir hätten gerne eine Seniorenkantorei hier an dem Ort, denn wir werden immer älter und wir machen uns Sorgen: Wo singen wir denn, wenn wir nicht mehr so leistungsfähig sind?'" (I12.1, 81)

Auch aus dem eigenen Älterwerden heraus oder aufgrund von Erfahrungen mit älteren Familienmitgliedern können Brücken zu musikgeragogischer Arbeit entstehen, einem „[…] Thema, das mit dem LEBEN wächst" (I2, 388):

> „Je älter du selber wirst, desto eher wird das ein THEMA […] Da stellst du dann fest, es gibt Einschränkungen und dann stellst du fest: Aha, der hat dort eine Einschränkung und der dort, also müssen wir diesem Aspekt Rechnung tragen." (I2, 392)

> „Bevor die Eltern achtzig wurden, haben wir gesagt: ‚Das ist ja kein Alter.' Und es ging alles noch. Plötzlich merkt man aber, es galoppiert dann doch irgendwann einmal." (I4, 119)

> „Ich sehe das gerade, wenn die eigenen Eltern alt werden." (I14.2, 53)

Bei anderen Interviewpartner*innen hat sich die bewusste kirchenmusikgeragogische Arbeit „[…] einfach von allein so ergeben" (I1.2, 39):

> „Ich habe mich um diese Sachen nicht BEMÜHT. Das kam von ALLEINE." (I7, 297)

Die Gründe dafür liegen zum Beispiel in speziellen Rahmenbedingungen kirchenmusikalischer Dienste:

> „Wir sind jetzt letztendlich kein deklarierter Seniorenchor, sondern es ergibt sich eben ganz natürlich, dass die Termine für die Totenmessen immer wochentags vormittags um zehn sind und da ganz natürlich nur die Menschen kommen können, die nicht mehr arbeiten und sozusagen der Beerdigungschor sind." (I16, 56)

Auch die Fortführung bestehender Traditionen (*„Die [Kollegin] musste das gar nicht neu gründen, sondern da war das Angebot schon installiert." I6, 74*) oder die musikalische Ausrichtung etablierter Seniorenarbeit (*„[…], wo dann solche Singgruppen daraus geworden sind." I1.2, 152*) werden als Gründe benannt:

> „Das war einfach ein Projekt. Das hatte gar nichts mit [Seniorenchor] zu tun, sondern mit meiner Altenarbeit, mit meiner aktivierenden Seniorenarbeit." (I7+, 309)

Den häufigsten Anlass zu musikgeragogischen Interaktionen liefert die (Über-)Alterung der bestehenden Gruppen:

> „Das war ja auch mein Ansatz, weil die ja immer älter werden, und dann habe ich gesagt: ‚Was mache ich denn? Wie kriege ich Jüngere?‘ Und deswegen habe ich diesen Seniorenchor auch gegründet." (I5, 554)

> „Das wurde einmal gegründet und dann wurden die Mitglieder immer älter. Viele neue kamen aber dann nicht dazu." (I9, 275)

> „Dann war es halt ein Gospelchor und dadurch, dass die Leute dann alle älter waren, war es plötzlich ein Senioren-Gospelchor." (I1.2, 217)

Der Alterungsprozess der Musiker*innen an sich ist für viele Interviewpartner*innen kein Grund spezielle Maßnahmen zu ergreifen, denn den Hauptberuflichen geht es in ihren Rollen als Profi-Musiker*in und Kirchenmusik-Agent*in zunächst um ein gutes musikalisches Ergebnis:

> „Ob unsere Leute alt oder jung sind: Das muss so klingen, dass die unten [im Kirchenschiff] das ganz gut finden. Und das ist meine Prämisse […] Da würde ich schon entsprechend reagieren, wenn da etwas wäre, wo das nicht geht." (I11, 287)

Der Anlass für musikgeragogische Handlungen und Interaktionen ergibt sich für Kirchenmusiker*innen demnach nicht aus dem kalendarischen Alter (*„Da gibt es wirklich alte Leute, die TOP sind, und jüngere, die das NICHT hinbringen." I11, 191*), sondern dann, wenn sie ihre musikalischen Zielvorstellungen nicht (mehr) wie gewohnt erreichen können. Diese mögliche Konfliktsituation, die aus der hohen Anspruchshaltung an sich selbst entstehen kann (vgl. Kapitel 7.2.3), wird von einer Gesprächspartnerin beispielsweise im Zusammenhang mit Orgelunterricht thematisiert:

> [Senior-Orgelschüler] „Ich fand es dann doch immer schwierig, weil er jede Woche ein neues Stück mitgebracht hatte und eigentlich nichts davon richtig FERTIG geübt wurde […] also, es war ein bisschen schwierig." (I12.1, 555)

Konfliktpotenzial, das zu musikgeragogischen Handlungen Anlass gibt, erkennt die Kantorin auch in der Heterogenität ihres Chores, in dem unterschiedliche kirchenmusikalische Erwartungshaltungen und Kompetenzen immer wieder zu Unmut innerhalb der Gruppe führen:

> „Es gibt SCHON ab und zu einmal Konflikte. Es gibt SCHON ab und zu Leute, die dann auf mich zukommen und sagen: ‚Das kann doch nicht sein, dass die immer in der ersten Reihe steht und keinen Ton von sich gibt.‘" (I12.1, 502)

> „Der Chor hat […] Erwartungen […] Da gibt es sehr leistungsfähige Leute, die Lust auf H-Moll-Messe haben und es gibt Leute, die das zwei, drei Jahre lang proben können und es dann trotzdem nicht können. Und die werden dann halt mitgeschleppt von den anderen und da ist immer Unmut und ein bisschen schlechte Laune." (I12.1, 221)

Eine funktionierende Gruppe in guter Atmosphäre zu behalten ist für einen Gesprächspartner ein wichtiger Grund, sich Gedanken über ein zusätzliches kirchenmusikalisches Seniorenangebot zu machen. Auch für sich selbst sieht er darin einen Weg, den Konflikt zwischen seiner musikalischen Anspruchshaltung und seiner diakonischen Rolle zu lösen:

> „Dann hat man nicht das Problem, dass man das Gefühl hat, jemanden zu entsorgen oder so. [Das] will ja keiner. [Interviewerin: Also, atmosphärisch für sich selbst? Oder für den Chor?] Ja, für die Gruppe AUCH. Für die Gruppe auch, und für die MENSCHEN ja auch. Ich will die ja nicht los werden, weil ich die DOOF finde oder so. Sondern ich möchte gerne, dass diese GRUPPE weiterhin funktionieren kann." (I14.1, 438)

Störungen in der Funktionsfähigkeit heterogener Gruppen können wegen unterschiedlicher musikalischer Leistungsfähigkeit auftreten, können aber auch in den außermusikalischen Generationen-Unterschieden begründet sein. Genannt werden in den Interviews z. B. das Freizeitverhalten, die Lebensführung und das Sozialverhalten:

> „Es gibt ja welche, die ständig unterwegs sind. Ja, das gibt natürlich dann schon irgendwie Konflikte." (I16, 250)

> „[Jugendliche leben häufig als] Vegetarier, Veganer, CO2-Freaks [...] Du kommst auch SOZIAL nicht zusammen an der Stelle, wenn du sagst, wir [Alten] schauen nur, dass wir unseren Stil weiter leben und haben keinerlei Öffnung." (I4, 388)

> [Chorfreizeit] „Wenn es so alleinstehende, alte Menschen sind, die dann oft immer das Gleiche sagen oder manchmal vielleicht auch ein bisschen depressive Neigungen haben. Wo man so das Gefühl hat: Ah, jetzt wird man wieder so angesaugt oder so ausgelaugt." (I17, 85)

Abgesehen vom Konfliktpotenzial erkennen die Interviewpartner*innen auch Chancen, die im kirchenmusikalischen Miteinander verschiedener Generationen liegen (vgl. Kapitel 8.4.5), und finden es

> „[...] schön zu sehen, wie die Generationen ineinander greifen oder miteinander kommunizieren, miteinander singen können. Das sind teilweise ja zwei oder DREI Generationen sogar, die da zusammen singen." (I13, 153)

Am häufigsten geraten hauptberufliche Kirchenmusiker*innen in Stresssituationen, wenn ihre erlernten bzw. gewohnten Arbeitsweisen von den Alter(n)smerkmalen der Musiker*innen gestört werden (*„Ich merke, dass ich manchmal leider auch ungeduldig werde." I14.1, 163*). Die auffälligsten „Störfaktoren" sind für sie die nachlassenden körperlichen und geistigen Fähigkeiten im Alter:

> „Wenn jemand schlecht zu Fuß ist oder gerade schlecht Treppen steigen kann, dann ist das halt eine Schwierigkeit, die durchaus auftritt. Weil der Chor steht auf der Empore und da führt eine enge, steile Treppe hinauf." (I16, 161)

> „Die brauchen dann viel länger um Sachen rauszusuchen, um Noten aufzuschlagen, um einen Ablauf zu kapieren. Denen jetzt zwei Minuten vor dem Gottesdienst einen Zettel hinzulegen, wo die im Gottesdienst sich selbst die Noten sortieren, das geht dann nicht mehr." (I3, 138)

> „Es wurde ja doch hier und da geklagt: ‚Aber stehen kann ich nicht so lange. Sehen kann ich dich auch nicht.' [...] Es haperte nicht nur bei der Stimme, sondern auch bei den Augen und beim Stehen und so weiter." (I4, 340)

> „Es gibt aber auch welche, die gesagt haben: ‚Ich schaffe es nicht mehr [...] Die Stimme gibt es nicht mehr her.' Oder: ‚Ich komme nicht mehr hinterher alles aufzunehmen.' Oder: ‚Es ist zu viel Neues für mich.' [...] Da war einfach die Gemengelage von vielen verschiedenen Faktoren, eben mit Alter." (I13, 244)

Spätestens zu dem Zeitpunkt, an dem die unterschiedlichen Alter(n)smerkmale (vgl. Kapitel 7.4.1) die Qualität ihrer Arbeit negativ beeinflussen, suchen Kirchenmusiker*innen nach Strategien im Umgang mit altersbedingten Konfliktsituationen. Dieser Prozess fällt einigen leichter (*„Ich habe da noch nie Probleme gehabt [...] Also, das funktioniert bei uns wirklich sehr gut." I10, 95*), andere verbringen viel Zeit damit, für sich und ihren beruflichen Kontext gangbare Wege zu finden (*„Dann habe ich also wirklich ein Jahr lang überlegt, was ich mache." I11, 406*). Im folgenden Kapitel werden Strategien vorgestellt, die Hauptberufliche verfolgen, um altersbedingten Konflikten (vorausschauend) zu begegnen.

### 8.2.2 Strategien im Umgang mit altersbedingten Konfliktsituationen

So vielfältig die Persönlichkeitsmerkmale und individuellen dienstlichen Kontexte der befragten Kirchenmusiker*innen sind, so unterschiedlich zeigen sich deren Handlungen und Interaktionen in altersbedingten Konfliktsituationen. Eine Kantorin erzählt im Interview, dass sie sich in der Planungsphase eines neuen Seniorenchores gezielt Rat von einem Experten suchte:

> „Bevor ich die Seniorenkantorei gegründet habe, habe ich mich dann auch von [Name] beraten lassen, wie man es am günstigsten angeht. Uhrzeit. Name des Chores. Wie man das hinbekommt, dass der andere Chor sich nicht ausgeschlossen fühlt. Ich habe viel mit ihm darüber gesprochen und bin so, finde ich, zu einer guten Lösung gekommen." (I12.1, 349)

Auch Literaturstudium wird als hilfreich angesehen (*„Ich würde jetzt einfach erst einmal dieses Buch weiterlesen und gucken, was ich daraus ziehe [...] und würde mir Literatur besorgen." I14.1, 468*) und der Austausch mit Kolleg*innen:

> [Seniorenchor] „Ich habe so ein bisschen herumgefragt vorher. Ich habe die evangelischen Kollegen, mit denen sitze ich gerne und oft zusammen. Da ist einer, der macht das auch schon seit einer Weile." (I14.1, 479)

Beratende Funktion kann auch ein Gremium, z. B. Chorbeirat oder Kirchenvorstand, haben, das gemeinsam mit der Kantorin bzw. dem Kantor die Situation bedenkt und nach Lösungen sucht:

> „Ich habe versucht, den Chorbeirat auch mitzunehmen [...] Ich suche mir ein Forum um es anzusprechen und wir versuchen dann einen Weg zu finden." (I4, 452 und 499)

Klare Absprachen zu Inhalten des kirchenmusikalischen Angebotes und dessen Zielsetzungen (*„Das war gleich klar: ‚Wir wollen NICHT im Gottesdienst singen.'" I5, 157*) können Konfliktsituationen bereits im Vorfeld vermeiden helfen, ebenso transparente Regeln für die Teilnahme an Proben und Auftritten, z. B. musikalische Voraussetzungen, Altersgrenzen etc.

> „Wir haben das vorher mit dem Chor besprochen: Kantoreijubiläum ist jetzt noch einmal ein Schnitt, da dürfen alle noch einmal mitsingen." (I3, 348)

> „OHNE Ansehen der Person war mit fünfundsechzig über viele Jahrzehnte hin Schluss mit Mitsingen [...] Es war insofern menschlich auch vertretbar, als dass es in der Chorordnung stand, die jeder zuhause hatte, und das war JEDEM bekannt. Das waren ja keine Geheimnisse." (I8, 124 und 177)

Bei allen Entscheidungen auf dem Weg zu einer guten Konfliktlösung ist die grundsätzliche Akzeptanz des Alter(n)s und die Akzeptanz der starken Präsenz von Senior*innen im Kontext Kirchenmusik ein wichtiger erster Schritt für Hauptberufliche. Viele der Interviewpartner*innen stellen sich bewusst der Tatsache des natürlichen Alterungsprozesses (*„Wir werden einfach gemeinsam älter." I14.1, 58*), anstatt dagegen anzukämpfen:

> „Und ich sage dann: ‚Nun, was willst du machen?' Und ich argumentiere dann auch damit: ‚Wir sind ein Kirchenchor. Das Ganze sind soziale Aufgaben, die wir hier zu bewältigen haben.'" (I12.1, 504)

Indem Kirchenmusiker*innen verinnerlichen, dass altersbedingte Herausforderungen zum alltäglichen, kirchenmusikalischen Miteinander gehören (*„Das kann man nicht alles vermeiden." I16, 269*) und akzeptieren, dass sie nicht alle Konflikte sofort, optimal, umfassend etc. lösen können (*„Das muss ich gestehen, [...] ich habe dafür nichts." I4, 557*), entlasten sie sich selbst, nehmen Druck aus der Situation und setzen neue Handlungsenergie frei. Mit Besonnenheit (*„Ich habe gesagt, ich muss mir Gedanken machen wie es weitergeht." I11, 439*) und Geduld können anschließend Lösungswege gefunden werden, die möglicherweise zu einer Verbesserung der Situation beitragen:

> „Das hat drei Jahre gedauert und dann haben sie das verstanden und haben es auch angenommen als eine Chance, weiterhin singen zu dürfen.“ (I17, 149)

Nicht alle Situationen erfordern von den Kirchenmusiker*innen eine langfristige oder tiefgreifende Handlung. Punktuelle altersbedingte „Störungen“ werden bis zu einem gewissen Grad ignoriert und übergangen:

> „Ich versuche das dann immer so ein bisschen zu überspielen und einen Zug hinein zu bekommen in die Probe, dass es uns in der Probenarbeit jetzt nicht stört.“ (I16, 263)

Auch bestimmte Situationen mit älteren Musiker*innen ganz zu vermeiden, ist eine gängige Strategie, wenn abzusehen ist, dass Alterserscheinungen zu Problemen führen können:

> [Turmblasen] „Inzwischen spiele ich mutterseelenallein, weil keiner mehr mit hoch geht und ich spiele jeden Tag. Das ist auch eine Strategie, eine Vermeidungsstrategie, aber das ist nicht immer das Schlechteste.“ (I2, 424)

> „Das habe ich dann irgendwann einmal aufgegeben: Gleichzeitig singen und irgendetwas klatschen, schnippen oder so [...] Das funktioniert einfach nicht. Ich glaube, da müsste man so viel Zeit investieren, dass man die Lust verlieren würde. Und dann lassen wir es jetzt.“ (I1.2, 244 und 255)

Einige Hauptberufliche vertrauen darauf, dass sich Senior*innen aus eigenen Stücken von der leistungsorientierten Kirchenmusik zurückziehen, bevor es zu altersbedingten Konfliktsituationen kommt:

> „Ich mache das eher so, dass das Probentempo so schnell ist und das Ganze so auf Zack ist, dass die Leute von alleine merken: Es geht nicht mehr.“ (I12.1, 113)

> „Man HOFFT dann immer auf die Eigenverantwortung der Menschen, gerade auch die der Älteren, dass sie sagen: ‚Okay, bis hierhin war es okay und jetzt höre ich einfach gerne zu.‘“ (I13, 257)

Diese Hoffnung erfüllt sich häufig nicht, denn „die Selbsterkenntnis, dass ich von meiner stimmlichen Leistung jetzt nicht mehr so gut dazu passe, die ist bei den meisten Sängern nicht gegeben“ (I11, 239). Eine hilfreiche Strategie im Umgang mit mangelnder Selbsterkenntnis ist für einen Interviewpartner, seinen älteren Musiker*innen die Leistungsgrenzen im geschützten Rahmen bewusst erfahrbar zu machen:

> „Und dann haben wir einmal eine Bach-Motette rausgeholt und ausprobiert. Die wollen gerne mal wieder eine Bach-Motette singen. Da sage ich: ‚Das können wir im Moment nicht, aber wir können es gerne mal AUSPROBIEREN.‘ Damit sie auch die Erfahrung machen, dass so eine GRENZE erreicht ist. Also, dass nicht ICH mir das einbilde, sondern dass die [Sänger*innen] das tatsächlich auch merken. Ohne die jetzt vorzuführen.“ (I3, 359)

Die am häufigsten verwendete Strategie im Umgang mit altersbedingten Konfliktsituationen ist das Gespräch:

> „Und dann spreche ich mit den Leuten und sage: ‚Ich stelle mir das so und so vor und du hast zwei Möglichkeiten. Du kannst gerne in den Alt wechseln oder du gehst in den Gottesdienstchor.‘ Also, wenn jetzt Sopranistinnen zum Beispiel nicht mehr hoch kommen oder wenn jetzt Lernschwächen auftreten oder solche Sachen." (I3, 322)

> „Da habe ich dann, wenn ich gemerkt habe, eine Stimme entwickelt sich so, dass sie nicht mehr gut dazu passt, das auch sagen müssen. In einem Einzelgespräch. Und im Vorsingen [habe ich] dann schon sagen müssen: ‚Das haut hier jetzt nicht mehr hin.‘" (I14.1, 72)

> „Da würde ich [das] dann schon in Einzelgesprächen [bereden], wenn ich merke, es geht jetzt gar nicht. Vor allem, wenn die dann zu mir kommen und sagen: ‚Ich komme da nicht mehr so rauf.‘ Dass man da immer schaut, dass man irgendwelche Alternativen für sie hat." (I16, 331)

Eine vertrauensvolle Beziehung zueinander – meist gegeben durch das langjährige musikalische Miteinander – ermöglicht es den Kirchenmusiker*innen, Probleme offen anzusprechen und gemeinsam nach Lösungen zu suchen. Je nach Situation und Bedarf können unterschiedliche Maßnahmen vorgeschlagen und geeignete Hilfestellungen angeboten werden, z. B. Stimmbildungsunterricht, Stimmenwechsel oder Alternativangebot.

Beim Umgang mit altersbedingten Konflikten erhalten die meisten der befragten Kirchenmusiker*innen Unterstützung von ihrer „kirchenmusikalischen Familie". Die Strategie besteht darin, diese Hilfestellungen aus der Gruppe heraus zuzulassen und bei Bedarf in die richtigen Bahnen zu lenken:

> „Das ist eine kleine Chorfamilie. Da nehmen die Stärkeren die Schwächeren, wie es in einer normalen Familie ist, auf und tragen die durch. [Da] hilft man sich gegenseitig." (I13, 485)

> „Wenn jemand musikalisch ganz schwierig ist oder dement ist, das hatten wir auch, und ich dann feststelle, dass sich im Chor ein selbst rollierendes System ergibt, wer neben der Dame sitzt, dann ist das eine Form von sozialgemeinschaftlichem ERTRAGEN, Dulden, Durchtragen, die mich RÜHRT." (I2, 251)

Das solidarische Miteinander der Musiker*innen entspricht dem christlichen Kontext der kirchenmusikalischen Angebote und ist eine wertvolle Hilfe für Hauptberufliche. Diese können ihrerseits fachliche Hilfestellung leisten, indem sie (kirchen-) musikgeragogische Prinzipien in ihre Arbeit einfließen lassen (vgl. Kapitel 3.4.2 und Kapitel 8.2.4).

Eine weitere Strategie altersbedingte Konflikte zu lösen bzw. nicht entstehen zu lassen besteht darin, die kirchenmusikalische Angebotsstruktur vor Ort an die

Möglichkeiten und Bedürfnisse älterer Musiker*innen anzupassen. Dies bedeutet keine Geringschätzung der Ältergewordenen, wie ein Kirchenmusiker im Interview betont:

> „Wir wollen […] ein gutes Forum bieten, denn für mich ändert sich der Wert des Sängers NICHT in der Art und Weise und auch nicht die [Wertschätzung] der Gemeinschaft. Aber ich würde es überführen in etwas, das dem [Alter] adäquater ist." (I4, 143)

Welche Konzeption „adäquater" ist, lässt sich nicht allgemein gültig festlegen. An manchen Dienstorten stellt die Neugründung eines speziellen Seniorenangebotes – neben den bestehenden Angeboten – eine passende Konfliktlösung dar. Neue Probleme können dann entstehen, wenn das altershomogene Format von den Teilnehmer*innen nicht akzeptiert wird und/oder die Übergangsmodalitäten zu Unstimmigkeiten führen (vgl. Kapitel 8.3.2). Andere Kirchenmusiker*innen haben gute Erfahrungen damit gemacht, in die Zusammensetzung bestehender Gruppen und deren Alterungsprozess nicht einzugreifen, sondern sich ein „zweites Standbein" für ihre kirchenmusikalischen Aufgaben zu schaffen:

> „Ich habe dann später noch einen zweiten Chor gegründet […] Wir singen auch englisch, was die Kantorei immer UNMÖGLICH findet, bis heute […] Das war für mich ein zweites Standbein." (I4, 275)

> „Mittlerweile gibt es auch noch einen anderen Gospelchor, der kein spezieller Senioren-Gospelchor ist." (I1.2, 219)

Projektarbeit und Kooperation mit Kolleg*innen werden in den Interviews als hilfreiche strukturelle Strategien benannt, weil damit sowohl der nachlassenden Leistungsfähigkeit der älteren Musiker*innen als auch deren Wunsch nach größeren Werken entsprochen werden kann:

> „Gerade durch Projekte, finde ich, kann man viel machen. Wo man sich Projektsängerinnen und -sänger dazu holt oder mit einem anderen Chor zusammen singt. Dann steigen immer auch wieder die Möglichkeiten, irgendwie etwas Größeres, Schwierigeres, was sich der Chor vielleicht ALLEINE nicht mehr zutrauen würde, doch auch zu singen." (I13, 224)

Ist die Überalterung einzelner Chöre bereits so weit fortgeschritten, dass deren Singfähigkeit gefährdet ist, kann die Fusion unter Umständen eine gewinnbringende Strategie sein. Erste Umstrukturierungsprozesse in Form von Zusammenlegungen mehrerer Kirchengemeinden sind in einigen Landeskirchen bzw. Diözesen bereits aus musikalischen oder nicht-musikalischen Gründen in Gang:

> „Hier sieht man es schon mit der Fusion von zwei Pfarreien. Es war dann unumgänglich, weil einfach die Chöre an sich nicht mehr singfähig waren […] Mit den Großpfarreien wird es mit Sicherheit auch so sein, dass es halt große Kirchenchöre

> gibt. Die werden nicht größer sein als jetzt ein normaler Kirchenchor, aber das Einzugsgebiet wird sich einfach vergrößern. Dann gibt es für eine Kirche vielleicht nur noch einen oder zwei Chöre, anstatt dass jede Pfarrei, jedes Dorf noch seinen eigenen Chor hat." (I13, 541)

In den Interviews kommt im Zusammenhang mit altersbedingten Konflikten außerdem die Umstrukturierungsmaßnahme „Auflösen und Neuanfang" zur Sprache. Diese Möglichkeit stellt einen harten Einschnitt in meist langjährige Strukturen dar (*„Den Mut habe ich NIE besessen, muss ich gestehen." I4, 257*) und wird von den Interviewten kontrovers beurteilt. Während eine Kirchenmusikerin sich vorstellen kann, dass ein Neubeginn große Chancen birgt, berichtet ein anderer Kirchenmusiker von den Schwierigkeiten, die seine Entscheidung zur Chorauflösung mit sich brachte.

> [Neubeginn] „Vielleicht ist es manchmal auch besser etwas Neues anzufangen mit noch einmal NEUEN Gründungsmitgliedern. Ich muss ja nicht auf Teufel komm raus irgendetwas Altes über Jahre strecken und erhalten. Manchmal kann es dann auch gehen und dann kann ich ja etwas Neues gründen. Oder klingt das jetzt herzlos? Es ist nicht herzlos gemeint!" (I9, 532)

> [Auflösung] „Bei dem Kirchenchor, den ich damals aufgelöst habe, […] ging das voll den Bach herunter. Die fühlten sich von mir hinausgeschmissen. Das war nicht so gedacht." (I11, 389)

Die Motivation für die Auflösung des Bestehenden und einen Neuanfang liegt in der Hoffnung begründet, „[…] dass dann wieder etwas Neues nachwächst, […] wenn sich der alte, harte Kern wirklich aufgelöst hat" (I13, 530). Ob sich diese Hoffnung erfüllt, lässt sich aus dem vorliegenden Datenmaterial nicht abschließend beantworten. Festzustellen ist in den Interviews jedoch, dass sich alle befragten Kirchenmusiker*innen Gedanken um ihre Musiker*innen machen und dass sie sich stets auf einer „Gratwanderung" (I4, 832) zwischen dienstlichen Erfordernissen, musikalischen Zielen, menschlichen Notwendigkeiten und strukturellen Begrenzungen (vgl. Kapitel 8.3) befinden. Auftretende alter(n)sbedingte Probleme in diesem Spannungsfeld wollen sie für alle Seiten bestmöglich lösen:

> „Ich will eine LÖSUNG suchen dabei. Das ist mir wichtig. Ich bin keiner, der Leute einfach vor die Tür setzen kann oder möchte, sondern [frage]: Was machen wir dann?" (I4, 834)

Allgemein gültige „Lösungen" können aus den erhobenen Daten nicht präsentiert werden, die Strategien im Umgang mit altersbedingten Konflikten müssen situationsbedingt angewendet und individuell angepasst werden. Aus den Interviews lassen sich aber Prinzipien erschließen, nach denen die befragten Expert*innen ihre musikgeragogische Arbeit im Kontext von Kirchenmusik ausrichten. Bevor diese Prinzipien im Einzelnen erläutert werden (vgl. Kapitel 8.2.4), stellt das folgende Kapitel eine Übersicht derjenigen Formate kirchenmusikalischer Begleitung im Alter vor, die in den Interviews zur Sprache kamen.

### 8.2.3 Formen kirchenmusikalischer Begleitung im Alter

Die Formate kirchenmusikalischer Begleitung in den Lebensphasen und Lebenslagen im Alter präsentieren sich so vielfältig wie die Kirchenmusik (vgl. Kapitel 4) und so individuell wie das Alter(n) (vgl. Kapitel 2). An den Ergebnissen der Online-Befragung zum Ist-Stand kirchenmusikgeragogischer Arbeit in Deutschland lässt sich ablesen, dass Menschen ab 60 Jahren derzeit sowohl in intergenerationellen als auch in altershomogenen Angeboten musizieren (vgl. Schatz & Koch, 2021). Die im Rahmen der vorliegenden Arbeit interviewten Kirchenmusiker*innen bestätigen diese Erkenntnisse mit vielfältigen Beispielen aus ihrer Praxis und bringen mit der Kategorie „Intergenerative Angebote“ ein drittes, zielgruppenspezialisierendes Format zur Sprache. Die folgende Zusammenstellung der kirchenmusikalischen Angebote für und mit Ältergewordenen entstand aus der Systematisierung der vorliegenden Interviewdaten und erhebt keinen Anspruch auf eine vollständige Abbildung des Praxisfeldes in Deutschland.

*Altersgemischte Angebote*[30]

Der größte Teil hauptberuflicher kirchenmusikalischer Arbeit für und mit Menschen ab 60 Jahren findet derzeit im Rahmen von intergenerationellen Angeboten statt. Dazu zählen u. a. Vokalchöre und Instrumentalensembles, Konzertprojekte, Freizeitmaßnahmen und deklarierte Bildungsangebote:

- Kirchenchor, Gottesdienstchor
- Konzertchor, Kantorei
- Gospelchor
- Schola
- Frauenchor, Männerchor
- Posaunenchor
- Orchester
- Konzertprojekte
- Sing- und Musizierfreizeiten
- Chorreisen
- Ausbildungsangebote für das kirchenmusikalische Neben- und Ehrenamt
- Fort- und Weiterbildungsmaßnahmen

30 Zur deutlicheren Unterscheidung der intergenerationellen und intergenerativen Formate wird im Zusammenhang mit Generationen umfassender Kirchenmusik, d. h. kirchenmusikalische Angebote, die allen Altersgruppen offenstehen, das Adjektiv „altersgemischt“ verwendet.

Die altersgemischten Musizierangebote stehen prinzipiell allen Menschen offen, da mit ihnen der kirchenmusikalische Auftrag im Kontext der Grunddimensionen kirchlichen Handelns erfüllt werden soll und bis zu einem gewissen Zeitpunkt im Alter(n)sprozess auch erfüllt werden kann:

> [Auftrag der Kirchenmusik] „Ich sehe aber in der Kirchenmusik, jetzt vor allem in Sicht auf die gesamte Situation der Kirche, […] einen ganz, ganz großen Auftrag […] Es gibt auch die Leute, die im Singen und in der Musik halt einfach auch einen gewissen Zugang zum Göttlichen haben und den bekommen können und den suchen. Und ich denke, diese Tür muss einfach immer offen sein.“ (I16, 503)

Kommt es dennoch zu Beschränkungen in der Zugänglichkeit, liegen die Gründe dafür, aus Sicht der Gesprächspartner*innen, nicht im kalendarischen Alter, sondern z. B. in der musikalischen Leistungsfähigkeit der Senior*innen, die nicht (mehr) den Anforderungen der Kantorin/des Kantors bzw. der Gemeindeleitung entspricht (vgl. Kapitel 8.3):

> „[Es ist] wichtig zu fragen: Wie ist denn das NIVEAU des einzelnen Sängers? Und nicht das Alter.“ (I11, 191)

### *Altershomogene Angebote*

Wenn die kirchenmusikalischen Wünsche und Bedürfnisse von älteren Musiker*innen in einem altersgemischten Ensemble nicht (mehr) für alle Beteiligten zufriedenstellend erfüllt werden können, bieten sich spezielle Formate für Senior*innen an. In den Interviews benennen die befragten Hauptberuflichen vielfältige altershomogene Gruppenangebote (GA) bzw. Einzelangebote (EA), die sie selbst oder hauptamtliche Kolleg*innen leiten:

- Seniorenchor
- Seniorenkantorei
- Seniorengospelchor
- Beerdigungs-/Requiemchor
- Spezial-Ensemble (u. a. regionale Literatur)
- Seniorenorchester
- Flötenkreis
- Veeh-Harfen-Gruppe
- Orgel-/Klavierunterricht (EA)
- Stimmbildung (GA oder EA)
- Bläserausbildung (GA oder EA)
- Bildungsprojekte (u. a. Orgelführung)
- Offenes Singen
- Musizieren im Seniorenkreis
- Konzerte für Senior*innen

- Musikalische Telefonanrufe (EA)
- Musikalische Hausbesuche (EA)
- Digitale Kirchenmusikangebote (GA oder EA)
- Kurrende-Singen
- Musizieren in Senioreneinrichtungen:
  - Singkreis
  - Offenes Singen mit Bewohner*innen
  - (Chor-)Vortrag, Konzert
- Musizieren im Hospiz (GA oder EA)

Im Unterschied zu altersgemischten Angeboten können Kirchenmusiker*innen in musikgeragogisch konzipierten altershomogenen Formaten gezielter auf Wünsche, Bedürfnisse, Möglichkeiten und Zielsetzungen der älteren Musiker*innen eingehen. Die altersadäquate Gestaltung von Einzelunterricht, Gruppenangeboten, Bildungsprojekten oder Konzerten ermöglicht ihnen eine meist passgenaue kirchenmusikalische Begleitung in den verschiedenen Lebensphasen und Lebenslagen im Alter (vgl. Kapitel 8.2.4). Den Vorteil von altershomogenen Angeboten sieht eine Interviewpartnerin beispielsweise darin, dass die Teilnehmer*innen „[...] in einer altersentsprechenden Gruppe, [...] alle gleich vom Alter [...], gut und nett miteinander umgehen“ (I6, 47). Eine andere befragte Kirchenmusikerin stellt in ihrem Seniorenchor eine deutliche Leistungssteigerung wegen der Gruppenhomogenität fest:

> [Mehrstimmiges Singen] „Das war ganz erstaunlich, die Entwicklung, weil es vorher nicht so war [...] Sie haben gemerkt, sie KÖNNEN es und das hat sie dann motiviert, noch ein bisschen anspruchsvollere Sachen zu machen. Aber das geht natürlich nur, weil die Gruppe so homogen ist.“ (I5, 614)

*Intergenerative Angebote*

Eine besondere Form der kirchenmusikalischen Begleitung Ältergewordener stellen intergenerative Angebote dar, d. h. bewusst initiierte Räume kirchenmusikalischer „[...] Begegnungen, in denen ein Lernaustausch zwischen zwei nicht benachbarten Generationen stattfindet“ (Voss, 2020, S. 54):

- Enkel-Großeltern-Chor
- Kinder-Senioren-Bildungsprojekt
- Jugendchor-Kantorei-Konzertreise
- Kinder- und Seniorenchorkonzert

Im Gegensatz zu altersgemischten und altershomogenen Gruppen ist die kirchenmusikalische Arbeit im intergenerativen Setting derzeit kaum bekannt und findet nur punktuell statt (*„Da habe ich jetzt noch keine Erfahrung, aber ich habe schon darüber nachgedacht, wie man da vielleicht mal etwas macht.“ I5, 474*). Eine Kantorin bedauert den Mangel an intergenerativen Angeboten, weil diese, ihrer Meinung nach, positive Effekte für die Teilnehmer*innen und die gesamte Gesellschaft hätten (vgl. Kapitel 8.4.1 und Kapitel 8.4.5):

> „Das ist ein Synergieeffekt, den wir noch unterschätzen. Wo wir uns irgendwie davor scheuen, es zusammen zu bringen." (I12.1, 187)

Diejenigen Hauptberuflichen, die Kinder bzw. Jugendliche und Senior*innen in speziellen Kirchenmusikprojekten miteinander vernetzen (I6, 197), berichten von „tolle[n] Erfahrungen damit" (I4, 248).

Eine Beschreibung der vielfältigen altersgemischten, altershomogenen und intergenerativen Formen kirchenmusikalischer Begleitung in den Lebensphasen und Lebenslagen im Alter ist im Rahmen der vorliegenden Arbeit nicht möglich und nicht beabsichtigt: Beim momentanen Forschungsstand zum Handlungsfeld Kirchenmusikgeragogik liegt der Fokus der Datenanalyse vorerst auf den Grundlagen und Zusammenhängen, nicht jedoch auf den Details kirchenmusikgeragogischer Angebots- und Veranstaltungsformate. Für weiterführende Erkenntnisse, u.a. zu den aufgelisteten Formaten, werden deshalb als Forschungsperspektive vertiefende wissenschaftliche Untersuchungen der einzelnen Modellkomponenten und deren praxistaugliche Erschließung benannt und begründet (vgl. Kapitel 9.3). Die Systematisierung der in den Interviews zur Sprache gekommenen Angebote kann aber bereits die große Bandbreite von Kirchenmusik für und mit Menschen im Dritten, Vierten und Fünfen Alter verdeutlichen. Gemeinsam ist allen aufgeführten Begleitformen, dass sie auf der Basis geragogischer und musikgeragogischer Prinzipien ausgeübt werden (vgl. Kapitel 3.1 und Kapitel 3.4.2), die wegen des besonderen Kontextes Kirche bzw. Kirchenmusik weitere, spezielle Merkmale umfassen. Das folgende Kapitel stellt die aus den Interviewdaten gewonnenen Prinzipien kirchenmusikgeragogischer Arbeit dar und verdeutlicht deren Besonderheiten.

### 8.2.4 Prinzipien kirchenmusikalischer Arbeit für und mit Senior*innen

*Wertschätzung*

Als wichtigstes Prinzip musikgeragogischer Arbeit im Kontext von Kirchenmusik kann aus den Interviewdaten die Wertschätzung ermittelt werden[31]. Wertschätzung zeigt sich in den Gesprächen zu Kirchenmusik für und mit älteren, alten und sehr alten Menschen in unterschiedlicher Weise und stellt sowohl ein eigenes Kernmerkmal dar als auch die umfassende Haltung für alle weiteren Prinzipien kirchenmusikgeragogischen Handelns. Thematisiert werden von den Kirchenmusiker*innen ganz konkrete Zeichen der Wertschätzung Ältergewordener, wie z.B. die Ehrung (*„Da werden die geehrt und sind dabei und freuen sich UNGLAUBLICH, dass sie*

31 Das Prinzip der Wertschätzung wird an dieser Stelle überblicksartig dargestellt, weitere Ausführungen erfolgen im Zusammenhang mit den intervenierenden Bedingungen (vgl. Kapitel 8.3) und den Konsequenzen kirchenmusikgeragogischer Arbeit (vgl. Kapitel 8.4).

*wertgeschätzt werden." I2, 452)*, die allgemeine Grundeinstellung gegenüber alten Musiker*innen (*„Für mich ändert sich der Wert des Sängers NICHT." I4, 143*) und die Wertschätzung der älteren Generationen innerhalb des Gemeindelebens (*„Es ist ja nicht so, dass die Familien WERTVOLLER sind als die Alten, sondern jeder ist ja gleichwertig." I5, 449*). Zur Sprache kommen der wertschätzende Umgang mit den Bedürfnissen und Zielsetzungen der Teilnehmenden allgemein und die Wertschätzung der eigenen Person im fortschreitenden Alter:

> „GANZ, ganz wichtig ist es, die alten Menschen oder [...] ÜBERHAUPT die Menschen, mit denen wir arbeiten, wirklich ernst zu nehmen." (I7, 174)

> [Eigenes Älterwerden] „Das sind alles so Phänomene des Älterwerdens, die man an sich selber ja wahrnimmt. [...] Das ist so. Das ist auch nicht weiter schlimm. Das Leben ist ja so." (I8, 88)

Das wertschätzende Miteinander in der kirchenmusikalischen Arbeit (nicht nur) mit Senior*innen zeigt sich bei allen befragten Kirchenmusiker*innen darin, dass sie den Dialog mit ihren Teilnehmenden suchen und sich um ein offenes, vertrauensvolles Verhältnis bemühen:

> „Man singt zusammen, aber davor sind es VIELE, VIELE Gespräche und ist VIEL, VIEL Sich-Zeit-Nehmen. Und das ist auch für mich jedes Mal wieder ein neuer Lernprozess: O.k., ich lasse mich jetzt auf mein Gegenüber [...] ein und ich höre ihm, ich höre ihr ZU." (I6, 125)

Musikgeragogik in der Kirchenmusik zeichnet sich – im Vergleich zu anderen kirchenmusikalischen Handlungsfeldern – durch ein besonders hohes Maß an dialogischer Orientierung aus. Eine Interviewpartnerin spricht von der „sehr enge[n], persönliche[n] Beziehung" (I5, 359), die sie zu den Mitgliedern ihres Seniorenchores hat. Unabhängig von der Form der kirchenmusikalischen Begleitung zeigen sich sämtliche Gesprächspartner*innen „sehr ambitioniert, [...] einen gangbaren Weg" (I16, 321) für ihre älteren, alten und sehr alten Musiker*innen zu finden, damit diesen eine möglichst lange und gute Teilhabe an der Kirchenmusik ermöglicht wird.

### *Inklusion*

Ein weiteres Hauptprinzip musikgeragogischer Arbeit im Kontext von Kirchenmusik stellt die Inklusion im Sinne des weiten Inklusionsbegriffs dar (*„Das ist im Endeffekt Inklusion, die man hier hat. Und da lege ich auch wirklich großen Wert darauf." I10, 15*). Damit ist u.a. die bedingungslose Akzeptanz von Heterogenität gemeint und die Haltung, dass alle Musiker*innen gleich viel wert sind (vgl. Kapitel 2.3.1). Angestrebt wird die kirchenmusikalische Teilhabe aller Menschen[32], die „sich noch

32 Kirchenmusikalische Inklusion schließt auch (jüngere) Menschen mit besonderen Bedürfnissen aufgrund von Krankheit (z.B. Schlaganfall) (vgl. Interview 13) oder Behin-

beteiligen wollen, […] etwas leisten wollen" (I7, 287), unabhängig ihres Alters, ihrer „Dispositionen und Habitualisierungen" (Ziemen, 2012):

> „Es geht darum, dass man ALLE Menschen einlädt. Eben auch die Senioren." (I5, 428)

Das Grundprinzip der Teilhabe setzt sich innerhalb der kirchenmusikalischen Angebote fort, indem die Teilnehmenden Wünsche und Inhalte einbringen:

> „Da höre ich dann auch allzumal WÜNSCHE: ‚Können wir das nicht einmal wieder singen?' Da frage ich aber auch gelegentlich einmal. Ich bin immer dankbar, wenn ich Rückmeldung aus dem Chor bekomme, wenn DIE Wünsche haben, was einmal wieder gesungen werden soll." (I13, 284)

> „Und die finden plötzlich Bücher zuhause und die finden plötzlich Interesse daran und bringen selbst Sachen mit. Das ist also ganz, ganz wunderbar." (I7, 399)

> „Und natürlich konnte jeder auch immer etwas mitbringen, irgendwie ein Lied, was ihnen gefällt." (I5, 400)

> „Dann bringe ich schon vorbereitete Lieder mit. Die will ich mit den Leuten dann singen, aber die dürfen sich dann auch nach links und rechts noch Stücke und Lieder wünschen, wenn ihnen das ein oder andere dann einfällt: ‚Ach, das würde doch auch passen.'" (I1.2, 128)

In diesem Zusammenhang ist festzuhalten, dass sich die Grundhaltung der Gleichwertigkeit ebenso auf verschiedene Kulturen und unterschiedliche (Kirchen-)Musikstile bezieht, auch wenn im derzeitigen kirchenmusikalischen Kontext die kultursensible Orientierung eine (noch) untergeordnete Rolle spielt.

*Wohlgefühl*

Einige musikgeragogisch konzipierte Angebote im Kontext von Kirchenmusik sind „[…] von vornherein mehr auf Spaß und Freude angelegt" (I5, 371). Eine befragte Kirchenmusikerin ist der Auffassung, dass „[…] gerade so etwas mit Senioren […] wirklich so eine Oase sein [muss], auch musikalisch, […] und […] dass einmal nicht dieses […] Fordern so im Vordergrund steht" (I6, 546). Eine grundsätzliche Niederschwelligkeit oder fehlende Zielsetzung lässt sich als Prinzip der kirchenmusikalischen Arbeit mit Ältergewordenen daraus jedoch nicht ableiten, vielmehr das Streben nach einem allumfassenden Wohlgefühl bei den Musiker*innen:

---

derung (vgl. Interview 12) ein. Wichtig ist, dass in allen Begleitformaten der inklusiven Kirchenmusik die kirchenmusikalischen Wünsche und Zielsetzungen der Menschen im Mittelpunkt stehen. Ein kirchenmusikgeragogisches Angebot, das den Bedürfnissen von Senior*innen entspricht, ist z. B. inhaltlich nicht automatisch passend für jüngere Schlaganfallpatient*innen, auch wenn diese motorisch ähnliche Einschränkungen haben sollten wie Hochaltrige.

> „Deswegen finde ich das SCHWIERIG zu sagen, keine Ansprüche zu haben. Sondern man sollte ihnen etwas GUTES tun, was sie weiterbringt irgendwie.“ (I5, 644)

Kirchenmusiker*innen, die nach musikgeragogischen Prinzipien arbeiten, sorgen dafür, dass es ihren Musiker*innen gut geht und diese nach deren Wünschen, Möglichkeiten, Zielen und Bedürfnissen gefördert und gefordert werden. Das gelingt ihnen durch eine kompetenzorientierte Ausrichtung kirchenmusikalischer (Bildungs-)Arbeit.

*Kompetenzorientierung*

Kompetenzorientierung bedeutet für die befragten Expert*innen, die vorhandenen musikalischen Fähigkeiten und Möglichkeiten der Ältergewordenen aufzugreifen und zu optimieren, so dass jede*r Einzelne „weder unter- noch überfordert ist“ (I12.1, 213):

> „Und trotzdem immer fordern. Also, die ernst nehmen, das ist wichtig. Nicht sich hinsetzen ans Klavier und so Volkslieder durchspielen. Das ist auch NETT, aber [...] da können sie auch woanders hingehen. Also, so etwas kann man auch machen, klar, aber das wird dann vielleicht im Altenheim irgendwann gemacht.“ (I17, 415)

> „Ich versuche schon, nicht unter der Grenze zu bleiben, sondern sie auch zu FORDERN. Ich denke, das ist auch WICHTIG, gerade in Bezug auf geistiges Training, dass man sich auch Herausforderungen stellt [und] nicht gleich von vorne herein sagt: ‚Ich mache jetzt nur noch die dreistimmigen, leichten Sachen‘ [...] Dann würden sich sicher manche unterfordert fühlen.“ (I13, 212)

> „Und genauso bei den älteren Leuten, nicht so von oben her: Ach ja, wir haben ja eigentlich lange genug etwas geleistet, wir machen es jetzt mal ‚just for fun‘. Sondern da auch noch richtig an Grenzen gehen [...]“ (I7, 180)

Die Teilnehmenden weder zu über- noch zu unterfordern, auf ihre Wünsche, Bedürfnisse und Zielsetzungen einzugehen, lässt sich mit dem Prinzip „Zielgruppenadäquate Gestaltung“ überschreiben.

*Zielgruppenadäquate Gestaltung*

Dieser Grundsatz musikgeragogischen Handelns im Kontext von Kirchenmusik umfasst die an die Lebensphase bzw. Lebenslage angepasste Didaktik und Methodik sowie die bedarfsgerechte Gestaltung der Rahmenbedingungen:

*Didaktik*

Die Literatur wird den Möglichkeiten und Wünschen der älteren, alten und sehr alten Musiker*innen entsprechend ausgewählt, bei Bedarf transponiert oder neu arrangiert:

> „Es ist auch immer die Frage: Was kann ich mit dem Chor LEISTEN an Literatur?" (I11, 737)

> „Ich muss vieles transponieren, weil es zu hoch für die ist." (I17, 195)

> [Überzahl der Frauenstimmen] „Ich schreibe viel um. Oder dann noch einen zweiten Sopran rein oder einen ersten Alt, damit die Frauen sich noch einmal aufsplitten, weil das dann aufgeht. Aber du arrangierst sehr viel selber." (I1.2, 203)

Je nach Situation reduzieren Kirchenmusiker*innen größere Werke auf ein gut leistbares Maß (*„[…], dass man vielleicht sagt, man macht nur einen Ausschnitt aus so einem Werk. Nicht das ganze, sondern vielleicht nur Weihnachtsoratorium erste Kantate." I1.2, 116*) oder instrumentieren sie bei Aufführungen so, dass sich (auch) ältere Sänger*innen sicher und wohl fühlen:

> „[…], dass ich die Werkauswahl so wähle, dass, wenn ich die Mozart-Messe mache oder Requiem, dass ich NATÜRLICH die drei Barockposaunen mitlaufen lasse. Aber die stehen dann so, dass der Chor sie HÖRT und dass es ihnen eine Stütze ist. Und dass ich gegebenenfalls sogar eine zweite dahinter stelle, die sie schiebt, weil ich bloß noch fünf Tenöre habe bei hundert Leuten. Das sind Strategien, von denen ich denke: Das wird allen gerecht. Das merkt außer uns kein Mensch, aber alle fühlen sich besser." (I2, 415)

Bei allem Streben nach Wohlgefühl wird aus den Interviews deutlich, dass Hauptberuflichen stets die musikalische Qualität und die Pflege des kirchenmusikalischen Erbes am Herzen liegen:

> „[Dass es aber] auch nicht völlig egal ist, WAS für Musik wir überhaupt da machen. Und dass es nicht danach gehen kann: Hauptsache, die Leute fühlen sich da wohl. Sondern […] wir haben ja ein gigantisches ERBE zu bewirtschaften. Und die Abrisse, die da drohen, sind nicht so ganz ungefährlich." (I8, 329)

Ihre grundsätzlich hohe musikalische und künstlerische Anspruchshaltung geben die befragten Kirchenmusiker*innen auch in den altershomogenen Angeboten für Senior*innen nicht auf (*„Das ist mir wichtig […]: Ohne Stress, aber trotzdem mit musikalischem Anspruch. Also, ich mache nicht nur so Pipifax." I7, 83*), sie passen ihre Erwartungshaltungen, Zielsetzungen und Qualitätsmaßstäbe jedoch den Möglichkeiten und Bedürfnissen der älter gewordenen Musiker*innen an, denn „das sind dann ganz andere ZIELE, die die [Senior*innen] haben" (I7+, 250):

> „Das klingt halt einfach nicht mehr alles so super ASTREIN, aber es ist trotzdem eine schöne Aufführung." (I14.1, 455)

> „Sie spielt jetzt noch Orgel. Einfach um Orgel zu spielen, aber nicht mehr um irgendwann einmal Gottesdienste spielen zu können. So etwas gibt es halt auch." (I1.2, 412)

> „Gerade bei den Alten ist der Kunstaspekt, [...] der künstlerische Anspruch, in einem vollkommen anderen Verhältnis zu sehen zu dem, was man [als] die pädagogische, seelsorgerliche Dimension unseres Berufes mit im Auge haben muss [...] wo man dann auch seine Ansprüche, diese Faktoren mit in den Blick nehmend, ANDERS definiert. Und andere Wertigkeiten und Tiefen erkennt, die nicht nur saubere, reine Terzen sind, sondern etwas anderes." (I2, 215 und 404)

> „Auch wenn man vielleicht musikalische Abstriche machen muss. Aber die musikalische Perfektion, finde ich, ist in einem Kirchenchor nicht das erste, sondern diese Inklusion finde ich ganz, ganz, ganz wichtig." (I10, 24)

In altershomogenen Angeboten für hochaltrige Musiker*innen nutzen Kirchenmusiker*innen das Prinzip des „roten Fadens", d. h., die Musizierstunden stehen unter einem Thema, das als Anknüpfungspunkt für alle musikalischen Aktionen dient:

> „Ich bringe immer ein Thema mit, dass sie erst einmal einen Einstieg haben und vielleicht auch einmal etwas Neues kennenlernen, auch einmal neue Lieder kennenlernen, die sie noch nicht hatten." (I1.2, 134)

Auch disziplinübergreifende Inhalte, z. B. aus der Logopädie oder Rhythmik, gehören bei der kirchenmusikalischen Arbeit mit Senior*innen zu einer zielgruppenadäquaten Didaktik:

> „Die Strategie ist, dass ich beim Einsingen eher logopädische Aspekte mit rein nehme und eben nicht nur bis zum d3 einsingen lasse, sondern vielleicht bloß bis zum a2. Aber dafür mit der entsprechenden logopädischen Hinführung, die den Alten viel gerechter wird und nachher ein schöneres a macht als wenn ich sie bis zum d3 singen lasse und das a ist immer noch schlecht." (I2, 410)

> „Wir machen sehr viel Schauspielerisches und Bewegungsmäßiges." (I7, 34)

> „Ich denke, die Bewegung ist SO wichtig für die Senioren [...] Singen UND bewegen. Da ist so viel an Koordination drin, das die so weiterbringt." (I5, 665)

*Methodik*

Die Methodik ist in der musikgeragogischen Arbeit im Kontext von Kirchenmusik ebenfalls auf die jeweiligen Bedürfnisse und Möglichkeiten der Musiker*innen ausgerichtet. Dazu gehören z. B. häufiges Wiederholen der Inhalte, längerfristige Probenphasen sowie Raum für Erzählzeit und extra Erklärungen. Kirchenmusiker*innen, die mit alten Menschen musizieren, berichten davon, dass sie ihr gewohntes Arbeitstempo verringern:

> „Das ist eine der Sachen, die ich MERKE, in allen Bereichen, in denen ich pädagogisch mit älteren Menschen tätig bin: Dass ich bewusst das TEMPO heraus nehme und den Leuten Zeit gebe." (I12.1, 67)

> „Ich arbeite weitaus langsamer [...] Das ist schon ein anderes Proben. Ich probe viel langsamer. Viel mehr stimmen- und körperorientiert. Und ja, ich muss auch vieles viel öfter wiederholen." (I17, 159 und 201)

Auch die Sprache ist der Zielgruppe auf unterschiedliche Weise angepasst, z. B. situationsbedingt langsamer, deutlicher artikuliert, einfacher oder bildhaft:

> „Und wenn ich dann sage ‚von Osterei zu Osterei springen', dieses Coda-Zeichen, oder ‚Fadenkreuz' oder irgend so etwas[, dann sagen sie]: ‚AH JA!' Mit solchen Wörtern merken sie es sich dann eher als wenn ich sage: ‚Das ist das Dal-Segno- oder das Coda-Zeichen [...]'" (I1.2, 276)

Eine Interviewpartnerin macht bei Senior*innen gute Erfahrungen mit Auswendigsingen, „obwohl das natürlich für die AUCH schwer ist, sich Sachen zu merken. Aber über das Singen geht dann das Auswendiglernen ein bisschen schneller und [das] ist natürlich für die [Senior*innen] auch ein toller Erfolg, dass sie das noch schaffen, etwas auswendig zu lernen" (I17, 350). Andere Kantor*innen sorgen mit Abwechslung und Kreativität dafür, dass die kirchenmusikalischen Inhalte auf vergnügliche, „spielerische Weise" (I7+, 22) nahegebracht werden:

> [Abwechslung] „Wenn die Stelle auch zum zwanzigsten Mal nicht geht, wechselt man gerne mal das Thema (lacht)." (I8, 326)

> [Kreativität] „Ich erfinde da Sachen mit denen, die ich noch nie in meiner Chorarbeit gemacht habe." (I7, 11)

Ihr Ziel dabei ist, dass die Leute „keine Defiziterfahrungen haben" (I7+, 18). Im Idealfall sind Didaktik und Methodik so auf die jeweilige Zielgruppe abgestimmt, dass sich Erfolgserlebnisse bei den Musiker*innen einstellen. Auch kleine Entwicklungsschritte werden in musikgeragogischen Kontexten als lobenswert angesehen (*„Wenn etwas Kleines schon gut war, kann man ja auch schon einmal loben. Wo ich früher gar nicht gelobt hätte" I9, 249*).

Einen wesentlichen Unterschied zur gewohnten kirchenmusikalischen Arbeitsweise stellt in musikgeragogisch ausgerichteten Angeboten die Prozessorientierung dar:

> „Wir machen es genau umgekehrt als es normalerweise geht. Normalerweise geht es: ‚Dann und dann müssen wir da und da singen, jetzt müssen wir uns also wirklich ein bisschen auf den Hosenboden setzen und auch mal eine Sonderchorprobe

> machen.‘ Wir machen es umgekehrt. Wir singen erst schöne Stücke und wenn die ungefähr fertig sind, dann sagen wir: ‚Haben wir nicht einmal Lust, zum Beispiel im Seniorenheim vorzusingen?‘ oder so. Und dann HABEN alle Lust und dann geht das STRESSFREI und trotzdem geben sich alle unglaubliche Mühe und das wird dann sehr schön.“ (I7, 141)

Die Probenphasen gestalten Kirchenmusiker*innen, die musikgeragogisch arbeiten, „ohne Leistungsdruck“ (I5, 372) und losgelöst von den üblichen Zwängen des Kirchenjahres und Festkalenders:

> „[Ich will] mir auch nicht von der Gemeinde oder von den Pfarrern vorschreiben lassen: ‚Da müsst ihr jetzt aber einmal wieder [singen] und da brauche ich jetzt Musik und da müsst ihr aber!‘ Sondern sagen: ‚Nein. Wir entscheiden wann wir singen. Wenn wir so weit sind. Wenn wir die Sachen so weit haben, dann singen wir.‘ Das kann dann auch ein 08/15-Gottesdienst sein ohne Festcharakter. Der wird halt dann einfach dadurch schön, dass wir da sind und das richtet sich aber nach unserem Plan und nicht nach dem Festkalender.“ (I1.2, 521)

Anstelle des gängigen Termindrucks (*„[...] jetzt müssen wir auch abliefern.“ I12.1, 229*), der besonders ältere Musiker*innen in einen Stresszustand versetzt, stellen Kantor*innen das gemeinsame Musizieren in den Mittelpunkt ihrer musikgeragogischen Arbeit. Ziele bleiben trotzdem wichtig:

> „Natürlich kann man auch auftreten, so ist das ja nicht. Das verbindet ja auch nochmal. Aber es muss nicht immer das Hochkomplexe, es muss nicht immer der Superleistungsanspruch sein, sondern diese Gemeinschaft. Ein gemeinsames Ziel erarbeiten, indem man sich irgendein Werk vornimmt.“ (I5, 512)

Eng verbunden mit dem Prinzip der Prozessorientierung ist „[...] die Grundhaltung, dass man die Alten nicht um sich versammelt, ihnen dann etwas anbietet und mit der Gießkanne über sie gießt“ (I7, 396), sondern dass die Teilnehmenden die Prozesse und Entscheidungen ihrer Gruppe möglichst selbst steuern. Dieses aus der Community Music bekannte „bottom-up“-Prinzip kann z. B. durch die gemeinsame Literaturauswahl umgesetzt werden oder dadurch, dass Zeitpunkt und Ort des Probens und Auftretens miteinander überlegt und organisiert werden.

### *Rahmenbedingungen*

Zielgruppenadäquate Didaktik und Methodik werden durch die passenden Rahmenbedingungen der kirchenmusikgeragogischen Angebote komplettiert. Dazu zählen geeignete Räumlichkeiten, die sowohl dem jeweiligen Format als auch den Bedürfnissen der Teilnehmenden gerecht werden, u. a. in Bezug auf Beleuchtung, Temperatur, Akustik, Barrierefreiheit oder Verkehrsanbindung. Vorhandene Räume, die diesen Anforderungen nicht optimal entsprechen, z. B. Kirchen, sollten mit

Hilfsmitteln ausgestattet werden um ältere Musiker*innen dort besser beteiligen zu können:

> „Wenn man jetzt wirklich ein Konzert macht mit einem Oratorium, wo der Chor eigentlich länger stehen muss, dann gibt es ja auch Möglichkeiten mit einem Bügelhocker oder irgendwie so etwas, dass man einen Stehhocker hat." (I13, 199)

> „Der Chor steht halt einmal auf der Empore und da führt eine enge, steile Treppe hinauf [...] Das ist wohl vor mir schon gemacht worden, dass an beiden Seiten Treppengeländer sind, dass man sich da ein bisschen hochziehen kann." (I16, 163)

Des Weiteren kümmert sich der befragte Kantor darum, dass seine älteren Chormitglieder die Empore zeitlich gut erreichen können und passt den Beginn des Einsingens bzw. die Pause zwischen Einsingen und Gottesdienst den (örtlichen) Gegebenheiten an:

> „Man muss abschätzen: Wer ist da und wann muss ich los, dass die [Sänger*innen] auf der Empore wieder Luft bekommen, bevor wir dann den Einzug singen. Dass dann nicht alle außer Puste sind." (I16, 169)

Eine angenehme Probenzeit „zu einer Uhrzeit, die auch für die [Senior*innen] gut passt" (I14.1, 120), und die adäquate Länge der Veranstaltung gehören ebenfalls zu den Rahmenbedingungen, die unter das kirchenmusikgeragogische Prinzip „Zielgruppenadäquate Gestaltung" fallen. Zu den altersangepassten Rahmenbedingungen im weiteren Sinne gehören auch „seniorenfreundliche" Arbeitsmaterialien. Noten sollten eindeutig beschriftet (*„NUR Nummern oder NUR Seitenzahlen" I2, 430*) sowie gut lesbar sein und so vorbereitet werden, dass sie für alle optimal handhabbar sind. Wegen der eingeschränkten Mobilität ihrer Musiker*innen legt eine Gesprächspartnerin die Notenblätter z. B. vorab am Platz aus:

> „Es gibt ältere Menschen, die kommen mit Krücken. Die können keine Noten in die Hand nehmen. Wenn ich da irgendwie fünf Stapel Noten hinlege [und sage]: ‚Bitte nehmen Sie sich jeweils eines mit.' Das können die nicht. Deshalb bin ich der Meinung: Noten sind am Platz." (I12.1, 271)

*(Geistliche) Gemeinschaft*

Der Kontakt zu Gleichgesinnten ist eine starke Motivation, sich (auch) im Alter kirchenmusikalisch zu betätigen (vgl. Kapitel 7.4.2):

> „Die kommen mit anderen Ansätzen. Die sagen: ‚Leistung steht für mich nicht ganz im Vordergrund, aber diese Gemeinschaft, die wir da haben, ist super.'" (I4, 292)

„Gemeinschaft" stellt deshalb – und wegen Koinonia (Gemeinschaft) als Grunddimension kirchlichen Handelns – ein wichtiges Prinzip der kirchenmusikalischen Begleitung von Senior*innen dar. Kirchenmusiker*innen, die bewusst mit älteren, alten und sehr alten Menschen arbeiten, pflegen nicht nur das musikalische Miteinander, sondern fördern auch die Geselligkeit in ihren Gruppen („*Der Punkt ist mir selber auch sehr wichtig, die GESELLIGKEIT. Dass man nicht nur zum Singen kommt und das als ARBEIT versteht.*“ *I13, 110*) und den außermusikalischen Kontakt der Musiker*innen untereinander. Sie schaffen auf vielfältige Weise Räume der gegenseitigen Hilfestellung und des Interesses aneinander.

Ein besonderes Merkmal des musikgeragogischen Gemeinschaftsprinzips im Kontext von Kirchenmusik ist die „Geistliche Gemeinschaft“. Zusätzlich zu den geistlichen Inhalten der Musizierangebote bieten einige Kirchenmusiker*innen Andachtsmöglichkeiten für ihre Teilnehmer*innen und pflegen das christliche Ritual der Fürbitte:

> „Wenn jemand im Krankenhaus war, dann erwähnt man das auch und sagt: ‚Da könntet ihr die mal wieder ins Fürbittgebet mit hinein nehmen.‘“ (I2, 468)

> „Da haben wir jahrelang immer kurz vor der Chorprobe eine Abendandacht gemacht mit zehn bis fünfzehn [Chormitgliedern]. Zwei Taizé-Gesänge gesungen und ein paar Gebete. Man hat sich einfach im Seitenschiff der Kirche getroffen und eine Andacht gemacht.“ (I3, 248)

Während der Pandemie war der hohe Stellenwert, den das Prinzip der (geistlichen) Gemeinschaft in der kirchenmusikalischen Arbeit für und mit Senior*innen hat, für die befragten Hauptberuflichen besonders augenfällig:

> „Jetzt auch durch Corona, finde ich, hat sich das wieder gezeigt. Also, dass die GEMEINSCHAFT so wahnsinnig wichtig ist.“ (I5, 496)

> „Das [Miteinander] brauchen die Älteren und die saugen das auf. Wir haben Chorandachten gemacht, haben uns zur Chorprobenzeit zu Andachten, zu Orgelandachten in der Kirche versammelt. Und es sind IMMER WIEDER die Gleichen gekommen, die sonst alleine zuhause sitzen. Aber es hat mit Chorarbeit nichts zu tun, es hat etwas mit Beziehungspflege zu tun.“ (I3, 421)

Hochaltrige, die als Musiker*innen nicht mehr aktiv sind, bringen ihre fortdauernde Verbundenheit zur kirchenmusikalischen Gemeinschaft häufig durch Gottesdienst- und Konzertbesuche zum Ausdruck:

> „Die meisten sind dem Chor dann trotzdem treu verbunden. Die sieht man dann, wenn der Chor singt. Bei Konzerten oder so etwas sind sie da.“ (I13, 263)

> „Die bleiben uns auch [...] Ja, irgendwie bleiben die TROTZDEM im Chor, ja.“ (I10, 169)

> „Das habe ich bis jetzt nur bei einer Frau erlebt, die tatsächlich dann so gebrechlich wurde, dass sie einfach nicht mehr kommen konnte. Und die ist dann immer noch

> schön mit dem Rollator in die Kirche gekommen, wenn wir gesungen haben, und hat zugehört. Oder [sie] hat sich bringen lassen.“ (I1.2, 340)

Der Übergang in die überwiegend passive kirchenmusikalische Lebensphase wird von den befragten Kirchenmusikerinnen und Kirchenmusikern unterschiedlich gestaltet. Lässt sich der Zeitpunkt des Ausscheidens aus dem Chor bzw. Ensemble terminieren, z. B. durch festgesetzte Altersgrenzen, organisieren sie offizielle Verabschiedungen mit öffentlicher Ehrung und Danksagung. Verabschieden sich Senior*innen aus gesundheitlichen Gründen oder altersbedingtem Wegzug, feiern sie dies häufig im Kreis ihrer Mit-Musiker*innen und setzen damit selbst einen besonderen Schlusspunkt. Auch die Möglichkeit des plötzlichen Todes, der einem Abschiedsritual zuvorkommt, und der komplette Verzicht auf eine Verabschiedung werden in den Interviews benannt.

> [Verabschiedung] „Ich denke schon, dass so etwas Rituale bräuchte. Auf der anderen Seite denke ich mir: […] Die das wirklich als einzigen sozialen Kontakt sehen, die werden nicht ‚Auf Wiedersehen‘ sagen, sondern die werden so lange, bis sie wirklich nicht mehr transportfähig sind, [kommen]. Und dann haben wir auch fast keine Möglichkeit mehr. Dann können wir nur noch zu denen nach Hause kommen und am Bett noch ein Ständchen singen oder so irgendetwas.“ (I16, 413)

Einige Interviewpartner*innen kamen bisher noch nicht in die Situation, dass Musiker*innen aus der aktiven kirchenmusikalischen Phase altersbedingt ausscheiden, und haben sich deshalb „noch gar keine Gedanken darüber gemacht“ (I17, 379). Dies wäre, nach Aussage einer Kantorin, aber schon wichtig, denn aufgrund des steigenden Altersdurchschnitts in ihrem Arbeitsfeld können „die Fälle […] ja jetzt vermehrt auftauchen“ (I1.2, 348).

*Lebensumspannendes Kirchenmusikkonzept*

Anstatt Hochaltrige, die in ihrer bisherigen Teilhabe altersbedingt eingeschränkt sind, aus der kirchenmusikalischen „Familie“ (I10, 174) komplett zu verabschieden (*„Ich bin keiner, der Leute einfach vor die Tür setzen kann oder möchte.“ I4, 835*), schaffen manche Hauptberufliche an ihren Dienstorten neue, altershomogene Angebote, z. B. Seniorenchöre (vgl. Kapitel 8.2.3). Diese Möglichkeit, einen fließenden Übergang in etwas zu bieten „was dem [Alter] adäquater ist“ (I4, 145), stellt ein besonderes Merkmal der Musikgeragogik im Kontext von Kirchenmusik dar: Kirchenmusikalische Angebote für und mit Menschen im Dritten, Vierten und Fünften Alter sind eingebettet in das lebensumspannende Kirchenmusikkonzept einer hauptamtlichen Stelle. Aufgrund besonderer Eigenschaften ihres Berufsbildes (vgl. Kapitel 7.2.2) können hauptberufliche Kirchenmusiker*innen – bei günstigen Bedingungen (vgl. Kapitel 8.3) – für alle Lebensphasen und Lebenslagen im Alter die passende kirchenmusikalische Begleitung in altersgemischten, intergenerativen oder altershomogenen Formaten anbieten. Der Übergang in ein altershomogenes Angebot fällt älteren Musiker*innen im Kontext von Kirche und Kirchenmusik oftmals leichter, weil die Zugehörigkeit zur kirchenmusikalischen Gemeinde vor Ort und der Kantor bzw. die Kantorin als gewohnte kirchenmusikalische Bezugsperson erhalten bleiben.

Das Prinzip des lebensumspannenden Kirchenmusikkonzeptes beinhaltet auch das lebenslange Musizieren in Gottesdiensten und die Gestaltung von Konzerten. Abhängig von Wünschen, Zielsetzungen und Möglichkeiten bringen sich die Senior*innen im Alter (weiterhin) in die musikalische Verkündigung und die Liturgie ein und übernehmen damit eine wichtige Aufgabe, was das Bedürfnis nach Musizieren und Gemeinschaft ergänzt:

> „Ich merke einfach, dass die Leute auch so gerne eine Aufgabe haben, wissen Sie? [...] Ich glaube, die Leute würden nicht nur gerne singen wollen, nur so in der Kammer oder nur im Pfarrsaal. Und sie würden sich auch nicht NUR treffen wollen." (I11, 297)

Diese Aussage unterstreicht die künstlerische Ausrichtung des lebensumspannenden Kirchenmusikkonzeptes, wonach Kantor*innen mit älteren, alten und sehr alten Musiker*innen „[...] durchaus auch richtig proben und aufführen" (I14.1, 121). Wie bereits erläutert, bestehen die befragten Expert*innen auch in ihrer Arbeit mit Senior*innen auf Qualität, legen die Maßstäbe dafür aber zielgruppenorientiert an:

> „Das ist mir wichtig [...]: Ohne Stress, aber trotzdem mit musikalischem Anspruch." (I7, 83)

> „Der [Seniorenchor] klingt natürlich nicht wie der Kirchenchor, das ist klar bei der Altersstruktur. Aber das muss immer SO klingen, dass ich sage: Da traue ich mich, mich mit ihnen hinzustellen und zu singen." (I11, 291)

Die Umsetzung der künstlerischen und qualitativen Ansprüche fällt Kantor*innen in ihrer Arbeit für und mit älteren, alten und sehr alten Menschen aus unterschiedlichen Gründen oftmals nicht leicht. Auch andere Herausforderungen im Zusammenhang mit der kirchenmusikalischen Begleitung älter gewordener Gemeindeglieder klingen in den Interviews an verschiedenen Stellen an. Sie werden als sogenannte „Intervenierende Bedingungen" in den folgenden Unterkapiteln näher erläutert.

## 8.3 Intervenierende Bedingungen

Kirchenmusikalische Begleitung in den Lebensphasen und Lebenslagen im Alter ist verschiedenen Faktoren unterworfen, die positiven oder negativen Einfluss auf das Phänomen nehmen. Dies geschieht auf unterschiedlichen Ebenen, angefangen bei den Hauptamtlichen als handelnde Personen über Teilnehmende und Dienstorte bis hin zur Institution Kirche und der Gesellschaft als Ganzes. Die Analyse der einzelnen Schichten dieser sogenannten „Bedingungsmatrix" (Strauss & Corbin, 1996,

S. 135) gibt nicht nur Aufschluss über die intervenierenden Bedingungen, sondern ermöglicht durch deren Kenntnis die gezielte Förderung der kirchenmusikalischen Begleitung älter gewordener Musiker*innen auf allen Ebenen.

### 8.3.1 Person Kirchenmusiker*in

Den größten Einfluss auf das Gelingen oder Nicht-Gelingen kirchenmusikalischer Begleitung Ältergewordener hat die Haltung der Hauptberuflichen zu diesem Handlungsfeld, die eng mit dem grundsätzlichen „Verständnis eines Kirchenmusikers" (I16, 47) von den kirchenmusikalischen Aufgaben zusammenhängt. Verstehen sich Kantor*innen in erster Linie als Profimusiker*innen, die „vielleicht bloß die Musik [sehen]" (I10, 661), und legen sie weniger Wert auf ihre anderen Rollen, z. B. Gemeindemusiker*in, Diakon*in oder Seelsorger*in, geraten Angebote, in denen der soziale Aspekt ein wichtiger Bestandteil ist, aus dem Blick und werden nicht gefördert bzw. multipliziert:

> „Bei manchen Mitstudenten und jetzt auch Kollegen merke ich das ganz, ganz KRASS [...] Da gibt es NUR dieses Bild: ‚O.k. Ich bin jetzt auf einer Kirchenmusikerstelle. Wann und wie kann ich mein nächstes großes Chor- und Orchesterwerk realisieren?' Da gibt es nur das. Das Drumherum zu bedienen und [...] vor allem ältere Leute, wie kann ich die gut versorgen, wie werden die aufgefangen und wie mache ich auch kirchenmusikalische Seelsorge für die [...], das kommt in deren Denken überhaupt nicht vor." (I6, 89)

Machen sich Kirchenmusiker*innen jedoch bewusst „was Kirche [...] bedeutet, und dass der Auftrag der Kirche ist, eigentlich für alle offen zu sein oder offen zu stehen" (I13, 177), und dass „die alten Leute [...] ja AUCH Gemeindemitglieder [sind], um die wir uns kümmern müssen" (I1.2, 425), fördert das den konstruktiven Umgang mit Kirchenmusik im Alter. Die lediglich rationale Akzeptanz, dass man „die ältere Generation keinesfalls abhängen darf" (I13, 963), verhilft, nach Meinung eines Interviewpartners, jedoch nicht zu einem guten Ergebnis, da man als Kirchenmusiker*in nur etwas erreichen kann, wenn man es gerne tut:

> „Wenn mir etwas nicht geFÄLLT [...] und ich das partout nicht WILL, dann KANN ich es auch nicht [...] Dann werde ich das IMMER halbherzig machen und dann kann ich nichts vorwärts bringen." (I10, 761)

Wann eine Arbeit Freude bereitet, lässt sich nicht für alle Kirchenmusiker*innen pauschal beantworten. Eine wichtige Bezugskomponente für die Beurteilung scheint jedoch in der Schwerpunkt- und Zielsetzung des eigenen Handelns zu liegen. Sie sollte mit den Möglichkeiten vor Ort und den dort erreichbaren Ergebnissen im Einklang stehen:

> „Ich kann ja meine Sichtweise durchaus ÄNDERN. Also, man kann ja auch sich selbst sagen, wo meine Schwerpunkte liegen [...] Deswegen arbeite ich mit dem, was vor Ort DA ist, und mache daraus dann das BESTE." (I9, 247 und 261)

Das eigene Älterwerden wirkt sich, nach überwiegender Meinung der Gesprächspartner*innen, positiv auf die Arbeit für und mit Senior*innen aus, da mit zunehmender Reife, Lebens- und Alter(n)serfahrung das Verständnis für die älteren Generationen wächst:

> „Da die eigene Leistungsfähigkeit, wenn man sich selber genau wahrnimmt, auch ständig abnimmt, [...] fällt es einem leichter, das bei anderen zu sehen und zu akzeptieren." (I8, 78)

> „Mein Verhältnis zu den Alten hat sich schon geändert seit ich selbst auf der Schwelle bin und merke, was da für eine Herausforderung kommt. Dass man das irgendwie gut meistern muss und dass das eine super Leistung ist. Ja, das fördert den Respekt [...] Ja, dass ich älter bin, hilft mir schon. Ich hätte vielleicht als junger Mensch auch nicht die Geduld mit denen oder würde denken: ‚[...] Was BRINGT das denn? Mit denen kann ich doch kein Konzert mehr machen (imitiert rigorosen Tonfall)!'" (I17, 330)

Bestritten wird von den Expert*innen jedoch, dass jüngere Kolleg*innen weniger gut mit älteren Menschen musizieren können:

> „Das hängt nicht mit dem Alter zusammen. Das hängt mit der Einstellung zusammen." (I10, 757)

Eine Ursache, warum viele junge Kantor*innen die Kirchenmusik von, für und mit alten Menschen eher distanziert betrachten, liegt, nach Auswertung der Interviewdaten, vermutlich darin, dass sie mit der Thematik nicht vertraut sind und „vom Studium her keine Idee" (I6, 78) haben, wie sie mit den Senior*innen in ihrem Arbeitsfeld adäquat umgehen sollen. Auch berufserfahrene Kantor*innen geben in den Interviews zu, dass sie sich in ihre kirchenmusikalische Arbeit mit älteren Musiker*innen erst eindenken mussten (*„Das war ja für mich auch alles neu." I5, 172*) und – besonders bei neuen Projekten mit Senior*innen – viele Sachen „überhaupt noch nicht einschätzen" (I1.2, 90) können:

> „Da bin ich ja eigentlich selbst noch die Suchende, mit welchen Methoden und Neuerfindungen man mit den Senioren arbeitet. Und auch, [mit] welcher Literatur? [...] WIE arbeiten wir und WAS singen wir mit denen?" (I7, 556)

> „Wie das KONKRET aussieht, ob das dann ein großes Chaos in der Generalprobe wird mit der Disziplin der Kinder und den Bedürfnissen der älteren Menschen, darüber habe ich eigentlich gar nicht nachgedacht gehabt." (I12.1, 189)

> „Das ist halt auch etwas, das ich gar nicht einschätzen kann. Ob die dann sagen: ‚Ach, nein. Wenn dann so viele da sind, die ich nicht kenne, dann gehe ich da auch nicht hin.' Das kann ich mir auch vorstellen." (I14.1, 561)

Hilfreich wird in diesen Fällen die Beratung von Fachleuten aus der Musikgeragogik und der Austausch mit musikgeragogisch erfahrenen Kolleg*innen empfunden (vgl. Kapitel 8.2.2).

Musikgeragogik in der Kirchenmusik – ein noch wenig erschlossenes Handlungsfeld für die meisten Hauptberuflichen – zeigt Parallelen zur Entwicklung von kirchenmusikalischer Arbeit mit Kindern, von kirchengemeindlichen Gospelchören und von Popularmusik in der Kirche (vgl. Kapitel 4.2). Im Gespräch berichtet ein Kirchenmusiker von seinen ersten Erfahrungen mit Kinderchören und wie er sich vor mehr als dreißig Jahren in die für ihn neuen Aufgaben „erst hineindenken" (I11, 56) musste:

> „Damals war das für mich VÖLLIG [neu], auch im Studium wurde das ja gar nicht tangiert. Heute gibt es ja Kinderchor [...] so etwas gab es bei uns gar nicht. Da musste man sich ALLES aus den Fingern saugen oder irgendwo halt [selbst aneignen]. Von der Literatur angefangen, wie man mit den Kindern umgeht und so weiter. Also, das war sehr befremdlich für mich, da musste ich mich erst hineindenken [...] Auch Jugendchorbereich, dieser ganze Jazz [...] Das war ich ja nicht gewohnt." (I11, 49)

Bemerkenswert ist, dass die kirchenmusikalische Arbeit mit Kindern zum Zeitpunkt des Interviews eine sehr wichtige Rolle im Berufsalltag dieses erfahrenen Kirchenmusikers spielt. Aus Stellenausschreibungen[33] wird ersichtlich, dass Kinderchöre, Gospelchöre und Popularmusik-Ensembles mittlerweile in vielen Kirchengemeinden Bestandteil des (angestrebten) Kirchenmusikkonzeptes sind und zu einem vielfältigen Gemeindeleben beitragen (sollen). Kirchenmusiker*innen können sich diese Entwicklungen in der Vergangenheit des Berufsbildes vor Augen führen, wenn sie eine Haltung zu Kirchenmusik von, für und mit Senior*innen einnehmen. Die Aufgeschlossenheit gegenüber dem unvertrauten Handlungsfeld und die Bereitschaft, sich Fachwissen über die kirchenmusikalische Arbeit für und mit älteren, alten und sehr alten Menschen anzueignen, ist ein entscheidender Einflussfaktor zur Förderung von Kirchenmusik in den verschiedenen Lebensphasen und Lebenslagen im Alter.

Aus Sicht der Interviewpartner*innen müssen Musiker*innen, die mit alten Menschen arbeiten, vielfältige musikbezogene Kompetenzen besitzen, wie z. B. Arrangieren, Improvisieren, Transponieren, Liedbegleitung und Ensembleleitung. Außerdem sollten sie „gut vorsingen können" (I5, 659). Mindestens ebenso wichtig finden die Kirchenmusiker*innen die persönlichen Eigenschaften und sozialen Kompetenzen, an deren erster Stelle das Einfühlungsvermögen steht. Ein „behut-

33 Vgl. Stellenausschreibungen für Kirchenmusiker*innen, u. a. in der Fachzeitschrift „Musik & Kirche".

sames Wahrnehmen, was die Leute leisten können" (I17, 396), ist, nach Meinung der befragten Expert*innen, notwendig und ein „wache[r] Blick" (I12.1, 325) für die Bedürfnisse der Musizierenden. Diese Empathie steht in engem Zusammenhang mit der Haltung gegenüber älteren, alten und sehr alten Menschen, die man „erst einmal MÖGEN […] und respektieren" (I5, 635) muss. Außerdem wird „viel Geduld, SEHR viel Geduld" (I17, 399) benötigt und „eine gewisse Gelassenheit" (I1.2, 295). Kantor*innen, die gelingend mit Senior*innen arbeiten, sind kontaktfreudig, können gut motivieren und haben Humor. Sie besitzen darüber hinaus ein hohes Maß an Reflexionsvermögen, Flexibilität und Kompromissbereitschaft. Ein Interviewpartner beschreibt die Notwendigkeit zu Kompromissen in seiner Arbeit mit Blick auf die kirchenmusikgeragogischen Prinzipien „Wertschätzung" und „Inklusion":

> „Es gibt Leute, die haben andere Dispositionen, die haben andere Einschränkungen. Damit MÜSSEN wir lernen umzugehen. In dem Thema ALTER wird das natürlich immer virulenter, weil es da immer mehr Einschränkungen gibt, auf die es Rücksicht zu nehmen gilt. ODER, wo ich alternativ Strategien entwickeln muss, um weiterhin ein Ergebnis zu haben, das für DIE gut ist und das für MICH gut ist." (I2, 399)

Um gute Strategien für eine lebensumspannende Kirchenmusik entwickeln zu können, braucht es die Kompetenz zum Transferdenken, d.h. die Fähigkeit, vorhandenes (kirchenmusikalisches) Wissen auf veränderte oder neue Situationen zu übertragen und entsprechend anzupassen. Unerlässlich sind außerdem Offenheit gegenüber Neuem und grundsätzliche Lernbereitschaft.

Auch diplomatisches Geschick ist im Umgang mit älteren Musiker*innen notwendig, besonders dann, wenn die Senior*innen vor dem häufig auftretenden Problem des Alter(n)s stehen,

> „[…] dass man nicht mehr alles machen kann, was man machen wollte, und dass man das irgendwie deckungsgleich bekommt: Was KANN ich noch und was MÖCHTE ich gerne? Und dann möglichst viel daraus zu machen." (I1.1, 55)

Kirchenmusiker*innen sollten in solchen Situationen auf unterschiedlichen Ebenen in der Lage sein „die Balance zu finden" (I1.2, 514). Sie müssen „sehr viel ausgleichen" (I6, 50) und bei Bedarf „mehrere Möglichkeiten" (I17, 144) anbieten, um eine qualitativ hochwertige kirchenmusikalische Begleitung in den verschiedenen Lebensphasen und Lebenslagen im Alter gewährleisten zu können.

Wesentlich für das Gelingen aller diplomatischen Bemühungen ist die Kommunikationsfähigkeit. Kirchenmusikgeragog*innen müssen sich verbal und körpersprachlich gut ausdrücken können, um – situativ angemessen – Kontakte zu knüpfen, Gespräche zu führen, Vertrauen aufzubauen und Inhalte zu transportieren. Teamfähigkeit wird von den Kirchenmusiker*innen in der Arbeit für und mit Senior*innen als hilfreich angesehen und die Haltung, als Teil einer vielfältigen kirchlichen (Dienst-)Gemeinschaft zur Begleitung der Menschen beizutragen (*„Das muss die Gemeinde als GANZES irgendwie leisten." I8, 403*). Stellenteiler berichten davon, dass Tandem-Arbeit die Chorproben erleichtert, weil schwierige Situationen besser kommuniziert werden können und sich unterschiedliche Kompetenzen zum Vorteil der (älteren) Sänger*innen ergänzen:

> „In der Kantorei ist es stimmlich gelegentlich schwierig und da ist es gut, dass wir zu zweit sind [...] Das ist gut, wenn man sich den ‚bad boy' oder das ‚bad girl' irgendwie ein bisschen teilen kann. Weil, wenn ich so etwas von vorne sage, dann ist das natürlich immer ganz schwierig [...] Da haben wir wirklich eine Luxussituation, weil wir immer zu zweit sind in der Probe." (I2, 279)

Die Stellenstruktur am Dienstort und ihr Einfluss auf die kirchenmusikalische Begleitung in den Lebensphasen und Lebenslagen im Alter wird auf der Bedingungsebene „Gemeinde und Dienstort" ausführlich dargestellt (vgl. Kapitel 8.3.3). Im folgenden Unterkapitel geht es zunächst um die Senior*innen selbst und ihr positives bzw. negatives Einwirken auf das Handlungsfeld Kirchenmusikgeragogik.

### 8.3.2 Teilnehmer*in

Ob ein kirchenmusikalisches Angebot für und mit Menschen im Dritten, Vierten und Fünften Alter gelingt, hängt u.a. von der Akzeptanz der Teilnehmenden ab. „Wenn das attraktiv ist und gut gemacht ist und auch ZIELE hat für die Leute" (I14.1, 490), dann wird ein kirchenmusikalisches Format für Senior*innen, nach Meinung eines Interviewpartners, gelingen. Wenn es für sie „unangenehm" (I14.1, 243) oder „peinlich" (ebd.) ist, oder „wenn die das Gefühl haben, da gibt sich keiner mehr Mühe oder das läuft halt irgendwie noch so nebenher, würde das sehr für Unmut sorgen" (I14.1, 492). Da ein großer Teil der kirchenmusikalischen Arbeit in den Kirchengemeinden auf Freiwilligkeit und Ehrenamt beruht (vgl. Kapitel 7.2.1), sind Hauptberufliche dort auch in der Begleitung von Senior*innen auf „jemand, der mitmachen WILL, der sich einhängt" (I16, 349), angewiesen. Oft dauert es lange, bis altersbedingte Veränderungen von den Musiker*innen akzeptiert und neue Formate angenommen werden:

> „Bis der Chor kapiert hat, dass es wirklich an die Substanz geht, das hat sehr lange gedauert. Die Chorleute haben sich sehr lange innerlich dagegen gewehrt zu spüren: [...] Wir sind eigentlich nicht mehr als KIRCHENchor VIERstimmig wirklich singfähig, [...] sogar fast nicht mehr DREIstimmig [...] Drei Jahre vorher haben noch alle gesagt im Vorstand: ‚NEIN! In einem Seniorenchor singe ich NIEmals mit!' Das hat drei Jahre gedauert und dann haben sie das verstanden und haben es auch angenommen als eine Chance, weiterhin singen zu dürfen." (I17, 133 und 148)

Entscheidend für die Akzeptanz kirchenmusikalischer Begleitangebote im Alter scheint zu sein, dass diese die Wünsche und Bedürfnisse der Musiker*innen in Bezug auf Inhalt, Vermittlung, Zielsetzung, Rahmenbedingungen etc. bestmöglich erfüllen. „Es kommt ja immer darauf an, was jemand für eine MOTIVATION hat"

(I12.1, 599), nimmt eine Kantorin im Interview Stellung zum Thema Orgelunterricht mit Senior*innen und bekräftigt:

> „KLAR, man kann bis ins Alter hin neue Hirnverbindungen knüpfen. Das ist möglich, aber man braucht die nötige Begeisterung." (I12.1, 612)

Diese Begeisterung der Senior*innen ist ein wesentlicher Einflussfaktor für das Gelingen oder Misslingen kirchenmusikalischer Begleitung in den Lebensphasen und Lebenslagen im Alter. Bei älteren Menschen, die auf umfassende Hilfestellung angewiesen sind, müssen auch Angehörige oder andere Betreuungspersonen begeistert werden – beispielsweise mit der Überzeugung von der individuellen Sinnhaftigkeit der Angebote – damit diese die kirchenmusikalischen Aktivitäten der Senior*innen unterstützen.

Neben der grundsätzlichen Akzeptanz nimmt die körperliche und geistige Disposition großen Einfluss auf die Art der kirchenmusikalischen Begleitung Ältergewordener. Aus Erfahrung der befragten Kirchenmusiker*innen beteiligen sich auch Hochaltrige gerne an den Angeboten in ihren Kirchengemeinden, „soweit sie noch rüstig sind und das machen können" (I11, 114). „Bei den meisten sind es gesundheitliche Gründe" (I13, 323), wenn Senior*innen die aktive Kirchenmusik ganz beenden oder ihnen eine Teilhabe an den gewohnten Formaten nicht (mehr) möglich ist. Benannt werden in diesem Zusammenhang Demenz, Schlaganfall und starke körperliche Gebrechlichkeit, in deren Folge sie aufhören, weil „alles zu beschwerlich" (I11, 221) oder „viel zu anstrengend" (I17, 441) ist und auch altersadäquate Formate und spezielle Hilfestellungen kein Gefühl der Freude aufkommen lassen (*„Der [Demenzerkrankte] würde sich nur quälen." I9, 201*). Eine Interviewpartnerin denkt deshalb über den Einsatz digitaler Medien nach und über neue Digitalformate, um ihren hochaltrigen oder kranken Musiker*innen eine bequeme Teilhabe von zuhause aus ermöglichen zu können:

> „Wenn man tatsächlich dann alt ist und vielleicht vieles schwer fällt, ob man nicht vielleicht trotzdem digitale Konzerte von zuhause aus noch machen kann? Im gewohnten häuslichen Umfeld, wo du keine großen Wege hast, wo du weißt, wo etwas steht und du mit deinen Instrumenten klar kommst und nicht in die kalte Kirche musst." (I1.2, 737)

Voraussetzung hierfür wäre digitale Kompetenz oder die entsprechende Hilfestellung im Umgang mit digitalen Medien. „Weil die Technikaffinität einfach unterschiedlich ausgeprägt ist" (I2, 345), gibt es bei den heutigen Generationen der Über-60-Jährigen noch größere Hindernisse in der Umsetzung digitaler bzw. hybrider Kirchenmusikangebote. „Viele von den älteren Menschen haben das Internet ja jetzt gerade erst für sich entdeckt. Das fängt jetzt im Prinzip erst an" (I1.2, 762), fasst eine Interviewpartnerin die derzeitige Situation zusammen, sieht aber in der Digitalität Potenzial für die Kirchenmusik mit zukünftigen Altersgenerationen, „wenn die ‚digital natives' dann einmal alt sind" (I1.2, 773).

Bei einigen kirchenmusikalischen Angeboten ist die musikalische Kompetenz ausschlaggebend, ob Senior*innen teilnehmen können bzw. dürfen, z. B. bei Konzertchören, Kantoreien und anderen leistungsorientierten Ensembles. Konkrete kompetenzbezogene Zulassungsbedingungen benennen die meisten Hauptberuflichen für ihren Orgelunterricht und erwarten, „dass man Noten lesen kann und schon einmal ein bisschen Tastenerfahrung gesammelt hat" (I13, 707) oder dass die Senior*innen „schon Klavier spielen können" (I14, 271). Nur vereinzelt gibt es derzeit in Deutschland Möglichkeiten, „Orgeln tatsächlich auch im Anfängerunterricht schon spielen zu lassen" (I15, 56), was u. a. mit den Bedingungen zusammenhängt, die in den Gemeinden und Dienstorten herrschen. Sie wirken als positive oder negative Verstärker kirchenmusikgeragogischer Arbeit.

### 8.3.3 Gemeinde und Dienstort

Den mit Abstand größten Einfluss auf die kirchenmusikalische Begleitung im Alter hat die grundsätzliche Struktur einer hauptberuflichen Kirchenmusikstelle. In allen Interviews kommt die hohe Arbeitsbelastung zur Sprache, die dadurch entsteht, dass die vielfältigen Handlungsfelder meistens von nur einer hauptberuflichen Kirchenmusikerin bzw. einem hauptberuflichen Kirchenmusiker abgedeckt und organisiert werden müssen:

> „Ich bin für drei Dekanate zuständig und im Bistum noch mit Unterricht [beauftragt]." (I14.1, 596)

> „Ich hätte locker Arbeit für NOCH eine ganze Stelle hier. Aber ich kenne keinen Kollegen, bei dem es irgendwie anders ist. Oder nur ganz wenige." (I14.2, 153)

> „Wenn ich Zeit hätte, würde ich GERNE ein WÖCHENTLICHES Angebot für die Kantorei-Senioren machen." (I3, 443)

> „Wenn jemand EINE Stelle hat und arbeitet vierzig, in Klammer, SECHZIG Stunden, dann hat der […] keine ZEIT und dann hat er als Bezirkskantor IMMER mehr Arbeiten als die hundert abbildbaren Prozent […]" (I2, 583)

Diese Überlastungssituation führt dazu, dass nicht alle kirchenmusikalisch notwendigen Arbeiten in einer Gemeinde von den Hauptberuflichen erledigt werden können bzw. dürfen:

> „Da musste ich auch lernen, dass ich nicht für jeden ein Angebot bereit halte[n kann]. Es gäbe noch VIEL mehr zu tun." (I4, 836)

> „Ich wollte einen Seniorenchor gründen und der Dekan hat es verboten […] Weil der Dekan in seiner Fürsorgepflicht […] damals gesagt hat: ‚Das fangen Sie nicht an. […] Ich sehe überhaupt nicht ein, dass Sie das auch noch machen, weil Sie sowieso zu viel machen. Deswegen: LASSEN Sie das!'" (I2, 525 und 548)

Mangelt es zudem an wertschätzender Haltung gegenüber den Kompetenzen, Wünschen und Bedürfnissen der älteren Generationen und fehlt die Weitsicht auf die Potenziale und positiven Konsequenzen einer kirchenmusikalischen Begleitung (auch) im Alter (vgl. Kapitel 8.4), wird die kirchenmusikgeragogische Arbeit Hauptamtlicher strukturell nicht gefördert, sondern z. B. als ehrenamtliche Tätigkeit deklariert:

> „Tatsächlich ist die Seniorenkantorei NICHT Teil meines Dienstauftrages. Sie steht NICHT in meiner Dienstanweisung drin. Das ist mein Ehrenamt […] Es ist so: Die Dienstanweisung war schon da, als ich kam, und ich habe die übernommen, so wie sie war. Und dann habe ich [Jahreszahl] beschlossen, dass ich noch einen Chor gründe. Dann hat mein Chef gesagt: ‚Dann ist das eben dein Ehrenamt, ich kann dir jetzt nichts anderes rausstreichen. Weil diese Aufgabe müsste ja, in dem Fall, jemand anderes übernehmen'" (I12.2, 4 und 15)

Die Finanzierung kirchenmusikalischer Seniorenarbeit war, nach Auskunft einer Kantorin, in den Kirchengemeinden ihres Dekanates lange Zeit nicht selbstverständlich,

> „[…] weil es ja oft Gemeinden gibt, die sagen, wenn da ein Kreis existiert, der nie im Gottesdienst auftaucht oder von dem die Gemeinde nichts hat, der hätte keine Existenzberechtigung." (I1.2, 420)

Mit einem speziellen Passus im Dekanatskonzept verankerte sie die Arbeit von Seniorenensembles und unterstrich den Wert dieser Facette des Gemeindelebens. Ein anderer Interviewpartner beklagt ebenfalls die mangelnde Wertschätzung vonseiten vieler Leitungsgremienmitglieder:

> „Die sehen nicht, dass ein Seniorenchor, auch wenn er nicht im Gottesdienst singt, TROTZDEM eine unglaublich wertvolle Arbeit der Kirchengemeinde ist." (I2, 952)

Er sieht in den Gemeinden die Notwendigkeit für „[…] Bewusstseinsmaßnahmen, dass die Leute erkennen, für was es wichtig ist, in die Alten zu investieren" (I2, 949) und will zuerst die „[…] Geistlichkeit davon überzeugen, dass SIE sich dafür einsetzen muss, genauso wie sie sich für die Jugend einsetzt, wenigstens im gleichen Maß" (I2, 956). Eine Fokussierung der Kirchenleitenden auf den Gemeindeaufbau „von unten" kann die kirchenmusikalische Arbeit mit Senior*innen am Dienstort nachhaltig behindern (vgl. Kapitel 8.3.4):

> „Als ich […] meinem Pfarrer gesagt habe: ‚Du, ich will einen Seniorenchor aufmachen.' Dann sagte er – er ist ja immer [für] Kinder [und] Familie, das ist immer das Wichtigste – […] was das denn soll? [Er] war überhaupt nicht begeistert, absolut [nicht]." (I5, 430)

Die Förderung kirchenmusikalischer Begleitung im Alter hängt außerdem „[…] von dem Profil der Gemeinde ab [und] von der kirchenmusikalischen Tradition"

(I15, 108) vor Ort. In vielen Gemeinden mit hauptberuflichen Stellen wird „[…] immer noch das traditionelle Konzept gefahren“ (I15, 124), mit den kirchenmusikalischen Schwerpunkten Gottesdienstgestaltung und gemischter Chor. „Dann kommt aber schon relativ schnell die Frage nach der musikalischen Arbeit mit Kindern und Jugendlichen.“ (I15, 111) Anders als in ländlich geprägten Gemeinden spielen, nach Meinung eines Kantors, in den größeren Städten mit hauptberuflichen Kirchenmusiker*innen „[…] die Alten keine Rolle, weil da [gibt es] die große Kantorei, da [gibt es] den Kinderchor, da ist Altenarbeit nicht das Thema“ (I2, 977). Andererseits sieht eine Interviewpartnerin gerade in ihrer größeren Stadt die Chance, dass sie eine „[…] Seniorenkantorei gründen kann, ohne dass dabei gleich die Kantorei kaputt geht. Das geht jetzt auf dem Dorf nicht unbedingt, dass man sagt: ‚Ich gründe einen Seniorenchor‘“ (I12.1, 402). Die Befürchtung, dass der vorhandene Chor ohne die Senior*innen nicht mehr singfähig wäre, wird auch in der Online-Befragung mehrfach als Grund dafür angegeben, warum es keine speziellen Angebote für Menschen ab 60 Jahren am jeweiligen Dienstort gibt (vgl. Kapitel 4.3).

Die Chorgröße scheint insgesamt einen wichtigen Einfluss auf die fortdauernde Teilhabe von Senior*innen in Leistungsensembles zu nehmen. So äußert sich eine Kantorin zur eingeschränkten Leistungsfähigkeit mancher Sänger*innen gelassen:

> „Der Chor ist so groß, der trägt das mit. Wir können, wenn ich es wirtschaftlich sage, einen gewissen Prozentsatz an Leuten verkraften, die einfach mitgetragen werden.“ (I12.1, 492)

Weniger leistungsstarke Mitglieder fallen demnach in einem größeren Chor nicht negativ auf, da sie den Gesamtklang nicht wesentlich beeinflussen. Die Chorstimmen sind mit ihnen stärker besetzt, was zu mehr Sicherheit bei allen Sänger*innen führt und zu Wohlgefühl und Freude beiträgt. (Altersbedingte) Fehlzeiten bringen Teilnehmende nicht in Gewissenskonflikte, weil die Einsatzfähigkeit und Qualität des Chores dadurch nicht grundsätzlich gefährdet sind.

Andererseits fühlen sich Kirchenmusiker*innen mit großen Ensembles aufgrund der „Menge an Menschen“ (I12.1, 267) mental, zeitlich und kräftemäßig stärker gefordert und können dort weniger individuell auf die Bedürfnisse, Wünsche und Kompetenzen einzelner Mitglieder eingehen. An hauptberuflichen Stellen mit kleineren Chören scheinen Kantor*innen hingegen stärker darauf angewiesen zu sein, die vorhandenen Möglichkeiten zu optimieren, d. h., den Alter(n)smerkmalen ihrer Sänger*innen mit hilfreichen Strategien zu begegnen (vgl. Kapitel 8.2.2):

> „Ich habe keine Kantorei. Ich habe nur NORMALE Chöre und ich bin um jeden dankbar, der kommt […] Wenn ich eine tolle Kantorei habe, kann ich ganz anders arbeiten. [Es] wäre natürlich cool, wenn man das hätte, aber […] das POTENZIAL ist einfach nicht DA. Und deswegen arbeite ich mit dem, was vor Ort DA ist, und mache daraus dann das BESTE.“ (I9, 149 und 256)

Als weitere lokale Einflussfaktoren auf das Gelingen bzw. Nicht-Gelingen kirchenmusikalischer Begleitung in den Lebensphasen und Lebenslagen im Alter sind die räumlichen Bedingungen, die Probenräume vor Ort zu nennen, z. B. deren Seniorentauglichkeit, Verfügbarkeit oder Anbindung an den öffentlichen Nahverkehr. Auch die Existenz bzw. Nicht-Existenz anderer musikalischer Angebote in der Stadt/Region spielen eine Rolle, ob und wie hauptberufliche Kirchenmusiker*innen Senior*innen in ihre Arbeit einbinden und welchen Zuspruch ihre Angebote bei Ältergewordenen finden:

> „Es gibt nicht viele solcher Angebote. Es gibt alles Mögliche, Seniorenturnen und was weiß ich, aber dass jemand zum Singen kommt, das gibt es eigentlich selten." (I1.2, 165)

> „Ich weiß, dass es bei der Volkshochschule einen Seniorenchor gibt." (I11, 449)

> „Ich habe es schier nicht fassen können. Die haben alle gesagt: ‚TOLL. So eine Lücke. GENAU so etwas habe ich immer gesucht.' [Da habe ich] OFFENE Türen eingerannt, wirklich. Und ich habe dann auch geguckt. Ich wollte ja auch nichts doppelt machen. Es gab wirklich nichts, auch an der […] Musikschule, da gab es [nichts]. Hätte ja auch sein können." (I5, 139)

Chorauflösungen im Umland und Altersgrenzen in anderen Chören können ebenfalls positiv zur Belebung altershomogener Kirchenmusikangebote beitragen, wie eine Interviewpartnerin am Beispiel ihrer neu gegründeten Seniorenkantorei berichtet:

> „Das hatte einen IMMENSEN Erfolg. Also, damit hatte ich nicht gerechnet. Das lag aber daran, dass zeitgleich […] der städtische Chor eine Altersgrenze eingeführt hatte. Dann kamen plötzlich ganz viele. Entweder, weil sie zu alt waren für den Chor oder weil sie SAUER waren […] Und dann haben sich verschiedene Chöre in den Dörfern aufgelöst und die [Sängerinnen und Sänger] kamen dann auch teilweise in diese Seniorenkantorei. Und so ist das halt ein großer Chor geworden." (I12.1, 90 und 96)

Die Unterstützung durch das Gemeindeteam wird als Bedingung für gelingende kirchenmusikalische Begleitung benannt und die Zusammenarbeit mit Kolleg*innen vor Ort „[…], dass man sagt: Wir machen das jetzt hier als Projekt mit allen zusammen" (I14.1, 540). Einem Gesprächspartner scheint die Vernetzung „[…] mit Leuten, die sich da[mit] auskennen oder die den Anknüpfungspunkt da[ran] schon haben" (I14.2, 123), der Schlüssel zum Erfolg eines neuen Seniorenangebotes zu sein. Ein anderer benennt als Faktoren die wichtige (Unterstützungs-)Arbeit von Ehrenamtlichen und „[…] Kooperationen mit anderen [Fachleuten], die musikalisch, pädagogisch [und] instrumentalpädagogisch ausgebildet sind, [und] dann diese Arbeit übernehmen" (I15, 119). Besonders gut scheint die lebensumspannende kirchenmusikalische Begleitung in den Gemeinden zu gelingen, in denen – zusätzlich zum Kirchenmusiker/zur Kirchenmusikerin – mehrere kompetente Personen in ein stimmiges, von den Hauptberuflichen erstelltes und fachlich begleitetes Kirchenmusikkonzept eingebunden sind.

Mit Ausnahme der hohen Arbeitsbelastung, die von allen Interviewpartner*innen thematisiert wird, lassen sich aus den vorliegenden Interviewdaten keine intervenierenden Bedingungen analysieren, die deutschlandweit und konfessionsübergreifend für alle Gemeinden und Dienstorte gleichermaßen zutreffen. Verschiedene Vorüberlegungen zur systematischen Einflussnahme von Stellenmerkmalen (vgl. Schatz & Koch, 2021) konnten durch die Gespräche mit Expert*innen nicht bestätigt werden, so dass für die Bedingungsebene Gemeinde/Dienstort das Resümee eines Interviewpartners zu gelten scheint:

> „[Es ist] regional unterschiedlich, wie man bestimmte Dinge angeht und auch, wie die Situation ist." (I15, 333)

### 8.3.4 Kirche

Die im vorherigen Unterkapitel thematisierte hohe Arbeitsbelastung, die sich negativ auf die kirchenmusikalische Begleitung im Alter auswirken kann, hat ihren Ursprung in der Struktur der Institution Kirche. Für die Fülle der anfallenden kirchenmusikalischen Aufgaben gibt es, nach Meinung eines Experten, zu wenige hauptberufliche Kirchenmusikstellen:

> „Natürlich ist die Kirchenmusik IMMER unterrepräsentiert. Der Bedarf ist einfach viel höher als wir es in der Realität, hier an Stellen, vorhalten oder die Gemeinden vorhalten [...] Natürlich FEHLEN uns auch Kirchenmusikerstellen, das ist doch völlig klar." (I15, 217 und 257)

Ein Gesprächspartner ist davon überzeugt, „dass wir in ganz vielen Bereichen [der Kirchenmusik] ganz viel machen könnten, wenn wir mehr Leute wären" (I14.2, 144) und bezieht diese Aussage auch auf (neue) Angebote für Senior*innen. Diese wären ihm und seinen Kolleg*innen wegen des ohnehin hohen Arbeitsaufkommens nur schwer möglich:

> „Ich sehe, dass wir alle schon auf hundertzwanzig bis hundertdreißig Prozent sind. Das heißt, man müsste erst einmal sehen, wenn man etwas Neues anfängt, wie man das machen kann." (I14.1, 131)

Laufende und geplante Strukturreformen in den Landeskirchen und Diözesen, die wegen des (prognostizierten) Mangels an Finanzen und Personal erfolgen, verschärfen seiner Ansicht nach die Situation und schaffen zusätzliche Barrieren für die Erschließung neuer Handlungsfelder und die Etablierung konkreter Seniorenprojekte:

> [Ökumenischer Seniorenchor für Stadt und Region] „Da gerade sehr viele Dinge durcheinander gehen bei uns durch diese Strukturreform, kann es gut sein, dass es nicht in der Form kommt." (I14.1, 607)

Unterstützung kann die kirchenmusikalische Begleitung älterer, alter und sehr alter Menschen durch die Kooperation mit kirchlichen Dienststellen der Seniorenarbeit erhalten, die jedoch ebenfalls den innerkirchlichen Strukturierungsprozessen unterworfen und „[…] halt auch immer alle überlastet" (I14.2, 136) sind.

Negativen Einfluss auf den Auf- und Ausbau neuer kirchenmusikalischer Handlungsfelder nimmt die Institution Kirche durch das kaum vorhandene Mitbestimmungsrecht von Kirchenmusiker*innen über ihren Arbeitsbereich (vgl. Kapitel 7.2.1). Wollen sich Hauptberufliche für die kirchenmusikalische Begleitung in den Lebensphasen und Lebenslagen im Alter im Rahmen ihrer bezahlten Anstellung engagieren, sind sie auf das Wohlwollen und die Erlaubnis der Geistlichen, der beschlussfassenden Gemeindegremien (vgl. Kapitel 8.3.3) und der für die Kirchenmusik zuständigen kirchlichen Ämter angewiesen:

> „Ich bin ja vollkommen DAFÜR, aber ich bin nicht der ENTSCHEIDER. Ich kann nur […] eine BERATENDE Funktion haben. Entscheiden tun ANDERE." (I2, 934)

> „Die KIRCHENVERWALTUNG hat das Recht […] Alles geht über die Kirchenverwaltung. Andere Leute in der Gemeinde können einmal einen Wunsch äußern, aber wenn der Pfarrer und die Kirchenverwaltung beschließen: Der [Kirchenmusiker] macht jetzt das. Oder: Der macht jetzt das […, dann haben die] kein Entscheidungsrecht. Das hat nur die KirchenVERWALTUNG." (I11, 540 und 550)

Die Entscheidung, welche der vielfältigen kirchenmusikalischen Arbeiten finanziert werden, fällen Verantwortliche, nach Erfahrung eines Gesprächspartners, häufig in dem Bestreben, dass „[…] ein Produkt raus kommt, womit die Kirche Geld verdient" (I2, 634). „In der Abwägung: Wo investieren wir Geld?" (I2, 602) seien „neunzig Prozent der Gremien bis heute felsenfest der Überzeugung […], dass [Popularmusik] für die Zukunft der Kirche WESENTLICHER ist als Seniorenchöre zu machen" (I2, 600). Ehrenamtliches Engagement seitens der Hauptberuflichen und die Fremdfinanzierung ihrer Arbeit durch die Teilnehmenden selbst, durch Förderstiftungen oder Spender*innen sind in den Interviews deshalb mehrheitlich auszumachen. Die Finanzen sprechen, nach Auskunft eines Kirchenmusikers in Leitungsfunktion, „eindeutig" (I15, 222) gegen die bedarfsgemäße hauptberufliche kirchenmusikalische Arbeit, zu der u. a. das Musizieren im Alter zählt (*„Den Bedarf im Alter zu singen, gibt es SCHON" I4, 585*). So nimmt das momentane kirchliche Finanzierungssystem mit berufsgruppenspezifisch „unterschiedliche[n] Töpfe[n]" (I15, 226) in Kombination mit der Haltung und Priorisierung der Entscheidungsträger*innen einen deutlich negativen Einfluss auf die kirchenmusikalische Begleitung im Alter:

> „Wenn das jetzt Bestandteil meines Vertrages sein soll, dann muss man natürlich reden. Mit dem Kirchenmusikamt, mit dem Pfarrer, ob der das will, ob das bezahlbar ist." (I11, 496)

Um die kirchenmusikalische Arbeit für und mit Senior*innen zu fördern, bräuchte es, in der Vision eines berufserfahrenen Kantors, Unterstützung von höchster Ebene, z. B. durch

> „[…] einen jungen Bischof, der sich vorne hinstellt und sagt: ‚SO, […] wir investieren jetzt in die Alten und wenn ihr von der Synode nicht dazu bereit seid, dann mache ich einen Sonderbeschluss und dann verkaufe ich mal geschwind unsere [Name Kirche] und mache da dafür eine ordentliche Altenarbeit!'" (I2, 651)

Die Notwendigkeit der Finanzierung liegt seiner Meinung nach darin begründet, dass „[…] Kirche eine Verantwortung hat für eine Generation, die der Kirche viel gegeben hat" (I2, 625). Ein anderer Interviewpartner benennt den allgemeinen diakonischen Auftrag als wichtige Grundlage dafür, als Kirche „[…] nicht immer nur mit dem Blick auf den PFENNIG" (I2, 631) zu agieren:

> „Wir, als Kirche, müssen diesem Anspruch einfach Genüge tun, dass wir sagen: ‚Okay, wir müssen uns auch um den Menschen kümmern.'" (I10, 290)

In engem Zusammenhang mit der Finanzierung von Arbeitsaufgaben stehen die kirchlichen Ordnungen und Richtlinien, die ebenfalls Einfluss auf die kirchenmusikalischen Teilhabemöglichkeiten von Senior*innen nehmen. An anderer Stelle wurde bereits auf die uneinheitliche Festschreibung des kirchlichen Bildungsauftrages im Arbeitsfeld Kirchenmusik eingegangen (vgl. Kapitel 7.2.3), infolgedessen die Kompetenzvermittlung an Senior*innen noch weniger im Fokus der Kirchenleitungen zu sein scheint als die „offensichtliche" Bildungsarbeit mit jüngeren Menschen. Kirchliche Richtlinien schreiben in einigen Landeskirchen und Diözesen zudem eine Aufnahmeprüfung für den Orgelunterricht vor oder „[…] eine Unterschrift vom Pfarrer […], dass der zukünftige Schüler […] kirchlich aktiv ist und der Pfarrer das unterstützt" (I13, 714). Aufgrund solcher Richtlinien und starrer Ausbildungskonzepte wird älteren Menschen der Zugang zur nebenberuflichen Kirchenmusik deutlich erschwert, weil Hauptberufliche angehalten sind „[…] eher Menschen in diese Ausbildungsstruktur […] zum D- und C-Kirchenmusiker […] [aufzunehmen], bei denen sie noch ein längeres Potenzial sehen" (I16, 130). Eine Interviewpartnerin unterstützt diese Regelung ihrer Diözese, da man „[…] dem Schüler ja auch nichts Gutes tut, wenn er es nicht schafft" (I9, 395). In anderen kirchlichen Verwaltungseinheiten sind die Verordnungen weniger strikt, so dass auch Menschen mit dem Ziel „[…] einfach um Orgel zu spielen, aber nicht mehr um irgendwann einmal Gottesdienste spielen zu können" (I1.2 412) unterrichtet werden dürfen, „sogar auf Dekanatskosten" (I1.2, 416).

Wie erfolgreich eine strukturelle Neuausrichtung der Kirchenmusikausbildung sein kann, berichtet ein Kirchenmusiker am Beispiel seiner Landeskirche. Er äußert sich im Interview begeistert über den Zuspruch, den ein neu eingerichteter und landeskirchlich finanzierter niederschwelliger Zugang zum Orgelspiel (auch) von Senior*innen erhält (vgl. I15, 40). Dass die kirchenmusikalische Seniorenarbeit von den Kirchenleitungen grundsätzlich verordnet wird, bewertet ein Gesprächspartner mit Blick auf die notwendige persönliche Haltung und die vielfältigen Kompetenzen, die es zur Ausübung braucht, „problematisch“ (I11, 811). Damit kommt ein weiterer wichtiger Einflussfaktor auf der Bedingungsebene „Kirche“ in den Interviews zur Sprache, der Kompetenzerwerb für die musikgeragogische Arbeit im Kontext von Kirche und Kirchenmusik.

Entscheidenden Anteil am Gelingen bzw. Nicht-Gelingen kirchenmusikalischer Begleitung in den Lebensphasen und Lebenslagen im Alter haben kirchenmusikgeragogische Qualifizierungsmaßnahmen, die vonseiten der Kirchen angeboten werden müssten (vgl. Kapitel 9.2), da nicht alle Kirchenmusiker*innen die erforderlichen fachlichen, persönlichen und sozialen Kompetenzen „in die Wiege gelegt“ (I13, 915) bekamen. Geeignete Fort- und Weiterbildungsmaßnahmen sind, nach Meinung der befragten Kirchenmusiker*innen, für das sensible Handlungsfeld der kirchenmusikalischen Seniorenarbeit noch nicht im wünschenswerten Umfang vorhanden:

> [Kirchenmusik mit Hochaltrigen] „Da sind wir leider mit den kirchlichen Fortbildungen immer nur auf unsere Organisten, Chorleiter und so ausgerichtet. Aber das ist ein anderer Bereich.“ (I6, 333)

> „Ja, wenn es eine Fortbildung GÄBE, würde ich wahrscheinlich auch hingehen.“ (I14.1, 475)

> „Das ist in meiner Landeskirche so, dass wir zwar angehalten werden Fortbildungen zu machen, aber nicht unbedingt das Angebot bekommen, dass wir zum Beispiel eine Seelsorger-Ausbildung machen können. Das müsste ich mir SELBER suchen und müsste ich auch, glaube ich, VEHEMENT durchboxen, dass ich das machen will.“ (I12.1, 698)

Auch im Studium spielt Kirchenmusik für und mit Menschen im Dritten, Vierten und Fünften Alter bislang keine nennenswerte Rolle, obwohl in der Online-Umfrage ein Großteil der teilnehmenden Hauptberuflichen Kirchenmusikgeragogik[34] als wichtiges Handlungsfeld für Kantor*innen bewertete (vgl. Schatz & Koch, 2021, S. 179). Nach Meinung eines Experten gehöre es „[…] zur realistischen Praxisvorbereitung hinzu, dass man sich WÄHREND des Studiums auch mit dieser Thematik auseinandersetzt“ (I15, 298), was an den kirchenmusikalischen Ausbildungsstätten in Deutschland momentan jedoch nur punktuell stattfindet. „Das klafft weit auseinander, dieses wirklich richtig tolle Hochschulstudium mit guter Literatur und die

34 Die vorläufige Definition des Begriffs „Kirchenmusikgeragogik“ lautete dort: „Kirchenmusikgeragogik ist eine Unterdisziplin von Musikgeragogik (nähere Informationen auf der Homepage der Deutschen Gesellschaft für Musikgeragogik e. V.). Sie umfasst die kirchenmusikalische Bildung älterer Erwachsener und fördert das ganzheitliche, aktive Musizieren von Menschen über 60 Jahren speziell im kirchenmusikalischen Kontext.“

Realität vor Ort" (I17, 591), fasst eine Interviewpartnerin die Problematik der Ausbildung von Hauptberuflichen für den Bereich Kirchenmusikgeragogik zusammen und bündelt damit die Kritik anderer befragter Kantor*innen:

> [Altersbedingte körperliche Einschränkungen beim Orgelspiel] „Da bin ich überFRAGT. Kann ich gar nicht. DA bin ich wirklich überfragt. DA hätte ich einmal etwas gebraucht im Studium. Aber unser Pädagogikunterricht, was Orgelunterricht anging, war auch unterirdisch. Also, da gab es gar nichts." (I12.1, 578)

> [Umgang mit (alten) Menschen] „Im Studium hätte ich mir, jetzt im Nachhinein, vor allem viel mehr PRAXISorientierteres gewünscht, [...] so FALLbeispiele: [...] Es tritt der und der Fall, das und das PROBLEM auf. Wie reagiere ich darauf? Das, finde ich, kam VIEL zu kurz. Und gerade im Hinblick auf Senioren [kam es] überhaupt nicht [vor]." (I6, 66)

> [Umgang mit (alten) Menschen] „Ich glaube schon, dass man im Studium auch mehr sensibilisiert werden sollte. Also, wir haben ja null Psychologie gehabt. Oder dass man auch an sich SELBER [...], also selbstreflektierend arbeitet. Weil das hat ja auch viel mit deiner PERSON zu tun, wie du mit den Menschen umgehst. Das ist mir VIEL zu kurz gekommen im Studium." (I5, 90)

Aus der praktischen Erfahrung heraus fände es eine Hauptberufliche wichtig, dass Seniorenchorleitung „genau so einen Stellenwert hat wie Kinderchorleitung" (I12.1, 377) und schlägt für beide Tätigkeitsfelder Blockseminare während des Studiums vor. Auch Workshops und Praxiserprobungen werden von den Interviewten als mögliche Formate, mit denen musikgeragogische Inhalte bereits im Studium gezielt vermittelt werden könnten, benannt. Die Gefahr einer inhaltlichen Überfrachtung des Studiums ist den Hauptberuflichen bewusst, was die deutliche Zustimmung zum Online-Fragebogen-Statement „Kirchenmusikgeragogik sollte in Weiterbildungs- und Fortbildungsmaßnahmen vermittelt werden" (66 % volle Zustimmung und 27 % teilweise Zustimmung) im Vergleich zu „Kirchenmusikgeragogik muss bereits im Studium vermittelt werden" (34 % volle Zustimmung und 34 % teilweise Zustimmung) erklären könnte (vgl. Schatz & Koch, 2021, S. 179 f.). Angesichts der bereits nachgewiesenen kontextuellen Relevanz erscheinen, auf Basis der vorliegenden Daten, passend konzipierte Qualifizierungs- und Begleitmaßnahmen *sowohl während* des Studiums *als auch danach* sinnvoll zu sein, um den Berufsanforderungen in der alternden Gesellschaft umfassend gerecht werden zu können.

### 8.3.5 Gesellschaft

In Kapitel 7.1 wurde die Gesellschaft als Kontext dargestellt, in dem kirchenmusikalische Arbeit stattfindet. Im Zusammenhang mit intervenierenden Bedingungen ist daraus besonders das gesellschaftliche Altersbild als wichtiger Faktor zu nennen, da die Haltung der Gesellschaft zu Alter und Altern die Akzeptanz altershomogener

Kirchenmusikangebote für Senior*innen beeinflusst. In den Interviews berichten Hauptberufliche davon, dass viele ältere Musiker*innen aufgrund negativer Altersbilder den Wechsel in ein altersadäquates Angebot scheuen oder sich nicht zutrauen, im fortgeschrittenen Alter neue kirchenmusikalische Erfahrungen zu machen:

> [Konzertchor] „Und wehe, du sagst zu einer von denen: ‚Weißt du was? Ab morgen singst du nicht mehr mit.' Das wäre ein Schlag ins Gesicht. Weil das eben auch so eine gesellschaftliche Rolle ist in so einer kleinen Stadt." (I3, 505)

> „Man will nicht eingestehen, dass man alt ist und zu manchen Dingen im Alter nicht mehr fähig ist. Das will man nicht zugeben [...] Da dann einfach zu wechseln in einen neuen Chor, wo man KEINEN kennt, und dann vielleicht auch noch so mit dem Unterton: ‚Jetzt gehe ich in DEN Chor, weil ich es in dem anderen nicht mehr SCHAFFE.' [...] NEIN. Um Gottes Willen [...] Das wäre eine Bankrott-Erklärung." (I11, 686 und 711)

> [Seniorenchor] „[Ich beabsichtige] ihnen etwas beizubringen und ihnen vor allen Dingen auf diese Weise beizubringen: Ihr könnt noch viel mehr als ihr denkt oder als die Öffentlichkeit von euch denkt." (I7, 182)

Je selbstverständlicher die verschiedenen Lebensphasen und Lebenslagen im Alter zum Leben der Gesellschaft dazugehörten, desto niedriger wären, nach Meinung der befragten Expert*innen, die gesellschaftlichen Hemmschwellen für Kirchenmusik im Alter. Dies trifft in erster Linie auf die Akzeptanz bei den Teilnehmenden zu, aber auch auf die ideelle, strukturelle und finanzielle Unterstützung der kirchenmusikalischen Seniorenarbeit (*„Das finanziere ich frei [...] Ich finde immer einen Sponsor, der für die Alten etwas Gutes tut." I2, 588*).

Großen Einfluss auf die kirchenmusikalische Begleitung in den Lebensphasen und Lebenslagen im Alter nimmt außerdem der öffentliche Nahverkehr, auf den viele Senior*innen für den Besuch kirchenmusikalischer Angebote angewiesen sind:

> [Zum Besuch eines kirchenmusikalischen Angebotes in der Stadt bei Wohnort im Umland] „Von den Dörfern kommt kein Alter rein. Da fährt schon einmal gar kein Bus." (I2, 984)

> [Zum Vorteil des großstädtischen Nahverkehrs für Kooperations-Angebot] „Das Schöne an der Stadt ist ja auch, dass es für die Leute erreichbar ist. Üblicherweise. Wenn es jetzt irgendwo in Innenstadtnähe ist, dann können ja relativ viele da hin, aus verSCHIEDENEN Chören auch." (I14.1, 508)

> [Zur negativen Beeinflussung der kirchenmusikalischen Aktivität einer Hochaltrigen durch Infrastruktur] „Die [Chorsängerin] ist körperlich SEHR gebrechlich. Die tut sich WAHNSINNIG schwer überhaupt zu mir zu kommen. Es geht kein Bus hierher oder nur über Umwege. Und dann muss sie lange laufen und das ist ihr alles zu beschwerlich. Dann hat sie unter Tränen gesagt, sie muss jetzt aufhören. Nach einundzwanzig Jahren, in denen sie in dem Singkreis war." (I11, 218)

Eine weitere intervenierende Bedingung soll im Rahmen dieser Arbeit der Vollständigkeit halber zwar erwähnt, aufgrund ihrer Endlichkeit jedoch nicht im Detail ausgeführt werden: Zum Zeitpunkt der Datenerhebung wurde die gesamte kirchenmusikalische Arbeit in Deutschland, und mit ihr die kirchenmusikalische Begleitung in den Lebensphasen und Lebenslagen im Alter, massiv von der Corona-Pandemie beeinflusst: Kirchenmusikalische Gruppenangebote konnten phasenweise gar nicht oder nur unter Auflagen angeboten bzw. besucht werden, das gemeinschaftliche Musizieren war durch die Ansteckungsgefahr und die daraus resultierenden staatlichen und kirchlichen Maßnahmen beeinträchtigt. Alte Musiker*innen trafen die pandemiebedingten Beschränkungen besonders stark, da die soziale Komponente der Kirchenmusik eine große Rolle für sie spielt (vgl. Kapitel 7.4.2). Mit Digitalangeboten im Bereich des Gruppenmusizierens und der musikalischen Bildung sowie neuen Musikangeboten „auf Abstand", z. B. Balkonmusik, musikalische Telefonanrufe u. a., entstanden während der Lockdownphasen kreative Formate, die für die Zeit nach der Pandemie von Bedeutung bleiben könnten. So wäre es beispielsweise denkbar, dass kirchenmusikalische Angebote zukünftig hybrid durchgeführt werden, um immobilen Senior*innen eine längere Teilhabe an der gewohnten Gemeinschaft zu ermöglichen. Kirchenmusik könnte insgesamt digitaler ausgerichtet werden, was im Bereich der Seniorenarbeit vermutlich dann besondere Akzeptanz fände, wenn die heutigen digital natives in die Lebensphase Alter eintreten (vgl. I1.2, 760). Für eine genauere Analyse der coronabedingten Einflüsse auf die kirchenmusikalische Begleitung älterer, alter und sehr alter Menschen sind spezielle Untersuchungen nötig, ebenso für die Bewertung der vielschichtigen Folgen, die aus der Pandemie für die musikgeragogische Arbeit im Kontext von Kirche und Kirchenmusik entstanden bzw. entstehen.

Deutlich sichtbar wurden durch die besonderen Umstände ab Frühjahr 2020 jedoch die Konsequenzen, die kirchenmusikalische Aktivitäten bzw. deren Nichtvorhandensein für Senior*innen haben können. Sie werden auf der Grundlage der Interviewdaten im Folgenden dargestellt, ebenso die Ergebnisse zur Auswirkung kirchenmusikalischer Begleitung in den Lebensphasen und Lebenslagen im Alter für hauptberufliche Kirchenmusiker*innen, für das Arbeitsfeld Kirchenmusik, für die Institution Kirche und für die gesamte Gesellschaft.

## 8.4 Konsequenzen

Die Frage nach dem Nutzen neuer Handlungen wird in traditionellen Systemen besonders dann bedeutsam, wenn die Interaktionen Veränderungen des Gewohnten, strukturelle Neuerungen und/oder finanziellen Aufwand mit sich bringen. Ein Interviewpartner schlägt zur Förderung kirchenmusikalischer Seniorenarbeit vor:

> „Ich muss die Leute davon überzeugen, dass sie hier in etwas investieren müssen, was ihnen später selber zugute kommt, wenn es dann angelegt ist." (I2, 673)

Bei den immensen strukturellen und finanziellen Herausforderungen, denen die christlichen Kirchen derzeit gegenüberstehen, wird diese Vorgehensweise vermutlich nicht genügen. Um (neues) kirchenmusikalisches Engagement für die große, bisher wenig beachtete Gruppe der Ältergewordenen zu etablieren, braucht es umfassende Argumente jenseits des natürlichen Alterungsprozesses der kirchlichen Entscheidungsträger*innen.

Dieses Kapitel stellt die Bedeutsamkeiten und (möglichen) Folgen von Kirchenmusikgeragogik auf den verschiedenen Ebenen der beteiligten Personen und Systeme dar. Zudem wird die konsequentielle Relevanz von Musikgeragogik für hauptberufliche Kirchenmusiker*innen als Ausführende und Multiplikator*innen innerhalb der Kirchenmusik, der Kirche und der Gesellschaft aus den Interviewdaten erschlossen.

### 8.4.1 Teilnehmer*in

Die Teilnahme an altersgemischten kirchenmusikalischen Angeboten hat, nach Meinung der befragten Kirchenmusiker*innen, den besonderen Vorteil, dass ältere, alte und sehr alte Menschen von ihren jüngeren Mitmusiker*innen profitieren können. Beim gemeinsamen Musizieren lernen alle Generationen voneinander, sie ergänzen sich in ihren Kompetenzen und Erfahrungen und geben sich gegenseitig Kraft und Unterstützung:

> „Die Arbeit untereinander, auch an Probenwochenenden, mit Alt und Jung ist GOLD wert. Also, das ist SCHÖN. Das ist auch für ALLE bereichernd. [Das] nimmt viel Stress raus, weil man sich nicht immer nur mit den Gleichaltrigen vergleichen muss, sondern man lernt ja auch voneinander." (I17, 91)

> „Mein Ideal ist es immer, dass man im Kirchenchor einfach auch ein Abbild der Gemeinde hat und man da auch eine durchgehende Altersstruktur hat und jeder von dem anderen irgendwie profitieren kann." (I16, 53)

> [Singen im altersgemischten Chor] „Das hält, glaube ich, einfach viele auch jung." (I13, 459)

Die evangelischen Posaunenchöre sind als altersgemischtes Format besonders gut geeignet „oft ganze Familien" (I1.2, 703) zum gemeinsamen Musizieren zusammenzubringen, was das Miteinander der Generationen im persönlichen Umfeld der Teilnehmenden positiv beeinflussen kann.

Hierzu tragen auch intergenerative Angebote bei, wie z. B. gemeinsame Konzerte von Kinderchören und Seniorenkantorei, wo es „Schnittmengen von Omas und Opas von Kindern, die in der Kinderkantorei singen" (I12.1, 173), geben kann. Der Mehrwert solcher intergenerativer Angebote besteht im „Synergieeffekt" (I12.1, 187), der zwischen den Generationen entsteht. Beide Seiten bereichern sich gegenseitig, lernen voneinander und haben „einen sehr großen Gewinn davon" (I12.1, 186).

Altershomogene Kirchenmusikangebote bieten Senior*innen die Möglichkeit, sich trotz zunehmender altersbedingter Einschränkungen weiterhin kirchenmusikalisch einbringen zu können, wenn eine Teilnahme an den gewohnten, altersgemischten Angeboten aus unterschiedlichen Gründen nicht mehr möglich ist (Disposition, Erwartungshaltung, Altersgrenze etc.):

> „Dann haben sie das verstanden und haben es auch angenommen als eine Chance, weiterhin singen zu dürfen. Denn es wurde ihnen doch klar, dass die Kirchengemeinde auch sagen kann: ‚Hey, das brauchen wir gar nicht mehr mit einem Chorleiter zu besetzen. Seht zu, wo ihr hingeht!'" (I17, 149)

Für Anfänger*innen oder Wiedereinsteiger*innen stellen spezielle, altersangepasste Konzepte eine Chance dar, auch im fortgeschrittenen Alter (erneut) kirchenmusikalisch aktiv zu werden und von den allgemeinen positiven Auswirkungen des Musizierens im kirchlichen Kontext zu profitieren. Besonders die musikalische Einzelbegleitung, z. B. in Form von Instrumental- oder Stimmbildungsunterricht, ist für Senior*innen eine Bereicherung, da dort individuell auf ihre Bedürfnisse und Zielsetzungen eingegangen werden kann. Altersbedingte Abbauprozesse musikalischer Fähigkeiten lassen sich mit gezielter fachlicher Begleitung verzögern und musikalische Kompetenzen der Ältergewordenen länger erhalten:

> [Kirchenmusiker >60 Jahre:] „Ich nehme jetzt seit acht Jahren Gesangsunterricht. [Ich] hoffe, dass meine Stimme immer besser wird und arbeite natürlich gegen diese biologische Schwerkraft an. Die Stimme wird natürlich auch bei mir nicht besser und ich glaube, dass ich durch meinen Gesangsunterricht den Prozess wenigstens ein bisschen abbremse." (I11, 569)

> [Zum Vorteil von gezielter Stimmbildung mit Seniorin] „[Sie] ist immer noch eine sehr gute Musikerin mit absolutem Gehör und allem Drum und Dran, die eigentlich auch in der Einzelstimmbildung noch bis zum zweigestrichenen b kommt, im Alter von Mitte siebzig. Aber das nur, wenn jemand richtig mit ihr stimmbildnerisch arbeitet. Und im normalen Chor geht das halt einfach nicht." (I16, 324)

Als allgemein positive Konsequenz kirchenmusikalischer Begleitung in den Lebensphasen und Lebenslagen im Alter – unabhängig davon, ob sie in Form von altersgemischten, altershomogenen oder intergenerativen Angeboten erfolgt – ist die Teilhabe an Gemeinschaft zu nennen. Für ältere Menschen mit wenig Sozialkontakten, altersbedingten Einschränkungen etc. stellen kirchenmusikalische Angebote, aus Erfahrung eines Interviewpartners, oft das „einzige Tor zur Außenwelt" (I16, 145) dar. Die Chorprobe wird zum

> „[...] einzige[n] Termin in der Woche [...], auf den man sich irgendwie freuen kann [...] Für die ist das dann einfach die Möglichkeit, jemanden zu treffen, etwas zu machen oder einfach dem Alltag ein bisschen zu entfliehen." (I16, 145 und 153)

Manche Senior*innen genießen in altersangepassten Formaten, die das Prinzip der Biografiearbeit (vgl. Kapitel 3.4.2) berücksichtigen, die musikalische Brücke zur eigenen Vergangenheit:

> „[Sie sagen:] ‚Das Lied, das haben wir ja früher dann und dann gesungen […] Ach, ist das toll, dass wir das endlich noch einmal gemacht haben […] Das bedeutet mir deswegen etwas, weil das war bei der Hochzeit […]' oder sonst irgendetwas. Also, dass auch ein paar persönliche Erinnerungen kommen." (I9, 214)

Durch ihre Teilhabe an Kirchenmusik erlangen ältere, alte und sehr alte Menschen vielfältigen Zuwachs an Wissen, Fähigkeiten und Fertigkeiten[35] (*„Kirchenmusik ist immer Bildung, weil jeder, der sich daran beteiligt, nimmt [davon] etwas mit." I17, 485*). Dazu zählen u. a. konkrete (kirchen-)musikalische Fachkenntnisse und Instrumentalfähigkeiten bzw. Stimmbildung, aber auch Sozialkompetenzen:

> „Das ist leider in einer Kirchengemeinde, auch bei den ganz treuen [Mitgliedern], nicht unbedingt immer gegeben, dass die die Aufmerksamkeit haben: Da könnte ich jetzt irgendwie hin und jemandem helfen. [Jemanden] unterstützen oder halt einfach eine Freude machen. [Zusammen] mit dem ein Lied singen und so. Also, das habe ich schon vor, da mehr und mehr meine Gemeindemitglieder hier auf die SPUR zu bringen. Eigentlich denke ich immer, das ist selbstverständlich, aber das ist es nicht. LEIDER." (I6, 364)

Zu beobachten sind außerdem Entwicklungen im Bereich der Persönlichkeitsbildung, wie z. B. ein Zuwachs an Flexibilität oder die Stärkung des (musikalischen) Selbstvertrauens:

> [Konzert im Seniorenheim] „Für den Seniorenchor ist das Training in Flexibilität. Wir stehen da anders oder sitzen anders und müssen uns an den niedrigen Raum gewöhnen und überhaupt VORsingen." (I7, 155)

> [Zu Kompetenzerwerb durch Singen im Seniorenchor] „[Sie erleben] die Fortschritte darin sich zu trauen, mit ein paar Frauen eine Stimme durchzuhalten. Und dann auch aufzutreten damit." (I17, 500)

Kirchenmusik verhilft Menschen zu „bleibende[n] Momente[n], die Eindruck hinterlassen" (I13, 426), was besonders für hochaltrige Senior*innen von Bedeutung werden kann. Sind in der Phase der Immobilität kaum noch neue Erlebnisse möglich, können Erinnerungen an besondere Ereignisse Kraft schenken und Wohlgefühl erzeugen:

35 Vgl. Kapitel 7.5.1: Relevanz für kirchlichen und kirchenmusikalischen Bildungsauftrag (6. Pädagog*in, Andragog*in, Geragog*in)

> [Konzertprojekt mit Kirchenchor] „Man merkt dann manchmal den Stolz, wenn sie auch über vergangene Projekte berichten […] Da zehren auch viele sehr, sehr lange davon." (I13, 230 und 420)

Darüber hinaus steigern eigene kirchenmusikalische Aktivitäten die Sensibilisierung für Kirchenmusik, erweitern die Erlebnis-, Wahrnehmungs- und Ausdrucksfähigkeit der (alten) Menschen und eröffnen ihnen Räume für neue Erfahrungen:

> [Seniorenchor] „Das ist natürlich eine ganz große Bereicherung für die eigene Wahrnehmungsfähigkeit, aber auch für die eigene Ausdrucksfähigkeit." (I7+, 192)

> [Orgelführung für Senior*innen] „Und dann hören sie plötzlich ganz anders und schauen dabei zu und ja, die waren BEGEISTERT und SEHR, sehr, sehr verwundert. Und ich denke, dass sie danach vielleicht auch so manches Mal anders zugehört haben, wenn sie die Orgel gehört haben." (I7+, 232)

> [Anfänger-Instrumentalunterricht mit Senior] „Da wird aber plötzlich eine neue Sparte des Erlebens und des Sich-Betätigens und der Aufmerksamkeit geschaffen. Das kann man [durch Unterricht] SEHR." (I7+, 250)

Teilhabe an Kirchenmusik hat positive Folgen für das Körperbewusstsein im Alter und kann, aus Erfahrung einer Kantorin, „[…] etwas bewirken […], was der Gesundheit förderlich ist" (I5, 650). Außerdem werden durch aktives Musizieren geistige Fähigkeiten erhalten oder neu erschlossen:

> [Anfänger-Instrumentalunterricht mit Senior] „Er möchte damit GEHIRNtraining, GEHIRNjogging machen. Es gibt ja da auch Studien mit der ganzen Verschaltung, die man da hat, und dass das wirklich, gerade bei einem Instrument wie Orgel, immens ist." (I10, 387)

Musikalische Begleitung „gibt den Menschen sehr viel" (I13, 83), fasst ein Gesprächspartner seine Motivation für eine lebensumspannende Kirchenmusik an seinem Dienstort zusammen und ist überzeugt, „[…] dass wir wichtige Arbeit leisten für die ältere Generation" (I13, 967). Im Interview vertritt er die Meinung, dass Kirchenmusik „[…] die ältere Generation keinesfalls abhängen darf, sondern dass das wirklich ein wichtiger Baustein ist für die [Senior*innen]. Vom körperlichen und geistigen [Nutzen] einmal abgesehen, [auch] für die Seele oder für das Gemüt" (I13, 963):

> „Ich glaube, dass die Musik oder die Gemeinschaft wirklich auch der Seele gut tut, gerade auch bei den älteren Menschen." (I13, 124)

Diese kirchenmusikalische Seelsorge, die mit entsprechend konzipierten Formaten in allen Lebensphasen und Lebenslagen im Alter erfolgen kann, beruht auf unterschiedlichen Faktoren, z. B. Musizieren geistlicher Werke, (geistliche) Gemeinschaft, Wertschätzung, Gespräche, praktische Hilfestellung etc. Einen wesentlichen Anteil an der seelischen Gesundheit haben außerdem der Spaß und die Freude, die Senior*innen beim aktiven Musizieren im kirchenmusikalischen Kontext empfinden:

> [Chorische Stimmbildung im Seniorenchor] „Es sind nicht sture Übungen, sondern es ist lustig und macht Spaß und wir hatten unheimlich Spaß." (I7, 27)

> [Seniorenkantorei] „Dann macht ihnen das Spaß und dann bleiben sie dabei." (I12.1, 158)

> [Seniorenchor im Gottesdienst] „[…], weil die so FRÖHLICH da hinten im Chorraum sitzen und sich FREUEN." (I12.1, 234)

> [Seniorenchor] „Dann kriegen Sie von dieser Frau eine SMS und dann steht da drin: ‚Ich freue mich so, dass ich bei Ihnen im Singkreis singen darf und dass Sie auch Leute singen lassen, die es nicht so gut können.'" (I11, 327)

> [Seniorenchor] „Die kommen IMMER wieder und sagen: ‚Das hat heute so einen Spaß gemacht.'" (I17, 299)

Zielgruppenadäquates Musizieren in wertschätzender Atmosphäre schenkt älteren, alten und sehr alten Menschen das Gefühl von Sicherheit und Wohlbefinden, weil sie dabei weder über- noch unterfordert werden:

> „Die Leute fühlen sich absolut wohl und wir sind ein lebendiger, schöner Kreis." (I7, 13)

> [Über Sänger mit kranheitsbedingten Einschränkungen] „Er hat sich wahnsinnig wohl gefühlt, weil er so sein konnte, wie er jetzt war, auch mit seinen Einschränkungen. Aber [dass er] trotzdem mitsingen konnte. Ihm hat das wahnsinnig gut getan, das Singen. Die frische Art, die jetzt die Chorproben hatten, und so weiter. Das hat er immer mehrfach betont. Der kam auch erst im höheren Alter dazu." (I13, 455)

Viele bisher genannten Konsequenzen kirchenmusikalischer Begleitung zeigen sich in der Dankbarkeit der älter gewordenen Musiker*innen:

> [Über Sänger mit krankheitsbedingten Einschränkungen] „Da hat er sich immer mehrfach beDANKT, dass er da einfach als Mensch wahrgenommen wurde." (I13, 452)

> [Seniorenchor] „Dann habe ich mich DOCH angeboten, das zu übernehmen, und das wurde auch dankbar angenommen." (I8, 22)

> [Seniorenkantorei] „Sie sind DANKBAR, dass sie sich heute hier treffen dürfen. Die sind fröhlich miteinander. Da ist kein Geunke über den anderen oder so, sondern DANKBARKEIT. Und das auch wirklich bei den Zweiundsechzigjährigen, die drin sind." (I4, 355)

> [Seniorenkantorei] „Die sind wahnsinnig dankbar für alles." (I12.1, 205)

Diese Dankbarkeit strahlt direkt auf die Kirchenmusiker*innen aus, so dass die Arbeit für und mit Senior*innen auch bei ihnen positive Folgen zeigt.

### 8.4.2 Kirchenmusiker*in

„Ich freue mich einfach über dieses dankbare Feedback, das ich bekomme, auch gerade im Seniorenchor" (I17, 297), berichtet eine Kantorin im Interview und bringt damit die am deutlichsten spürbare und unmittelbarste Konsequenz von Kirchenmusikgeragogik für Kirchenmusiker*innen zur Sprache:

> „Sooo ein Feedback wie in diesem Seniorenchor kriege ich nirgendwo. Das ist wirklich enorm. Die sind so unendlich dankbar und das nehme ich auch gerne an (lacht). Ja, ja, ja." (I17, 303)

Bei den vielfältigen Herausforderungen des Berufes (vgl. Kapitel 4.2 und Kapitel 7.2.2) und den teilweise belastenden Arbeitssituationen sind positive Rückmeldungen ein wichtiger Motivationsfaktor für Kirchenmusiker*innen, trotz mancher Widrigkeiten weiterzumachen. Die Wertschätzung kantoralen Engagements und die Dankbarkeit darüber, im kirchenmusikalischen Kontext musizieren zu dürfen, werden für die Gesprächspartner*innen besonders in der Arbeit mit Senior*innen spürbar:

> „Weil man so viel dafür zurück bekommt, sage ich ganz ehrlich. Also, ich mache das auch als mein Ehrenamt. Ich sage das nicht öffentlich, dass das mein Ehrenamt ist. Aber ich mache das gerne als mein Ehrenamt, weil die älteren Leute einem so DANKBAR sind dafür, dass sie da etwas bekommen." (I12.2, 34)

Als Folge dieser wertschätzenden Resonanz stellt sich bei Kirchenmusiker*innen Wohlgefühl ein:

> „Das WÄRMT natürlich das Herz und das MACHT natürlich etwas mit einem. Wenn du so viel Zuspruch und so viel liebevolle Anerkennung bekommst, das tut natürlich auch gut als Chorleiter, Chorleiterin." (I5, 300)

> „Mit den Senioren geht es mir SEHR gut." (I1.2, 182)

> „Man merkt auch, da ist einfach Kontakt und Interesse da und es ist immer SCHÖN. Die freuen sich einen zu sehen, ich freue mich, wenn ich sie sehe, auch außerhalb der Chorproben." (I13, 130)

> „Ich genieße das eigentlich SEHR. Ich finde, eine Seniorenkantorei ist der pflegeleichteste Chor." (I12.1, 202)

Viele Gesprächspartner*innen berichten in den Interviews von der Freude, die es ihnen bereitet, mit älteren Menschen zu arbeiten, „weil die Leute so begeistert sind" (I7, 485) und weil „es den Leuten Spaß macht und die gerne kommen" (I8, 66):

> „Es macht wirklich SPAß mit Senioren zu arbeiten. Das hätte ich vielleicht früher auch nicht so gedacht, aber es ist WIRKLICH schön." (I17, 307)

Die Arbeit nach Prinzipien der Musikgeragogik ist, im Vergleich zu einigen anderen kirchenmusikalischen Tätigkeiten, „ein angenehmes Arbeiten" (I1.2, 508). In manchen Konfliktsituationen kann sie sogar „befreiende" Wirkung auf Kirchenmusiker*innen (und Senior*innen) haben:

> „[Es] war für uns alle eine große Befreiung. Also, […] für die Chorsänger […] und für MICH. Ich konnte endlich auch entspannt mit denen arbeiten. Ich arbeite heute anders mit denen […] Ich arbeite weitaus langsamer. Ich weiß, dass meine Arbeit nicht heißt: ‚Wir müssen ein tolles Konzert auf die Beine stellen.' Sondern die heißt einfach: ‚Mach mit diesen Menschen etwas, was denen gut tut.' Und singen TUT gut." (I17, 154)

Entspannung, Wohlgefühl, Wertschätzung und Dankbarkeit werden für Kantor*innen zu Kraftquellen, die ihnen selbst Freude schenken und Energie für andere Handlungsfelder freisetzen können. Zugleich wirkt die kirchenmusikalische Arbeit für und mit Senior*innen als eine Form der Seelsorge, da sie die Sinnhaftigkeit des Berufes, der einen Großteil des Lebens hauptamtlicher Kirchenmusiker*innen ausmacht (vgl. Kapitel 7.2.2), sichtbar werden lässt:

> „Ja, das sind auch, finde ich, sehr, sehr schöne Momente, wo ich denke: ‚Genau DAFÜR hat es sich gelohnt, diesen Beruf zu ergreifen.' Wenn man sieht, was zurückkommt von den Menschen. Welche Dankbarkeit, welche positiven Rückmeldungen, und was die selber davon mitnehmen." (I13, 477)

Die kirchenmusikalische Begleitung in den Lebensphasen und Lebenslagen im Alter ist somit nicht nur für ältere, alte und sehr alte Menschen, sondern auch für Hauptberufliche „eine Oase" (I6, 547), an der Körper, Geist und Seele gestärkt werden können.

Als weitere positive Konsequenz kirchenmusikgeragogischer Arbeit benennen mehrere Interviewte den Lernzuwachs, den sie selbst durch ihre älter gewordenen Musiker*innen erlangen. Er umfasst konkretes Wissen, das im Laufe des langen Lebens von den Senior*innen angesammelt wurde, aber auch vorbildliche Verhaltensweisen und Einstellungen, die der Lebenserfahrung und Reife alter Menschen entspringen:

> [Seniorenangebote] „Eigentlich ist es manchmal mehr Bildungsarbeit für MICH, weil ich lerne ja unglaublich viel dazu, wenn ich mit den Alten zusammen bin […] Wenn die erzählen, was sie schon alles so gemacht haben, da denke ich mir: ‚Ja, das hast du eigentlich SO noch nie gemacht, [das] könntest du auch einmal so machen.' […] Da bekomme ich auch ganz viele Ideen für mich selbst her. Das funktioniert dann eigentlich fast schon in die ANDERE Richtung." (I1.2, 385)

> [Über Teilnehmerin] „Die hört mir zu, die hat Zeit für mich und die hat mir immer einen guten Tipp zu sagen, ohne mich zu beeinflussen. Das schätze ich an ihr, weil das habe ich bei Gleichaltrigen eher selten. Die wollen mich in irgendeine bestimmte Richtung schubsen. Und die hört einfach zu und hat so viel Lebenserfahrung, dass ich ihren Rat unheimlich schätze." (I9+, 19)

> [Arbeit mit Senior*innen] „Ich habe [dadurch] einfach ein größeres Verständnis, was das bedeutet, ALT zu werden. Ich BEWUNDERE das auch manchmal [...] Bei vielen habe ich schon gedacht: ‚So will ich das auch machen im Alter.' Ja, auf jeden Fall. Ja, ja, [da sind] einige Vorbilder da." (I17, 319 und 340)

Zusammenfassend lässt sich speziell für das Handlungsfeld der kirchenmusikalischen Begleitung im Alter die Aussage einer Interviewpartnerin über Chorarbeit unterstreichen:

> „Man kriegt ja auch viel zurück als Chorleiter. Man gibt etwas, aber man kriegt auch viel zurück." (I9, 203)

Aus den Expert*innengesprächen zeichnet sich im Zusammenhang mit den dargestellten Konsequenzkategorien „Wohlgefühl", „Dankbarkeit" und „Resonanz" ab, dass der im Zitat angesprochene wechselseitige Austausch und die gegenseitige Bereicherung weitreichendere Konsequenzen nach sich ziehen könnten als zunächst vordergründig für Teilnehmer*innen und Kirchenmusiker*innen sichtbar wird. Es scheint so zu sein, dass die Wertschätzung, die Hauptberufliche den älteren Generationen durch zielgruppenadäquate Arbeit entgegenbringen, größere Resonanz erzeugt und somit zukunftsrelevante Chancen für das Arbeitsfeld Kirchenmusik und die Institution Kirche bieten könnte (vgl. Kapitel 9.2). In den folgenden Unterkapiteln werden die aus den Interviews analysierten Konsequenzen der kirchenmusikalischen Begleitung Ältergewordener für das Arbeitsfeld Kirchenmusik, für die Institution Kirche und für die Gesellschaft dargestellt.

### 8.4.3 Kirchenmusik

Aus den vorliegenden Daten lassen sich zwei Hauptkategorien entwickeln, die die positiven Konsequenzen der kirchenmusikalischen Begleitung in den Lebensphasen und Lebenslagen im Alter für das Arbeitsfeld Kirchenmusik bündeln: „Qualität" und „Fortbestand".

Diese Ergebnisse scheinen auf den ersten Blick im Widerspruch zum naturgegebenen Leistungsabfall im Alter und zum derzeitigen Fokus auf Kinderchorarbeit und Popularmusik zu stehen. Alle Aussagen der befragten Hauptberuflichen stimmen jedoch darin überein, dass sich deren situative Bemühungen um die Teilhabe älterer, alter und sehr alter Musiker*innen positiv auf das gesamte Kirchenmusikkonzept vor Ort auswirken und zum Fortbestand von Kirchenmusik in der Breite beitragen. Dabei zeigen altersgemischte und altershomogene Formate jeweils eigene positive Folgen für Kirchenmusik:

*Konsequenzen aus altersgemischten Angeboten*

Kirchenmusiker*innen, die ältere, alte und sehr alte Menschen möglichst lange in ihren etablierten altersgemischten Ensembles inkludiert wissen möchten oder aus anderen Gründen keine Seniorenangebote konzipieren (können), betonen die große Werk- und Konzerterfahrung der langjährigen Musiker*innen. Lebenszeitmusiker*innen bieten mit ihren Kompetenzen Sicherheit für die gesamte Gruppe und tragen somit zu einer Steigerung der Aufführungsqualität bei:

> „Auf die kannst du dich einfach verlassen, weil die setzen ein […] Wenn ich jemanden drinstehen habe, der entweder dieses Werk schon kennt oder aus vielen, vielen Jahren Konzerterfahrung mit verschiedenen Dirigenten auch weiß, dass er das jetzt da machen muss und wie das da jetzt sein muss, dann weiß ich: Der eine setzt sicher ein, der andere hat dann auf jeden Fall den schönen Ton und dann habe ich schon einmal etwas (lacht)." (I16, 442 und 446)

Die Inklusion älter gewordener Musiker*innen sichert bei einigen Kantor*innen die zuverlässige Darbietung größerer Werke in Gottesdiensten und Konzerten, bei anderen Hauptberuflichen sorgt sie für die grundsätzliche Leistungsfähigkeit der kirchenmusikalischen Gruppen:

> „Wenn ich die Senioren nicht HÄTTE, dann könnte ich das gar nicht MACHEN […] Die meisten, die ich im Chor habe, die sind schon fortgeschrittenen Alters. Ich BRAUCHE meine Senioren für den Chor und das sind einfach auch die erfahrenen Sängerinnen und Sänger." (I10, 148)

> „Jetzt ist es so, dass ich in der Kantorei einige Leistungsträger habe, die über siebzig sind und einer meiner besten Tenöre ist über achtzig." (I12.1, 111)

> „Mir würden schon auch sehr viele gute und erfahrene Stimmen wegbrechen, wenn ich jetzt eine Altersgrenze bei fünfundsechzig oder so ziehen würde. Da gibt es schon zwei oder drei, die WICHTIG sind für mich, die auch echt noch schön singen können." (I14.1, 361)

Da die Altersgruppe der Musiker*innen über 60 Jahre bereits heute bis zu 57 Prozent der Teilnehmenden an etablierten Kirchenmusikangeboten ausmacht (vgl. Kapitel 4.3), trägt die lange Einbindung erfahrener Sänger*innen in die Chorgemeinschaft dazu bei „[…], dass man […] einen größeren Chor vor sich hat und entsprechende Werke dann natürlich auch machen kann" (I10, 260). Diese Möglichkeit, auch größere kirchenmusikalische Werke aufführen zu können, unterstützt Hauptberufliche in ihrer Verpflichtung, das „kirchenmusikalische Erbe" (I8, 334) zu pflegen und „[…] die Werke […] [der kirchenmusikalischen] Geschichte lebendig […]“ (ELKB, 2016b) zu halten.

Bestimmte musikgeragogische Formate, wie z. B. (Mitsing-)Konzerte in Seniorenheimen, können als „Generalproben“ die Sicherheit der Musiker*innen erhöhen und somit die Qualität der Kirchenmusik in Gottesdiensten und Konzerten steigern:

> [Singen im Seniorenheim] „Das ist ein Vortragen und wir singen dann auch mit denen Weihnachtslieder. Also, ein paar dürfen die [Bewohner*innen] dann auch singen und wir singen natürlich ein paar Chorstücke als Generalprobe für Weihnachten.“ (I17, 428)

Neben den großen Konzerten zur Multiplikation kirchenmusikalischer Kulturschätze wird durch das fortdauernde Engagement älterer Musiker*innen oder durch die Nachwuchsgewinnung aus den Reihen der älteren Generationen auch die gottesdienstliche Orgelmusik aufrechterhalten:

> [Senior-Orgelschüler] „Der eine spielt jetzt regelmäßig Gottesdienste.“ (I8, 369)

> „Weil oft auch die Organisten in der Gemeinde dann einfach alt sind.“ (I13, 728)

Die Konsequenz kirchenmusikalischer Begleitung von Senior*innen wirkt sich im Zusammenhang mit dem Fortbestand von Kirchenmusik besonders positiv auf die nebenberufliche Kirchenmusik und die Kirchenmusik in der Fläche aus, die den überwiegenden Teil kirchenmusikalischer Arbeit in Deutschland darstellen:

> [Nebenberufliche Ausbildung für Senior*innen] „Wenn jemand sich dann mit Anfang sechzig bewirbt, kann der ja noch zwanzig Jahre für die Kirche aktiv sein.“ (I14.1, 267)

> [Fortbildung für nebenberufliche Chorleiter*innen] „Unsere Chöre WERDEN alle älter […] Wie kann ich mit Stimmbildung auf die ältere Stimme einwirken? […] Wie bekomme ich den Kirchenchor vom Dorf weiterhin leistungsfähig? Was brauche ich da? Und darüber kamen wir auf diese Seniorenchorleitungs-Fortbildung.“ (I12.1, 387 und 391)

Wird das Thema der kirchenmusikalischen Begleitung in den Lebensphasen und Lebenslagen im Alter von Hauptberuflichen bewusst aufgegriffen und die daraus resultierenden Fragen nicht nur für das eigene Konzept beantwortet, sondern z. B. in Fortbildungsangebote für Nebenberufliche eingebracht, kann dies zum Erhalt der Kirchenmusik in der Fläche und zur Qualitätssteigerung der kirchenmusikalischen Arbeit dort beitragen. Eine befragte Kantorin bemerkte nach einer kirchenmusikgeragogischen Fortbildung neue Motivation bei ihren nebenamtlichen Kirchenchorleiter*innen:

> „Es hat jetzt keiner, glaube ich, einen Seniorenchor gegründet. Aber alle, die bei der Fortbildung dabei waren, waren hinterher sehr inspiriert und motiviert aus ihren Chören, auch wenn sie schon älter sind, noch das Beste heraus zu holen.“ (I12.1, 397)

*Konsequenzen aus altershomogenen Angeboten*

Altershomogene Seniorenangebote tragen in besonderer Weise zum Fortbestand und zur Qualität von Kirchenmusik an hauptberuflichen Stellen bei, wenn sie stimmig in das Kirchenmusikkonzept vor Ort eingepasst werden. So berichtet ein Kirchenmusiker davon, dass er in seinem altershomogenen Ensemble bewusst auf die „altersbedingten Stimmbedürfnisse" (I16, 397) der Teilnehmenden eingeht und damit einen wichtigen Beitrag zur „Stimmerhaltung" (I16, 68) und Qualitätssicherung im altersgemischten Chor leistet:

> „Viele von denen, die im Requiemchor singen, singen auch im großen [Chor]. Insofern kann ich AUCH für diesen Chor vorbeugende oder stimmerhaltende Maßnahmen in der kleinen Gruppe dann machen." (I16, 69)

An diesem Beispiel wird eine weitere positive Konsequenz kirchenmusikalischer Begleitung in den Lebensphasen und Lebenslagen im Alter für Kirchenmusik deutlich: Der Requiemchor des Kantors, eines der vielfältigen Formate altershomogener Seniorenarbeit (vgl. Kapitel 8.2.3), würde ohne das Engagement der Senior*innen, aber auch ohne die aktive kirchenmusikalische Einbindung der älteren Generationen seitens des Kirchenmusikers, nicht existieren und könnte seinen wichtigen kirchenmusikalischen Dienst nicht erfüllen. Da die Trauerfeiern am Dienstort ausschließlich werktags und vormittags stattfinden, ist der Hauptberufliche für deren kirchenmusikalische Ausgestaltung mit Chormusik auf seine älter gewordenen Musiker*innen angewiesen (*„Wenn jemand in Rente geht, muss er beim Beerdigungschor dabei sein, weil wir BRAUCHEN das." I16, 380*). Der Bedarf an Musiker*innen in der nachberuflichen Phase ergibt sich besonders stark bei den werktäglichen Messen und den Trauerfeiern an nebenamtlichen Kirchenmusikstellen. Dort können (und müssen) ältere Organist*innen und Chorleiter*innen – mit der entsprechenden Vorbereitung und Begleitung durch Hauptberufliche – eingesetzt werden, um gottesdienstliche Kirchenmusik zu sichern, da jüngere Musiker*innen wegen beruflicher und familiärer Verpflichtungen meist nicht zur Verfügung stehen.

Zum Fortbestand etablierter kirchenmusikalischer Gruppen tragen zusätzliche altershomogene Seniorenangebote insofern bei, weil sie die Leistungsfähigkeit der vorhandenen Ensembles möglicherweise erhalten können:

> „Wir wollen, dass dieser Kirchenchor der Kirchenchor von [Kirchengemeinde] bleibt. Und dann muss man irgendwann tatsächlich sehen, ob man ab einer bestimmten Altersgrenze möglicherweise einen Übergang schafft in irgendeine [Form der] Seniorenarbeit." (I14.1, 103)

Bei dieser Strategie (vgl. Kapitel 8.2.2) zeigen sich die positiven Folgen einer speziellen kirchenmusikalischen Seniorenarbeit zum einen im Erhalt einer leistungsorientierten Kirchenmusik und zum anderen in der Mitarbeiter-Fürsorge für jüngere Gruppenmitglieder, die sich in einem Ensemble mit niedrigerem Altersdurchschnitt, nach Meinung eines Interviewpartners, wohler fühlen:

> „Wenn ich so überalterte Chöre sehe, wo sich ja junge Menschen nicht wohlfühlen können, das geht ja nicht. Jedenfalls, wenn das [Alter] derart DOMINANT ist." (I8, 144)

Altershomogene kirchenmusikalische Angebote für ältere, alte und sehr alte Menschen können „Platz für etwas Neues" (I14.1, 101) schaffen, „[...] zum Beispiel für Nachwuchs in den Chören" (I14.2, 10). Dass dieser junge Nachwuchs automatisch für hohe Qualität steht und Ältergewordene zu keiner künstlerischen Leistung (mehr) fähig sind, wurde bereits an anderer Stelle widerlegt, dennoch scheinen die Überlegungen eines Interviewpartners, nach Beobachtungen im Forschungsfeld, nicht von der Hand zu weisen:

> „Wir freuen uns ja immer über junge Leute, die etwas MACHEN in der Kirche. Die machen das aber wahrscheinlich NUR, wenn sie dann auch ein bisschen eine Bühne für sich haben." (I14.2, 19)

Im Hinblick auf den Leistungswillen von Musiker*innen jeden Alters können Kantor*innen mit einem extra Ensemble – nach musikgeragogischen Prinzipien konzipiert – *alle* vorhandenen leistungsfähigen Mitglieder in der etablierten Gruppe halten und neue, gleichgesinnte Musiker*innen dazu gewinnen. Konfliktsituationen, die oftmals aufgrund unterschiedlicher Zielsetzungen und Leistungsfähigkeiten entstehen, werden dadurch möglicherweise umgangen und die Exzellenz der Kirchenmusik erhalten:

> „Wenn du weißt, du musst ein Konzert vorbereiten und es muss dann funktionieren, und irgendeiner neben dir singt immer noch falsch. Dass du dann einen Zorn auf den bekommst, der neben dir sitzt und dich immer raus bringt[, ist verständlich]. Das fällt weg." (I1.2, 505)

Die positive Konsequenz kirchenmusikalischer Begleitung in Form von altershomogenen Angeboten liegt für die Kirchenmusik somit vielerorts darin, dass die bestehende „Gruppe weiterhin funktionieren kann" (I14.1, 443).

Nach Meinung eines Interviewpartners könnte eine weitere positive Folge von kirchenmusikalischer Seniorenarbeit sein, dass die Kirchenchorarbeit in bestimmten Stellensituationen zukünftig überhaupt fortgeführt werden kann, dann allerdings nach kirchenmusikgeragogischen Prinzipien (vgl. Kapitel 8.2.4):

> „Das ist halt schon ein bisschen das Problem, wie man die jungen Leute dann herbringt. Deswegen glaube ich schon, dass [...] in Zukunft vielleicht gerade Seniorenchöre die einzige Möglichkeit sind, dass man einfach dann noch einen Kirchenchor aufrecht erhält. Das glaube ich, darf man jetzt nicht unterschätzen. Weil auch bei mir das, was von unten her nachkommt, natürlich zu wenig ist. Ich bin jetzt noch

> auf einem Niveau, wo ich wirklich gut singen kann mit meinen Leuten, das ist kein Thema. Aber das bleibt nicht so.“ (I10, 536)

Andererseits betont ein Hauptberuflicher, dass sein altershomogenes Seniorenensemble aufgrund der fehlenden Leistungsfähigkeit keinesfalls ein „Kirchenchor-Ersatz“ (I11, 352) im gewohnten Gemeindebetrieb sein könnte:

> „[Da] hätte ich RIESEN Probleme. Da würde man nichts zuwege bringen.“ (I11, 352)

Eine andere Interviewpartnerin ist sich darüber im Klaren, dass die Vorzüge ihrer Seniorenkantorei für die Kirchenmusik nicht im klanglichen Mehrwert liegen, dafür aber u. a. in der guten Atmosphäre beim gemeinsamen kirchlichen Dienst, wovon auch andere Berufsgruppen profitieren:

> [Seniorenkantorei im Gottesdienst] „Es KLINGT nicht besser, sagen wir [es] ganz ehrlich. Also, es klingt nicht besser als die Kantorei, aber die STIMMUNG ist besser […] Auch die Pfarrerinnen und Pfarrer sagen, DAS ist ihr Lieblings-Chor. Im Gottesdienst ist es ihr Lieblings-Chor.“ (I12.1, 236 und 230)

Zum Erhalt der Kirchenmusik in ihren vielfältigen Ausprägungen trägt ein weiterer Aspekt bei, der von den meisten Hauptberuflichen bisher nicht bewusst initiiert wird: Die kirchenmusikalische Arbeit nach musikgeragogischen Prinzipien schafft für ältere, alte und sehr alte Menschen neue kirchenmusikalische Erfahrungs- und Aktionsräume und kann – vor allem bei Anfänger*innen – ein erweitertes Verständnis für Kirchenmusik und deren Aufgaben fördern:

> [Gottesdienstchor]„Wir schauen uns immer die Texte an, die wir singen. Ich erzähle auch gerne ein bisschen etwas dazu, was jetzt dahinter steckt oder wo die herkommen oder welche biblischen Grundlagen dahinter sind […] Oder was lautmalerisch ist oder rhetorische Figuren oder solche Sachen […] Dass man die Musik ein bisschen LESEN lernt, also nicht nur seine EIGENE Stimme lernt, sondern vielleicht ein bisschen versteht, was man da macht.“ (I3, 575)

> [Orgelführung für Senior*innen] „Und ich denke, dass sie danach vielleicht auch so manches Mal anders zugehört haben, wenn sie die Orgel gehört haben.“ (I7+, 234)

Durch die aktive Ausübung von Kirchenmusik kann eine stärkere Identifikation mit ihr erfolgen und eine größere Sensibilität für deren Besonderheiten und Notwendigkeiten entwickelt werden. Diese Verbundenheit führt im Idealfall zu hohem Engagement für Kirchenmusik (*„Da sind mir die Alten HOCH, HOCH wertvoll, weil HOCH engagiert.“ I2, 204*), auch im Hinblick auf deren Finanzierung:

> [Chormitglieder im Seniorenalter] „Viele sind treue Konzertbesucher. Die bilden auch einfach eine wichtige Gruppe ab, die wir Kirchenmusiker auch BRAUCHEN: Konzert- und Gottesdienstbesucher. Da sind wir ja auch darauf angewiesen. Bei Kon-

zerten noch einmal mehr, wenn es dann wirklich um Spenden und Eintrittsgelder geht. Also, da merkt man, da ist einfach eine große Verbundenheit da.“ (I13, 133)

„Es ist tatsächlich so, dass viele aus der Seniorenkantorei Mitglied im Förderverein geworden sind, Förderverein für Kirchenmusik. Der […] hat etliche Mitglieder, aber von der Seniorenkantorei sind prozentual SEHR VIELE zahlende Mitglieder und [die] spenden auch mal wirklich VIEL, viel Geld. Auch mal tausend Euro oder so, die dann einfach für Kirchenmusik ausgegeben werden können.“ (I12.2, 7)

Das hohe Engagement für Kirchenmusik – finanziell, musikalisch und/oder administrativ – lässt sich, nach Interpretation der vorliegenden Interviewdaten, auf die positiven Konsequenzen zurückführen, die die unterschiedlichen kirchenmusikalischen Begleitformen für Senior*innen haben. Für die Kirchenmusik resultiert daraus ihr Erhalt in unterschiedlicher Weise, u. a. im Zusammenhang mit Gruppen, Qualität, Leistungsfähigkeit, Musik im Gottesdienst und Pflege des kirchenmusikalischen Erbes. Ein Kirchenmusiker begründet sein Engagement für die älteren, alten und sehr alten Musiker*innen damit, dass deren Einsatz seine Berufsausübung zu einem großen Teil überhaupt erst möglich macht:

„Ich fühle mich denen auch verantwortlich, weil sie das auch irgendwie für MICH tun […] Dass ich meinen Beruf überhaupt MACHEN kann.“ (I10, 178)

Weitere positive Konsequenzen für Kirchenmusik bringt die Begleitung von Senior*innen im wichtigen Bereich der kirchenmusikalischen Aufbau- und Nachwuchsarbeit. Hier werden auch neue, gesellschaftsrelevante Formate, wie z. B. intergenerative Gruppen und Veranstaltungen, von Bedeutung. Aus den vorliegenden Daten lässt sich schlussfolgern, dass die bewusste Öffnung des Arbeitsfeldes für eine neue Zielgruppe den Personenkreis der kirchlich Aktiven erweitert und damit mehr Anknüpfungspunkte zu Kirchenmusik und ihrem Kontext geschaffen werden (vgl. Kapitel 8.4.4). Senior*innen in unterschiedlichen Lebensphasen und Lebenslagen erhalten durch die besondere Berücksichtigung ihrer Bedürfnisse, Wünsche und Ziele mehr Möglichkeiten, ihre vielfältigen Kompetenzen in das kirchenmusikalische Leben der Gemeinde einzubringen und die christliche Gemeinschaft auf unterschiedliche Weise zu bereichern. Dies kann durch ihr Engagement in Einzelangeboten, in altershomogenen bzw. intergenerativen Gruppen oder in (vorhandenen) altersgemischten Angeboten geschehen. Auch etablierte kirchenmusikalische Gruppen, die vordergründig nichts mit Seniorenarbeit zu tun haben, können von diesen Teilhabemöglichkeiten der älteren Generationen profitieren, weil sie dadurch indirekt neue Teilnehmer*innen erhalten:

[Gospelchor] „Die ÄLTEREN bringen ihre Kinder dann mit.“ (I5, 531)

[Kinderchor und Kirchenchor] „Darum ist es mir so WICHTIG die Chorarbeit komplett in einer Hand zu haben, weil es dann doch ICH bin, die die Netzwerke herstellen kann. Wenn ich mit den Älteren in Kontakt bin, dann kommt doch im Gespräch:

'Ach, meine Enkeltochter, die könnte jetzt ja schon einmal Kinderchor probieren.' Und auch anders herum." (I6, 215)

Zu beobachten ist bei den speziell auf die Bedürfnisse Ältergewordener abgestimmten kirchenmusikalischen Angeboten „[...] ein Schneeballeffekt [...], dass jeder immer noch jemanden mitbringt" (I12.1, 57) und dass „[...] Leute aus anderen Gemeinden noch dazu [kommen]" (I1.2, 215). Für die Zukunft des Arbeitsfeldes Kirchenmusik kann sich ein Kantor deshalb im Zusammenhang mit kirchenmusikalischer Seniorenarbeit vorstellen, dass „[...] wenn da gescheite Arbeit läuft, [...] wir zwar leere Kirchen, aber volle Chorprobenräume haben" (I16, 510). Damit verweist er auf die nächsthöhere Ebene, auf der die positiven Auswirkungen von Kirchenmusikgeragogik zum Tragen kommen können: Kirche mit ihren derzeitigen Herausforderungen und Zukunftsaufgaben im Kontext einer alternden Gesellschaft (vgl. Kapitel 2.4).

### 8.4.4 Kirche

„Gemeindeaufbau"[36] ist diejenige Kategorie, die bei der Datenanalyse im Zusammenhang mit Konsequenzen für die Institution Kirche am häufigsten Verwendung findet. Der Begriff „Gemeindeaufbau", der seinen Ursprung in der Missionstheologie hat und zunächst für die tatsächliche Neugründung christlicher Gemeinden stand, wird seit den 1990er-Jahren vor allem für die Erweiterung bestehender Gemeinden verwendet. In der einschlägigen deutschen Fachliteratur zu Evangelisation und Gemeindeentwicklung wird Gemeindeaufbau als „[...] planmäßiges Handeln im Auftrag Jesu Christi mit dem Ziel, dem Zusammenkommen, Gestaltgewinnen und Gesandtwerden [...] zu dienen" (Herbst, 2010, S. 66 f.), umrissen. Eine für die Fragestellung hilfreiche Definition des Begriffes findet sich in der Kirchenordnung der Evangelisch-reformierten Landeskirche des Kantons Zürich. Das Dokument benennt konkrete Merkmale, anhand derer sich Gemeindeaufbau messen lässt, z. B. der Gemeindeaufbau durch Musikgeragogik in der Kirchenmusik:

> „Gemeinde wird gebaut durch Gottes Geist, wo Menschen im Glauben gestärkt werden, neue Lebenskraft, Orientierung und Hoffnung finden und ihren Glauben in der Gemeinschaft leben können. Gemeindeaufbau schafft Raum für die Gemeinschaft im Feiern, Hören auf Gott, im Beten und Dienen sowie im Mitwirken der Mitglieder gemäß ihrer Begabungen. Gemeindeaufbau bedeutet, dass Menschen für die Nachfolge Christi und seine Gemeinde gewonnen werden, dass die Gemeinde das Evangelium bezeugt und den Dienst der Vermittlung und Versöhnung der Gesellschaft wahrnimmt. Gemeinde wird gebaut als Kirche am Ort in der Kirchengemeinde und als Kirche am Weg in übergemeindlichen, regionalen und gesamtkirchlichen Aufgaben,

36 Die Lehre vom Gemeindeaufbau (Oikodomik, von altgriechisch Οἰκοδομή = Gebäude, Hausbau) ist ein Teilbereich der Praktischen Theologie.

> Projekten und Werken." (Evangelisch-reformierte Landeskirche des Kantons Zürich [ZHref], 2010)

Ein Großteil der in der Definition aufgeführten Kriterien wurde bereits als Konsequenzen für die Teilnehmer*innen nachgewiesen (vgl. Kapitel 8.4.1) und im Zusammenhang mit den positiven Folgen für das Arbeitsfeld Kirchenmusik dargelegt (vgl. Kapitel 8.4.3). So öffnen kirchenmusikgeragogisch konzipierte Angebote beispielsweise (neue) Räume für die aktive Mitwirkung älterer, alter und sehr alter Menschen „gemäß ihrer Begabungen" (ZHref, 2010). Sie können die Glaubensentwicklung positiv unterstützen, weil sie Teilhabe an christlicher Gemeinschaft ermöglichen und unterschiedliche Wege zum Dialog mit Gott bieten. Kirchenmusikalische Aktivitäten in altersgemischten oder altershomogenen Gruppen, in intergenerativen Angeboten oder in Einzelbetreuung können „Lebenskraft, Orientierung und Hoffnung" (ebd.) schenken und somit helfen, den besonderen Herausforderungen in den verschiedenen Lebensphasen und Lebenslagen im Alter zuversichtlich zu begegnen:

> „Eigentlich muss man genau DENEN viel geben. Denn die [Alten] stehen vor einem großen Wissen, dass sie vor einem großen Lebensabschnitt stehen. Und da ist Gottes Hilfe oft entscheidend, um das zu schaffen." (I17, 62)

Musikgeragogische Angebote im Kontext von Kirche und Kirchenmusik tragen dazu bei, dass (auch) ältere, alte und sehr alte „Menschen gewonnen werden für die Nachfolge Christi" (ZHref, 2010). Auch diejenigen, die der Kirche eher fern stehen, können durch geeignete Projekte dazu eingeladen werden „[...] zumindest schon mal wieder einen Fuß in die Kirche [zu setzen und] [...] Kontakt auf[zu]nehmen" (I1.2, 621). Die Interviewpartnerin erkennt besonders bei Senior*innen im Dritten Alter ein großes Potenzial für den Gemeindeaufbau:

> „Sicher, weil das ja dann die Altersgruppe ist, die du wieder zurückholen kannst. Wenn sie über die Berufsjahre und die Familienjahre den Kontakt nicht hatten oder einfach keine Zeit hatten und dann in ihrem Seniorenalter plötzlich wieder [feststellen]: Ach, da war ja mal was. Oder: Da könnte man ja auch mal wieder hinschauen. Ich glaube, dass das sogar eine relativ große Chance für den Gemeindeaufbau ist." (I1.2, 637)

Der bereits im vorherigen Kapitel benannte „Schneeballeffekt" bringt der katholischen und evangelischen Kirche zusätzliche Chancen für die Gewinnung neuer Mitglieder:

> „Du hast eine ganze Clique [...] Wenn einer hingeht, kommen sie alle mit [...] Die man erst einmal hat, die behält man ja meistens auch. Es gibt wenige Leute, die einem dann wieder den Rücken kehren, wenn man sie erst einmal in einer Gruppe drin hatte." (I1.2, 651 und 600)

Mit ihrer Erfahrung aus der Praxis bestätigt die Kantorin wissenschaftliche Erkenntnisse zur Abkehr von Kirche, die vor allem die „Distanz gegenüber der Kirche“ (Peters et al., 2019, S. 17) als wichtigstes Motiv für Austritte verdeutlichen. Kirchenmusikalische Begleitung von Senior*innen kann diese Distanz auf vielfältige Weise verringern oder ganz auflösen. Sie schafft (neue) Verbindungen, fördert die christliche Sozialisierung und kann dazu beitragen, kirchliche „Identität [zu] stiften“ (I2, 892). Über die Teilnahme an den speziell für Senior*innen konzipierten kirchenmusikalischen Angeboten wird, nach Beobachtung einer Interviewpartnerin, auch das Interesse für andere Veranstaltungen in der Kirchengemeinde geweckt:

> [Seniorenchor-Mitglieder] „[Die gehören zum] Bildungsbürgertum, die KOMMEN natürlich jetzt auch. Die haben an Kirche sonst kein Interesse gehabt und kommen jetzt auch zu Konzerten und sonst[igen Veranstaltungen]. Das zieht ja KREISE. Das darf man ja auch nicht vergessen. Die sagen: ‚Oh, bei denen ist das TOLL, ich habe da so einen schönen Chor. Ach? Da ist ja auch SONST noch etwas.‘“ (I5, 444)

Die Begeisterung für die wertschätzende Begleitung im Alter und das geweckte Interesse für die Kirchengemeinde, die solche Angebote zur Verfügung stellt, können so weit gehen, dass sich Menschen in die „[…] Gemeinde umpfarren lassen, weil sie einfach dadurch gemerkt haben, dass es ihnen hier besser gefällt“ (I1.2, 604).

Auch Angehörige und andere Menschen im Umfeld der Senior*innen werden möglicherweise durch kirchenmusikgeragogische Veranstaltungen positiv auf Kirche aufmerksam und erhalten (neue) Anknüpfungspunkte, z. B. durch Gottesdienst- oder Konzertbesuche. Wegen der bereits heute hohen Austrittszahlen und des prognostizierten starken Mitgliederrückgangs (vgl. Kapitel 2.4.1) ist Kirchenmusik für und mit Senior*innen deshalb, nach Einschätzung einer Hauptberuflichen, von besonderer Bedeutung für die Zukunft der Kirchen:

> „Ich glaube, dass die Musik da eine sehr große, tragende Rolle spielen wird, um auch die Angehörigen noch für Kirche zu begeistern.“ (I12.1, 666)

Ein weiterer Begriff, der innerkirchlich häufig im Zusammenhang mit Gemeindeaufbau Verwendung findet, ist „Mitgliederbindung“. Verbundenheit kann eine positive Folge gelungener Mitgliederorientierung sein (vgl. Kapitel 2.4.2), u. a. im Arbeitsfeld von Kirchenmusiker*innen. Nach Überzeugung eines Interviewpartners ist Kirchenmusik für alle Altersgruppen „[…] ein großes Instrument für die Kirche […], Leute an sich zu binden“ (I16, 527). In der heutigen Gruppe der Senior*innen sieht der befragte Kirchenmusiker keinen „großen Aufholbedarf“ (I16, 530) im Bereich Mitgliederbindung, weil sich derzeit noch viele ältere, alte und sehr alte Menschen der Kirche verbunden fühlen. Eine Garantie der Kirchenmitgliedschaft allein aufgrund des fortgeschrittenen Alters besteht, laut wissenschaftlicher Untersuchungen (vgl. Kapitel 2.3.3) und Beobachtungen in der Praxis, jedoch nicht mehr. In den Bemühungen um Mitgliederorientierung und Mitgliederbindung müssen deshalb auch die Kirchenmitglieder im Dritten, Vierten und Fünften Alter Berücksichtigung finden, um diese große Gruppe der traditionell Verbundenen nicht zu verlieren:

> „Ich will nicht nur durch neue Wege die vielen Alten verlieren. Das wird manchmal so vergessen. Viele suchen nur noch neue Wege: ‚Wie kriegen wir NEUE Leute?' Aber wenn wir uns zu sehr verändern, dann VERLIEREN wir natürlich auch den ganzen STAMM." (I9, 581)

Eine altersadäquate kirchenmusikalische Begleitung kann ein Weg für die Kirchen sein, den veränderten Bedürfnissen, Wünschen und Zielsetzungen dieses „Stammes" gerecht zu werden und das Ziel der Mitgliederbindung in den älteren Generationen zu erreichen.

Neben Gemeindeaufbau und Mitgliederbindung zeigen sich aus den Interviewdaten wichtige Konsequenzen für das kirchliche Handlungsfeld Gottesdienst (Leiturgia). Da Kirchenmusik ein wesentliches Element im Gottesdienst der christlichen Gemeinde darstellt, ist ihr Erhalt durch das Engagement älterer Musiker*innen nicht nur eine positive Folge für das Arbeitsfeld Kirchenmusik (vgl. Kapitel 8.4.3), sondern gleichermaßen eine wertvolle Konsequenz für die Kirche und ihre Kernaufgabe Gottesdienst. Wie bereits im vorherigen Kapitel dargestellt, sind viele Gottesdienste schon heute auf die aktive Mitwirkung von Senior*innen angewiesen. Diese müssen durch altersadäquate Begleitangebote auf ihre kirchenmusikalischen Dienste vorbereitet werden:

> [Orgelunterricht für Senior*innen] „Ich habe jetzt drei Senioren im Orgelunterricht. Einen, der schon länger spielt und auch eine Orgelstelle hat, und der sich einfach immer mal wieder neue Ideen bei mir holt. Oder mir einfach mal Choräle vorspielt, wenn es neue Choräle sind, die er nicht kennt, und fragt: ‚Stimmt das Tempo so? Kann man das so registrieren?'" (I1.2, 399)

> [Fortbildungsangebote] „Das sind in der Regel AKTIVE. Bei den Alten sind es die Aktiven, die sich updaten lassen, weil wir das explizit anbieten. Wenn die erst siebzig sind und spielen bis fünfundachtzig, dann lohnt [sich] die Investition." (I2, 793)

> [Niederschwelliger Orgelunterricht] „Die Frage ist einfach nur: Wer spielt diese Orgeln? Und da [...] habe ich das immer als eine meiner Hauptaufgaben angesehen, generationenunabhängig einen sehr niederschwelligen Unterricht anzubieten [...] Speziellen Unterricht, der dafür sorgt, dass wir in den Gottesdiensten möglichst gut versorgt sind." (I15, 39)

Ein weiterer Punkt, der in den Interviews als positive Konsequenz musikgeragogischer Angebote im Kontext von Kirche genannt wird, ist die Förderung der Ökumene. Die gemeinsame Konzeption kirchenmusikalischer Begleitangebote für ältere, alte und sehr alte Menschen (*„Wir haben uns mit der katholischen Kirche[ngemeinde] zusammengetan, um einen ökumenischen Seniorensingkreis zu gründen." I3, 98*) kann das Miteinander der Konfessionen stärken, positive Akzente in der ökumenischen Arbeit setzen und Verständnis füreinander wachsen lassen.

### 8.4.5 Gesellschaft

Die gegenseitige Wertschätzung und das Verständnis füreinander können nicht nur zwischen den Konfessionen gefördert werden, sondern zu einem grundsätzlich besseren Miteinander in der Gesellschaft führen. Hier sind im Zusammenhang mit den kirchenmusikalischen Begleitangeboten in den Lebensphasen und Lebenslagen im Alter besonders die altersgemischten und intergenerativen Formate zu nennen, in denen beim gemeinsamen Musizieren gesellschaftliche Grundwerte praktiziert werden. Respekt, gegenseitige Hilfestellung, Lernen voneinander, prägende gemeinsame Erlebnisse u. a. können bei allen beteiligten Generationen eine Grundhaltung der Wertschätzung von Verschiedenheit entstehen lassen, von der die gesamte Gesellschaft profitiert:

> [Sozialverhalten im Chor] „Wenn jemand musikalisch ganz schwierig ist oder dement ist […] und ich dann feststelle, dass sich im Chor ein selbst rollierendes System ergibt, wer neben der Dame sitzt, dann ist das eine Form von sozialgemeinschaftlichem ERTRAGEN, Dulden, Durchtragen, die mich RÜHRT." (I2, 251)

> [Intergeneratives Angebot] „Und die Senioren hatten natürlich Spaß an dem Kindersingen und die Kinder haben Mund und Nase aufgesperrt, was die Erwachsenen da können." (I7, 523)

> [Abbau von Berührungsängsten durch Kirchenmusik] „Das sehe ich dann als meine Aufgabe, dass schon die jungen Menschen und welche, die dann Musiker werden, dass denen das nicht fremd wird: ‚Schau mal, das ist eine schöne Sache, eine Chorprobe [zusammen] mit den Senioren.'" (I6, 197)

> [Orgelkonzert mehrerer Musiker*innen] „Da waren auch [Zahl] ältere Organisten dabei […] und die haben sich zum Glück auch nicht gescheut. Die haben auch ihre Sachen dort durchgespielt und das war ein WUNDERBARES Miteinander. So stelle ich mir das IDEALERWEISE vor. Es ist ja auch eine Frage der Wertschätzung, dass man sie überhaupt WAHRnimmt und ihnen ein Angebot macht: ‚Ihr könnt Unterricht bekommen.'" (I15, 62)

Im kirchenmusikalischen Miteinander unterschiedlicher Persönlichkeiten, die ihre jeweils eigenen Erfahrungen, Fähigkeiten, Möglichkeiten, Wünsche, Bedürfnisse und Ziele für bzw. in die Gemeinschaft einbringen, wird das christliche Bild des einen Leibes mit verschiedenen Gliedern (1.Kor 12,20–26) praktisch erfahrbar und kann in allen Lebensphasen zum Vorbild für Toleranz und Solidarität außerhalb des kirchlichen Rahmens werden.

Kirchenmusikalische Begleitung in den Lebensphasen und Lebenslagen im Alter trägt in vielfältiger Weise zu einer Verbesserung des gesellschaftlichen Altersbildes bei. Nicht nur die älter gewordenen Teilnehmenden erfahren Wertschätzung ihres individuellen Alter(n)s und die lebenslange Entwicklung ihrer Gaben, auch die Gesellschaft „lernt" durch gelingende kirchliche Seniorenarbeit von den Altersbildern in der katholischen und evangelischen Kirche. Auf Grundlage der erhobenen Daten entsprechen kirchenmusikgeragogische Angebote von, für und mit Menschen im Dritten, Vierten und Fünften Alter sämtlichen Vorschlägen der EAfA für die kirchengemeindliche Umsetzung der „neuen" kirchlichen Altersbilder (vgl. Kapitel 2.3.2):

- Sie schaffen Gelegenheiten, (auch) im Alter Neues zu erproben,
- fördern die Aktivität Älterer,
- unterstützen den Aufbau von Netzwerken,
- schaffen altershomogene, altersgemischte und intergenerative Begegnungsräume,
- ermöglichen die Teilhabe von Menschen mit demenziellen Veränderungen (oder anderen psychischen oder physischen Einschränkungen),
- eröffnen „neue Möglichkeiten [...] das Evangelium kennenzulernen und über [...] Lebenssinn nachzudenken." (vgl. EAfA, 2002, S. 16 f.)

Kirchenmusikalische Begleitung in den Lebensphasen und Lebenslagen im Alter leistet somit nicht nur einen wichtigen Beitrag für die älteren Generationen innerhalb der Kirche, sondern für die gesamte Gesellschaft, die durch das kirchliche Vorbild zu positiven Veränderungen animiert werden kann.

### 8.4.6 Konsequentielle Relevanzen von Musikgeragogik im Rahmen der Kirchenmusiker*in-Rollen

In diesem Kapitel werden die aus den Interviewdaten ermittelten Konsequenzen kirchenmusikalischer Begleitung in den Lebensphasen und Lebenslagen im Alter für Teilnehmer*in, Kirchenmusiker*in, Kirchenmusik, Kirche und Gesellschaft den entsprechenden Kirchenmusiker*in-Rollen zugeordnet. Die daraus resultierenden konsequentiellen Relevanzen ergänzen die in Kapitel 7.5 dargestellten kontextuellen Relevanzen von Musikgeragogik im Kontext von Kirche und Kirchenmusik für hauptberufliche Kirchenmusiker*innen und ermöglichen eine umfassende Beantwortung der Forschungsfrage.

Analog zu Kapitel 7.5.1 gibt Tabelle 4 einen Überblick, welche konsequentiellen Relevanzen sich aus der Kombination der einzelnen Rollen im hauptberuflichen Dienst und den intervenierenden Bedingungen sowie den Handlungen im Zusammenhang mit dem Phänomen „Kirchenmusikalische Begleitung in den Lebensphasen und Lebenslagen im Alter" ergeben (siehe Tabelle 4, S. 221). Die Begründung der jeweiligen konsequentiellen Relevanzen basieren auf den Interpretationen der Interviewdaten, die in den vorherigen Kapiteln ausführlich dargestellt wurden. Um Wiederholungen zu vermeiden, erfolgt in den nächsten Abschnitten lediglich eine Zusammenfassung der wichtigsten Erkenntnisse für jede der neun Kirchenmusiker*in-Rollen, auf erneute Beweisführungen und Quellennachweise wird verzichtet.

Tab. 4: Konsequentielle Relevanz von Musikgeragogik für hauptberufliche Kirchenmusiker*innen

| Hauptberufliche Kirchenmusiker*in | | Intervenierende Bedingungen/ Handlungen/Konsequenzen | Relevanz |
|---|---|---|---|
| 1. Person | Privatperson | Haltung, Alter, Eigenschaften, familiäres Umfeld | persönliche Relevanz |
| | (Musiker-)Persönlichkeit | Schwerpunktsetzung, persönliche Kompetenzen, lebenslanges Lernen | |
| | Christ*in, Kirchenmitglied | | |
| 2. (Profi-)Musiker*in, Künstler*in | Instrumentalist*in | | |
| | Chorleiter*in, Dirigent*in | | |
| | Sänger*in | | |
| 3. Kirchenmusik-Agent*in | Ansprechpartner*in | | |
| | Organisator*in | Engagement älterer, alter und sehr alter Musiker*innen in altersgemischten, altershomogenen und intergenerativen Gruppen oder als Einzelpersonen | Relevanz für Kirchenmusik (Fortbestand, Qualität) kirchliche Relevanz |
| | künstlerische*r Leiter*in, Künstler*in | | |
| | Traditions-Bewahrer*in | | |
| | Diplomat*in | | |
| 4. Gemeindemusiker*in | (Fachbereichs-)Leiter*in | Stellenstruktur, Profil, Rahmenbedingungen Teamfähigkeit | Relevanz für Berufsbild |
| | Mitglied des Gemeindteams | | |
| | Gemeindebauer*in | lebensumspannendes Kirchenmusikkonzept Leitungsgremien: Haltung, Finanzierung | Relevanz für Kirchenmusik (Erhalt bestehender Gruppen) Relevanz für Nachwuchsgewinnung Relevanz für Mitgliederbindung Relevanz für Gemeindeaufbau |
| | (Gemeinde-)Diener*in | | |
| | Musik-Animateur*in | Respekt, Wertschätzung, Miteinander, Toleranz, voneinander Lernen, Kooperationen | gesellschaftliche Relevanz |
| | Kontakt- und Gemeinschafts-Förder*in | | |
| 5. Diakon*in, Sozialarbeiter*in | Ermöglicher*in | Sicherheit und Wohlgefühl, Empowerment | kirchliche Relevanz gesellschaftliche Relevanz |
| | Vermittler*in | | |
| | Kämpfer*in | | |
| | Verteidiger*in | | |
| | Versorger*in | | |
| | Förder*in | | |
| | Gesundheitsarbeiter*in | | |
| | Unterstützer*in, Helfer*in | | |
| | Beschützer*in | | |
| | Vertraute*r | | |
| | Problem-Ansprecher*in | | |
| | Weg-Finder*in | | |
| | Konfliktlöser*in | | |
| | Begleiter*in | | |
| 6. Pädagog*in, Andragog*in, Geragog*in | Wissens- und Wertevermittler*in | Kompetenzorientierung, zielgruppenadäquate Didaktik/Methodik/ Rahmenbedingungen | Relevanz für Kirchenmusik (Verständnis, Fortbestand, Qualität) |
| | Bildungsarbeiter*in | | |
| 7. Seelsorger*in | Emotionsöffner*in | Kirchenmusik-Oase, Dankbarkeit, Resonanz | seelsorgerliche Relevanz (für sich) Relevanz für Arbeitsfeld |
| | Zuhörer*in | | |
| | Freund*in | Lernen von Lebenserfahrung alter Menschen | persönliche Relevanz |
| 8. Multiplikator*in | (gesellschaftliche) Wirkungs-Person | Wertschätzung der älteren Generationen Vorbildfunktion durch kirchliche Altersbilder | gesellschaftliche Relevanz |
| | Vorbild | | |
| | Ausbilder*in | Aufgeschlossenheit für Weiterentwicklung des Arbeitsfeldes | Relevanz für Berufsbild |
| | Mentor*in | | |
| | Berater*in | Fortbildungen für Nebenberufliche | Relevanz für Kirchenmusik (Fortbestand, Qualität in der Fläche) |
| | Netzwerker*in | | |
| 9. Visionär*in | Veränderungs-Initiator*in | Beitrag zu Zukunftsaufgaben der Kirche | kirchliche Relevanz |
| | Ehrenamtliche*r | | |

Quelle: Eigene Darstellung

*Zusammenfassende Darstellung der konsequentiellen Relevanzen*

Als Privatperson und Musiker-Persönlichkeit wird die kirchenmusikalische Arbeit für und mit älteren, alten und sehr alten Menschen – je nach Haltung, Lebensalter, familiärem Umfeld und beruflicher Schwerpunktsetzung – für Hauptberufliche persönlich relevant. Kompetenzerwerb im Zusammenhang mit kirchenmusikalischer Senior*innenarbeit kann sich positiv auf den persönlichen und musikalischen Reifeprozess auswirken und zu einem gelingenden eigenen Älterwerden beitragen. Die bewusste Auseinandersetzung mit der Thematik Alter(n) fördert das Verständnis für die Herausforderungen in den verschiedenen Lebensphasen und Lebenslagen im Alter und erleichtert den Umgang mit alten Menschen im privaten und beruflichen Umfeld.

Um den Fortbestand und die Qualität von Kirchenmusik in ihrer vielfältigen Ausprägung sichern zu können, erhält die kirchenmusikalische Begleitung in den Lebensphasen und Lebenslagen im Alter in der Rolle Kirchenmusik-Agent*in sowohl Bedeutsamkeit für Kirchenmusik als auch für Kirche. Durch das hohe Engagement von Senior*innen als Organist*innen, Chorleiter*innen und als Ehrenamtliche in altersgemischten, altershomogenen oder intergenerativen Gruppen wird der kirchenmusikalische Dienst an hauptberuflichen Stellen bereichert. Eine kompetenzorientierte Begleitung älter gewordener Musiker*innen trägt wesentlich zur beständigen kirchenmusikalischen Ausgestaltung der Gottesdienste bei und hilft, das wertvolle Erbe der Kirchenmusik u. a. durch Konzerte zu erhalten.

Der bewusste Blick auf die zahlenmäßig stark vertretene Altersgruppe der Senior*innen lässt Hauptberufliche in der Rolle als Gemeindemusiker*in ihren Auftrag erfüllen, sich für den Erhalt und Aufbau der Gemeinde einzusetzen. Mit Unterstützung der kirchlichen und gemeindlichen Leitungsgremien können sie am Dienstort ein lebensumspannendes Kirchenmusikkonzept etablieren, in dem *alle* Gemeindeglieder einen adäquaten Platz zur Umsetzung kirchenmusikalischer Wünsche finden. Da die Möglichkeiten, Bedürfnisse und Zielsetzungen je nach Lebensphase und Lebenslage sehr weit auseinanderliegen, trägt die planvolle Einbindung älter gewordener Musiker*innen in den Gemeinden zum Erhalt bestehender Gruppen bei und öffnet Räume für neue Mitglieder. Im kirchenmusikalischen Miteinander, in dem auch älteren Generationen eine selbstverständliche, ihren Kompetenzen angemessene Teilhabe ermöglicht wird, können wichtige Werte für eine funktionierende Gesellschaft eingeübt werden.

Als Diakon*in und Sozialarbeiter*in setzen hauptberufliche Kirchenmusiker*innen die soziale Komponente ihres Berufes in die Praxis um. Mit altersadäquaten kirchenmusikalischen Angeboten, die sich an den Wünschen, Bedürfnissen, Kompetenzen und Zielen der Musiker*innen ausrichten, schenken sie Menschen im Dritten, Vierten und Fünften Alter Orientierung, Lebenssinn, Sicherheit und Wohlgefühl. Die vielfältigen Kraftquellen, die dadurch in den Teilnehmer*innen erschlossen werden, kommen nicht nur den Senior*innen selbst zugute, sondern der Kirche als Ganzes und der gesamten Gesellschaft.

Kirchenmusik trägt auf vielfältige Weise, gezielt oder en passant, zur Bildung von Kindern, Jugendlichen, Erwachsenen und Senior*innen bei. Mit ihrer breit gefächerten Arbeit übernehmen hauptberufliche Kirchenmusiker*innen einen Teil des kirchlichen Bildungsauftrages und sind verantwortlich für die Vermittlung von Kirchenmusik an alle Altersgruppen. Besonders nachhaltig kann kirchenmusikalisches Wissen vermittelt werden, wenn sowohl Didaktik und Methodik als auch Rahmenbedingungen passend auf die Zielgruppe abgestimmt sind. Dies wird in der heterogenen Lebensphase Alter durch unterschiedliche kirchenmusikalische (Bildungs-) Formate ermöglicht, z. B. in altersgemischten, altershomogenen oder intergenerativen Angeboten. Dort und in allen anderen kirchenmusikalischen Veranstaltungen, an denen alte Menschen teilnehmen, sind geragogische Prinzipien bedeutsam für die Kirchenmusik. Musikgeragogisch konzipierte Angebote im Kontext von Kirche fördern die Sensibilität und das Verständnis für Kirchenmusik und können somit zu deren Erhalt und Qualitätsverbesserung beitragen.

Die seelsorgerliche Bedeutung kirchenmusikalischer Begleitung Ältergewordener, die bereits als kontextuelle Relevanz analysiert wurde, stellt auf Grundlage der empirisch ermittelten Konsequenzen auch eine konsequentielle Relevanz für Kirchenmusiker*innen dar. Bei ihnen erzeugt die positive Resonanz der Teilnehmer*innen Freude und Wohlgefühl und lässt sie die Sinnhaftigkeit ihres Berufes (neu) erfahrbar werden. Die sichtbare, spürbare und auf verschiedene materielle Weise zum Ausdruck gebrachte Wertschätzung, die „entspannt[e]" (I17, 157) Art des Arbeitens und die Lebenserfahrung der Senior*innen tun den Seelen vieler Hauptberuflicher gut und setzen neue Kräfte in ihnen frei. Davon profitierten die Kirchenmusiker*innen selbst (persönliche Relevanz), aber auch das gesamte Arbeitsfeld, für das sie Verantwortung tragen.

Als Multiplikator*innen von Kirchenmusik erfüllen Hauptberufliche mit ihrer wertschätzenden Haltung gegenüber Senior*innen eine besondere Vorbildfunktion in der Gesellschaft. Kirchliche Altersbilder, die die unbedingte Würde bis zum Tod zeichnen, werden durch verschiedene kirchenmusikgeragogische Formate erfahrbar bzw. öffentlich sichtbar und können positiv auf das gesellschaftliche Meinungsbild zum Thema Alter(n) einwirken. Um diese hohe gesellschaftliche Relevanz auch zukünftig erfüllen zu können, müssen Hauptberufliche die kirchenmusikalische Begleitung von Senior*innen als Weiterentwicklung ihres Arbeitsfeldes nicht nur für sich selbst akzeptieren, sondern sie in allen kirchenmusikalischen Ausbildungsgängen als Handlungsfeld vermitteln und multiplizieren. Musikgeragogik im Kontext von Kirche und Kirchenmusik erhält dadurch sowohl Relevanz für das derzeitige Hauptamt und für die neben- bzw. ehrenamtliche Kirchenmusik in der Fläche als auch für das zukünftige Berufsbild. Studierende der Kirchenmusik können mit einer entsprechenden Anpassung der Lehrinhalte frühzeitig und fächerübergreifend darauf vorbereitet werden, dass die kirchenmusikalische Begleitung von Menschen (auch) die verschiedenen Lebensphasen und Lebenslagen im Alter umfasst.

Bedeutsamkeit für die Institution Kirche erlangt die musikgeragogische Arbeit im Kontext von Kirchenmusik durch ihre positive Unterstützung der kirchlichen Zukunftsaufgaben Inklusion, Mitgliederbindung und Gemeindeaufbau. Angebote zur kirchenmusikalischen Begleitung von älteren, alten und sehr alten Menschen bieten (neue) Räume der christlichen Gemeinschaft und laden durch zielgruppenadäquate Konzeptionen dazu ein sich weiterhin, wieder oder neu am kirchlichen Leben zu beteiligen.

## 8.5 Beantwortung der Forschungsfrage

Nach der vorläufigen Beantwortung der Forschungsfrage in Kapitel 7.5.2 kann auf Grundlage der theoretischen Modellierung von Kirchenmusikgeragogik an dieser Stelle eine umfassende Antwort formuliert werden. Sie berücksichtigt die verschiedenen Perspektiven auf den Forschungsgegenstand zum Zeitpunkt der Fragestellung und bildet die Basis für weiterführende Forschungsarbeiten zu Musikgeragogik im Kontext von Kirche und Kirchenmusik.

*Forschungsfrage*

Welche Relevanz hat Musikgeragogik im Kontext von Kirche und Kirchenmusik für hauptberufliche Kirchenmusikerinnen und Kirchenmusiker?

*Antwort*

Die kirchenmusikalische Begleitung in den Lebensphasen und Lebenslagen im Alter besitzt für hauptberufliche Kirchenmusiker*innen kontextuelle Relevanz und konsequentielle Relevanz.

*Kontextuelle Relevanzen*

Christliche Relevanz, künstlerische Relevanz, Relevanz für Verkündigungsauftrag, gottesdienstliche Relevanz, kulturelle Relevanz, finanzielle Relevanz, koinonische Relevanz, diakonische Relevanz, soziale Relevanz, Relevanz für kirchlichen und kirchenmusikalischen Bildungsauftrag, seelsorgerliche Relevanz (für andere), gesellschaftliche Relevanz, Relevanz für Kirchenmusik in der Fläche, Relevanz für kirchenmusikalische Ausbildungsgänge zum Haupt-, Neben- und Ehrenamt, Relevanz für die Zukunft von Kirchenmusik und des Berufes Kirchenmusiker*in.

*Konsequentielle Relevanzen*

Persönliche Relevanz, kirchliche Relevanz, gesellschaftliche Relevanz, seelsorgerliche Relevanz (für sich), Relevanz für Kirchenmusik (Verständnis, Fortbestand, Qualität, Erhalt bestehender Gruppen), Relevanz für Berufsbild, Relevanz für Nachwuchsgewinnung, Relevanz für Mitgliederbindung, Relevanz für Gemeindeaufbau, Relevanz für Arbeitsfeld.

Diese vielfältigen Bedeutsamkeiten treffen auf alle hauptberuflichen Kirchenmusiker*innen zu, wie Tabelle 5 belegt.

Tab. 5: Relevanz von Kirchenmusikgeragogik für hauptberufliche Kirchenmusiker*innen

| Rolle Kirchenmusiker*in | Relevanz |
|---|---|
| 1. Person | persönliche Relevanz<br>christliche Relevanz |
| 2. (Profi-)Musiker*in, Künstler*in | künstlerische Relevanz (mit Rolle 3) |
| 3. Kirchenmusik-Agent*in | Relevanz für Verkündigungsauftrag<br>gottesdienstliche Relevanz<br>kulturelle Relevanz<br>finanzielle Relevanz<br>kirchliche Relevanz<br>Relevanz für Kirchenmusik (Fortbestand, Qualität) |
| 4. Gemeindemusiker*in | koinonische Relevanz<br>Relevanz für Berufsbild<br>Relevanz für Kirchenmusik (Erhalt bestehender Gruppen)<br>Relevanz für Nachwuchsgewinnung<br>Relevanz für Mitgliederbindung<br>Relevanz für Gemeindeaufbau<br>gesellschaftliche Relevanz |
| 5. Diakon*in, Sozialarbeiter*in | diakonische Relevanz<br>soziale Relevanz<br>kirchliche Relevanz<br>gesellschaftliche Relevanz |
| 6. Pädagog*in, Andragog*in, Geragog*in | Relevanz für kirchlichen und kirchenmusikalischen Bildungsauftrag<br>Relevanz für Kirchenmusik (Verständnis, Fortbestand, Qualität) |
| 7. Seelsorger*in | seelsorgerliche Relevanz (für andere und für sich)<br>persönliche Relevanz<br>Relevanz für Arbeitsfeld |
| 8. Multiplikator*in | gesellschaftliche Relevanz<br>Relevanz für Berufsbild<br>Relevanz für Ausbildungsgänge zum kirchenmusikalischen Haupt-, Neben- und Ehrenamt<br>Relevanz für Kirchenmusik (Fortbestand, Qualität in der Fläche) |
| 9. Visionär*in | Relevanz für Zukunft des Berufes<br>kirchliche Relevanz |

Quelle: Eigene Darstellung

In ihr werden die kontextuellen und konsequentiellen Relevanzen den neun Rollen zugeordnet, die katholische und evangelische Kirchenmusiker*innen im Rahmen ihrer Berufsausübung in Deutschland üblicherweise einnehmen. Die Vollständigkeit der Zuordnung beweist, dass musikgeragogische Arbeit grundsätzlich für alle hauptberuflichen Kirchenmusiker*innen Relevanz besitzt, unabhängig davon, welche dienstlichen und persönlichen Schwerpunkte das Profil der Stelle definieren.

Auf eine zusammenfassende Beantwortung der in Kapitel 5 formulierten Unterfragen nach Kontext, Bedingungen, Formen und Folgen kirchenmusikalischer Arbeit für und mit Senior*innen wird wegen der Komplexität der Thematik an dieser Stelle verzichtet, sondern auf die Darstellung der Ergebnisse im Rahmen des vorangegangenen Modellierungsprozesses verwiesen. An dessen (vorläufigem) Ende wird im folgenden Unterkapitel eine empirisch begründete Definition des Neologismus „Kirchenmusikgeragogik“ (vgl. Kapitel 5) vorgeschlagen, um dem Begriff und dem neu zu erforschenden Teilbereich von Musikgeragogik wissenschaftliche Legitimation zu verleihen. Die Definition bündelt wesentliche Ergebnisse der vorliegenden Forschungsarbeit. Sie muss wegen der Prozesshaftigkeit des Handlungsfeldes laufend überprüft und aufgrund weiterer Erkenntnisse aus zukünftigen Forschungsprojekten (vgl. Kapitel 9.3) stetig überarbeitet werden.

## 8.6 Definition Kirchenmusikgeragogik

Kirchenmusikgeragogik ist Kirchenmusik von, für und mit Menschen im Dritten, Vierten und Fünften Alter.

In der Praxis des Arbeitsfeldes Kirchenmusik steht der Begriff Kirchenmusikgeragogik für alle Formen der kirchenmusikalischen Begleitung von Menschen in den verschiedenen Lebensphasen und Lebenslagen im Alter. Die Begleitangebote sind am Dienstort in ein lebensumspannendes Kirchenmusikkonzept eingebunden, das sich an den Grunddimensionen kirchlichen Handelns (Leiturgia, Martyria, Koinonia, Diakonia, Paideia) ausrichtet.

Als Teilbereich der wissenschaftlichen Disziplin Geragogik bzw. ihrer Unterdisziplin Musikgeragogik thematisiert Kirchenmusikgeragogik die kirchenmusikalische (Bildungs-)Arbeit von, für und mit Menschen im Dritten, Vierten und Fünften Alter. Ziel der wissenschaftlichen Ausdifferenzierung ist theoretischer Erkenntnisgewinn zur Verbesserung der Handlungsfähigkeit im kirchenmusikalischen Dienst (Haupt-, Neben- und Ehrenamt).

Im Mittelpunkt kirchenmusikgeragogischer Handlungen und Interaktionen stehen die Bedürfnisse, Wünsche, Voraussetzungen, Möglichkeiten und Zielsetzungen der älteren, alten und sehr alten Musiker*innen bzw. Musikrezipient*innen. Deren kirchenmusikalische Begleitung erfolgt wertschätzend, im wechselseitigen Austausch und in gegenseitiger Absprache im Einzelunterricht, in altersgemischten, intergenerativen oder altershomogenen Gruppen und im Rahmen von zielgruppenorientierten Veranstaltungen. Die Kernmerkmale kirchenmusikgeragogischer Arbeit, u. a. Wertschätzung, Inklusion und Kompetenzorientierung, entsprechen den Grundsätzen von Geragogik und Musikgeragogik und erweitern diese um das kontextspezifische Prinzip der geistlichen Gemeinschaft, das Verkündigung der Frohen Botschaft, Gottesdienst und Dienst am Nächsten einschließt.

Wichtige Zielsetzungen von Kirchenmusikgeragogik in der Praxis sind die förderliche Begleitung des christlichen Glaubenslebens, die Optimierung vorhandener Kompetenzen und die Ausbildung neuer (kirchenmusikalischer) Fähigkeiten älter gewordener Musiker*innen und Musikrezipient*innen.

Die kirchenmusikalische Begleitung von Menschen in den verschiedenen Lebensphasen und Lebenslagen im Alter sorgt durch Wissenszuwachs, Sensibilisierung und Verbundenheit der älteren Generationen für den Erhalt und die Qualitätsverbesserung von Kirchenmusik im Haupt-, Neben- und Ehrenamt. Im Kontext der kirchlichen und gesellschaftlichen Herausforderungen eröffnet Kirchenmusikgeragogik neue Chancen für Kirche und Gesellschaft und trägt zur zukunftsorientierten Ausrichtung des Berufsbildes Kirchenmusiker*in bei.

# 9. Diskussion und Ausblick

Bevor die Analyse- und Interpretationsergebnisse zur Diskussion aufbereitet werden, erfolgt die Bewertung der Daten bezüglich ihrer Aussagekraft und die Reflexion des Forschungsprozesses. Anhand „[...] zentraler, breit angelegter *Kernkriterien* qualitativer Forschung [...]" (Steinke, 2019, S. 323 f., Hervorhebung im Original) sollen die Qualität der Studie und die Tragfähigkeit der Ergebnisse evaluiert werden, da sie die Grundlage und Voraussetzung sowohl für die Akzeptanz von Kirchenmusikgeragogik in der Praxis als auch für weitere Maßnahmen zur Etablierung und Weiterentwicklung des spezialisierenden Teilbereiches von Musikgeragogik bilden.

## 9.1 Methodenreflexion und Aussagekraft der Daten

Die von Steinke 1999 zusammengestellten Kernkriterien (vgl. Döring & Bortz, 2013, S. 112 f.; Steinke, 2019, S. 324–331) beziehen neben der „[...] methodischen Strenge (zu der Indikation, empirische Verankerung, Limitation, reflektierte Subjektivität und Kohärenz gehören) auch die Frage der Relevanz sowie der Repräsentationsqualität [...]" (Döring & Bortz, 2013, S. 111) in die Bewertung qualitativer Forschung ein. Auf die vorliegende Studie angewandt, ergeben sich daraus folgende Evaluationsergebnisse:

*Intersubjektive Nachvollziehbarkeit*

Die umfassende Dokumentation des Forschungs- und Auswertungsprozesses mithilfe der QDA-Software trägt zur Nachvollziehbarkeit der Ergebnisse und zu deren Qualitätssicherung bei, da die Leser*innen anhand der digital vorliegenden Daten „[...] die Studie im Licht ihrer eigenen Kriterien beurteilen können" (Steinke, 2019, S. 324). Mit der Reflexive-Grounded-Theory-Methodologie wird ein kodifiziertes Verfahren verwendet, das die „[...] Kontrolle bzw. den Nachvollzug der Untersuchung erleichter[t]" (ebd., S. 326). In der Dissertation werden zur Nachvollziehbarkeit zudem die Datenerhebung, Datenaufarbeitung und Datenauswertung, die Zielsetzungen der Arbeit und die Präkonzepte der Forscherin dokumentiert (vgl. Kapitel 6).

*Reflektierte Subjektivität*

Während der iterativen Modellierungsphasen von Kirchenmusikgeragogik erfolgt permanente Selbstreflexion in Form von Memos und Forschungstagebucheinträgen. Damit können sowohl die persönlichen Barrieren (u. a. Irritationen im Vorfeld der Promotion) als auch die begünstigenden Voraussetzungen für den Forschungsprozess (u. a. Forschungsinteresse, beruflicher Hintergrund) „[...] methodisch reflektiert in die Theoriebildung einbezogen werden“ (Steinke, 2019, S. 331). Als besonders förderlich für die wissenschaftliche Annäherung an Musikgeragogik im Kontext von Kirche und Kirchenmusik stellt sich die Zugehörigkeit der Forscherin zum Forschungsfeld heraus. Die kollegiale Verbundenheit innerhalb der Berufsgruppe der Kirchenmusiker*innen sorgt für offene und vertrauensvolle Gesprächssituationen, was sich positiv auf die Erhebung der Daten und deren Qualität auswirkt.

*Indikation des Forschungsprozesses*

Aufgrund ihrer offenen Herangehensweise sind sowohl der qualitative Forschungsansatz als auch die Forschungsmethodologie Reflexive Grounded Theory dem neu zu erforschenden Handlungsfeld Kirchenmusikgeragogik angemessen (vgl. Kapitel 6). Ebenfalls angemessen ist die theoriegeleitete, sukzessive Auswahl der Interviewpartner*innen, die mithilfe des theoretischen Samplings innerhalb der Berufsgruppe der Kirchenmusikerinnen und Kirchenmusiker in Deutschland ermittelt werden. In den leitfadengestützten Interviews kann deren „[…] Äußerungen […] hinsichtlich des Untersuchungsgegenstandes ausreichend Spielraum eingeräumt“ (Steinke, 2019, S. 327) werden. Die hohe theoretische Sensibilität der Forscherin trägt zur angemessenen Einordnung dieser Expert*innen-Äußerungen bei.

*Empirische Verankerung*

„Die Verwendung kodifizierter Methoden, z. B. […] Grounded Theory […], gewährleistet die empirische Verankerung“ (ebd., S. 328). Zitate aus den Interviewtranskripten belegen die einzelnen Komponenten des Theoriemodells Kirchenmusikgeragogik, das im Verlauf des iterativen R/GTM-Kodierungsprozesses induktiv entwickelt wurde. Seine „grundlegenden Bauteile“ (Strauss & Corbin, 1996, S. 218), d. h. die durch das Kodieren gewonnenen Konzepte, sind den Aussagen der befragten Kirchenmusiker*innen entnommen und somit in den Daten verankert. Im Anschluss an die offene und axiale Kodierung erhielten die jeweiligen Interviewpartner*innen ab Interview Nummer sechs Gelegenheit, sich zu den Analyseergebnissen zu äußern und Missverständnisse bei der Einordnung der Daten, z. B. der konzeptionellen Verknüpfung der Kategorien und Subkategorien, gegebenenfalls auszuräumen. Diese kommunikative Validierung „[…] ermöglicht eine Rückbindung der im Forschungsprozess entwickelten Theorie an die Untersuchten“ (Steinke, 2019, S. 329) und sichert die Qualität des generierten Modells für das Handlungsfeld Kirchenmusikgeragogik. Die umfängliche Analyse und Darstellung der Bedingungsmatrix, d. h. der „[…] breiteren Randbedingungen, die das untersuchte Phänomen beeinflussen, […]“ (Strauss & Corbin, 1996, S. 219) gewährleistet ebenfalls die empirische Verankerung der Forschungsergebnisse (vgl. Kapitel 8.3).

*Limitation*

Der Kontext der kirchenmusikalischen Begleitung von Menschen in den verschiedenen Lebensphasen und Lebenslagen im Alter wird ausführlich dargestellt und mit Zitaten belegt. Mithilfe des differenzierten Nachweises der Relevanz von Kirchenmusikgeragogik für neun empirisch ermittelte Kirchenmusiker*in-Rollen kann die Verallgemeinerbarkeit der generierten Theorie für das Arbeitsfeld Kirchenmusik in Deutschland bestätigt und geprüft werden. Die „Suche und Analyse von abweichenden, negativen und extremen Fällen" (Döring & Bortz, 2013, S. 113) erfolgte im Rahmen des theoretischen Samplings nach den Prinzipien des minimalen bzw. maximalen Vergleichens (vgl. Kapitel 6.2.3).

*Kohärenz*

Unterschiedliche Perspektiven der Interviewpartner*innen und deren teils widersprüchliche Aussagen rund um das Phänomen „Kirchenmusikalische Begleitung in den Lebensphasen und Lebenslagen im Alter" werden gemäß der Grounded-Theory-Methodologie als Eigenschaften und Dimensionen in die Kategorien integriert. Die Haupt- und Subkategorien erhalten dadurch „konzeptuelle Dichte" (Strauss & Corbin, 1996, S. 219). Ihre Einbindung in den Modellierungsprozess des Handlungsfeldes Kirchenmusikgeragogik ermöglicht einen umfassenden Blick auf die komplexe Thematik und trägt zur Aussagekraft und Stimmigkeit der generierten Theorie bei. Ungelöste Fragen, z. B. in Bezug auf kirchenmusikgeragogische Qualifizierungsmaßnahmen, werden im Diskussionsteil offengelegt (vgl. Kapitel 9.2).

*Relevanz*

Mit der Modellierung des Handlungsfeldes Kirchenmusikgeragogik leistet die Forschungsarbeit einen förderlichen Beitrag auf theoretischer und praktischer Ebene:

- Wissenschaftlicher Erkenntnisfortschritt: Kirchenmusikgeragogik wird als inhaltlich spezialisierender Teilbereich von Musikgeragogik bestätigt und empirisch begründet definiert. Die Erkenntnisse tragen zur Ausdifferenzierung der wissenschaftlichen Disziplin Geragogik im Forschungsfeld Kulturgeragogik bei. Ausgehend vom generierten Theoriemodell können weitere Forschungsarbeiten erfolgen, die vertiefende theoretische Erkenntnisse in Bezug auf Kirchenmusik von, für und mit Menschen im Dritten, Vierten und Fünften Alter hervorbringen (vgl. Kapitel 9.3).
- Praktische Relevanz: Die im Forschungsfeld gewonnenen und im Theoriemodell zueinander in Beziehung gesetzten Erkenntnisse zeigen Zusammenhänge im Handlungsfeld Kirchenmusikgeragogik auf und bieten erste Erklärungen, Anregungen und Hilfestellungen für die Praxis mit älter gewordenen Musiker*innen und Musikrezipient*innen. Dies kann zum Erhalt oder zur Wiederherstellung

der (kirchenmusikalischen) Handlungsfähigkeit im Umgang mit Menschen in den verschiedenen Lebensphasen und Lebenslagen im Alter beitragen. Der wissenschaftliche Nachweis der Relevanz von Musikgeragogik für hauptberufliche Kirchenmusiker*innen thematisiert und erschließt das Potenzial einer bislang wenig wahrgenommenen Facette des Berufsbildes. Damit verbessert die vorliegende Forschungsarbeit die gegenwärtige Position von Kirchenmusik in Kirche und Gesellschaft und fördert ihre zukünftige Entwicklung.

Durch die Erfüllung der sieben Kernkriterien nach Steinke (2019) und den Einsatz der qualitätssichernden Strategien „Peer Debriefing“ und „Prolonged Engagement“ (Döring & Bortz, 2013, S. 109), d. h. regelmäßiger Austausch mit wissenschaftlich und fachlich kompetenten Personen (u. a. im Doktorand*innen-Kolloquium und im musikgeragogischen bzw. kirchenmusikalischen Kolleg*innenkreis) und langdauernder Aufenthalt im Feld (vgl. Kapitel 6.2.2), können die Daten und Forschungsergebnisse als glaubwürdig und aussagekräftig beurteilt werden.

## 9.2 Bewertung der Ergebnisse

Auf Grundlage der Glaubwürdigkeit und Aussagekraft der Daten erfolgt in diesem Kapitel die Bewertung der wichtigsten Forschungsergebnisse. Die Ausführungen orientieren sich an der Gliederung des theoretisch-wissenschaftlichen Teils der Dissertation, sie greifen zentrale Punkte und offene Fragen der Theoriekapitel Alter(n), Geragogik und Kirchenmusik auf und setzen sie mit Ergebnissen des Forschungsprozesses in Verbindung. Themenbedingt erhalten das Arbeitsfeld Kirchenmusik und sein Kontext hierbei ein besonderes Augenmerk, da die Forschungsarbeit u. a. durchgeführt wurde, um eine theoretische Basis für die verbesserte Handlungsfähigkeit von Kirchenmusiker*innen in der Praxis zu generieren (vgl. Kapitel 6.2.2). Die prägnante Zusammenfassung der zentralen Erkenntnisse mit Benennung empfehlenswerter Folgemaßnahmen sollte nach Möglichkeit von Verantwortlichen innerhalb und außerhalb der Kirchenmusik dazu genutzt werden, das Handlungsfeld Kirchenmusikgeragogik intra- und interdisziplinär zu stärken und weiterzuentwickeln.

### *Alter und Altern*

Ältere, alte und sehr alte Menschen sind in allen Bereichen der kirchenmusikalischen Arbeit präsent und tragen mit ihrem vielfältigen Engagement zur Existenz von Kirchenmusik und deren Kontext bei. Eine wertschätzende kirchenmusikalische Begleitung dieser zahlenmäßig großen Gruppe der aktiven Gemeindeglieder begründet sich nicht nur im allgemeinen christlichen Auftrag der Nächstenliebe und in den Grunddimensionen kirchlichen Handelns, sondern in der Erfüllung eines moralischen Generationenvertrages: Kirche muss in allen Arbeitsfeldern Verantwortung für die Generationen tragen, die der Institution im Verlauf einer langjährigen Verbundenheit viel gegeben haben und immer noch geben (vgl. I2, 625).

Umgekehrt besitzt Kirchenmusik in ihren unterschiedlichen Erscheinungsformen im Leben der meisten Gemeindeglieder einen hohen Stellenwert, da sie aufgrund der besonderen Verbindung von Musik und Religion vielfältige positive Auswirkungen auf Körper, Geist und Seele haben kann. Nach kirchenmusikgeragogischen Prinzipien ausgerichtete Angebote und Veranstaltungen ermöglichen, dass diese wohltuenden Potenziale der Kirchenmusik allen Menschen, die dies möchten, bis zum Lebensende zur Verfügung gestellt werden können.

Die Forschungsergebnisse belegen, dass die grundsätzliche Vielfalt der Kirchenmusik und die daraus resultierende Vielfalt von Kirchenmusikgeragogik das von Baltes und Baltes entwickelte Modell der Selektion, Optimierung und Kompensation (vgl. Kricheldorff, 2018, S. 53) ermöglichen. Kirchenmusikalische Begleitung in den Lebensphasen und Lebenslagen im Alter kann daher zu einem gelingenden Alter(n) der Teilnehmer*innen beitragen und darüber hinaus positive Folgen für die Kirchenmusiker*innen, das Arbeitsfeld Kirchenmusik, die Institution Kirche und die gesamte Gesellschaft haben. So leistet Kirchenmusikgeragogik z. B. einen wesentlichen Beitrag zum gesellschaftlichen und kirchlichen Inklusionsauftrag, da sie alle älter gewordenen Menschen „[...] in ihrer Vielfalt und Differenz, mit ihren Voraussetzungen und Möglichkeiten, Dispositionen und Habitualisierungen [...]“ (Ziemen, 2012) wahrnimmt und zur Teilhabe an der kirchenmusikalischen Gemeinschaft einlädt.

Kirchenmusiker*innen, die nach musikgeragogischen Prinzipien arbeiten, können die Potenziale von Senior*innen in angemessener Weise in Kirche und Gesellschaft einbeziehen und übernehmen damit eine prägende Rolle in der Neuausrichtung der kirchlichen Altersbilder (vgl. Kapitel 2.3.2). Der Mehrwert kirchenmusikgeragogischer Arbeit im Vergleich zu etablierten kirchlichen Senior*innenangeboten (u. a. Altennachmittag) liegt darin, dass sie den älter gewordenen Mensch „auf Augenhöhe“ inkludiert. Kirchenmusikgeragog*innen erheben den Anspruch, nicht *für* die älteren Musiker*innen zu sorgen, sondern in Absprache und *gemeinsam mit* ihnen das kirchenmusikalische Gemeindeleben zu gestalten. Durch diese Subjektbezogenheit, die die Anliegen und Gestaltungsmöglichkeiten der Älteren ernst nimmt (vgl. Kumlehn, 2016, S. 95), kann Kirchenmusikgeragogik die kirchlich-religiöse Bindung von Menschen im Dritten, Vierten und Fünften Alter stärken oder neu knüpfen.

Angesichts der für die kommenden Jahrzehnte prognostizierten Mitgliederstruktur in der katholischen und evangelischen Kirche leistet die kirchenmusikalische Begleitung in den verschiedenen Lebensphasen und Lebenslagen im Alter somit einen wichtigen Beitrag zu Mitgliederorientierung bzw. -bindung und zum Gemeindeaufbau. Die erfolgreiche Bewältigung dieser kirchlichen Herausforderungen wird u. a. aus finanzieller Sicht entscheidend dafür sein, welchen Platz die Kirchen zukünftig in der Gesellschaft einnehmen und in welcher Form sie handlungsfähig bleiben. Die Potenziale von Kirchenmusik allgemein und ihrer Facette Kirchenmusikgeragogik im Besonderen sollten bei den Verantwortlichen innerhalb und außerhalb der Kirchen dabei stärker als bisher in den Blick kommen.

### *Geragogik und Musikgeragogik*

Die Forschungsergebnisse belegen, dass Kirchenmusik von, für und mit Menschen im Dritten, Vierten und Fünften Alter vielfältige musikalische und außermusikalische Bildungsprozesse ermöglicht, weshalb die Bezeichnung „Kirchenmusik*geragogik*" für dieses Handlungsfeld berechtigt ist. In der momentanen Praxis des Kantorenamtes zeigen sich vereinzelt Formate und Arbeitsweisen, die den methodischen und didaktischen Prinzipien der Geragogik bzw. Musikgeragogik entsprechen. Das weitreichende Potenzial der Kirchenmusikgeragogik für Teilnehmende, Kirchenmusik, Kirche und Gesellschaft wird von den Verantwortlichen derzeit jedoch nicht in vollem Umfang wahrgenommen und genutzt. Um Menschen in den verschiedenen Lebensphasen und Lebenslagen im Alter eine angemessene Teilhabe an den (Bildungs-)Angeboten der Kirchenmusik ermöglichen zu können, braucht es nicht nur Initiativen auf den unterschiedlichen Ebenen der Bedingungsmatrix, wie z. B. Haltungsänderung, Strukturanpassungen, Aus- und Fortbildungsangebote, sondern Offenheit für interdisziplinäre Zusammenarbeit.

Besonders bei der kirchenmusikalischen Begleitung während der Lebensphase Fünftes Alter benötigen Kirchenmusikerinnen und Kirchenmusiker die fachliche Unterstützung durch Geragog*innen, Gerontolog*innen und anderen Expert*innen aus dem Gebiet der Altenarbeit. Umgekehrt bereichern Kirchenmusiker*innen die Bildungs- und Begleitarbeit dieser Berufsgruppen mit der besonderen Kraftquelle Kirchenmusik und erfüllen damit den kirchlichen Auftrag bzw. Anspruch nach Räumen für den Dialog mit Gott, für persönliche Sinnfindung, lebenslange Weiterentwicklung und Partizipation (auch) in der letzten Phase des Lebens. Die Forschungsergebnisse machen deutlich, dass dieser letzte Wegabschnitt der kirchenmusikalischen Lebensbegleitung aus unterschiedlichen Gründen bislang kaum im Blick von Kirchenmusiker*innen ist. Trotz der wachsenden Zahl Pflegebedürftiger fehlen tragfähige Konzepte, wie Menschen, denen ein Besuch der Veranstaltungen in den Kirchengemeinden nicht mehr möglich ist, (weiterhin) kirchenmusikalisch inkludiert werden können. Dieses Defizit muss, angesichts der prognostizierten Mitgliederstruktur der Kirchen, behoben werden, idealerweise in Zusammenarbeit mit Wissenschaftler*innen der Dach- und Nachbardisziplinen.

Verantwortliche in Kirche und Kirchenmusik sollten die interne und externe Wahrnehmung und Wertschätzung der kirchenmusikalischen (Bildungs-)Angebote für alle Altersgruppen fördern. Es überrascht, dass, laut Analyse der Interviewdaten, vielen hauptberuflichen Kirchenmusiker*innen das Bildungspotenzial ihrer Arbeit nicht umfänglich bewusst zu sein scheint und somit Chancen, z. B. für eine positive Innen- und Außenwirkung des Arbeitsfeldes, vermutlich ungenutzt bleiben. Gerade in der momentanen Phase des Vertrauensverlustes gegenüber der Institution Kirche und vor dem Hintergrund steigender Kirchenaustrittszahlen müssten gesellschaftsrelevante kirchliche Handlungsfelder besonders deutlich in den Fokus der kirchlichen Leitungsgremien und der Öffentlichkeit gerückt werden – zumindest dann, wenn Grundsätze von Marketing und Betriebswirtschaft in Betracht kommen (müssen). Die Forschungsergebnisse bestätigen, dass Kirchenmusikgeragogik ein solch gesellschaftsrelevanter Arbeitsbereich sein kann, der das breite Bildungsangebot der Kirchenmusik um eine weitere, aktuell in Kirche und Gesellschaft benötigte Facette bereichert. Dies sollte nicht nur Kirchenmusiker*innen selbst bewusst sein, sondern allen, die (betriebswirtschaftliche) Entscheidungen über das Arbeitsfeld Kirchenmusik treffen.

### *Kirchenmusik und Kirchenmusikgeragogik*

Kirchenmusikalische Begleitung in den verschiedenen Lebensphasen und Lebenslagen im Alter ist, laut vorliegender Forschungsergebnisse, immanenter Teil der Tätigkeiten von hauptberuflichen Kirchenmusiker*innen in Deutschland. Unabhängig vom jeweiligen Stellenprofil besitzt Kirchenmusikgeragogik für alle Kantorinnen und Kantoren kontextuelle und konsequentielle Relevanz. Abbildung 9 stellt die Verortung des Handlungsfeldes Kirchenmusikgeragogik innerhalb eines vielfältigen, lebensumspannenden Kirchenmusikkonzeptes an hauptberuflichen Stellen dar (siehe Abbildung 9, S. 235).

Die empirisch ermittelten Forschungsergebnisse zu Kirchenmusikgeragogik und die bereits vorliegenden, handlungsfeldnahen theoretisch-wissenschaftlichen Erkenntnisse (vgl. Kapitel 2, Kapitel 3 und Kapitel 4) bringen für Kirchenmusik wichtige Zukunftsthemen und notwendige Maßnahmen hervor. Zentrale Punkte werden an dieser Stelle zusammenfassend dargestellt, um förderliche Diskussionen im Kontext von Kirche und Kirchenmusik anzuregen. Idealerweise sollten daraus weiterführende (Forschungs-)Arbeiten und Entwicklungsschritte auf allen Ebenen hervorgehen (vgl. Kapitel 9.3). Die Verfasserin sieht bei folgenden Punkten Diskussions- und/oder Handlungsbedarf:

### *Fließende Übergänge zu Kirchenmusikgeragogik*

Im Unterschied zur kirchenmusikalischen Begleitung von Kindern und Jugendlichen können hauptberufliche Kirchenmusiker*innen das Handlungsfeld Kirchenmusikgeragogik nicht trennscharf ab- bzw. eingrenzen, was im Wesentlichen zwei Gründe hat:

1. Die natürlichen Alterungsprozesse erwachsener Menschen im Arbeitsfeld Kirchenmusik verlaufen inter- und intraindividuell verschieden, d. h. alter(n)sangepasste, kirchenmusikgeragogische Arbeitsweisen werden früher oder später bzw.

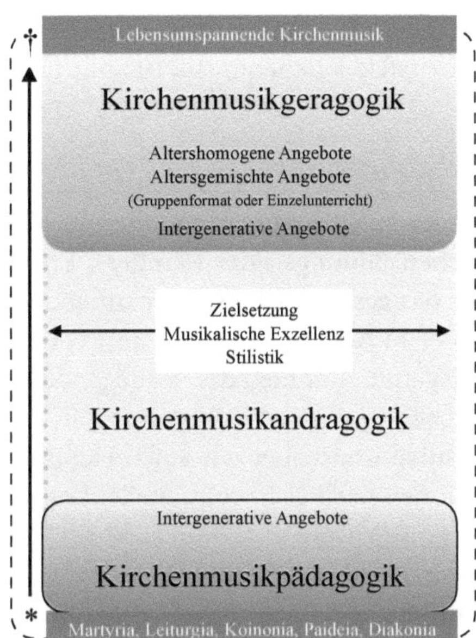


Abb. 9: Lebensumspannende kirchenmusikalische (Bildungs-)Arbeit. Quelle: Eigene Darstellung

mehr oder weniger im „normalen" Kirchenmusikbetrieb *aller* Kantor*innen notwendig.

2. Altershomogene Senior*innenangebote sind nur eine mögliche Erscheinungsform des Handlungsfeldes Kirchenmusikgeragogik, ein großer Teil der kirchenmusikalischen Begleitung älterer, alter und sehr alter Menschen findet im Rahmen intergenerationeller Angebote und Veranstaltungen statt. Während altershomogene Kirchenmusikformate prinzipiell anderen qualifizierten Personen übertragen werden könn(t)en, erfordern die etablierten altersgemischten Angebote und Veranstaltungen – u. a. Chöre, Gottesdienste und Konzerte – von *allen* Kantor*innen Strategien zum Umgang mit alter(n)sbedingten (Konflikt-)Situationen.

Kirchenmusiker*innen stellt sich also nicht die Frage, *ob* sie mit Senior*innen arbeiten wollen, sondern *wie* sie mit der natürlichen Präsenz von älteren, alten und sehr alten Menschen in ihrem Arbeitsfeld angemessen umgehen. Eine entsprechende Haltung gegenüber dem Handlungsfeld Kirchenmusikgeragogik ist sowohl bei Kirchen- und Gemeindeleitungen als auch bei Ausführenden auszubilden.

### *Kirchenmusikgeragogik als kontextbedingter Dienst*

Kirchenmusikgeragogik stellt keinen zusätzlichen, neuen Arbeitsauftrag für hauptberufliche Kirchenmusiker*innen dar, sondern die grundsätzlich logische Weiterführung von Kirchenmusikpädagogik und Kirchenmusikandragogik (siehe Abbildung 9). Sie ist eingebunden in den lebensumspannenden kirchenmusikalischen Dienst am Menschen, der sich an den Grunddimensionen kirchlichen Handelns ausrichtet. Eine selbstverständliche Verankerung von Kirchenmusikgeragogik im Arbeitsfeld Kirchenmusik ist aufgrund des Kontextes anzustreben.

*Wechselseitige Abhängigkeit der kirchenmusikalischen Arbeitsfelder*

Ein kompletter Ausschluss oder die Vernachlässigung eines der drei kirchenmusikalischen Bildungsfelder (Kinder-, Erwachsenen-, Altersbildung) hat Auswirkungen auf das gesamte lebensumspannende Kirchenmusikgefüge, da alle Bereiche zueinander in Beziehung stehen und voneinander abhängen. Die Forschungsergebnisse belegen im Rahmen der vorliegenden qualitativen Studie, dass bewusst praktizierte kirchenmusikalische Begleitung in den Lebensphasen und Lebenslagen im Alter positive Konsequenzen auf verschiedenen Ebenen und für Menschen aller Generationen nach sich zieht. Stellenkonzepte sollten von Verantwortlichen deshalb so aufgestellt werden (können/dürfen), dass anstelle einer Entweder-Oder-Entscheidung, *sowohl* Kirchenmusikpädagogik *als auch* Kirchenmusikgeragogik möglich ist. Förderliche Bedingungen dafür sind herzustellen.

*Bandbreite, Vielfalt und Vielschichtigkeit*

Die kirchenmusikalische Begleitung in den Lebensphasen und Lebenslagen im Alter präsentiert sich hinsichtlich Format, Stilistik, Zielsetzung, musikalischer Exzellenz etc. in ebenso großer Bandbreite wie alle kirchenmusikalischen Arbeiten. Kirchenmusiker*innen stehen auch im Handlungsfeld Kirchenmusikgeragogik in der Verantwortung, die Vielschichtigkeit der Gegebenheiten anzuerkennen, die jeweiligen Bedürfnisse wahrzunehmen und ihr Handeln entsprechend anzupassen (vgl. Weithoff, 2020, S. 126). Die umfassende Ausschöpfung der Potenziale von Kirchenmusikgeragogik muss auf allen Ebenen gefördert werden.

*Zielgruppen und Zugänglichkeit*

Die grundsätzliche Vielfalt kirchenmusikgeragogischer Formate erlaubt sowohl die angemessene kirchenmusikalische Begleitung von Lebenszeitmusiker*innen, Umsteiger*innen und Wiedereinsteiger*innen als auch von Anfänger*innen in den verschiedenen Phasen ihres Alterungsprozesses. Mit niederschwelligen kirchenmusikgeragogischen Angeboten kann mehr Menschen als bisher der Zugang zu Kirchenmusik ermöglicht werden. Analog zur kirchenmusikalischen Arbeit mit Kindern und Jugendlichen bietet Kirchenmusikgeragogik nicht nur Anknüpfungspunkte für Teilnehmer*innen, sondern auch für deren Angehörige und für andere Personen aus dem sozialen Umfeld der Senior*innen. Kirchenmusikgeragogik trägt somit als Aufbauarbeit „von oben" gemeinsam mit Kirchenmusikpädagogik, der Nachwuchsgewinnung „von unten", zum generationenübergreifenden Bau eines vielfältigen Gemeindelebens bei. Die Nachwuchsförderung von Menschen aus den älteren Generationen muss wertgeschätzt, gestärkt und ausgebaut werden.

*Miteinander der Generationen in intergenerativen Angeboten*

Intergenerative kirchenmusikalische Formate fördern in besonderer Weise das Miteinander der Generationen in den Kirchengemeinden und darüber hinaus. An hauptberuflichen Stellen mit ihren vielfältigen Kirchenmusikangeboten lässt sich die Verknüpfung der Handlungsfelder Kirchenmusikpädagogik und Kirchenmusikgeragogik vergleichsweise unkompliziert organisieren, da die meisten Kantor*innen sowohl mit Kindern und Jugendlichen als auch mit Senior*innen in Kontakt stehen. Derzeit finden sich in der Praxis des Kantorenamtes nur vereinzelt intergenerative Angebote, was von den befragten Kirchenmusiker*innen u. a. mit hoher Arbeitsbelastung und Unkenntnis des Handlungsfeldes begründet wird. Verantwortliche im Arbeitsfeld Kirchenmusik sollten bewusst initiierte Begegnungen zwischen nicht benachbarten Generationen verstärkt ermöglichen und entsprechende Maßnahmen dafür ergreifen (können/dürfen).

*Inklusive Kirchenmusik*

Aus den Interviewdaten wird deutlich, dass zur Förderung des angemessenen kirchenmusikalischen Umgangs mit Menschen im Dritten, Vierten und Fünften Alter Bewusstseins- und Qualifizierungsmaßnahmen anzuraten sind (vgl. I2, 948). Im Sinne des gesellschaftlichen Inklusionsauftrages müssen innerhalb der Kirchenmusik inklusive Kulturen geschaffen, inklusive Strukturen etabliert und inklusive Praktiken entwickelt werden (vgl. Booth & Ainscow, 2019), um eine lebensumspannende kirchenmusikalische Begleitung gewährleisten zu können[37]. Die gleichwertige Teilhabe älterer, alter und sehr alter Menschen am musikalischen Lob Gottes als aktive Musiker*innen bzw. Musikrezipient*innen ist in diesem Prozess kein (optionaler) Zusatz, sondern Ausdruck und Verankerung der bestehenden christlichen Werte, auf denen Kirchenmusik aufbaut. Die Zugänglichkeit des Arbeitsfeldes Kirchenmusik und die inklusiven Anteile der kirchenmusikalischen Arbeit sind auszubauen.

*Qualifizierungsmaßnahmen*

Die hohe Präsenz älterer, alter und sehr alter Menschen in der Gesellschaft und im Arbeitsfeld Kirchenmusik spiegelt sich derzeit nicht ausreichend in den Aus- und

37 Die Notwendigkeit einer inklusiven Kirchenmusik, deren Potenziale und Grenzen wurden von der Verfasserin im Rahmen der Masterarbeit „Inklusive Kirchenmusik: Gemeindeaufbau und Mitgliederbindung durch Community Music im Kantorenamt" (Schatz, 2020) untersucht.

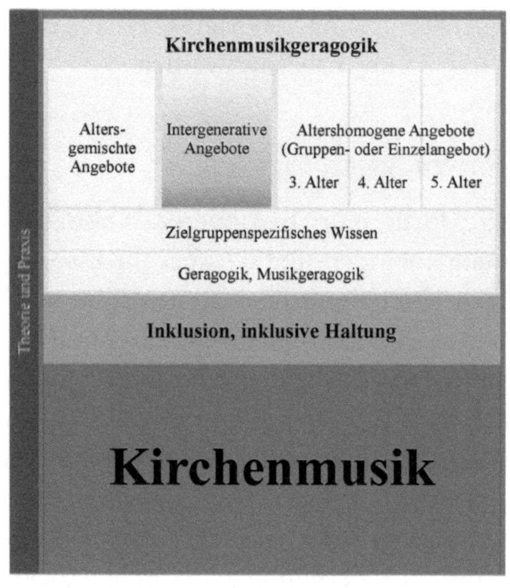


Abb. 10:
Basisbausteine kirchenmusikgeragogischer Qualifizierung. Quelle: Eigene Darstellung

Weiterbildungskonzepten für Kirchenmusiker*innen wider. Für die zielgruppenadäquate kirchenmusikalische Begleitung in den verschiedenen Lebensphasen und Lebenslagen im Alter müssten die Bausteine „Inklusion" und „Kirchenmusikgeragogik" in die kirchenmusikalischen Ausbildungsgänge neu aufgenommen bzw. stärker fokussiert werden. Abbildung 10 stellt grafisch dar, wie die inklusive Haltung hierbei das Bindeglied zwischen etablierter kirchenmusikalischer Arbeit – welche bereits heute inklusive Anteile besitzt (vgl. Kapitel 7.2.2) – und neu zu erschließender Kirchenmusikgeragogik, deren Prinzipien und Arbeitsweisen *bewusst* auf der Basis von Inklusion ausgeübt werden, bildet (siehe Abbildung 10).

Die Ergebnisse der Forschungsarbeit legen nahe, dass Kirchenmusikgeragogik wegen ihrer Komplexität und ihrer Tragweite für Teilnehmende, Kirchenmusiker*innen, Kirchenmusik, Kirche und Gesellschaft ein hohes Maß an Professionalisierung von Haupt- und Nebenberuflichen erfordert. Derzeit wird vonseiten der Verantwortlichen toleriert, dass kirchenmusikalische Begleitung in den Lebensphasen und Lebenslagen im Alter vielerorts zufällig gelingt oder misslingt, anstatt die Voraussetzungen für eine planvolle, qualifizierte lebensumspannende Kirchenmusik zu schaffen. Eine Ausarbeitung von Qualifizierungs- und Begleitkonzepten für das Haupt- und Nebenamt ist notwendig.

### *Strukturelle Reform des Arbeitsfeldes Kirchenmusik*

Neben fehlender Qualifizierungsmaßnahmen stellen die derzeitige Struktur des Arbeitsfeldes und die Arbeitsbedingungen hauptberuflicher Kirchenmusiker*innen die größten Hindernisse für die professionelle kirchenmusikalische Begleitung von Senior*innen dar. Die starke Ausdifferenzierung des Berufsbildes in den letzten drei Jahrzehnten macht es notwendig, die traditionelle „Ein-Mann-Show" bzw. „Eine-Frau-Show" (I8, 223) zu reformieren und beispielsweise mehrere hauptberufliche

Kirchenmusiker*innen in den Kirchengemeinden einzusetzen. Damit könnte eine bedarfsgerechte professionelle Kirchenmusik in allen Facetten gewährleistet werden, die sowohl Mitglieder bindet als auch vielfältige Zugangsmöglichkeiten für die säkulare Gesellschaft zu Kirche schafft. Da Kantorinnen und Kantoren einen hohen Anteil an der Verkündigung des Evangeliums für alle Generationen haben, sollten „[…] die kirchenmusikalischen A-/B-Stelle[n] der Zukunft […] strukturell auf Augenhöhe mit den weiteren Verkündigungsdiensten stehen […]" (Direktorenkonferenz Kirchenmusik EKD, 2020).

Eine anforderungsgemäße strukturelle Anpassung des Arbeitsfeldes Kirchenmusik (Stellenplan, finanzielle Ausstattung, Arbeitsbedingungen, Vergütung, Entscheidungsbefugnis etc.) würde eine angemessene Wertschätzung zum Ausdruck bringen, die derzeit von Kirchenmusiker*innen in vielen Bereichen vermisst wird. Die Interviewdaten bestätigen die Erkenntnis des Kirchenmusikers und Theologen Krummacher (2020), der in der innerkirchlichen Diskussion um Kirchenmusik feststellt:

> „Dennoch ist nicht zu übersehen, dass innerkirchliche Entscheidungen zu Stellenplänen und Finanzen die Wertschätzung für die Kirchenmusik häufig zu konterkarieren drohen. Hier passiert, was auch in der Kulturpolitik zu beobachten ist, nämlich ein Auseinanderfallen von ‚Sonntagsreden' und alltäglichen Entscheidungen." (Krummacher, 2020, S. 4)

Die für Kirchenmusikgeragogik ermittelten Konsequenzen verdeutlichen den „großen Schatz" (ebd.), den das Handlungsfeld, das gesamte Arbeitsfeld Kirchenmusik und seine Mitarbeiter*innen im Gefüge des Traditionsunternehmens Kirche darstellen. Die Wertschätzung dieses Schatzes, u. a. durch den fürsorglichen Umgang mit der Berufsgruppe der Kirchenmusiker*innen, könnte zu einer weitreichenden „Wertschätzungskette" von den haupt- bzw. nebenamtlichen Musiker*innen über die Gemeindeglieder bis hinein in die säkulare Gesellschaft führen. Diese Wertschätzung würde in eine Gesellschaft hineinwirken, die sich dann mit ihren aktuellen Problemen und Herausforderungen (u. a. demografischer Wandel, Inklusion) von der Institution Kirche besser verstanden und unterstützt fühlen könnte und sich deren Botschaft idealerweise aufgeschlossener zeigte als es derzeit der Fall ist. Wertschätzende und wertsteigernde Investitionen in Kirchenmusik – einen öffentlichkeitswirksamen, breitgefächerten, „menschennahen" Arbeitsbereich kirchlichen Handelns – würden sich mittel- und langfristig für die gesamte Kirche auszahlen, wie am speziellen Beispiel der kirchenmusikalischen Begleitung in den Lebensphasen und Lebenslagen im Alter in Teilen nachgewiesen werden konnte. Maßnahmen zur strukturellen Reform des Arbeitsfeldes Kirchenmusik sind erforderlich, zukunftsförderliche Investitionen trotz rückläufiger kirchlicher Finanzmittel sind zu tätigen.

*Kirchenmusikgeragogik in einer sich verändernden Kirche*

Kirchenmusikgeragogik leistet wichtige Beiträge zur Qualität und zum Erhalt von Kirchenmusik (vgl. Kapitel 8.4.3). Sie erfüllt darüber hinaus mehrere Anforderungen, die im Rahmen der „Frankfurter Thesen zur Kirchenmusik in einer sich verändernden Kirche“ formuliert werden (vgl. Direktorenkonferenz Kirchenmusik EKD, 2020):

1. Kirchenmusikgeragogik wirkt erkennbar in die Gesellschaft hinein.
2. Kirchenmusikgeragogik ermöglicht Partizipation, niederschwellige Zugänge und „Kirche bei Gelegenheit“.
3. Kirchenmusikgeragogik fördert die Potenziale von Menschen im Dritten, Vierten und Fünften Alter.
4. Kirchenmusikgeragogik motiviert Menschen in den verschiedenen Lebensphasen und Lebenslagen im Alter zur erstmaligen, erneuten oder fortdauernden Teilhabe an Kirchenmusik.
5. Kirchenmusikgeragogik führt zu Wertschätzung und Dankbarkeit der Teilnehmenden, woraus Kirchenmusiker*innen Kraft schöpfen.
6. Kirchenmusikgeragogik schafft für Senior*innen und deren soziales Umfeld vielfältige Gelegenheiten des Erstkontaktes mit Kirchenmusik.
7. Kirchenmusikgeragogik trägt wegen der hohen Präsenz älterer, alter und sehr alter Menschen zur situativen Stimmigkeit der Kirchenmusik in Kirchengemeinden bei.
8. Kirchenmusikgeragogik berührt Menschen auf vielfältige Weise und fordert sie heraus.
9. Kirchenmusikgeragogik besitzt einen hohen Gegenwartsbezug.
10. Kirchenmusikgeragogik trägt bei zur Wahrnehmung und Wertschätzung der älteren, alten und sehr alten ehren- und nebenamtlich tätigen Kirchenmusiker*innen.
11. Kirchenmusikgeragogik ermöglicht Hauptberuflichen die aufmerksame Begleitung von Ehren- und Nebenamtlichen in den verschiedenen Lebensphasen und Lebenslagen im Alter.
12. Kirchenmusikgeragogik fördert die gabenorientierte Mitarbeit ältergewordener Ehren- und Nebenamtlicher in den (kirchenmusikalischen) Teams der Gemeinden, Dekanate und Regionen.

Aus den zwölf genannten Feststellungen zu Kirchenmusikgeragogik lässt sich somit in Bezug auf die „Frankfurter Thesen“ ableiten: Die professionelle kirchenmusikalische Begleitung von Menschen in den verschiedenen Lebensphasen und Lebenslagen im Alter leistet einen wichtigen Beitrag für die kirchliche Arbeit und die Kirchenmusik der Zukunft. Die Anerkennung von Kirchenmusikgeragogik als gleichwertiges Handlungsfeld, ihre Verankerung im gegenwärtigen und zukünftigen

Berufsbild und ihre weiterführende Erforschung sind sowohl von Ausführenden als auch von Entscheidungsträger*innen anzustreben.

## 9.3 Forschungsperspektiven

Mit der vorliegenden Forschungsarbeit konnte die grundsätzliche Relevanz von Musikgeragogik für hauptberufliche Kirchenmusiker*innen nachgewiesen und das Handlungsfeld Kirchenmusikgeragogik überblicksartig dargestellt werden. Für weiterführende Erkenntnisse zu den einzelnen Komponenten des Theoriemodells sind Forschungsprojekte mit vertiefenden Inhalten und themenangepasster Methodik notwendig. Im Folgenden werden auf Grundlage der datenbasierten Ergebnisbewertungen die wichtigsten Forschungsperspektiven benannt und begründet.

*Erschließung didaktischer und methodischer Aspekte von Kirchenmusikgeragogik*

Die vielfältigen Formen kirchenmusikalischer Begleitung im Alter (vgl. Kapitel 8.2.3) sollten in explorativen Studien jeweils näher untersucht werden, um die spezifischen Konzeptionen, Inhalte, Zielsetzungen und Effekte im Detail sichtbar zu machen. Die gewonnenen Erkenntnisse könnten in die altersadäquate Gestaltung örtlicher Kirchenmusikkonzepte einfließen und Grundlagen für Lehr- und Prüfungsinhalte der kirchenmusikgeragogischen Ausbildung für das Haupt- und Nebenamt bilden.

Für die Erforschung methodischer und didaktischer Aspekte bereits bestehender Angebote für und mit Senior*innen würden flächendeckende Feldbeobachtungen gewinnbringend sein. Qualitative und quantitative Beobachtungen könnten für alle Bereiche des kirchenmusikalischen Dienstes Strategien offenlegen, wie die inklusive Ausrichtung der Gemeindearbeit konkret unterstützt werden kann. Mit dem Vergleich von überkonfessionell und deutschlandweit gewonnenen Studienergebnissen aus einzelnen Tätigkeitsfeldern (z. B. Nachwuchsförderung im Posaunenchor, Einzelstimmbildung) könnten allgemein gültige Prinzipien der inklusiven Kirchenmusik in Bezug auf Ältergewordene generiert werden. Besonders interessant und notwendig wären, angesichts des Personalmangels in der Fläche, umfassende Erkenntnisse zum altersadäquaten Orgel- und Chorleitungsunterricht, der auch Anfänger*innen einschließt.

*Entwicklung kirchenmusikalischer Begleitformen im Alter*

Zur Konzeption neuer kirchenmusikgeragogischer Angebote und zur Weiterentwicklung unvertrauter Begleitformate bieten sich Forschungsprojekte an, die sich methodisch an der Design-Based-Research-Methodologie orientieren. Aus den mehrfachen Planungs-, Ausführungs- und Reflexionszyklen der Aktionsforschung könnten besonders praxistaugliche Konzepte hervorgehen, die sowohl das Handlungsfeld Kirchenmusikgeragogik bereichern als auch das gesamte Spektrum von

Kirchenmusik und Musikgeragogik erweitern würden. Ein besonderes Augenmerk sollten Forschungsarbeiten zu intergenerativer Kirchenmusik und kirchenmusikalischer Begleitung im Fünften Alter bekommen. Die Datenauswertung der vorliegenden Arbeit zeigt, dass zu beiden Tätigkeitsfeldern bislang zu wenige Erkenntnisse für den speziellen Kontext Kirche und Kirchenmusik vorliegen.

Ein Angebotsdefizit besteht derzeit bei geistlichen Konzerten speziell für Senior*innen. Während an einigen Konzerthäusern bereits regelmäßig Musikvermittlungsangebote für Ältergewordene und Demenzerkrankte stattfinden, existieren im Kontext von Kirche und Kirchenmusik bisher keine vergleichbaren Programme, allenfalls punktuelle Veranstaltungen. Wegen der prognostizierten starken Präsenz Hochaltriger in Gesellschaft und Kirche sind Forschungsarbeiten zu diesem Teilaspekt der kirchenmusikgeragogischen Arbeit zu empfehlen, um die kulturelle Teilhabe der wachsenden Zahl von Menschen in Alteneinrichtungen, in häuslichen Pflegesituationen und mit demenziellen Veränderungen zu fördern. Zur Ermittlung des Bedarfs und der zielgruppenadäquaten Konzeption im kirchenmusikalischen Kontext könnten fokussierte Gruppendiskussionen mit Kirchenmusiker*innen, Senior*innen, Angehörigen, Betreuer*innen und Pfleger*innen hilfreiche Ergebnisse liefern.

*Analyse der Folgen von Kirchenmusikgeragogik*

Die im Rahmen der Modellierung analysierten Konsequenzen kirchenmusikalischer Begleitung in den Lebensphasen und Lebenslagen im Alter (vgl. Kapitel 8.4) sollten für die einzelnen Ebenen jeweils vertiefend untersucht werden. Mit einer größeren Menge an Daten könnten die Potenziale des Handlungsfeldes Kirchenmusikgeragogik präzise(r) und umfassend(er) dargestellt werden und in Entscheidungsprozesse zur zukünftigen Ausrichtung von Kirchenmusik (Struktur, Finanzierung, Ausgestaltung etc.) einfließen. Interessant wären beispielsweise statistische Erhebungen zum Zusammenhang von Kirchenaustritten bzw. Kircheneintritten und Kirchenmusik(geragogik), um die Bedeutung des Arbeitsfeldes allgemein und die Relevanz von Kirchenmusikgeragogik im Besonderen anhand konkreter Zahlen zu belegen.

Innerhalb der jeweiligen Zielgruppen kirchenmusikgeragogischer Begleitangebote könnten qualitative Forschungsarbeiten dazu beitragen, die Wirkung kirchenmusikalischer Teilhabe sichtbar zu machen und die Motivationen zur aktiven musikalischen Mitarbeit in der Kirchengemeinde differenziert zu erfassen. Aus dem Vergleich von Ergebnissen mehrerer Forschungsarbeiten würden eventuelle Muster erkennbar werden, woraus sich gezielte Maßnahmen zur Mitgliederbindung und zum Gemeindeaufbau durch Kirchenmusik im Alter ab- und einleiten ließen.

Ein weitgehend unerschlossenes Forschungsfeld auf der Konsequenzebene stellen die Folgen von Kirchenmusikgeragogik für die handelnden Personen dar. Auf der Grundlage von siebzehn Interviews zeichnete sich im Rahmen der vorliegenden Arbeit ab, dass sich die Wertschätzung vonseiten der Senior*innen u. a. positiv auf die Kirchenmusiker*innen selbst auswirkt. Dieser Erkenntnis könnte mit autoethnografischen Forschungsmethoden im Detail nachgegangen werden. Ziel wäre ein umfangreicher, reflektierter Zugang zu subjektiv wahrgenommenen Aspekten von Kirchenmusik(geragogik) über einen langen Zeitraum. Da die psychischen und physischen Konstitutionen von Kantor*innen unmittelbar auf die Aufgaben im Dienstbereich einwirken, könnten von den Erkenntnissen hilfreiche Impulse zur förderlichen Gestaltung von Arbeitsbedingungen im Kantorenamt ausgehen und möglicherweise zu einer Qualitätssteigerung im Arbeitsfeld führen.

*Erarbeitung von Qualifikationsmodellen*

Um dem professionellen Anspruch von kirchlicher Altersbildung und Kirchenmusik gerecht zu werden, sind kirchenmusikgeragogische Qualifizierungs- und Begleitmaßnahmen notwendig. Die bestehenden kirchenmusikalischen Aus-, Weiter- und Fortbildungskonzepte sollten mit Blick auf die Erfordernisse kirchenmusikalischer Begleitung von Menschen im Dritten, Vierten und Fünften Alter analysiert und didaktische bzw. methodische Lücken identifiziert werden. Aus Fokusgruppen-Diskussionen könnten konkrete Vorschläge zu Lehr- und Prüfungsinhalten und zu den Rahmenbedingungen ihrer Umsetzung hervorgehen. Die Beteiligung haupt- und nebenberuflicher Kirchenmusiker*innen in verschiedenen Lebensphasen und Lebenslagen im Alter an den Forschungsprojekten ist empfehlenswert. Auch Personen jenseits des aktiven Musizierens, z. B. Theolog*innen, Gottesdienstteilnehmer*innen und Konzertbesucher*innen, könnten hilfreiche Perspektiven auf das Handlungsfeld Kirchenmusikgeragogik einbringen und so zur Professionalisierung der kirchenmusikalischen Begleitung im Alter beitragen.

*Aufbau eines nationalen und internationalen Netzwerkes*

Für die weitere Erschließung und Professionalisierung von Kirchenmusikgeragogik wären intra- und interdisziplinäre Zukunftswerkstätten, Konferenzen, Tagungen o. Ä. im nationalen und internationalen Raum gewinnbringend. Im Rahmen solcher Zusammenkünfte könnte ein fruchtbarer Austausch von Kompetenzen, Erfahrungen und Ideen stattfinden und ein kollegiales Expert*innennetzwerk zur gegenseitigen Begleitung geknüpft werden.

# Literatur


Ahrens, P.-A. (2011). *Uns geht's gut. Generation 60plus: Religiosität und kirchliche Bindung (Protestantische Impulse für Gesellschaft und Kirche Bd. 11)*. LIT.

Arnold, J. (2011). Trinitarische Spuren im Musikverständnis Martin Luthers und Johann Walters. In N. Bolin & M. Franz (Hrsg.), *Klang der Wirklichkeit. Musik und Theologie: Martin Petzoldt zum 65. Geburtstag* (S. 122–140). Evangelische Verlagsanstalt.

Arnold, J. (2021). *Was geschieht im Gottesdienst? Zur theologischen Bedeutung des Gottesdienstes und seiner Formen* (3., überarbeitete und erweiterte Auflage). Vandenhoeck & Ruprecht.

Auksutat, K. (2009). *Gemeinde nah am Menschen. Praxisbuch Mitgliederorientierung.* Vandenhoeck & Ruprecht.

Backes, G.M. & Clemens, W. (2013). *Lebensphase Alter. Eine Einführung in die sozialwissenschaftliche Alternsforschung* (*Grundlagentexte Soziologie*, 4., überarbeitete und erweiterte Auflage). Beltz Juventa.

Barbeau, A.-K. & Cossette, I. (2019). The effects of participating in a community concert band on senior citizens' quality of life, mental and physical health. *International Journal of Community Music*, 12(2), 269–288. https://doi.org/10.1386/ijcm.12.2.269_1.

Bartleet, B.-L. & Higgins, L. (Hrsg.) (2018). *The Oxford Handbook of Community Music.* Oxford University Press.

Beyer, A.-K., Wurm, S. & Wolff, J.K. (2017). Älter werden – Gewinn oder Verlust? Individuelle Altersbilder und Altersdiskriminierung. In K. Mahne, J.K. Wolff, J. Simonson & C. Tesch-Römer (Hrsg.), *Altern im Wandel. Zwei Jahrzehnte Deutscher Alterssurvey (DEAS)* (S. 329–343). Springer VS.

Bibel (o. D.). *Die Bibel nach Martin Luthers Übersetzung. Lutherbibel* (revidiert 2017). Deutsche Bibelgesellschaft EKD.

Blaschke, U. (2019). Vergiss die Lieder nicht – Chor für Menschen mit und ohne Demenz. In H.H. Wickel & T. Hartogh (Hrsg.), *Musikgeragogik in der Praxis. Musikinstitutionen und freie Szene* (*Musikgeragogik Bd.* 5, S. 29–33). Waxmann.

Booth, T. & Ainscow, M. (2019). *Index für Inklusion: Ein Leitfaden für Schulentwicklung* (2. korrigierte und aktualisierte Auflage, herausgegeben, neu übersetzt und adaptiert für deutschsprachige Bildungssysteme von B. Achermann, D. Amirpur, M.-L. Braunsteiner, H. Demo, E. Plate, A. Platte). Beltz.

Brand, M. (2016). Musikalisch aktiv bis ins Alter. Eine Untersuchung zum Musiklernen autonomer Menschen 55+. In A. Fricke & T. Hartogh (Hrsg.), *Forschungsfeld Kulturgeragogik – Research in Cultural Geragogy* (*Kulturelle Bildung Bd.* 52, S. 261–280). kopaed.

Brand, M. (2019). Coaching und Musiklernen im Gruppenunterricht – aufgezeigt an einer Volksmusikgruppe und einem Instrumentalensemble. In H.H. Wickel & T. Hartogh (Hrsg.), *Musikgeragogik in der Praxis. Musikinstitutionen und freie Szene* (*Musikgeragogik Bd.* 5, S. 57–62). Waxmann.

Breuer, F., Mey, G. & Mruck, K. (2011). Subjektivität und Selbst-/Reflexivität in der Grounded-Theory-Methodologie. In G. Mey & K. Mruck (Hrsg.), *Grounded Theory*

*Reader* (2., aktualisierte und erweiterte Auflage, S. 427–448). VS Verlag für Sozialwissenschaften.

Breuer, F., Muckel, P. & Dieris, B. (2019). *Reflexive Grounded Theory. Eine Einführung für die Forschungspraxis* (4., durchgesehene und aktualisierte Auflage). Springer VS.

Bromkamp, P. (2015). *„Wenn Pastoral Alter lernt" – Pastoralgeragogische Überlegungen zum Vierten Alter (Studien zur Theologie und Praxis der Seelsorge Bd. 96)* [Dissertation]. Echter.

Bubmann, P. (2007). Das Amt der Kirchenmusik im Kuratorium der Lebenskunst. Eine pastoraltheologische Zukunftsvision. In W. Bönig, W. Bretschneider, U. Cyganek, A. Gerhards, V. Kalisch, E. Kohlhaas, R. Mailänder & R. Schuhenn (Hrsg.), *Musik im Raum der Kirche. Fragen und Perspektiven. Ein ökumenisches Handbuch zur Kirchenmusik* (S. 268–278). Carus & Matthias Grünewald.

Bubolz-Lutz, E. (2022). „Begleitung" als Basiskonzept und Praxis der Geragogik – Zur Bedeutsamkeit von Lernmotivationen und dem Prinzip der Wechselseitigkeit. In R. Schramek, J. Steinfort-Diedenhofen & C. Kricheldorff (Hrsg.), *Diversität der Altersbildung. Geragogische Handlungsfelder, Konzepte und Settings* (S. 21–39). Kohlhammer.

Bubolz-Lutz, E., Engler, S., Kricheldorff, C. & Schramek, R. (2022). *Geragogik. Bildung und Lernen im Prozess des Alterns. Das Lehrbuch* (2., erweiterte und überarbeitete Auflage). Kohlhammer.

Bubolz-Lutz, E., Gösken, E., Kricheldorff, C. & Schramek, R. (2010). *Geragogik. Bildung und Lernen im Prozess des Alterns. Das Lehrbuch.* Kohlhammer.

Bundesministerium für Arbeit und Soziales (2018). *Demokratie braucht Inklusion. Die UN-Behindertenrechtskonvention. Übereinkommen über die Rechte von Menschen mit Behinderungen. Die amtliche, gemeinsame Übersetzung von Deutschland, Österreich, Schweiz und Lichtenstein* (sic). Abgerufen von https://www.institut-fuer-menschenrechte.de/fileadmin/Redaktion/PDF/DB_Menschenrechtsschutz/CRPD/CRPD_Konvention_und_Fakultativprotokoll.pdf [01.08.22].

Bundesministerium für Familie, Senioren, Frauen und Jugend (2010). *Stellungnahme der Bundesregierung zum Bericht der Sachverständigenkommission für den Sechsten Altenbericht „Altersbilder in der Gesellschaft".* Abgerufen von https://www.bmfsfj.de/resource/blob/101934/3cd9b8846aa0ea9b4c8794c8d33bf68b/stellungnahme-sechster-altenbericht-data.pdf [01.08.22].

Bundesministerium für Familie, Senioren, Frauen und Jugend (2017). *Nationaler Bericht – Bundesrepublik Deutschland. 15 Jahre Zweiter UN-Weltaltenplan und 15 Jahre UNEC-Regionale Implementierungsstrategie.* Abgerufen von https://www.bmfsfj.de/resource/blob/116886/41372297b192e5c8c38c1fdd41776bf9/nationaler-bericht-15-jahre-jahre-zweiter-un-altenplan-data.pdf [01.08.22].

Claussen, J. H. (2015). *Gottes Klänge. Eine Geschichte der Kirchenmusik* (2. durchgesehene Auflage). C. H. Beck.

Corbin, J. & Strauss, A. L. (2015). *Basics of Qualitative Research. Techniques and Procedures for Developing Grounded Theory* (Fourth Edition). SAGE.

Coulton, S., Clift, S., Skingley, A. & Rodriguez, J. (2015). Effectiveness and cost-effectiveness of community singing on mental health-related quality of life of older people: Randomised controlled trial. *The British Journal of Psychiatry*, 207(3), 250–255. https://doi.org/10.1192/bjp.bp.113.129908.

Dannenmann, M. (2009). *Die Begleitung älterer Menschen durch Bildung, Gemeindeaufbau und Seelsorge. Ein wachsender Auftrag christlicher Gemeinden in einer älter werdenden Gesellschaft* (*Gerontologie und Gesellschaft Bd. 1*). Weißensee.

de Bánffy-Hall, A. (2017). Community Music in Deutschland heute – eine Verortung. In B. Hill & A. de Bánffy-Hall (Hrsg.), *Community Music. Beiträge zur Theorie und Praxis aus internationaler und deutscher Perspektive* (S. 27–43). Waxmann.

de Bánffy-Hall, A. (2019). *The development of community music in Munich* [Dissertation]. Waxmann.

de Bánffy-Hall, A. & Hill, B. (2017). *Community Music: Eine Einführung.* Abgerufen von https://www.kubi-online.de/artikel/community-music-einfuehrung [01.08.22].

Demografieportal (2022a). *Ältere Bevölkerung.* Abgerufen von https://www.demografie-portal.de/DE/Fakten/aeltere-bevoelkerung.html?nn=676784 [28.07.22].

Demografieportal (2022b). *Bevölkerungszahl.* Abgerufen von https://www.demografie-portal.de/DE/Fakten/bevoelkerungszahl.html?nn=676784 [28.07.22].

Demografieportal (2022c). *Altersstruktur der Bevölkerung.* Abgerufen von https://www.demografie-portal.de/DE/Fakten/bevoelkerung-altersstruktur.html?nn=676784 [28.07.22].

Deutsche Gesellschaft für Musikgeragogik (2019). *Fachtagung Musikgeragogik „Musik – Alter – Spiritualität" am 12.03.2019* [Tagungsprogramm]. DGfMG.

Deutsche Gesellschaft für Musikgeragogik (o. D.). *Musikgeragogik.* Abgerufen von https://www.dg-musikgeragogik.de [01.08.22].

Deutscher Bundestag (2007). *Schlussbericht der Enquete-Kommission „Kultur in Deutschland".* Abgerufen von http://dipbt.bundestag.de/dip21/btd/16/070/1607000.pdf [01.08.22].

Deutscher Musikrat (2007). *Wiesbadener Erklärung. Musizieren 50+ – im Alter mit Musik aktiv. 12 Forderungen an Politik und Gesellschaft.* Abgerufen von https://www.musikrat.de/fileadmin/files/DMR_Musikpolitik/Musizieren_50_/DMR_Wiesbadener_Erklaerung.pdf [01.08.22].

Deutsches Musikinformationszentrum (2017). *MIZ stellt neues Themenportal „Kirchenmusik – Musik in Religionen" vor.* Abgerufen von http://www.miz.org/news_13863.html [01.08.22].

Deutsches Musikinformationszentrum (2021). *Themenportal. Kirchenmusik – Musik in Religionen.* Abgerufen von https://themen.miz.org/kirchenmusik [01.08.22].

Deutsches Zentrum für Altersfragen (2010). *Sechster Bericht zur Lage der älteren Generation in der Bundesrepublik Deutschland. Altersbilder in der Gesellschaft. Bericht der Sachverständigenkommission an das Bundesministerium für Familie, Senioren, Frauen und Jugend.* DZA.

Direktorenkonferenz für Kirchenmusik und Konferenz der Leiterinnen und Leiter der Ausbildungsstätten für katholische Kirchenmusik in Deutschland [KdL] (2008). *Rahmenordnung für die berufsqualifizierenden Studiengänge in Kirchenmusik. Neu formuliert im Rahmen des Bologna-Prozesses.* Abgerufen von http://www.miz.org/downloads/dokumente/838/2008_Rahmenordnung_BaMa_Beschlussfassung_08-09-22_-_Endfassung.pdf [18.06.22].

Direktorenkonferenz Kirchenmusik in der Evangelischen Kirche in Deutschland (2020). *Frankfurter Thesen zur Kirchenmusik in einer sich verändernden Kirche. Alles im Fluss – Berufsbild Kirchenmusik im 21. Jahrhundert. 04.–05.03.2020 Frankfurt/Main* [Tagungsdokumentation]. Abgerufen von https://direktorenkonferenz.org/fileadmin/downloads/Dokumentation%20Tagung%20Frankfurt.pdf [18.06.22].

Döring, N. & Bortz, J. (2013). *Forschungsmethoden und Evaluation in den Sozial- und Humanwissenschaften* (5. Auflage). Springer.

Duden (o. D.). Relevanz/relevant. In *Duden – Das große Fremdwörterbuch. Herkunft und Bedeutung der Fremdwörter.* Abgerufen von https://www.munzinger.de [13.11.21].

Erzdiözese Freiburg (2011). *Dienstordnung für Kirchenmusiker* (Anlage 4f zur AVO). Erzdiözese Freiburg.

Europäische Gemeinschaften (2001). *Mitteilung der Kommission. Einen europäischen Raum des lebenslangen Lernens schaffen* (Teil 1). Amt für amtliche Veröffentlichungen der Europäischen Gemeinschaften.

Evangelische Arbeitsgemeinschaft für Altenarbeit (2002). *Alter und ältere Menschen in Kirche und Gesellschaft – Positionen der EAfA* [Positionspapier]. Abgerufen von https://www.ekd.de/eafa/download/eafa_positionspapier.pdf [02.08.22].

Evangelische Arbeitsgemeinschaft für Altenarbeit (2004). Potenziale des Alters – Chance für Kirche und Gesellschaft (Vorwort Dr. Kristin Bergmann). In Evangelische Arbeitsgemeinschaft für Altenarbeit (Hrsg.), *Potenziale des Alters – Chance für Kirche und Gesellschaft. Statements & Beiträge des Symposions vom 15. März 2004.* EAfA.

Evangelische Arbeitsgemeinschaft für Altenarbeit (2006). Partizipation und Potenziale des Alters. In Evangelische Arbeitsgemeinschaft für Altenarbeit (Hrsg.), *Platz für Potenziale? Partizipation im Alter zwischen alten Strukturen und neuen Erfordernissen. Referate, Statements und Beiträge des Symposiums am 07. Juni 2006.* EAfA.

Evangelische Kirche in Deutschland (2009a). *Im Alter neu werden können. Evangelische Perspektiven für Individuum, Gesellschaft und Kirche. Eine Orientierungshilfe des Rates der Evangelischen Kirche in Deutschland (EKD).* Gütersloher Verlagshaus.

Evangelische Kirche in Deutschland (2009b). *Kirche und Bildung. Herausforderungen, Grundsätze und Perspektiven evangelischer Bildungsverantwortung und kirchlichen Bildungshandelns. Eine Orientierungshilfe des Rates der Evangelischen Kirche in Deutschland (EKD).* Gütersloher Verlagshaus.

Evangelische Kirche in Deutschland (2015a). *Es ist normal, verschieden zu sein. Inklusion leben in Kirche und Gesellschaft.* Gütersloher Verlagshaus.

Evangelische Kirche in Deutschland (2015b). *Vernetzte Vielfalt. Kirche angesichts von Individualisierung und Säkularisierung.* Gütersloher Verlagshaus.

Evangelische Kirche in Mitteldeutschland (2015). *Kirchengesetz über den kirchenmusikalischen Dienst in der Evangelischen Kirche in Mitteldeutschland (Kirchenmusikgesetz – KiMuG)* (RS 760 vom 21. November 2009). EKM.

Evangelische Landeskirche in Württemberg (2017). *Ordnung des kirchenmusikalischen Dienstes in der Evangelischen Landeskirche in Württemberg* (RS 800 und 801). EKWue.

Evangelisch-Lutherische Kirche in Bayern (2015). Chancen wie noch nie. Es ist Zeit für eine neue Sicht aufs Alter. *Amtsblatt für die Evangelisch-Lutherische Kirche in Bayern,* 2015(5), 102–104.

Evangelisch-Lutherische Kirche in Bayern (2016a). *Horizonte weiten – Bildungslandschaften gestalten. Bildungskonzept für die Evangelisch-Lutherische Kirche in Bayern.* Abgerufen von https://handlungsfelder.bayern-evangelisch.de/downloads/ELKB_Bildungskonzept_Horizonte_weiten_Bildungslandschaften_gestalten_2016.pdf [02.08.22].

Evangelisch-Lutherische Kirche in Bayern (2016b). *Kirchengesetz über die Kirchenmusik in der Evangelisch-Lutherischen Kirche in Bayern (Kirchenmusikgesetz – KiMuG)* (RS 730). ELKB.

Evangelisch-Lutherische Kirche in Bayern (2018). *Reformprozess Profil und Konzentration. Der landeskirchliche Zukunftsprozess.* Abgerufen von https://puk.bayern-evangelisch.de/index.php [18.06.22].

Evangelisch-Lutherische Kirche in Bayern (o. D.). *Mach Kirchenmusik.* Abgerufen von https://www.mach-kirchenmusik.de/hauptberuf [18.06.22].

Evangelisch-reformierte Landeskirche des Kantons Zürich (2010). *Kirchenordnung der Evangelisch-reformierten Landeskirche des Kantons Zürich. Loseblattsammlung der kantoralen Gesetzessammlung (Kanton Zürich)* (Bd. 2, Nr. 181.10, Artikel 86, Absatz 1–4). ZHref.

Feierabend, A. (2019). Violinunterricht mit einer demenziell erkrankten Schülerin. In H. H. Wickel & T. Hartogh (Hrsg.), *Musikgeragogik in der Praxis. Musikinstitutionen und freie Szene* (*Musikgeragogik Bd.* 5, S. 107–112). Waxmann.

Flick, U., von Kardorff, E. & Steinke, I. (2019). Was ist qualitative Forschung? Einleitung und Überblick. In U. Flick, E. von Kardorff & I. Steinke (Hrsg.), *Qualitative Forschung. Ein Handbuch* (*rowohlts enzyklopädie 55628*, 13. Auflage, S. 13–29). Rowohlt.

Forster, M. (2019). Elementares Musizieren mit älteren Menschen. Eine Modellklasse im Studiengang Elementare Musikpädagogik an der Hochschule für Musik Nürnberg. In H. H. Wickel & T. Hartogh (Hrsg.), *Musikgeragogik in der Praxis. Musikinstitutionen und freie Szene* (*Musikgeragogik Bd.* 5, S. 115–123). Waxmann.

Franz, J. & Schmidt-Hertha, B. (2018). Intergenerationelles Lernen. In R. Schramek, C. Kricheldorff, B. Schmidt-Hertha & J. Steinfort-Diedenhofen (Hrsg.), *Alter(n) – Lernen – Bildung. Ein Handbuch* (S. 164–174). Kohlhammer.

Fricke, A. & Hartogh, T. (Hrsg.) (2016). *Forschungsfeld Kulturgeragogik – Research in Cultural Geragogy* (*Kulturelle Bildung Bd.* 52). kopaed.

Fuchs, B. (2000). Religiosität und psychische Gesundheit im Alter. In P. Bäurle, H. Radebold, R. D. Hirsch, K. Studer, U. Schmid-Furstoss & B. Struwe (Hrsg.), *Klinische Psychotherapie mit älteren Menschen* (S. 235–243). Hans Huber.

Funke Digital GmbH (o. D.). *Wann wird ein Mensch als „älter" bezeichnet.* Abgerufen von https://www.gesundheit.de/wissen/haetten-sie-es-gewusst/allgemeinwissen/wann-wird-ein-mensch-als-aelter-bezeichnet [02.08.22].

Geiger, M. & Stracke-Bartholmai, M. (2018). *Inklusion denken. Theologisch, biblisch, ökumenisch, praktisch* (*Behinderung – Theologie – Kirche. Beiträge zu diakonisch-caritativen Disability Studies Bd. 10*). Kohlhammer.

Glaser, B. G. & Strauss, A. L. (2005). *Grounded Theory. Strategien qualitativer Forschung* (aus dem Amerikanischen von A. T. Paul und S. Kaufmann, 2., korrigierte Auflage). Hans Huber.

Gläser, J. & Laudel, G. (2010). *Experteninterviews und qualitative Inhaltsanalyse als Instrumente rekonstruierender Untersuchungen* (4. Auflage). VS Verlag für Sozialwissenschaften.

Gutmann, D. & Peters, F. (2020). German Churches in Times of Demographic Change and Declining Affiliation: A Projection to 2060. *Comparative Population Studies*, 45 (Januar 2020). https://doi.org/10.12765/CPoS-2020-01.

Gutmann, D., Peters, F., Kendel, A., Faix, T. & Riegel, U. (Hrsg.) (2019). *Kirche – ja bitte! Innovative Modelle und strategische Perspektiven gelungener Mitgliederorientierung.* Neukirchener Verlagsgesellschaft.

Hallam, S. & Creech, A. (2016). Can active music making promote health and well-being in older citizens? Findings of the music for life project. *London Journal of Primary Care*, 8(2), 21–25. https://doi.org/10.1080/17571472.2016.1152099.

Hartogh, T. (2005). *Musikgeragogik – ein bildungstheoretischer Entwurf. Musikalische Altenbildung im Schnittfeld von Musikpädagogik und Geragogik* (*Forum Musikpädagogik Bd. 68*). Wißner.

Hartogh, T. (2016). Music Geragogy, Elemental Music Pedagogy and Community Music – didactic approaches for making music in old age. *International Journal of Community Music*, 9(1), 35–48. https://doi.org/10.1386/ijcm.9.1.35_1.

Hartogh, T. (2018). Musikalisches Lernen im dritten und vierten Lebensalter. In W. Gruhn & P. Röbke (Hrsg.), *Musiklernen. Bedingungen – Handlungsfelder – Positionen* (S. 292–312). Helbling.

Hartogh, T. & Wickel, H. H. (2008). *Musizieren im Alter. Arbeitsfelder und Methoden.* Schott.

Hartogh, T. & Wickel, H. H. (2018). Musikgeragogik. In R. Schramek, C. Kricheldorff, B. Schmidt-Hertha & J. Steinfort-Diedenhofen (Hrsg.), *Alter(n) – Lernen – Bildung. Ein Handbuch* (S. 197–204). Kohlhammer.

Hassel, A. & Röttger, M. (2019). Singen in den inklusiven Chören „Vergissmeinnicht" der Alzheimer Gesellschaft Hamburg e. V. In H. H. Wickel & T. Hartogh (Hrsg.), *Musikgeragogik in der Praxis. Musikinstitutionen und freie Szene* (*Musikgeragogik Bd. 5*, S. 35–38). Waxmann.

Haunerland, W. (2020). Participatio actuosa und musica sacra. Gesang und Instrumentalmusik als liturgisches Handeln. In S. Kopp, M. Schwemmer & J. Werz (Hrsg.), *Mehr als nur eine Dienerin der Liturgie. Zur Aufgabe der Kirchenmusik heute* (*Kirche in Zeiten der Veränderung Bd. 4*, S. 58–71). Herder.

Heid, T. (2019). Senioren im Saxophon-Groove. Saxophonunterricht für ältere Neueinsteiger. In H. H. Wickel & T. Hartogh (Hrsg.), *Musikgeragogik in der Praxis. Musikinstitutionen und freie Szene* (*Musikgeragogik Bd. 5*, S. 63–67). Waxmann.

Heitz, S. (2020). Mehr als Sturzprävention: Seniorenrhythmik nach Dalcroze – der Club InTakt im Seniorenheim Maria-Martha-Stift Lindau. In H. H. Wickel & T. Hartogh (Hrsg.), *Musikgeragogik in der Praxis. Alteneinrichtungen und Pflegeheime* (*Musikgeragogik Bd. 7*, S. 113–119). Waxmann.

Henning, H. (Hrsg.) (2020). *All inclusive?! Aspekte einer inklusiven Musik- und Tanzpädagogik* (*Innsbrucker Perspektiven zur Musikpädagogik Bd. 2*). Waxmann.

Herbst, M. (2010). *Missionarischer Gemeindeaufbau in der Volkskirche (Beiträge zu Evangelisation und Gemeindeentwicklung Bd. 8*, 4. Auflage). Neukirchener Verlagsgesellschaft.

Hermanns, H. (2019). Interviewen als Tätigkeit. In U. Flick, E. von Kardorff & I. Steinke (Hrsg.), *Qualitative Forschung. Ein Handbuch (rowohlts enzyklopädie 55628*, 13. Auflage, S. 360–368). Rowohlt.

Higgins, L. & Willingham, L. (2017). *Engaging in Community Music: An Introduction.* Routledge.

Hill, B. & de Bánffy-Hall, A. (Hrsg.) (2017). *Community Music: Beiträge zur Theorie und Praxis aus internationaler und deutscher Perspektive.* Waxmann.

Hochstein, W. & Krummacher, C. (Hrsg.) (2011–2014). *Geschichte der Kirchenmusik* (4 Bände). Laaber.

Hoedt-Schmidt, S. (2010). *Aktives Musizieren mit der Veeh-Harfe. Ein musikgeragogisches Konzept für Menschen mit dementiellen Syndromen (Musik als Medium Bd.* 5). Waxmann.

Jekic, A. (2011). »Unter 7 – Über 70«. Ein generationenübergreifendes Musikkonzept für Kinder im Vorschulalter und Senioren. In H. H. Wickel & T. Hartogh (Hrsg.), *Praxishandbuch Musizieren im Alter. Projekte und Initiativen* (S. 272–278). Schott.

Kade, S. (2009). *Altern und Bildung. Eine Einführung (Erwachsenenbildung und lebensbegleitendes Lernen Bd. 7*, 2., aktualisierte und überarbeitete Auflage). Bertelsmann.

Kaiser, J. (2017). Musik im Gottesdienst – Qualität. In F. Fendler, C. Binder & H. Gattwinkel (Hrsg.), *Handbuch Gottesdienstqualität (Kirche im Aufbruch. Reformprozess der EKD Bd. 22*, S. 89–100). Evangelische Verlagsanstalt.

Katholische Bundesarbeitsgemeinschaft für Erwachsenenbildung (2012). *Das Dritte und Vierte Lebensalter in der Kirche groß schreiben! Eine Positionierung der KBE aus Anlass aktueller gesellschaftlicher Debatten und des 6. Altenberichtes der Bundesregierung.* Abgerufen von https://keb-deutschland.de/wp-content/uploads/2019/07/2012_KBE_ALTENBILDUNG_Das-Dritte-und-Vierte-Lebensalter-in-der-Kirche-groß-schreibenA5_2012_05_31_final.pdf [01.08.22].

Katholische Erwachsenenbildung (2016). *Alte Sinnsucher. Chancen für die Katholische Erwachsenenbildung.* Abgerufen von https://keb-deutschland.de/wp-content/uploads/2017/07/Broschure-A5-Sinnsucher.pdf [18.06.22].

Kehrer, E.-M. (2013). *Klavierunterricht mit dementiell erkrankten Menschen – ein instrumentalgeragogisches Konzept für Anfänger (Musikgeragogik Bd. 2)* [Dissertation]. Waxmann.

Kertz-Welzel, A. (2018). Community Music, oder: die Faszination des Nicht-Lernens. In W. Gruhn & P. Röbke (Hrsg.), *Musiklernen. Bedingungen – Handlungsfelder – Positionen* (S. 358–378). Helbling.

Kläden, T. (2016). Die Seniorinnen und Senioren sind nicht mehr die alten! Religiöse Entwicklung im Erwachsenenalter. In M. Beier, H. Gabriel, H.-M. Rieger & M. Wermke (Hrsg.), *Religion und Bildung – Ressourcen im Alter? Zwischen dem Anspruch auf Selbstbestimmung und der Einsicht in die Unverfügbarkeit des Lebens (Studien zur religiösen Bildung Bd. 11*, S. 63–84). Evangelische Verlagsanstalt.

Klie, T., Hollfelder, T., Lincke, H.-J., Riesterer, J. & Stemmer, P. (2012). *Kompetent fürs Alter. Angebote für ältere Menschen in Kirche und Diakonie. Eine Studie zu Vielfalt und Profilen kirchlicher und diakonischer Altenarbeit in der Landeskirche Baden.* Zentrum für zivilgesellschaftliche Entwicklung.

Koch, K. (2017). *Seniorenchorleitung. Empirische Studien zur Chorarbeit mit älteren Erwachsenen (Schriften des Instituts für Begabungsforschung in der Musik Bd. 10)* [Dissertation]. LIT.

Koch, K. (Hrsg.) (2019a). *Handbuch Seniorenchorleitung. Grundlagen – Erfahrungen – Praxis.* Bosse.

Koch, K. (2019b). Praxis der Seniorenchorleitung. In H. H. Wickel & T. Hartogh (Hrsg.), *Musikgeragogik in der Praxis. Musikinstitutionen und freie Szene (Musikgeragogik Bd.* 5, S. 45–54). Waxmann.

Koch, K. (2020). Musikgeragogische Angebote als Möglichkeit kultureller und sozialer Teilhabe. *Diskussion Musikpädagogik, Community Music*, 87/20, 50–55.

Koch, K. (2022). „Never too old for Rock'n'Roll" – Altershomogene Rock- und Popchöre für Menschen im dritten Lebensalter. In R. Schramek, J. Steinfort-Diedenhofen & C. Kricheldorff (Hrsg.), *Diversität der Altersbildung. Geragogische Handlungsfelder, Konzepte und Settings* (S. 181–190). Kohlhammer.

Koch, K. & Reuschenbach, B. (Hrsg.) (2022). *Konzerte für Menschen mit Demenz. Grundlagen, Durchführung, Erfahrungen.* Kohlhammer.

Kohlhaas, E. (2007a). Kann Kirchenmusik heilsam sein? Kirchenmusik und Musiktherapie. In W. Bönig, W. Bretschneider, U. Cyganek, A. Gerhards, V. Kalisch, E. Kohlhaas, R. Mailänder & R. Schuhenn (Hrsg.), *Musik im Raum der Kirche. Fragen und Perspektiven. Ein ökumenisches Handbuch zur Kirchenmusik* (S. 220–234). Carus & Matthias Grünewald.

Kohlhaas, E. (2007b). Musik und Spiritualität. Musik als Raum der Gotteserfahrung? In W. Bönig, W. Bretschneider, U. Cyganek, A. Gerhards, V. Kalisch, E. Kohlhaas, R. Mailänder & R. Schuhenn (Hrsg.), *Musik im Raum der Kirche. Fragen und Perspektiven. Ein ökumenisches Handbuch zur Kirchenmusik* (S. 80–94). Carus & Matthias Grünewald.

Kopp, S., Schwemmer, M. & Werz, J. (2020). Bestandteil, Dienerin oder Museumsstück der Liturgie? Eine thematische Hinführung zur Stellung der Kirchenmusik aus katholischer Perspektive. In S. Kopp, M. Schwemmer & J. Werz (Hrsg.), *Mehr als nur eine Dienerin der Liturgie. Zur Aufgabe der Kirchenmusik heute (Kirche in Zeiten der Veränderung Bd.* 4, S. 9–17). Herder.

Köster, D., Schramek, R. & Dorn, S. (2008). *Qualitätsziele moderner SeniorInnenarbeit und Altersbildung. Das Handbuch.* Athena.

Kricheldorff, C. (2018). Altern – Lernen – Bildung aus der Perspektive der Sozialen Gerontologie. In R. Schramek, C. Kricheldorff, B. Schmidt-Hertha & J. Steinfort-Diedenhofen (Hrsg.), *Alter(n) – Lernen – Bildung* (S. 45–56). Kohlhammer.

Krummacher, C. (2020). *Kirchenmusik (Neue Theologische Grundrisse).* Mohr Siebeck.

Kuhlmann, H. (2019). TanzcHor60+. In H. H. Wickel & T. Hartogh (Hrsg.), *Musikgeragogik in der Praxis. Musikinstitutionen und freie Szene (Musikgeragogik Bd.* 5, S. 19–23). Waxmann.

Kulmus, C. (2018). Altern und lebensentfaltendes Lernen. In R. Schramek, C. Kricheldorff, B. Schmidt-Hertha & J. Steinfort-Diedenhofen (Hrsg.), *Alter(n) – Lernen – Bildung. Ein Handbuch* (S. 113–123). Kohlhammer.

Kumlehn, M. (2016). Religion als Deutungssystem für das Alter? In M. Beier, H. Gabriel, H.-M. Rieger & M. Wermke (Hrsg.), *Religion und Bildung – Ressourcen im Alter? Zwischen dem Anspruch auf Selbstbestimmung und der Einsicht in die Unverfügbarkeit des Lebens* (*Studien zur religiösen Bildung Bd. 11*, S. 85–96). Evangelische Verlagsanstalt.

Kunz, R. & Liedke, U. (Hrsg.) (2013). *Handbuch Inklusion in der Kirchengemeinde*. Vandenhoeck & Ruprecht.

Laslett, P. (1995). *Das dritte Alter. Historische Soziologie des Alterns* (*Grundlagentexte Soziologie*). Beltz.

Lee, P., Stewart, D. & Clift, S. (2018). Group Singing and Quality of Life. In B.-L. Bartleet & L. Higgins (Hrsg.), *The Oxford Handbook of Community Music* (S. 503–523). Oxford University Press.

Leibold, D. (2011). Wo man singt, da lass dich nieder … – Chorprojekte mit Senioren. In H. H. Wickel & T. Hartogh (Hrsg.), *Praxishandbuch Musizieren im Alter. Projekte und Initiativen* (S. 143–149). Schott.

Liedke, U. (2013). Inklusion in theologischer Perspektive. In R. Kunz & U. Liedke (Hrsg.), *Handbuch Inklusion in der Kirchengemeinde* (S. 31–52). Vandenhoeck & Ruprecht.

Liedke, U. & Wagner, H. (2016). *Inklusion. Lehr- und Arbeitsbuch für professionelles Handeln in Kirche und Gesellschaft*. Kohlhammer.

Marchand, M. (2012). *„Gib mir mal die große Pauke …" Musikalische Gruppenarbeit im Altenwohn- und Pflegeheim. Ein Praxisbuch* (*Musikgeragogik Bd. 1*). Waxmann.

Mayr, M. (2020). Rhythmik bewegt Generationen. Dialog von Musik und Bewegung für Jung und Alt. In H. H. Wickel & T. Hartogh (Hrsg.), *Musikgeragogik in der Praxis. Alteneinrichtungen und Pflegeheime* (*Musikgeragogik Bd. 7*, S. 103–111). Waxmann.

Metzger, B. (2011). Elementare Musikpädagogik: Ein Kooperationsprojekt von Musikhochschule und Senioreneinrichtungen in Würzburg. In H. H. Wickel & T. Hartogh (Hrsg.), *Praxishandbuch Musizieren im Alter. Projekte und Initiativen* (S. 94–107). Schott.

Mey, G. & Mruck, K. (Hrsg.) (2011a). *Grounded Theory Reader* (2., aktualisierte und erweiterte Auflage). VS Verlag für Sozialwissenschaften.

Mey, G. & Mruck, K. (2011b). Grounded-Theory-Methodologie: Entwicklung, Stand, Perspektiven. In G. Mey & K. Mruck (Hrsg.), *Grounded Theory Reader* (2., aktualisierte und erweiterte Auflage, S. 11–48). VS Verlag für Sozialwissenschaften.

Meyer-Blanck, M. (2020). Musik – „Magd" der Theologie? Eine evangelische Perspektive. In S. Kopp, M. Schwemmer & J. Werz (Hrsg.), *Mehr als nur eine Dienerin der Liturgie. Zur Aufgabe der Kirchenmusik heute* (*Kirche in Zeiten der Veränderung Bd. 4*, S. 18–32). Herder.

Michaelis, K. (2021). *Kirchenmusikalische Ausbildung – Kirchenmusik als Beruf*. Abgerufen von https://miz.org/de/beitraege/kirchenmusikalische-ausbildung-kirchenmusik-als-beruf [02.08.22].

Muckel, P. (2011). Die Entwicklung von Kategorien mit der Methode der Grounded Theory. In G. Mey & K. Mruck (Hrsg.), *Grounded Theory Reader* (2., aktualisierte und erweiterte Auflage, S. 333–352). VS Verlag für Sozialwissenschaften.

Musik in Geschichte und Gegenwart (Schriftleitung) (1996). Kirchenmusik. In L. Lüttken (Hrsg.), *MGG Online*. Abgerufen von https://www.mgg-online.com/article?id=mgg15562&v=1.0&rs=mgg15562 [02.08.22].

Nebauer, F. (2013). *Auf Flügeln der Musik. Ein Pilotprojekt zur Kulturteilhabe von Menschen mit Demenz durch neue Ansätze der Musikvermittlung* [Projektdokumentation]. Institut für Bildung und Kultur e. V.

Neuhausen, E. & Giesler, R. (2011). *Wie die Kirche ältere Menschen wahrnimmt. Strukturen, Ressourcen und Angebote in den Landeskirchen der EKD*. Sozialwissenschaftliches Institut der Evangelischen Kirche in Deutschland.

Oellermann, S. (2020). „MITeinander – In 80 Takten um die Welt". Ein interkulturelles und intergeneratives Musikkonzept für Jugendliche und Senior*innen. In H.H. Wickel & T. Hartogh (Hrsg.), *Musikgeragogik in der Praxis. Alteneinrichtungen und Pflegeheime* (*Musikgeragogik Bd. 7*, S. 167–174). Waxmann.

Paganetti, S. (2022a). Kirchenkonzerte für Menschen mit Demenz. *Musik und Kirche. Die Zeitschrift für Kirchenmusik*, 3/22, 192–195.

Paganetti, S. (2022b). Kirchenkonzerte für Menschen mit Demenz und deren pflegende Angehörige (Neuwied). In K. Koch & B. Reuschenbach (Hrsg.), *Konzerte für Menschen mit Demenz. Grundlagen, Durchführung, Erfahrungen* (S. 97–103). Kohlhammer.

Perry-Deegan, B.D. (2018). *Exploring the effects of piano study on cognitive function in senior adults* [Dissertation]. Abgerufen von https://hdl.handle.net/2144/30061 [18.06.22].

Peters, F., Gutmann, D., Kendel, A., Faix, T. & Riegel, U. (2019). Mitgliederorientierung als Zukunftsaufgabe von Kirche. In D. Gutmann, F. Peters, A. Kendel, T. Faix & U. Riegel (Hrsg.), *Kirche – ja bitte! Innovative Modelle und strategische Perspektiven gelungener Mitgliederorientierung* (S. 14–28). Neukirchener Verlagsgesellschaft.

Plinius, G. (~113). Epistularum libri decem, 96. In W.-D. Hauschild, G. Ruhbach, G. Benrath, H. Scheible & K.-V. Slege (Hrsg.) (1974), *Der römische Staat und die frühe Kirche* (*Texte zur Kirchen- und Theologiegeschichte Bd. 20*, S. 18 f.). Mohn.

Rohde, F. (2019). Das Projekt „Oper für Jung und Alt" der Oper Köln. In H.H. Wickel & T. Hartogh (Hrsg.), *Musikgeragogik in der Praxis. Musikinstitutionen und freie Szene* (*Musikgeragogik Bd. 5*, S. 205–208). Waxmann.

Rothe, D. (2018). Biographische Perspektiven auf Bildung und Lernen im Alter. In R. Schramek, C. Kricheldorff, B. Schmidt-Hertha & J. Steinfort-Diedenhofen (Hrsg.), *Alter(n) – Lernen – Bildung. Ein Handbuch* (S. 146–163). Kohlhammer.

Sailer-Pfister, S. (2017). Alter(n) – eine gesellschaftliche Herausforderung. Überlegungen zur gerontologischen Ethik aus christlich-sozialethischer Perspektive. In S. Sailer-Pfister, I. Proft & H. Brandenburg (Hrsg.), *Was heißt schon alt? Theologische, ethische und pflegewissenschaftliche Perspektiven* (*Ethische Herausforderungen in Medizin und Pflege Bd. 8*, S. 47–58). Matthias Grünewald.

Sailer-Pfister, S., Proft, I. & Brandenburg, H. (Hrsg.) (2017). *Was heißt schon alt? Theologische, ethische und pflegewissenschaftliche Perspektiven* (*Ethische Herausforderungen in Medizin und Pflege Bd. 8*). Matthias Grünewald.

Schabram, K.M. (2014). Musikgeragogik für Musikhochschulen. *Zeitschrift Ästhetische Bildung*, 6(1). Abgerufen von http://zaeb.net/wordpress/wp-content/uploads/2020/12/80-319-2-PB.pdf [18.06.22].

Schatz, K. (2020). *Inklusive Kirchenmusik: Gemeindeaufbau und Mitgliederbindung durch Community Music im Kantorenamt* [unveröffentlichte Masterarbeit]. Katholische Universität Eichstätt-Ingolstadt.

Schatz, K. & Koch, K. (2021). Singen und Musizieren im Alter. Ergebnisse einer Untersuchung zur Kirchenmusikgeragogik. *Musik und Kirche. Die Zeitschrift für Kirchenmusik*, 3/21, 176–180.

Schneider, G. (2020). Kirchenmusiker als pastorale Mitarbeiter. In S. Kopp, M. Schwemmer & J. Werz (Hrsg.), *Mehr als nur eine Dienerin der Liturgie* (*Kirche in Zeiten der Veränderung Bd. 4*, S. 127–137). Herder.

Schneider-Flume, G. (2010). *Alter – Schicksal oder Gnade? Theologische Überlegungen zum demographischen Wandel und zum Alter(n)* (2. Auflage). Vandenhoeck & Ruprecht.

Schönherr, C. (2011). Wir sind noch nicht zu alt! – Angebote aus der elementaren Musik- und Tanzpädagogik für hochbetagte Menschen. In H.H. Wickel & T. Hartogh (Hrsg.), *Praxishandbuch Musizieren im Alter. Projekte und Initiativen* (S. 108–126). Schott.

Schönherr, C. (2020). „Man spürt, dass man lebt". Musik-Sprache-Bewegung/Tanz. Künstlerisch-geragogische Angebote für Menschen in hohem Alter. In H. Henning (Hrsg.), *All inclusive?! Aspekte einer inklusiven Musik- und Tanzpädagogik* (*Innsbrucker Perspektiven zur Musikpädagogik Bd.* 2, S. 233–243). Waxmann.

Schramek, R. (2016). *Das „Alter" als soziale Kategorie.* https://doi.org/10.13140/RG.2.2.32095.66726.

Schramek, R. & Bubolz-Lutz, E. (2016). Partizipatives Lernen – ein geragogischer Ansatz. In G. Naegele, E. Olbermann & A. Kuhlmann (Hrsg.), *Teilhabe im Alter gestalten. Aktuelle Themen der Sozialen Gerontologie* (*Dortmunder Beiträge zur Sozialforschung*, S. 160–179). Springer VS.

Schramek, R., Kricheldorff, C., Schmidt-Hertha, B. & Steinfort-Diedenhofen, J. (Hrsg.) (2018). *Alter(n) – Lernen – Bildung. Ein Handbuch.* Kohlhammer.

Schramek, R., Steinfort-Diedenhofen, J. & Kricheldorff, C. (Hrsg.) (2022). *Diversität der Altersbildung. Geragogische Handlungsfelder, Konzepte und Settings.* Kohlhammer.

Schuhenn, R. (2020). Kirche im Fall – Kirchenmusik im Aufwind? Künstlerisch-methodische Anforderungen an angehende Kirchenmusiker angesichts veränderter Gesellschaftsstrukturen. In S. Kopp, M. Schwemmer & J. Werz (Hrsg.), *Mehr als nur eine Dienerin der Liturgie. Zur Aufgabe der Kirchenmusik heute* (*Kirche in Zeiten der Veränderung Bd. 4*, S. 172–184). Herder.

Smilde, R. & Bisschop Boele, E. (2016). Lifelong Learning and Healthy Ageing. The Significance of Music as an Agent of Change. In A. Fricke & T. Hartogh (Hrsg.), *Forschungsfeld Kulturgeragogik – Research in Cultural Geragogy* (*Kulturelle Bildung Bd.* 52, S. 205–220). kopaed.

Spahn, C. (2011). Instrumentales Musizieren im Alter. In H. H. Wickel & T. Hartogh (Hrsg.), *Praxishandbuch Musizieren im Alter. Projekte und Initiativen* (S. 14–21). Schott.

Sperling, U. (2007). Spiritualität und Wohlbefinden im Alter. In R. Kunz (Hrsg.), *Religiöse Begleitung im Alter. Religion als Thema der Gerontologie* (S. 73–98). Theologischer Verlag Zürich.

Spiekermann, R. (2016). Instrumentalunterricht mit Älteren. In A. Fricke & T. Hartogh (Hrsg.), *Forschungsfeld Kulturgeragogik – Research in Cultural Geragogy* (*Kulturelle Bildung Bd.* 52, S. 281–300). kopaed.

Spiekermann, R. (2017). *Kammermusik 55+. Menschen zueinander bringen. Empirische Untersuchung und Praxisworkshop* (*Musikgeragogik Bd. 4*). Waxmann.

Statistisches Bundesamt (2022). *Demografischer Wandel.* Abgerufen von https://www.destatis.de/DE/Themen/Querschnitt/Demografischer-Wandel/_inhalt.html [01.08.22].

Steinfort-Diedenhofen, J. (2018). Sozialgeragogik als Konvergenzbegriff. In R. Schramek, C. Kricheldorff, B. Schmidt-Hertha & J. Steinfort-Diedenhofen (Hrsg.), *Alter(n) – Lernen – Bildung. Ein Handbuch* (S. 57–67). Kohlhammer.

Steinke, I. (2019). Gütekriterien qualitativer Forschung. In U. Flick, E. von Kardorff & I. Steinke (Hrsg.), *Qualitative Forschung. Ein Handbuch* (*rowohlts enzyklopädie 55628*, 13. Auflage, S. 319–331). Rowohlt.

Steinmetz, A. (2020). Musik in der palliativen Begleitung am Lebensende. In H. H. Wickel & T. Hartogh (Hrsg.), *Musikgeragogik in der Praxis. Alteneinrichtungen und Pflegeheime* (*Musikgeragogik Bd. 7*, S. 203–209). Waxmann.

Strauss, A. L. & Corbin, J. (1996). *Grounded Theory: Grundlagen Qualitativer Sozialforschung.* Beltz.

Strübing, J. (2014). *Grounded Theory. Zur sozialtheoretischen und epistemologischen Fundierung eines pragmatistischen Forschungsstils* (*Qualitative Sozialforschung: Praktiken – Methodologien – Anwendungsfelder*, 3., überarbeitete und erweiterte Auflage). Springer VS.

Tesch-Römer, C. & Engstler, H. (2020). *Wohnsituation der Menschen ab 65 Jahren: Mit Angehörigen, allein oder im Pflegeheim* (DZA-Fact Sheet). Abgerufen von https://nbn-resolving.org/urn:nbn:de:0168-ssoar-67216-2 [02.08.22].

UNESCO Institute for Lifelong Learning (2018). *Peter Jarvis: A pioneer of adult education.* Abgerufen von https://uil.unesco.org/library/peter-jarvis-pioneer-adult-education [18.06.22].

Union Evangelischer Kirchen (1996). *Kirchengesetz über den kirchenmusikalischen Dienst in der Evangelischen Kirche der Union (Kirchenmusikgesetz – KiMuG)* (KiMuG 450, ABl. EKD, S. 387). UEK in der EKD.

United Nations (2020). *UN Decade of Healthy Ageing (2021–2030).* Abgerufen von https://www.who.int/initiatives/decade-of-healthy-ageing [18.06.22].

United Nations Economic Commission for Europe (2016). *Recommendations on Ageing-related Statistics. Prepared by the Task Force on Ageing-related Statistics.* Abgerufen von https://unece.org/DAM/stats/documents/ece/ces/bur/2016/October/19Add1-Recommendations_on_Ageing-related_Statistics.pdf [01.08.22].

Varvarigou, M., Creech, A., Hallam, S. & McQueen, H. (2012). Benefits experienced by older people who participated in group music-making activities. *Journal of Applied Arts and Health*, 3(2), 183–198. https://doi.org/10.1386/jaah.3.2.183_1.

Veelken, L. (2016). Generationenbeziehungen und Bildung – Aspekte der Geragogik. In G. Naegele, E. Olbermann & A. Kuhlmann (Hrsg.), *Teilhabe im Alter gestalten. Aktuelle Themen der Sozialen Gerontologie* (*Dortmunder Beiträge zur Sozialforschung*, S. 143–159). Springer VS.

Vereinte Nationen (1948). *Resolution der Generalversammlung. 217 A (III). Allgemeine Erklärung der Menschenrechte.* Abgerufen von https://www.un.org/depts/german/menschenrechte/aemr.pdf [18.06.22].

von Kameke, E.-U. (2011). Die Musik-Akademie für Senioren in Hamburg. In H.H. Wickel & T. Hartogh (Hrsg.), *Praxishandbuch Musizieren im Alter. Projekte und Initiativen* (S. 140–142). Schott.

Voss, R. (2020). *Intergeneratives Singen. Eine empirische Untersuchung mit didaktischem Entwurf* (*Musikgeragogik Bd. 6*) [Dissertation]. Waxmann.

Walsleben, B. (2009). Im fortgeschrittenen Alter ein Musikinstrument lernen. In R. Tüpker & H.H. Wickel (Hrsg.), *Musik bis ins hohe Alter. Fortführung, Neubeginn, Therapie* (2. Auflage, S. 42–56). Books on Demand.

Wegner, G. (2009). *Die evangelische Kirche und die älteren Menschen. Ergebnisse einer Studie über die Altersbilder von Pastorinnen und Pastoren in Deutschland.* Sozialwissenschaftliches Institut der EKD.

Weithoff, G. (2020). Das Berufsbild des Kirchenmusikers im Wandel. In S. Kopp, M. Schwemmer & J. Werz (Hrsg.), *Mehr als nur eine Dienerin der Liturgie. Zur Aufgabe der Kirchenmusik heute* (*Kirche in Zeiten der Veränderung Bd. 4*, S. 112–126). Herder.

Werz, J. (2020). Projektchöre in der Gesellschaft der Singularitäten. Chancen und Herausforderungen für die Kirche und ihre Musik. In S. Kopp, M. Schwemmer & J. Werz (Hrsg.), *Mehr als nur eine Dienerin der Liturgie. Zur Aufgabe der Kirchenmusik heute* (*Kirche in Zeiten der Veränderung Bd. 4*, S. 157–171). Herder.

Wickel, H.H. (2019). Sing mit uns alte Kirchenlieder. In H.H. Wickel & T. Hartogh (Hrsg.), *Musikgeragogik in der Praxis. Musikinstitutionen und freie Szene* (*Musikgeragogik Bd. 5*, S. 25–28). Waxmann.

Wickel, H.H. (2020). *Musikgeragogik – Geschichte der Disziplinbildung und Professionalisierung* (Folie 14) [Online-Vortrag im Rahmen des Symposiums „Lebenslanges Musizieren“, 6./7.11.2020, Mozarteum Salzburg Standort Innsbruck].

Wickel, H.H. & Hartogh, T. (Hrsg.) (2011). *Praxishandbuch Musizieren im Alter. Projekte und Initiativen.* Schott.

Wickel, H.H. & Hartogh, T. (Hrsg.) (2019). *Musikgeragogik in der Praxis. Musikinstitutionen und freie Szene* (*Musikgeragogik Bd. 5*). Waxmann.

Wickel, H.H. & Hartogh, T. (Hrsg.) (2020). *Musikgeragogik in der Praxis. Alteneinrichtungen und Pflegeheime* (*Musikgeragogik Bd. 7*). Waxmann.

Wirbelauer, B. (2019). Never too old for Rock’n’Roll. Rockmusikalisches Band- und Chorprojekt für Menschen ab 60 Jahre. In H.H. Wickel & T. Hartogh (Hrsg.), *Musikgeragogik in der Praxis. Musikinstitutionen und freie Szene* (*Musikgeragogik Bd. 5*, S. 81–91). Waxmann.

Wolf, M. (2019). Musik erleben – Maßgeschneiderte Angebote für Senior*innen am Beispiel des WDR Sinfonieorchesters. In H. H. Wickel & T. Hartogh (Hrsg.), *Musikgeragogik in der Praxis. Musikinstitutionen und freie Szene* (*Musikgeragogik Bd. 5*, S. 195–198). Waxmann.

Zaborowski, H. (2017). Menschlich alt werden. Phänomen, Sinn und Freiheit des Alterns. In S. Sailer-Pfister, I. Proft & H. Brandenburg (Hrsg.), *Was heißt schon alt? Theologische, ethische und pflegewissenschaftliche Perspektiven* (*Ethische Herausforderungen in Medizin und Pflege Bd. 8*, S. 35–43). Matthias Grünewald.

ZHref, Evangelisch-reformierte Landeskirche des Kantons Zürich (2010). *Kirchenordnung der Evangelisch-reformierten Landeskirche des Kantons Zürich. Loseblattsammlung der kantoralen Gesetzessammlung (Kanton Zürich)* (Bd. 2, Nr. 181.10, Artikel 86, Absatz 1–4, Stand: 1. September 2010). ZHref.

Ziemen, K. (2012). *Inklusion.* Abgerufen von http://www.inklusion-lexikon.de/Inklusion_Ziemen.php [02.08.22].

## Tabellenverzeichnis



## Abbildungsverzeichnis

# Anhang

## Interviewleitfaden

**Vorbereitung:**

- Begrüßung und Warmup
- Hinweise zum Interview
- evtl. Ergänzung der formalen Aspekte (Daten aus Online-Fragebogen)
- Aufnahmegerät einschalten

**Einstiegsfragen: Beruf Kirchenmusiker*in (persönlich)**

- Wie lange sind Sie schon im hauptamtlichen kirchenmusikalischen Dienst?
- Was hat Sie dazu motiviert, den Beruf Kirchenmusiker*in zu ergreifen?
- Haben sich Ihre Vorstellungen/Erwartungen/Wünsche erfüllt?

**Themengebiete:**

**Alter(n), Altersbilder**

- Wann beginnt für Sie die Lebensphase „Alter"?
- Welche Einstellung haben Sie zum Alt-Sein? Was bedeutet dieser Lebensabschnitt für Sie?

**Musikgeragogik in der Kirchenmusik**

- Was fällt Ihnen ein, wenn Sie an ältere/alte Menschen in Ihrem Arbeitsfeld denken?
- Inwiefern haben Sie in Ihrem Kantorenamt mit älteren/alten/sehr alten Menschen zu tun?

**Zielgruppe A (Online-Umfrage: „JA, es gibt spezielle Angebote für Menschen 60+"):**

- Wie kam es dazu, dass Sie Ihr spezielles Senior*innenangebot initiiert haben?
- Was unterscheidet das spezielle Angebot von der „normalen" Arbeit?
- Was meinen Sie, ist den TN wichtig? Warum kommen sie zu diesem Angebot?
- Was ist Ihnen wichtig?
- Welche Potenziale und welche Schwierigkeiten sehen Sie?
- Wie geht es Ihnen bei dieser Arbeit? Was müsste anders sein?
- Können Sie sich noch mehr Angebote speziell für alte Menschen vorstellen?
- Welche Kompetenzen sind für diese Arbeit notwendig und wie erlangt man sie?

Seite 1

**Zielgruppe B (Online-Umfrage: „NEIN, es gibt keine speziellen Angebote"):**

- Wie sind Ihre Erfahrungen damit (alte Menschen nehmen an „normalen" Angeboten teil, es gibt **keine speziellen**, altershomogenen Angebote für Senior*innen)?
- Wie gelingt es Ihnen, die unterschiedlichen Bedürfnisse der verschiedenen Generationen in Einklang zu bringen?
- Was meinen Sie, ist den TN wichtig? Warum kommen sie zu Ihrem intergenerationellen Angebot?
- Was ist Ihnen wichtig?
- Welche Potenziale und welche Schwierigkeiten sehen Sie?
- Wie geht es Ihnen bei dieser Arbeit? Was müsste anders sein?
- Was sind die Gründe dafür, dass es keine speziellen Angebote für Ältergewordene gibt?
- Würden Sie unter anderen Umständen auch altershomogene Angebote für Senior*innen machen?

- Sind unter den älteren Musiker*innen/Sänger*innen auch Anfänger*innen?
- Wie halten Sie es mit Musiker*innen/Sänger*innen, die aus Altersgründen ausscheiden (müssen)?
- Gibt es ein Verabschiedungsritual?

**Bildung**

- Welchen Stellenwert hat der kirchliche/kirchenmusikalische Bildungsauftrag in Ihrem Arbeitsalltag und wie führen Sie ihn aus?
- Kennen Sie das Bildungskonzept Ihrer Landeskirche/Diözese/der Kirchen?
- Wo sehen Sie Ihre älteren, alten und sehr alten Gemeindeglieder im Bildungsauftrag? Sind sie im Bildungsauftrag inkludiert?

**Qualität**

- Wie muss eine Arbeit (Chorprobe, Gottesdienst etc.) verlaufen, damit Sie glücklich nach Hause gehen?
- Was bedeutet für Sie qualitätsvolle kirchenmusikalische Arbeit?
- Wie lässt sich Musikgeragogik im Kontext von Kirchenmusik darin einordnen?

Seite 2

**Beruf Kirchenmusiker*in (allgemein)**

- Was hat sich verändert im Laufe Ihrer Berufsjahre?
- Wie sehen Sie die Zukunft der Kirchenmusik / des Kantorenamtes?
- Wie beurteilen Sie die Rolle der Kirchenmusik beim Thema Gemeindeaufbau/ Mitgliederbindung (vgl. „Projektion 2060")?

**Abschlussfragen:**

- Wie würden Sie selbst gerne im Alter kirchenmusikalisch aktiv sein?
- Gibt es noch etwas, das Ihnen wichtig wäre zu ergänzen?
- Ist bei den besprochenen Themen etwas offen geblieben?

- **Beenden der Aufnahme**
- **Nachgespräch nach Bedarf** (Dokumentation im Post-Skript, MaxQDA-Datei)
- **Information** zum geplanten Forschungsverlauf
- **Frage nach Erlaubnis für erneute Kontaktaufnahme** (z. B. für Verständnisfragen und Validierung)
- **Dank und Verabschiedung**

Seite 3

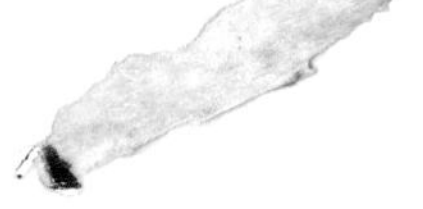